KB154016

감정과
욕망의
시간

감정과
욕망의
시간 영 화 를 살 다

남 다 은
지 음

영화평론가로 데뷔한 이후, 평론집을 낼 순간을 준비하거나 기다리거나 상상
해본 적이 없다. 한 편의 영화를 보고, 그에 대한 글을 쓰고, 청탁을 해준 매체
에 원고를 보내는 순간, 그 비평의 운명은 나를 떠났다고 생각해왔기 때문이다.
영화와 내가 마주한 시간이 치열하고 흥분되었다면 그걸로 충분했다. 그런데
이렇게 한 권의 책을 내게 되었다. 작년 여름, 강출판사로부터 정식으로 제안
을 받았을 당시, 나는 영화를 보는 일에도, 영화에 대해 생각하고 쓰는 일에도
무력감과 피로를 느끼고 있었다. '영화가 내 몸에 붙지 않는다'는 이상한 표현
으로나마 설명할 수 있는 그 상태는 사실, 영화평론을 하면서 주기적으로 찾
아오는 현상이기는 했다. 그런 상태에 봉착하고 헤매다가 다시 나아가는 일이
반복되었지만, 그 무렵은 좀 달랐다. 평론가가 된 지 십 년이 지나가고 있다는
시간적 무게 때문인지 과연 이 일을 계속해도 될 만한 역량이 내게 있는 것일까,
라는 새삼스럽지만 심각한 고민 앞에서 내내 불안했다. 어떤 식으로든 매듭을
한번 지으면 막연하게나마 다시 길이 보일지도 모른다는 마음에 출판사의 제
안을 덜컥 수락해버린 것이다.

서문에 보다 상세히 밝혔지만, 내게 영화 비평은 '무엇을 쓸 것인가'에서 '영화란 무엇인가'라는 물음을 지나 '영화에 어떻게 닿을 수 있을까', '내게 영화란 무엇인가'라는 화두로 이행하는 과정이었다. 그렇게 질문이 이동하는 동안, 적어도 내게는 판단하고 규정하는 일보다 질문의 미로를 돌아다니는 일이 훨씬 더 절실하고 흥미롭게 느껴진다는 사실도 깨달아갔다. 영화가 열어준 세계의 결들을 힘껏 긍정하고 싶다는 마음이 커질수록, 현실의 언어로 설명 가능한 표면적 서사가 아니라, 서사로 포섭되지 않지만 분명 거기 흐르거나 고인 영화적 공기를 호흡하고 싶다는 갈구도 강해져갔다. 그리고 그 모호한 공기가 세련된 이성적 사유의 틀로는 도저히 접근하기 어려운 감정과 욕망의 결들과 관련된 문제임을 어렴풋이 느끼기 시작했다. 그 세계의 감정과 욕망의 결들에 대한 응답이 비평이라면, 나의 글이 나 자신의 감정과 욕망을 들여다보는 데서 출발하는 건 당연한 일이었다. 물론 그런 태도가 종종 편협하고 지나치게 사적이며 때로는 거친 비평을 낳는다는 사실도 경험적으로 알게 되었다. 영화에 대한 주석이 되기를 거부하고 그 영화에 나만의 길을 새겨넣기 위해 애쓰는 일은 애초에 성공할 수 없고 어쩌면 주제넘은 욕망의 산물일지 모른다. 하지만 영화를 겪은 나를 다시 바라보고, 그런 내가 살아가는 이 세계의 시간을 다시 감각하는 과정 없이 영화를 보는 일이 가능할까. 적어도 내게 그런 일은 더 이상 불가능하다.

　이 책에 실린 비평들은 서로 다른 성격의 지면들에 기고한 각기 다른 밀도의 글들이다. 그 글들을 흐르는 공통점을 굳이 말하자면, 수없이 많은 영화들 중에서 하필이면 그 영화에 대해 쓰기로 결심한 그해, 그날의 내 흔적이라는 점 정도일 것이다. 지금 다시 꺼내보기에 도저히 민망한 글들이 수두룩하고, 지금의 시선으로는 동의하지 않는 글들도 있지만, 당시로서는 흥에 겨워 쓴 글들이다. 그 흥이라는 것이 즐거움만을 의미하지는 않는다. 이상한 말이지만, 비평을 쓰다보면 괴로움의 흥이라는 것도 글을 쓰는 동력이 되는 경우가 있다. 쓰고 싶다, 써야만 한다고 외치는 내면의 목소리는 비평가의 책임감이나 사명감과는 다른, 설명하기 어렵지만 더 강력한 욕망이었다. 여기 실린 글들은 그러한 욕망에서 시작되어 즐거움과 괴로움을 지나 영화 속 세계에 새긴 울퉁불퉁한 길들의 자취다.

강출판사의 정홍수 대표와 박지아 씨의 도움이 없었다면 흩어진 그 길들을 한 권의 책으로 묶기는 불가능했을 것이다. 특히 오래 전부터 꾸준히 내 글을 읽어왔고, 이제 책을 내도 될 때가 되었다고 몇 년간 지속적으로 격려를 해준 정홍수 대표가 아니었다면 나는 여전히 망설이고 있었을 것이다. 그 덕분에 용기를 냈으니 두고두고 감사한 마음이 들 것이다. 이 책을 위해 추천사를 써주신 선배 평론가들께도 감사하다. 김영찬 평론가는 술자리에서 딱 한번 만났을 뿐이지만, 그와 영화에 대해 본격적으로 흥미진진한 수다를 떨 날들이 곧 펼쳐지리라고 믿는다. 정한석 평론가는 한 편의 영화에 대한 감흥을 언제나 함께 이야기하고픈 좋은 선배이자 가장 애틋한 친구이다. 그와 술잔을 기울이며 나눈 수많은 순간들이 내 글쓰기의 동력이 되었다고 말해주고 싶다. 그리고 분에 넘치는 발문을 보내주신 허문영 평론가는 그가 지금 그 자리에 있다는 사실만으로 내가 얼마나 큰 힘과 위로를 얻는지 모를 것이다. 그가 쓴 글들을 아주 오래오래 읽고 싶다.

지난 십 년간 글을 썼던 여러 지면들 중에서도 특별히 기억하고 싶은 지면이 있다. 그것은 『씨네21』의 '전영객잔'과 이후 '신전영객잔'으로 불리던 비평 지면이다. 정성일, 허문영, 김소영 평론가가 매주 돌아가며 비평을 쓰던 '전영객잔'을 열심히 읽던 독자로서, 동경하며 바라보던 그 지면의 고정필자가 되던 첫날의 두려움과 흥분을 지금도 잊지 못한다. 2010년 〈하하하〉를 쓰던 첫

날부터 2015년 〈클라우즈 오브 실스마리아〉를 쓰던 마지막 날까지 첫날의 그 마음은 변한 적이 없다. 나는 이 지면을 함께 꾸리던 선배 평론가들의 글들로부터 그 어떤 곳에서도 배우지 못했던 영화를 사랑하는 방식을 배웠고 대화를 하듯 함께 글을 쓰는 희열을 알았다. 그들의 글들을 늘 기다렸고 때로는 질투에 잠을 이루지 못했으며, 어떤 글들은 그들에게 들려준다는 심정으로 썼다. 언제나 애태우며 마음 졸이게 만든, 그래서 더 소중히 품고 싶던 지면이었다. 지난 몇 년 동안 '객잔'에 기고하던 순간들은 글 쓰는 자에게 허락된 가장 충만했던 시간으로 마음에 남을 것이다. 그 시간들에 이 책을 바친다.

2015년 4월

남다은

차례

1부   감독들

4부   영화에게 보내는 편지

5부   단상들

'다른 시간'을 기다리며

나는 2004년 『씨네21』에서 영화평론가로 데뷔한 이후, 10여 년간 영화에 관한 글들을 써왔다. 영화평론가라는 직함이 이름 뒤에 붙는 날이 점점 더 빈번해지는 시간 동안, 그 직함을 대면하는 순간의 민망함을 피하기 위해서라도 청탁이 들어오면 대체로 거절하지 않고 열심히 썼다. 하지만 책 한 권을 꾸리기 위해 지난 원고들을 다시 살펴보니 뿌리 없이 사방팔방으로 흩어져 비평이라 부르기도 창피한 감상의 흔적들만 눈에 들어온다. 이 책에 실린 글들은 대부분 2008년경부터 2014년 사이에 쓰인 것들이다. 영화평론가로 데뷔한 후 첫 4년간 썼던 원고들을 책에 담지 않겠다는 결정을 하기까지 그리 오랜 시간이 걸리지 않았다. 좀 과장된 표현이라고 생각하지만, 이렇게 말할 수밖에 없다. 영화에 대한 글을 쓰는 평자로서, 아니, 영화를 대하는 한 명의 관객으로서 그 이전의 나와 이후의 나는 다른 사람이기 때문이다. 그걸 가르는 명징한 기준, 그런 변화를 야기한 특정한 영화, 특정한 날짜를 정확히 지시하기는 불가능하다. 어쩌면 영화 안에서 내가 조금이라도 달라졌다는 그 믿음조차 위험한 환상에 가까울지도 모르겠다. 하지만 해독해야 할 암호, 세계를 읽어내는 수많은 통로 중의 하나로 판단하고 읽어내야 할 대상이던 영화가 어느 순간부터 그와 전혀 다른 방식으로 경험되기 시작했을 때, 어느 날 영화라는 실재가 달라져버렸기 때문이라고 말할 수는 없을 것이다. 그렇다면 달라진 것은, 달라지고 있는 것은 나인가? 내가 속한 세계인가? 영화가 속한 세계인가? 이 모호한 질문들 앞에서 한 가지 분명하게 말할 수 있게 된 것이 있다. 적어도 나는 이 물음들을 소중히 생각하게 되었고, 그 물음들로부터 벗어날 수 없게 되었으며, 그렇게 영화와 함께 '사는' 법에 대해 고민하게 되었다.

10년 전, 아무런 준비 없이 영화평론가로 불리기 시작한 뒤, 나를 줄곧 괴롭힌 건 영화에 대한 내 애정의 가벼움과 영화에 대한 무지함이었다. 영화과를 나온 것도 아니고, 딱히 시네필로 불릴 만한 삶을 살아오지 않은 내게 영화는 그저 해독해야 할 텍스트에 불과했다. 글을 쓸 수 있다면, 그것이 영화이건 문학이건 미술이건 상관없다고 생각했던 것도 같다. 그 사실을 감추기 위해 영화의 구체적인 결들과 만나기도 전에 이데올로기나 이론적 틀, 내 것인지도 알 수 없는 신념 같은 것들에 의존해서 그것들로 무장한 글을 쓰는 데 익숙해지고 있었다. 영화는 질문이 아니었고, 판단해야 할 답이었으며, 그 자체로 숨 쉬는 유기체가 아니라, 이미 닫힌 외부의 세계였다. 좋은 영화를 궁금해하기보다 나쁜 영화를 심판하는 자리에 서는 것을 조금도 불편하게 여기지 않았다. 하지만 그 무렵이었을 것이다. 글을 쓰고자 하는 욕망이 강해지는 데 비해 내 글이 영화의 문턱조차 넘지 못하고 있다는 걸 이상하게도 머리가 아닌 몸이 느끼기 시작하던 때였던 것 같다. 저 문턱을 어떻게 넘어야 저 세계의 문을 열고 들어갈 수 있을까. 그 안으로 들어가 그 세계의 공기를 호흡하고 싶다는 이상한 바람이 절실해지기 시작했다. 영화 비평이라는 것을 써온 지 사오 년이 지나던 즈음에서야 나는 이 물음의 중요함에 대해 처음으로 생각하게 된 것이다. 언어로는 도달할 수 없고 환기하기 어려운 어떤 세계 앞에서 더없이 고양되는 감흥을 비로소 조금이나마 경험하게 되면서 나는 모든 것을 다시 시작해야만 할 때가 되었음을 받아들일 수밖에 없었다. 나는 무엇을 보고 있는가. 나는 무엇을 느끼는가. 내가 속한 세계는 영화 속 저 세계에 대체 어떻게 닿고 있는가. 그렇게 나는 이 당연한 호기심, 그러니까 애초 시작했어야 할 제자리로 먼길을 돌아온 셈이다.

그러므로 위의 물음들이 고개를 들기 시작하던 무렵의 글들로부터 첫 비평집을 구성하는 건 당연한 일이었다. 지난 10년간 내가 본 영화들을 말하면서 평론가로서, 관객으로서 내 변화의 궤적을 함께 말하지 않기란 어렵다. 이 글은 매우 사적인 고백이 될 것이다. 감히 영화란 무엇인가, 라는 비장한 질문을 할 역량이 내게는 없다. 다만 딱히 일관된 줄기로 엮어낼 수 없는 글들을 묶어내며 그 길목에서 '지금 내게 영화란 무엇인가'에 대한 이야기를 해도 될 시간이 주어졌다고 생각하려 한다. 영화를 사랑하는 수많은 사람들이 향수의 정조로 영화와 관련된 어린 시절의 기억을 떠올리지만, 내게는 그런 아련하고 아름다운 기억이 없다. 아련하고 아름다운 추억이 아니므로 향수에 젖거나 어린 날의 영화적 경험을 진지하게 다시 되새겨본 적도 없다. 하지만 이 글을 쓰면서 내게도 영화적 기억이라 불릴 만한 것들이 있고, 잊고 있던 그 영화적 경험들이 지난 10년간 영화 글을 쓰며 내가 걸어온 길과 결코 분리될 수 없다는 사뭇 무서운 진실을 알게 되었다. 어쩔 수 없이 그간 어느 지면에서도 꺼낸 적 없는 어린 시절에 대한 몇몇 이야기들로부터 이 글을 시작하려고 한다.

나의 부모는 영화광이라고 할 수는 없었지만, 가끔씩 주말 나들이로 가족들이 함께 볼 수 있는 영화가 개봉하면 나와 동생을 극장에 데려갔다. 〈인디아나 존스〉 시리즈나 〈베어〉류의 가족용 전체관람가 영화들을 보았던 것 같은데, 딱히 인상적으로 기억에 남는 순간은 없다. 극장 안에서의 놀라운 경험보다는 영화를 다 보고 극장 밖으로 나와서 집으로 돌아가기 위해 택시를 기다리던 순간의 이상하게 차갑고 어색한 공기만 떠오른다. 어둡고 폐쇄된 극장 안에서 밝게 탁 트인 극장 밖으로 나서던 순간의 정체를 알 수 없는 묘한 불안감을 그다지 좋아하지 않았던 것도 같다. 과거를 곱씹고 향수에 젖는 일을 즐기지 않는 나의 기질 때문이기도 하겠지만, 당시 영화는 내 일상의 특별한 부분으로 남아 있지 않다. 그런데 두 편의 영화만큼은 그 영화가 상영되던 극장 안의 공기, 그 안의 내 모습까지 떠올릴 수 있을 정도로 생생하다. 어린 나는 그 생생함과 오랜 시간 싸워야 했다.

〈아마데우스〉. 1984년, 내가 일곱 살이 되던 해에 시내의 한 극장에서 부모와 함께 이 영화를 보았다. 우리가 보려던 회가 매진이 되어서였는지, 영화가 시작한 뒤 들어가서인지, 내 기억에 우리 가족은 좌석에 앉지 못하고 계단에 뿔뿔이 흩어져 앉아 영화를 보았다. 피아노를 배울 때였으니 모차르트에 대해서는 기본적인 상식을 가지고 있었지만, 살리에리의 존재에 대해서는 당연히 알지 못했다. 계단에 앉아서 영화를 본다는 심리적, 육체적 불편함 탓도 있었겠지만, 이 영화를 보고 나서 나는 영화 관람이 몹시 두려운 체험일 수 있다는 사실을 처음 알았다. 가난과 광기, 질투와 욕망과 음모, 눈보라와 적막한 밤, 광인의 얼굴, 서늘한 환영, 지독한 죄의식, 그리고 죽음. 이미지와 소리로 뒤엉킨 이 모든 것들 속에서 어린 내가 가혹한 운명의 이야기를 어떻게 이해했는지는 잘 모르겠다. 다만 그 이미지와 소리들이 전에는 단 한 번도 느껴보지 못한 기이한 공기로 나를 내리쳤고, 나중에서야 그것이 연민과 공포의 감정으로 설명될 수 있다는 것을 알게 되었다. 내가 알고 있던 위대한 음악가는 믿을 수 없을 정도로 비루했고 이인자의 질투는 비열하기 이전에 비참했다. 그 세계의 모든 것들이 불쌍하고 잔인했다.

문제는 영화를 보고 난 다음이었다. 나의 의도와 관계없이 영화의 특정 이미지들이 반복적으로 떠오르며 내 몸에서 떨어지지 않는 유령마냥 몇 날 며칠을 맴돌았던 것이다. 자살을 시도하던 늙은 살리에리의 모습, 창백하게 죽어가던 모차르트의 얼굴, 스산한 구덩이에 아무렇게나 내팽개쳐진 차가운 사체. 참혹한 죽음의 이미지들이 내내 나를 따라다니며 괴롭혔지만, 그 괴로움을 설명할 언어가 없었던 나는 그 이미지들을 잊지 못하는 것이 마치 내 잘못인 것만 같아 누구에게도 털어놓지 못했다. 영화 내내 울려 퍼지던 불길하면서도 압도적인 음악이 진혼곡이라는 사실도 한참 후에 알았다. 물론 그전에도 텔레비전이나 오락영화들에서 수없이 죽음을 접했을 테지만, 〈아마데우스〉가 남긴 죽음의 잔상은 이전과는 다른 물리적인 충격을 안겼다. 지금 생각해보면 당시의 내가 떨쳐내지 못한 몸을 휘감던 그 차갑고 불길하고 무서운 기운은 영화의 물질성에 대한 첫 반응이 아니었을까 싶다. 죽음이라는 서사적 사건뿐만 아니라 죽음의 기운으로 경험된 영화의 물질성이 나를 혼돈에 빠뜨렸을 것이다. 몇 년이 흐른 뒤, 텔레비전에서 재방송되는 이 영화를 우연히 다시 마주한 적이 있다. 어떤 사건이 펼쳐질지, 어떤 감정을 대면하게 될지 이미 알고있었음에도 불구하고 결국 나는 채널을 돌려버리고 말았다. 성인이 된 후에도 이 이상한 상황은 반복되었다.

〈아마데우스〉의 트라우마가 더 끔찍하게 되살아난 건 그로부터 몇 년 후, 강우석 감독의 〈행복은 성적순이 아니잖아요〉를 보던 날이다. 1989년 초등학교 5학년이었던 나는 동생과 둘이 극장에서 이 영화를 보았다. 당시의 나는 어른들이 하지 말라는 일은 절대로 하지 않으며 도덕적 규범에 무척 충실한, 말하자면 자기 검열이 심하고 미련할 정도로 고지식한 아이였다. 학교에서나 집에서나 모범생으로 불리던 나는 그 테두리를 벗어날까봐 늘 전전긍긍했다. 그때 남들이 잘 모르는 나의 은밀한 취미는 학교에서 돌아오자마자 집에 배달되어 온 신문들을 정독하는 일이었는데, 사실 그건 취미라기보다는 일종의 강박 같은 것이었다. 정치사회면에 날마다 실리는 대학생들의 시위 현장과 참혹한 죽음들에 대한 기사를 읽는 일에 나는 몰두했다. 그런 날들은 몇 년간 이어졌다. 그것이 단지 읽는 행위에 대한 집착이었는지, 폭력과 죽음의 사건에 대한 도착적인 매혹이었는지, 어린아이가 생각하는 사회적 사명감이었는지 구분하기는 어렵지만, 나는 매일 떨리는 마음으로 기사를 읽었고 읽은 후에는 언제나 감당할 수 없는 충격에 빠져 괜히 읽었다는 후회에 시달렸다. 나의 평화로운 일상과는 전혀 다른 저 세계의 목숨을 건 치열함과 불안함, 그걸 가능하게 하는 인간의 신념이라는 것이 두려우면서도 거기에 사로잡혔던 것 같다. 또래들이 잘 모르는 세상의 진실을 조숙한 나는 알고 있다는 우월감도 이 행위를 지속하게 했던 동력이었을 것이다. 그 시절의 나는 대의를 위해 희생하는 자들의 도덕적 순결함과 완고함을 낭만적으로 동경했고('대의'라는 개념 자체에 대한 선망도 있었을 것이다) 무엇에서 비롯되었는지 모를 죄의식 비슷한 감정적 짐을 진지하게 마음에 쌓아가고 있었다.

그런 시기에 〈행복은 성적순이 아니잖아요〉를 보았다. 왜 그 영화를 보러 갔는지는 기억이 나지 않는다. 하지만 이 영화를 본 직후부터 영화를 보기 이전으로 돌아가고 싶다고 줄곧 후회했던 기억만큼은 또렷하다. 한국 사회의 폭력적인 교육 제도에 대한 비판적 메시지를 전면화하는 이 영화에는 크게 세 유형의 고등학생이 나온다. 갓 데뷔한 배우 이미연이 학교와 부모의 명령과 요구에 무조건적으로 순응하는 여고생으로 나오고, 지금 우리에게는 의리의 사나이로 더 익숙한 김보성이 공부에는 전혀 관심이 없고 이미연을 짝사랑하는 혈기 왕성한 남학생으로 등장하며, 이미 당대의 하이틴 스타였던 김민종이 가난하고 불우한 집안 형편 때문에 늘 분노에 사로잡힌 자존감 강한 아웃사이더로 출연한다. 입시 제도로부터 상대적으로 자유로운 초등학생이었던 나는 이 영화의 무엇에 그토록 충격을 받았던 것일까. 학교와 부모의 말을 잘 듣는 아이였다고 해도 나는 또래들에 비해 어른들이 가르쳐주는 것들이 사회의 전부가 아니라는 사실쯤은 아주 잘 알고 있었다. 사회적 사건들에 대한 호기심도 강했기 때문에 당시 입시 스트레스로 죽음을 택한 학생들의 비극적인 이야기를 처음 접한 것도 아니었고 그 사실에 분노할 줄도 알았다. 그럼에도 불구하고 이 영화를 보는 내내 나는 감당하기 어려운 감정의 소용돌이 속에서 어찌할 바를 몰랐고, 영화를 본 후, 〈아마데우스〉 때보다 훨씬 더 괴로운 잔상들에, 훨씬 더 오랜 기간 시달리게 되었다.

끝내 자살을 선택한 여주인공에게 모범생이었던 나는 과하게 동화되었을 것이다. 영화 속의 끔찍한 세계가 곧 내게 닥칠 현실이라는 사실도 더 절실히 느끼게 되었을 것이다. 하지만 이런 이유들만으로 당시 내가 한참 동안 헤어나오지 못했던 깊은 감정의 늪을 모두 설명하기는 어렵다. 공부밖에 모르던 여주인공(이미연)은 자신을 짝사랑해온 남학생(김보성) 덕분에 잠시나마 학교 밖 세계의 한가로운 즐거움을 맛본다. 하지만 그 무렵 성적이 떨어지고 학교와 엄마로부터 호된 질책을 당하게 된다. 비로소 그녀는 자신이 어떤 처지로 살고 있는지 느끼게 되지만 저항하는 법을 알지 못한다. 자책에 시달리며 두려움을 이기지 못하던 그녀는 결국 아파트 옥상에 올라가 투신하는 극단적인 선택을 하고 만다. 자살 직전 옥상에 위태롭게 서 있던 여주인공의 실루엣, 시신을 실은 영구차가 텅 빈 학교 운동장을 돌던 모습, 그녀의 죽음을 유일하게 이해하던 남자 친구의 눈물 등, 이 영화를 생각하면 자연스레 떠오르는 슬픈 이미지들이 있다. 그중에서도 유독 한 장면의 이미지는 슬픔보다는 고통에 더 가까운 느낌으로 마음에 새겨져 있다.

바로 그 밤, 그러니까 옥상으로 올라가기 직전, 생과 사의 경계에서 여주인공이 망설이고 또 망설였을 시간의 한 장면에 대해서 말하려고 한다. 그녀의 표정이 떠오르지 않는 걸 보니 영화가 그녀의 얼굴을 보여주지 않았던 것일까. 그날 이후로 영화를 다시 본 적이 없어서 확신할 수는 없지만, 그 절박한 순간의 표정이 기억나지 않는 이유는 짐작할 수 있을 것 같다. 홀로 죽음 앞에 선 소녀의 얼굴보다 더 강렬한 이미지가 여기 있었기 때문이다. 그녀는 적막한 방에 우두커니 앉아 있다. 실제로는 짧은 순간이었겠지만, 마치 몇 시간이 흐른 것처럼 견디기 어려운 시간의 무게가 느껴질 즈음이었을 것이다. 카메라가 여주인공이 앉아 있는 의자 아래로 시선을 옮기자, 그녀의 두 발 아래로 물이 뚝뚝 떨어지고 있었다. 바닥이 흥건하게 젖어가는데도 그녀는 미동조차 하지 않았다.

영화가 여주인공의 자살로 끝난다는 사실은 알고 보았기 때문에 이 장면이 죽음에 매우 가까운 순간일 것이라는 예측 정도는 할 수 있었다. 하지만 한없이 청초하고 단정하던 소녀가 생의 마지막, 세상에 남긴 흔적이 다른 무엇도 아닌 소변이라니. 나는 상처를 입고 충격을 받았다. 생과 사의 절박한 기로에서 홀로 버티던 그 순간에도 어쩌지 못하는 생리적 본능. 소녀의 고통에는 아랑곳하지 않고 어김없이 고개를 내미는 생의 뻔뻔함. 화장실을 갈 의지조차 없는 소녀의 삶에 대한 무시무시한 체념. 그런 것들이 뒤섞여 나를 무겁게 짓눌렀겠지만, 당시 내게는 이런 식으로 장면을 설명해낼 언어가 없었다. 다만 나는 그 장면에서 스크린을 똑바로 보기 힘들 정도의 지독한 수치심을 느꼈던 것 같다. 보지 말아야 할 것을 보았다는 생각을 지울 수가 없었다. 지금이라면 죽음을 앞둔 소녀의 가장 사적이고 내밀한 순간을 뻔뻔하게 쳐다보는 카메라의 예의 없는 시선을 탓하겠지만, 당시의 나는 이유를 알 수 없는 수치심 때문에 그 이미지로부터 도망치고 싶다는 마음뿐이었다. 극장을 나온 순간부터 처음에는 거의 하루 종일, 나중에는 하루에도 몇 번씩, 내 앞에 출몰하는 영화의 이미지들을 마주해야 했다. 생각하고 싶지 않았지만 떠올랐고 잊으려고 애를 쓸수록 되살아났다. 그때마다 분노, 두려움, 불길함, 무력감 같은 감정들이 나를 잡고 놓아주지 않았다. 모범적인 여고생이 교육 제도에 순응하다 결국 자살을 선택한다는 이야기의 비극성만이 문제는 아니었던 것 같다. 머리로는 영화 속 사건의 원인과 결과를 이해했고, 한 편의 현실적인 이야기로 받아들일 수 있었지만, 몸은 달랐다. 나의 의지와는 무관하게 몸이 특정 장면이 안긴 충격을 자꾸 기억해냈다. 당시 내가 몰두했던 신문의 그 어떤 참혹한 문장들도 이 영화의 이미지들만큼 나를 괴롭힌 적은 없었다.

불행한 일이다. 먼 미래에 영화를 업으로 삼게 될 아이에게 영화와 관련된 황홀한 경험이 없었다는 것은. 내게 각인된 어린 날의 영화적 경험은 모험, 판타지, 동심, 신비로움, 아름다움, 하다못해 성적인 호기심 같은 용어로 설명되지 않는다. 영화는 죽음이라는 사건의 세계였고 그 세계는 쉽게 이해되지 않고 해소되지 않는 감정의 얼룩을 남기는 장소였다. 영화는 즐거움이 아니라 트라우마를 남기는 장소였으며, 보고 말았다는 후회가 언제나 동반되는 경험이었다. 어린 내게 그 얼룩을 잊는 일은 그것을 대면하는 일만큼 버거웠다.

중학교, 고등학교를 다니는 동안 나도 다른 평범한 아이들처럼 이런저런 개봉작들을 보았을 것이다. '것이다'라고 말하는 이유는 그 영화들의 목록을 어느 정도 기억해낼 수는 있지만, 〈아마데우스〉나 〈행복은 성적순이 아니잖아요〉처럼 감당하기 어려운 정서적 파장을 안긴 영화는 더 이상 떠오르지 않기 때문이다(물론 평론가가 된 현재의 관점에서 그 두 편의 영화들이 내가 보았던 다른 영화들에 비해 영화적으로 뛰어나다고 말하기는 어려울 것이다). 그런데 고등학교 때 본 한 편의 영화에 관해서는 할 말이 좀 있다. 당시 고등학교 2학년이었던 나는 겉으로 보기에는 별문제 없이 학교를 다니고 있었지만 어린 시절 강박적으로 지켰던 모범생의 일상을 더 이상 따르지 않고 있었다. 학교는 지루했고 교사들은 대체로 비열했으며 내게 그곳은 무엇보다 현실과 동떨어져 있는 세계였다. 나는 학교와 불화하지는 않았지만, 학교 밖에서 비밀스럽게 사적이고 은밀한 즐거움을 찾으며 위태롭게 그 시간들을 버텨가고 있었다. 어린 시절로부터 변하지 않은 것이 있다면, 여전히 주변의 또래들에 비해 사회적인 사건들에 민감하게 관심을 쏟으며 그런 문제들 앞에서 취해야 할 태도에 대해 고민했다는 점 정도다. 사회적인 태도를 고민하는 일은 획일적이고 한심한 학교 제도에 대항하는 나만의 방식이었고 학교 밖 나의 일탈적인 모습들을 또래 날라리들의 가벼운 모습들로부터 차별화해주는 자기만족적인 행위였다.

그 무렵 친구와 〈아름다운 청년, 전태일〉(1995)을 보러 극장에 갔다. 개봉하기 전부터 마음에 담아두고 있던 영화였다. 영화의 이야기는 내가 알던 대로 흘러가고 있었고, 불타는 노동자의 이미지는 예상보다 잔혹했으며, 나는 많이 울었다. 그런데 희한한 일이다. 이 영화의 죽음 이미지는 어린 나를 그토록 괴롭히던 〈아마데우스〉나 〈행복은 성적순이 아니잖아요〉의 죽음보다 훨씬 끔찍하게 극적으로 형상화되고 있었음에도 영화를 본 후의 나는 전과 달리 마음을 충분히 다스릴 수 있었다. 그 이미지의 잔상은 어린 날, 몸의 기억으로 되살아나곤 했던 낯설고 불길한 이미지의 날카로운 파편들과는 달랐다. 내게는 영화 속 청년의 비극적인 죽음에 대해 설명할 수 있는 사회 비판적인 언어가 있었다. 말하자면 그 사건을 사회적 메시지로 전환해낼 수 있는 능력이 내게 생겼고 그 죽음의 사건과 거리 두기가 가능해진 것이다. "전태일이 누구야?"라고 묻는 '무지한' 친구들 사이에서 나는 내 눈물의 의미를 설명하고 그 죽음의 의미에 공감할 수 있다고 믿었으며 거기서 일종의 도덕적 우월감과 안도감을 느꼈다. 어느새 영화는 내 의지로 조종하기 어려우며 대면하기 불안하고 두려운 몸의 기억이 아니라 현실의 반영으로서 의미화하고 소화할 수 있는 세계가 되어버린 것이다. 영화는 여전히 죽음과 죄의식과 분노와 어둠의 세계였지만 그 세계를 대하는 나의 태도는 이전과 달라져 있었다. 이 변화가 그 후 얼마나 오랫동안 나와 영화의 관계를 지배하게 될지 그때는 알지 못했다.

대학에 입학한 뒤에도 영화는 내 일상에 딱히 특별한 부분은 아니었다. 곧잘 혼자서 극장에 가기는 했으나 거기에 특별한 의미를 부여하지는 않았다. 무리들 안에 속해 있다는 사실이 따분하게 느껴질 때나 연애가 잘 안 될 때, 그도 아니면 과제 내용을 보충하기 위해 영화 텍스트가 필요할 때 종종 혼자 극장이나 디브이디 방에 갔다. 고등학교 때보다는 훨씬 즐겁게 수업을 들었지만 무엇이 되겠다거나 무엇을 하고 싶다는 생각을 깊게 해본 적은 없는 것 같다. 언론비평 동아리나 노래패, 여성운동 동아리를 기웃거려보기도 했지만, 그들과 무언가를 나누기도 전에 집단문화 특유의 분위기(사실, 지금도 그 분위기를 명확히 정의하기가 어렵다)에 며칠을 버티지 못하고 나오는 일이 반복되었다. 별다른 소속감 없이 학교와 술집과 집을 오가는 일상 속에서 아주 작은 부분을 영화가 채웠다. 영화를 보는 장소가 신성한 곳이라는 생각은 없었지만, 그렇다고 친구들과 팝콘을 먹으며 즐거움을 나누는 곳 또한 아니었다. 시네필도 아니고, 영화를 단지 오락의 대상으로 여기는 것도 아닌 어중간한 위치에서 내게 영화는 주변의 여러 소란들로부터 잠시나마 차단되고 있다는 느낌을 주는 막이자, 때때로 지적인 허영을 채워주는 사건들의 세계로 존재했다. 내가 옳다고 믿어온 가치관들, 강의 시간에 배운 이론들을 증명해주는 판단의 대상으로서의 세계. 영화는 현실을 다루어야 한다는 말을 그때의 나는 그런 식으로 받아들였다. 영화는 그걸로 족했다.

자랑스럽게 밝힐 일은 아니지만, 그런 태도는 영화평론가로 불리게 된 후에도 크게 달라지지 않았다. 영화는 현실의 언어로 즉각적으로 해석될 수 있고 비판과 지지, 둘 중 하나의 입장을 취해야 하는 장소로서 의미가 있었다. 영화는 어떤 방식으로든 사회를 분석하는 통로가 되어야 했다. 글을 쓰는 일은 거의 언제나 흥미진진했지만, 그것이 과연 내가 본 영화에 대한 감흥으로부터 비롯된 것인지에 대해서는 깊게 고민하지 않았다. 한 편의 영화는 궁극적으로 한 편의 이야기였으며, 영화 비평은 그 이야기를 평가하는 자리였다. 그로부터 몇 년이 지나서야 같은 영화를 두고 내가 보지 못한 것들을 다른 평론가들은 보고 있으며 그것이 내가 고민해본 적 없는 '영화적인' 시선과 관계된다는 사실을 어렴풋이 느끼기 시작했다. 그러자 문득 너무 당연하게 여겨져서 단한 번도 스스로에게 던져본 적 없었던 의문이 고개를 들었다. 내가 지금 평을 쓰고 있는 이 영화를 나는 과연 좋아하는가? 어떤 면을 정말 좋아한다고 말할 수 있는가? 일차원적인 물음 앞에 서자, 내가 영화 서사 이외의 그 어떤 부분에 대해서도 답을 하지 못하고 있다는 사실을 비로소 알게 되었다.

그 사실은 곧 깊은 좌절로 변했지만, 한편으로는 모든 걸 처음 대면하는 아이의 호기심 같은 민낯의 물음들로 나를 이끌었다. 좋은 영화의 최우선적인 조건이란 보는 이에게 자기반성과 비판적인 깨달음을 주는 데 있다는 지난 믿음들이 기만적인 것일지도 모른다는 의심도 처음으로 하게 되었다. 대신 어떤 틀도 없이 그 세계를 직접 내 몸으로 느끼고 싶다는 원초적인 욕망이 나를 사로잡기 시작했다. 2004년의 내가 다른 방식의 글쓰기가 아니라 하필이면 영화평론에 지원한 이유, 그리고 지난 몇 년간 이 일을 계속해온 이유, 그러니까 그간 영화의 무엇이 나를 붙잡고 있었는지에 대해 생각해보는 일이 무엇보다 중요하다는 사실도 느끼게 되었다. 나는 영화로 들어가는 문을 다시 찾아야 했다.

평론가로 데뷔한 이래 내 앞에 당도한 영화들을 언어로 해체하는 데 대체로 거리낌이 없었지만, 이상하게도 홍상수 감독의 영화들 앞에서만큼은 내내 망설이고 있었다. 주위의 평론가들 대부분이 깊은 애정을 표하는 그의 세계에 나는 그다지 동화되지 못하고 있었기 때문이다. 그런 나의 입장이 영화에 대한 무지의 소산일지 모른다는 생각에 겉으로 내색은 하지 않았지만, 내게 편안한 틀로 그의 세계가 꿰뚫어지지 않는다는 점이 나를 불편하게 했다. 어디서부터 어떻게 들어가야 할지 도무지 알 수가 없었다. 찌질한 남녀의 찌질한 구애와 실패를 반복해서 보는 일이 뭐가 그리 대수로운 일인가. 나는 홍상수의 세계와 언어로 대면하는 일을 지속적으로 피하고 있었다. 평론가가 된 해에 본 〈여자는 남자의 미래다〉(2004)는 한 여자와 두 남자의 관계가 어딘지 외설적이고 사악하게 느껴져서 비평적 시선을 취하기도 전에 지독한 거부감이 덮쳤다. 이유는 모르겠으나 개봉 당시 〈극장전〉(2005)을 보았을 때 무엇을 느꼈는지에 대해서는 이상하게도 남아 있는 기억이 없다. 그런데 웬일인지 다음해, 〈해변의 여인〉(2006)을 볼 때는 무언가 좀 달라져 있었다. 엔딩 크레딧이 올라가는 순간, 나는 지금까지 영화를 보던 태도와 전혀 다른 방식으로 이 영화를 보았다는 사실을 알게 되었다. 서사를 해석해야 한다는 의지가 작동하기도 전에 홀린 듯 그 세계에 젖어들었고 영화를 본 후, 내가 본 것이 무엇이었는지 정리해내는 일이 불가능하다는 사실에 당황스러웠다. 내가 경험한 것은 무엇이었을까. 인물들의 지극히 일상적인 시간이 왜 일상적으로 느껴지지 않는 것일까. 이 시간의 정체는 무엇일까. 새로운 질문들이 내 앞에 있었지만, 내게는 청탁을 받고 의무적으로 써야 할 다른 영화들이 기다리고 있었고 이내 나는 익숙한 생각의 틀로 돌아가버렸다.

하지만 얼마지 않아 더 이상 이런 식으로 영화평을 쓰면 안 될 것 같다는 막연한 불안감이 종종 나를 멈춰 세웠다. 글을 쓰는 평자로서든, 영화를 대하는 관객으로서든, 현실을 살아가는 인간으로서든 무언가 '달라지고 싶다', 아니 '달라져야 한다'는 갈망이 나를 채우기 시작하던 시기였던 것 같다. 그리고 그해, 언론시사회에서 〈밤과 낮〉(2008)을 보았다. 영화를 보고 집으로 돌아오던 길에 내 몸과 마음을 흔들던 기이하고 벅찬 기운을 어떻게 설명해야 할지 모르겠다. 지난 몇 년간 영화를 보면서 단 한 번도 경험해본 적 없는 감정의 파동이 당황스러우면서도 그 감흥을 어떻게든 오래 붙잡아야겠다는 생각만이 나를 지배했다. 이 영화에 대한 짧은 평을 〈씨네21〉에 보내야 했지만, 한 단어라도 끼적이는 순간, 그 감흥이 달아날 것만 같아서 조바심이 났다. 집에 돌아오자마자 나는 방구석에 틀어박혀 영화 속 성남처럼 대낮부터 와인을 마시면서 영화 내내 흐르던 베토벤 교향곡 7번을 틀어두었다. 아무런 생각도 하지 않았고 할 수도 없었다. 취기와 반복 재생되는 음악 속에서 나는 영화 속 성남이 머물던 길들, 성남과 함께 흐르던 시간의 공기를 되살리기 위해 애썼다. 내가 지금 뭘 하고 있는 건가, 되물으면서도 해가 저물고 기억이 나지 않을 때까지 그렇게 시간을 보냈다. 지금 생각해보면 그 감상적인 모양새가 우습기 짝이 없지만, 그날의 나는 영화평론을 시작한 이래 처음으로 언어가 도달할 수 없는 영화적 감흥의 위대함과 무서움을 온몸으로 느끼는 중이었다.

더없는 무기력감과 더없는 충만감이 공존할 수 있을까. 언제나 관찰자로서의 위치를 정해두고 영화를 보고 글을 썼던 내게 이 영화는 보는 내내, 나 자신을 영화 속, 혹은 영화 밖 어디에 위치시켜야 할지 모를 막막함을 안겼다. 그 생경한 막막함은 두렵고 불안한 것이었지만, 영화를 보는 주체로서 나 자신의 존재가 흐릿해질수록 그 세계의 어떤 집요한 흐름이 확연하게 감각되기 시작했다. 그 흐름은 사건의 변화로도, 인물들의 내면으로도 설명되지 않는 것이었다. 흐르고 있지만 나아간다고 볼 수 없고 현실적이라고 하기에도, 초현실적이라고 하기에도 적절하지 않지만, 생생한 결로 내 눈앞에 살아나는 시간. 현실 속에서 내가 단 한 번도 느껴본 적 없는 이상한 시간의 결이 그 세계 안에서 깨어나고 있었다. 그 시간 안에서는 내가 이미 알고 있다고 여겨왔던 몸짓, 말, 사물, 자연 등 모든 것들이 전에는 내가 알지 못했던 느낌으로 숨을 쉬고 있었다. 어린 시절부터 오랫동안 나의 영화적 경험을 억누르던 죽음이라는 사건과 도덕적 규범과 정체를 알 수 없는 죄의식과 '정치적으로 올바른' 가치관 같은 그림자들이 순식간에 부서져 내리는 것 같았다. 하늘에서 갑자기 떨어진 다친 새 한 마리가, 공사장 주변을 굴러다니는 작은 돌조각들이, 느닷없이 내리는 소나기가, 만찬을 즐기는 타인들을 부럽게 바라보는 주인공의 굴욕적인 시선이 의미의 망을 통과하지 않고도 그 자체로 빛날 수 있다니. 기이한 해방감에 몸과 마음이 울렁거렸다. 줄곧 내게 영화는 아는 것들을 더 강화하고 증명하는 세계였으나 〈밤과 낮〉에 이르러 영화를 살아 있게 하는 것은 앎의 확정성이 아니라 감각의 모호함이라는 사실을 비로소 경험하기 시작한 것이다.

'영화는 시간의 예술'이라는 말의 비밀을 모두 알게 된다면, 영화라는 세계의 비밀을 모두 알게 되는 것이 아닐까, 막연하게 생각해본 적이 있다. 그 말은 언제나 너무 추상적이거나 어려웠다. 1970년대 후반 한국에서 태어나 자라왔고 영화적 경험도 미천한 내가 들뢰즈의 논의를 통해 유럽 모던시네마의 영화적 시간에 대해 어느 정도 이해했다고 해도, 그 시간의 물질성을 온전히 체감할 수 있다고 말해도 될 것인가. 내게 '영화적 시간'은 지식으로 먼저 습득된 다음 경험했다고 믿어지거나 미처 경험해보기도 전에 서사와 사건의 시간으로 환원되어 사라져버리는 것이었다. 그런데 〈밤과 낮〉을 보던 그날, 나는 마침내 내 눈과 내 몸으로 영화적 시간을 대면했음을 직감했다. 홍상수의 영화는 사건을 보는 세계가 아니라 시간을 탐구하는 세계이고, 그 탐구는 현실의 시간을 재감각하는 과정이며, 바로 거기서 내가 관념적으로만 이해하고 있었던 영화적 시간이 구체화되고 있음을 알게 된 것이다. 시간을 재감각하기 위해 필요한 것은 그 어떤 선험적인 지식이나 서사적 사건, 정치적인 각성이나 올바른 가치관의 개입이 아니었다. 적어도 그 세계에서만큼은 맨눈으로 보기 위해 애쓰고 그렇게 본 것들을 믿는 일이 중요해 보였다. 그것이 환상에 불과할지라도 맨눈의 가능성을 믿으라는 영화의 과격한 순수함에 나는 충격을 받았다. 내가 그 가능성을 절절히 믿고 싶어한다는 새삼스러운 사실에도 눈물이

났다. 마침내 무거운 갑옷을 벗어던진 것만 같았다.

시간의 흐름, 시간의 개입은 결국 끝 혹은 소멸을 전제로 한다. 그 불가피한 목적지로 향하는 시간은 어쩔 수 없이 부정의 기운을 내포할 수밖에 없다. 어린 시절 영화가 내 육체에 새긴 이물감, 언어화할 수 없는 물질성은 살아 있는 것들의 때 이른 억울한 소멸과 연관된 것이었다. 나는 그러한 육체적 기억으로부터 줄곧 도망치고 싶었고, 그걸 해명해줄 안정된 틀을 찾은 후에야 거리를 둘 수 있었다. 그런데 홍상수의 세계를 지탱하는 시간은 놀랍게도 그러한 부정의 기운과 맹렬히 싸우는 과정이었다. 그것이 사라짐을 예견하는 시간이 아니라, 점점 더 많은 것들이 보이고 그것들 모두가 충만하게 활동하는 시간임을 느꼈을 때, 트라우마에 봉인되었던 나의 감각들이 조금씩 깨어나는 것 같았다. 〈밤과 낮〉을 보는 동안 내가 느낀 해방감은 오랜 시간 나를 따라다녔던 영화적 트라우마와 그걸 망각하기 위해 훈련된 경직된 눈으로부터 그 순간만큼은 완전히 자유롭다는 환상에서 비롯되었을 것이다. 그 환상이 속임수나 기만의 다른 말이 아니라, 영화적 시간의 물질성을 온전히 감각하려는 욕망이자 태도가 될 수 있음을 믿고 싶어졌다.

〈밤과 낮〉 이후 홍상수의 새 영화가 나올 때마다, 그 세계의 시간적 비밀에 조금이라도 더 닿기 위해 다양한 비평적 언어를 동원해보았지만, 결과는 언제나 실패였다. 그런데 유일하게 〈북촌방향〉의 한 장면을 볼 때만큼은 홍상수의 영화적 시간에 깃든 비밀 한 자락을 훔쳐본 것 같은 흥분감에 사로잡힌다. 새벽녘까지 술을 마시던 남녀 무리들이 집으로 돌아가기 위해 도로 한쪽에서 택시를 기다리고 있다. 어스름한 새벽의 공기 속에 눈이 펑펑 내리고 술에 취한 이들은 비틀거린다. 취한 여자가 도로 건너편으로 걸어가버리자, 그녀를 데려다주기 위해 한 남자가 그 길을 따라 건넌다. 도로 한편에 남아 있던 남녀는 일행 중 가장 취한 남자를 택시에 태워 보낸다. 내용상으로는 특별할 것 없어 보이지만, 비틀거리는 사람들과 지나가는 택시들과 때마침 내리는 눈이 빚어내는 운동의 활력이 이 장면에 기묘한 쓸쓸함을 불어넣는다. 한 장면 안의 모든 존재들이 각자의 시간으로 움직이면서도 서로에게 무심하게 기대어 있는 찰나의 신비로운 리듬을 보며 나는 귀신에 홀린 것 같은 기분이 들었다. 그런데 그 감흥이 배가된 건, 똑같은 장면이 영화의 예고편으로 다시 등장했을 때다. 홍상수는 기괴하고 아련한 본편의 장면을 천천히 되감아(리와인드) 모든 움직임을 거꾸로 펼쳐냈다. 이 예고편에서 눈은 땅에서 하늘로 올라가고 비틀거리는 사람들은 뒷걸음질을 하고 택시는 후진을 하고 있다. 그런데 장면을 채우는 모든 운동들이 우스꽝스럽게 느껴지기는커녕 이상한 숭고함을 품고 있어서 나는 한동안 그 자리에 얼어붙었다. 한 세계를 이루는 모든 요소들이 거꾸로 움직이고 있음에도 불구하고 그 무엇도 훼손되지 않는다는 사실. 시간이 앞으로 나아가지 않고 과거로 되감아지고 있음에도 여전히 그 세계의 고유한 리듬과 미(美)와 간절함과 유일무이한 공기가 우아하게 숨 쉬고 있다는 사실. 어떻게 이것이 가능한가? 선형적인 시간적 연속성이나 인과관계와 무관하게 스스로를 드러내는 세계의 요소들이 여기 동등하게 살아 움직이고 있었다. 홍상수의 세계에서 영화적 시간이란 세계를 구성하는 요소들 각각의 과격한 존재론적 평등함을 필사적으로 지켜내는 시간이라는 것을 그때 깨달았다. 우리의 관습화된 눈으로는 닿을 수 없는 곳에서 이미 사라지고 지나간 시간들이 의연한 리듬으로 치열하게 운동하는 모습을 보며 나는 무한한 위로를 얻음과 동시에 섬뜩함을 느꼈다. 홍상수의 영화적 시간은 늘 낯선 아름다움에 도취되게 하고 이내 그 낯섦에 의해 무섭게 깨어나게 한다.

그렇게 영화적 시간의 무시무시한 잠재력을 경험한 후, 과거의 방식으로 영화를 보는 일은 더 이상 불가능해졌다. 영화적 시간이란 무엇인가, 하는 물음 앞에서 여전히 일관되고 명징한 정의를 내릴 수는 없지만, 이제 어떤 영화도 그러한 시간적 경험과 분리해서 생각할 수 없게 되었다. 여기, 하나의 전제를 조심스럽게 덧붙일 수 있을 것 같다. 서사적 시간이 파열되는 지점에서 서사에 귀속되지 않고 부유하는 것들을 편견 없이, 끈질기게 응시할 수 있는가. 어떤 모순과 분열에도 불구하고 이 질문을 자기 몸에 기입한 영화만이 영화적 시간을 꿈꿀 수 있을 것이다. 물리적 시간의 나열이나 누적, 그에 기인한 대상의 물리적 변화에 대한 기록은 영화적 시간에 대한 탐구와 무관하다. 그 기록은 시간이 아니라 서사적 차원의 문제에 더 가깝다. 요컨대 12년이라는 시간 동안 한 소년과 주변인들의 실제 변화를 기반으로 서사를 구성한 〈보이후드〉는 획기적인 시간적 기획의 산물일 수는 있어도 세간의 평처럼 '영화가 시간의 예술임을 증명한 사례'로 보기 어렵다. 한 소년의 성장 과정을 지켜보는 뿌듯함이나 한 여인이 나이 들어가는 과정을 보는 비애는 거기서 우리가 영화적 시간을 감각하기 때문이 아니라, 우리의 현실이 놓인 선형적 시간의 서사에 이입하기 때문에 생기는 감정이다.

영화가 세상을 바꿀 수 있을까. 이제 우리는 그렇게 질문하는 영화를 믿지 않는다. 그렇다면 세상을 바꿀 수 없는 영화는 세상에 어떻게 존재할 수 있을까. 영화가 세상에 존재한다는 건 무엇을 의미할까. 한때 내게 영화는 마주하고 싶지 않은 현실의 얼룩이었고 이후 오랫동안 현실의 거울로서 읽어내어야 할 대상이었다. 영화 속 세계는 줄곧 내가 알고 있는 현실, 알아야 할 현실, 언젠가 알게 될 현실이었다. 영화와 현실과 나 사이에는 언제나 적당한 거리가 유지되었고 나는 영화와 현실 사이의 거리를 논평하는 자리에 서 있었다. 그 자리에서 본 것들, 그 자리에서 쏟아낸 말들이 결국 아무것도 변화시키지 못하는 자기만족의 동어반복에 불과하다는 사실을 뒤늦게 깨달았을 때, 변해야 하는 건 다른 무엇이 아니라 나라는 사실을 인정할 수밖에 없었다. 그 무렵부터 세상을 바꾸는 영화의 능력이나 세상을 그대로 재현하는 영화의 사실성이 아니라 세상을 다르게 감각하는 영화의 상상력을 기다리게 되었다. 그리고 그 감각의 급진적인 힘을 믿게 되었다. 한 편의 영화를 통과하기 전과 이후의 내가 조금이라도 달라졌다는 자각, 잠자고 있던 내 안의 결 하나가 깨어나고 말았다는 자각, 그러니까 영화가 세상을 다르게 감각한다면, 나 또한 그 세상을 다르게 감각할 수 있을 거라는 기대. 이 또한 환상일지 모르겠다. 하지만 홍상수의 영화적 시간이 과연 영화가 세계의 미세한 결들을 얼마나 끌어안을 수 있을지 매번 그 가능성을 실험한다면, 이 환상은 내가 저 밑바닥에 꿈틀대는 숨죽인 나의 욕망들을 어디까지 긍정할 수 있을지 묻게 한다. 내가 그것들을 어떻게든 끌어안을 수 있다면, 비로소 세계의, 아니, 타자의 웅크린 욕망들도 조금은 껴안을 수 있을 것이다.

지나치게 사사롭거나 이기적인가. 몇 해 전 관객과의 대화 시간에 누군가 내게 물었다. "누구를 향해 비평을 쓰나요?" 놀랍게도 그제야 나는 단 한 번도 스스로에게 그런 질문을 던져본 적이 없다는 사실을 깨달았다. 영화 안에서 달라지는 나를 보기 위해, 결국에는 나를 향해 쓰는 것 같다고 대답을 하고 나서 평론가로서 공적인 지면을 일기장 취급한 것은 아닌지 내내 마음이 불편했다. 하지만 몇 번을 다시 생각해도 답은 같다. 다른 매체 비평가들과의 좌담 자리에서도 영화평론가로서 나만의 비평적 장치와 비평적 야망이 무엇인지에 대한 질문을 받았다. 그에 대한 답 역시 나는 생각해본 적이 없었다. 내게는 지나치게 거창하고 생경한 용어와 문제제기였지만 그들은 그런 나를 더 생경하게 쳐다보았다. 하지만 오히려 그 순간 내가 왜 하필이면 영화평론가의 길을 걷고 있는지에 대해 조금은 알 수 있을 것 같았다. 한 편의 구체적인 영화 앞에서는 아무리 위대한 비평적 장치도 무용하다는 것, 영화 비평은 결국 어떻게 해도 실패의 흔적이므로 비평적 야망의 구축은 그 실패를 위장하지 않으려는 투명함에 비해 언제나 부차적이라는 것. 지금 나는 그 무용함과 실패의 흔적 앞에서 그럼에도 불구하고 영화 속 저 세계에 흔들리는 나는 누구인가, 나를 움직이는 저 세계는 무엇인가를 묻는 과정이 지속되기를 원한다. 이것이 뻔뻔한 고백이라고 해도 어쩔 수 없다. 영화는 지금, 나를 달라지게 할 수 있는 유일한 힘이다.

1부

감독들

감독 홍상수

"모르는 데에서부터, 모르기 때문에 시작하는 겁니다." 감독 홍상수가 영화를 찍을 때, 그리고 대상을 바라볼 때 고수하는 원칙, 아니 본능 같은 것이 있다면, 그건 '몰라야 한다'는 것입니다. 아는 것에서 시작해서 전체 틀을 짜고 그안에 이야기를 꽉 차게 밀어넣고, 그 그림들을 그대로 재현하기 위해 애쓰는 감독들과 그는 정말 다릅니다. 모르는 것에서 시작한다는 말은 대상의 미지에 대한 호기심이 무엇보다 중요하다는 말이며, 그 어떤 가능성도 열어둔다는 말이며, 그때 찾아오는 우연의 순간을 기꺼이 받아들이겠다는 말입니다. 멋진 말처럼 느껴지지만, 바람 한 점에도 흔들리기 마련인 극도로 예민한 영화 현장에서 우연을 마주하는 것, 직감을 믿는 것, 그리고 즉각적인 판단을 내리는 것은 상상만 해도 두려운 일입니다. 하지만 그는 그것을 영화가 우리에게 줄수 있는 가장 행복한 선물이라고 생각하는 것 같습니다. 그 현장 안에서, 그의 영화 안에서는 어떤 사물도, 배우도, 스탭도 그 우연이 작은 기적이라는 걸 자신들의 몸으로 느끼는 것 같습니다. 그의 영화에 출연한 배우들은 하나같이 자기도 모르는 사이에 온몸의 세포가 깨어나는 경험을 했다고 고백하곤 하는데, 영화를 보는 동안 우리는 그 말을 알 것 같고 매우 부러워집니다. 첫 장편영화인 〈돼지가 우물에 빠진 날〉부터 열두번째 장편영화인 〈북촌방향〉에 이르기까지, 그는 완전한 시나리오에서 점점 더 작은 트리트먼트로, 이제는 그저 몇 줄의 메모로 현장의 아침을 맞이합니다. 하지만 아무도 불안해하지 않습니다. 그 불완전함이 마법처럼 낯설게 영화에 삶의 생기를, 아무도 예상하지 못한 영화적 리듬과 활기를 불어넣어준다는 것을, 그의 영화는 점점 더 기쁘게 증명해 보이고 있기 때문입니다. 어제 누군가와 나누었던 대화가, 오늘 유달리 예뻐 보이는 나뭇잎이, 때마침 내려준 고마운 눈이, 원래부터 덩그러니 그 자리에 놓여 있던 사물이 더없이 살아 숨 쉬는 상태로 영화의 공기가 됩니다.

몰라서 시작되었다는 영화를, 모르는 마음으로 보기로 하면서, 영화라는 신비로운 세계의 과정을, 아니 생의 사사로운 순간들을 사랑하는 법을 배웁니다. 그의 영화들이 점점 더 밝고 편해진다는 세간의 평에는 동의할 수 없지만, 그의 영화들이 통념과 상투와 싸우다가, 이제는 그들과 유희하며 무거운 억압들을 천천히 거두며 투명해지고 있다는 사실만큼은 믿을 수 있습니다. 편견 없는 그 투명함으로 최선을 다해 영화 밖 세상에서 영화 안 세계로, 그리고 다시 밖으로 나오는 창문을 열고 또 열면서 홍상수의 세계는 자꾸만 새로운 시공간의 미로를 탐구합니다. 목표가 새로운 것이 아니라 과정이 새롭습니다. 그 과정을 겪으며 감독도, 배우도, 자연도, 사물도, 그리고 우리도 자꾸만 새로워집니다. 다만 그의 영화 앞에서 점점 더 머리는 무기력해지고 마음의 결은 깊어지는데, 그 마음의 결을 설명할 언어를 점점 더 찾기 어렵다는 걸 깨닫고는 때때로 슬퍼집니다.

세잔의 마음을 사랑하는 감독 홍상수는 확실히 배포 큰 장군의 기세와 날카로운 여우의 눈빛, 그리고 티 없는 아이의 천진함을 동시에 가진 이상한 남자입니다. 더없이 찌질한 짝짓기의 생태가 우연의 바람 안에서 이상하게 위대해지는 순간을 마주할 때마다 나는 그렇게 느낄 수밖에 없습니다.

(LIG문화재단 '영화음악&음악영화' 프로젝트 홍상수 감독 소개글, 2011. 9)

하하하

우리, 맨얼굴의 공포와 대면할 수 있을까

책 한 권(『씨네21』 752호)이 모두 홍상수 감독의 세계에 바쳐졌다. 이런 상황에서 무언가 말을 덧붙이기 위해서는 용기가 필요하다. 〈하하하〉를 본 대부분의 사람들은 이 영화가 이제까지 홍상수의 작품들 중에서 가장 유쾌하다는 공통된 평을 들려주고 있다. 수도 없이 자문했다. 내가 이상한 걸까? 내게는 슬픈 영화다. 〈하하하〉는 어둡고 슬픈 것에 나쁜 것이 있다고 경고했지만, 어쩔 수 없다. 영화 속 인물들이 웃는다고 나도 같이 웃어야 하는 건 아니다. 물론 그들이 피에로처럼 울음을 감춘 웃음을 짓고 있으니 그 이면을 봐야 한다고 말하는 건 홍상수의 세계에 대한 완벽한 오해일 것이다. 그의 영화는 이면을 드러내기 위해 표면을 희생시키지 않는다. 〈하하하〉의 인물들은 웃고 싶을 때 웃는다. 그게 전부다. 그렇다면 내 감정은 어디서 오는 걸까. 영화 속 문경(김상경)의 꿈에 등장한 이순신 장군은 "그 눈으로 보아라. 그러면 힘이 저절로 날 것이다. 네 머릿속의 남의 생각으로 보지 말고 네 눈을 믿고 네 눈으로 보라"

고 말했다. 용기를 내어 '내 눈으로 본 것'을 믿기 위해 이 글을 쓴다.

이미 알려졌듯, 청계산에서 만난 감독 문경과 평론가 중식(유준상)이 막걸리 한 모금에 지난여름, 통영에서 겪은 기억 한 토막씩을 나누기로 하면서 영화는 시작한다. 둘은 좋았고 즐거웠던 일만 이야기하자는 데 뜻을 같이한다. 이제부터 우리가 볼 이야기들은 과거의 일들이며 이 영화가 회상의 구조로 진행된다는 사실쯤은 쉽게 짐작할 수 있다. 일반적으로 통용되는 회상의 구조, 즉 서사가 어느 정도 진행된 후, 현재 안에서는 도저히 풀리지 않는 수수께끼의 근원을 찾기 위해 과거로 돌아가는 방식에 우리는 익숙해져 있지만, 홍상수의 영화를 한 편이라도 본 사람들은 그런 방식이 홍상수의 것은 아님을 안다. 즉 우리는 그가 플래시백을 즐겨 사용하는 감독이 아니고, 사용하더라도 그것이 어떤 진실을 복구하기 위한 수단이 아니라는 점을 여러 차례 경험했다(그는 데이비드 보드웰과의 인터뷰에서 "기억은 의문을 남기는 것이어야지, 무엇이 '진실'인지를 판정하는 것이어서는 안 된다"고 말한 적 있다). 그런데 정작 여기서 당황스러운 건, 홍상수의 영화에 회상의 구조가 들어왔다는 사실 자체가 아니라, 그것이 아무런 망설임 없이 영화의 시작점으로 밀어넣어진 느낌을 받을 때다. 회상을 시작하는 현재의 시점은 흑백 스틸사진으로 멈춰 있고, 두 남자의 생기 있는 목소리에 의해 불려나온 통영의 기억은 컬러로 된 동영상의 세계다. 그때까지만 해도 나는 이 영화가 스틸사진이 영화의 앞과 끝을 감싸고 그 안은 과거의 생동감 있는 기억으로 채워지는 구조로 이루어질 거라는 예상을 하고 있던 참이었다. 하지만 문경의 기억 한 토막과 중식의 기억 한 토막 사이에 거의 규칙적으로 청계산의 현재(여전히 목소리만 살아 있는 스틸사진)가 끼어들어 불현듯 시간을 멈출 때, 앞의 당혹감은 반복된다. 물론 이건 상당 부분 직감에 근거하는데, 홍상수 영화에서는 직감을 설명하다보면 그것이 늘 영화의 구조(혹은 배열)와 밀착된다는 걸 깨닫는 게 중요하다.

그러니 우선 이 직감에서부터 시작해야 할 것 같다. 회상의 구조란, 아니 그걸 통해 불려나온 기억이란 결국 현재로 돌아와 현재를 설명하기 위한 것이어야 한다는 암묵적인 합의, 이 말이 거창하다면, 기억은 기본적으로 현재를 보충하기 위한 것이라는 생각이 우리에게는 있다. 그런데 이 영화는 이상하다. 영화의 시작점이기도 하고, 과거의 기억들 사이에 반복 삽입되는 현재가 너무 납작하다. 흑백으로 정지된 사진에서 아무리 생생한 목소리와 술잔 부딪치는 경쾌한 소리가 흘러나와도, 그 소리가 사진에 두께를 주는 것 같지는 않다. 그 현재는 차라리 그곳에 존재하지 않는다는 표현이 어울릴 정도로 얇다. 과거의 기억을 받아서 풍성해지길 기대하는 현재는 여기 없다. 인물들의 내레이션이 과거와 현재를 오가고는 있지만, 두 시공간이 과거-현재로 이어진다기보다는, 아예 각기 다른 차원에 속해 있는 것 같은 인상은 단지 흑백의 정지 화면과 컬러의 동영상의 충돌이 주는 느낌 때문만은 아닐 것이다. 뒤이을 기억의 드라마를 감당할 생각이 없는, 아니 지탱할 수 없을 만큼 납작한 시작점, 혹은 과거가 안착할 수 없을 만큼 얇은 현재. 현재가 이토록 투명한데, 과거가 어디로, 어떻게 돌아올 수 있겠는가. 과거가 돌아올 수 없다면 그것을 기억이라고 부를 수 있을 것인가. 아니, 이들을 과거와 현재라고 부르는 게 온당하기는 한가. 사실, 이런 물음은 〈하하하〉를 관념적인 영화로 오해하게 만들 것 같아 좀 망설여지는 면이 있다. 혹은 이 의문들은 결국 죽음의 담론 안으로 들어갈 수밖에 없을지도 모른다. 하지만 죽음은, 아무리 멋진 표현을 가져다 붙이고, 아무리 두터운 층위를 대어도 삶보다 관념적이다. 죽음은 삶보다 구체적일 수 없다. 정성일은 이 흑백사진들을 "저승에서 들리는 것 같은 울림. 죽음의 시간"이라는 말로 표현했지만 나는 죽음이라는 단어를 경유하지 않고 이 투명한 막, 그러나 과거를 흡수하지 않고 튕겨내는 현재-흑백사진의 존재의 이유를 영화 내에서 찾아내고 싶다.

넓게 시작했으니 좀 좁게 들어가보고자 한다. 일단 이 영화의 배열은 느슨하게 펼쳐졌다고 평가된 최근 홍상수의 작품들에 비해 단단해진 느낌이 있는데, 이상하게도 그와 별개로 영화 속 현재와 과거 혹은 그 둘 사이를 잇는 기억은 서로 얽히지 않고 따로 흩어져 있다는 인상을 준다. 이 두 가지 상반된 느낌이 어떻게 공존할 수 있을까. 내 생각에 이건 영화 속에서 두 남자의 현재라고 표상되는 스틸사진의 존재, 그리고 그 사진이 위치한 혹은 위치하지 않은 자리에 대해 생각할 때 풀릴 수 있는 문제다. 회상의 구조로 이루어진 영화들을 볼 때, 우리는 줄곧 기억의 주체, 그러니까 중심이 되는 시간의 축을 찾는다. 굳이 애써 찾을 필요도 없이 그 주체와 시간의 축은 현재의 중심에 이미 명확하게 제시되는 게 보통인데, 이 영화 역시 기억의 주체는 스틸사진 속의 문경과 중식이다. 그들이 서로의 과거 속에 서로가 존재하고 있다는 사실을 모르는 무지한 기억의 주체일지라도, 어쨌든 그들이 기억하는 자라는 점만은 명확하다. 하지만 그들이 기억의 주체라고 해서 그들의 스틸사진이 영화 속 시간의 축은 아니라는 사실을 느낄 때 문제가 생긴다. 앞에서도 언급했듯, 영화 속에서 이 정지된 사진들이 구체적인 경험들의 축이 되기에는, 혹은 무언가의 중심의 자리를 감내하기에는 다시 말하지만, 너무 평평하다. 홍상수 식으로 말한다면, 구상을 감당할 수 없는 과도한 추상이라고 해야 할까. 그렇다면 이 영화의 시간의 축은 어디 있는가? 지금으로서는 없다는 게 내 판단이다. 무언가 기억이라고 할 만한 사건, 혹은 사건이라고 할 만한 기억들은 분명 있는데, 그것들에 시간성을 부여하기가 어려운 이상한 상황이 벌어지는 것이다. 그래서 이 상황은 어디에도 얽매이지 않는 충만함과 그렇기 때문에 생길 수밖에 없는 불안감을 동시에 안고 있다.

물론 〈하하하〉를 보며 다음과 같이 말할 수도 있다. '과거는 생기로 움직인다. 현재는 그 자리에 멈춰버렸다. 과거가 제아무리 살아 있어도 결국 현재 안으로 들어올 수는 없다는 걸 영화는 보여준다. 그때 과거의 생생함은 결국은 추억이 될 감정이고 그건 결국 우리에게 거기서 죽음을 보라는 요구다.' 하지만 점점 홍상수의 영화는 정한석의 말대로 지금, 행복해지기 위해 애쓰자고 말하는 쪽이지, 어차피 감정은 죽음을 내재한다고 말하는 쪽은 아니다. 그럼, 이렇게 묻는 건 어떤가. '움직이는 과거와 정지된 현재에서 한쪽은 환상이고 한쪽은 실재가 아닐까. 한쪽은 삶이고 한쪽은 죽음이 아닐까. 이때 어느 쪽이 진짜일까.' 그러나 홍상수는 여러 평자들이 이미 지적했듯, 위계를 부정한다. 그의 영화에서 꿈과 현실은 늘 동등한 위치에 있다. 답이 정해져 있는 이런 생각들을 굳이 언급한 이유는, 그가 아무리 위계를 부정한다고 해도, 하나가 다른 하나를 끌어안을 수는 있지 않을까, 묻고 싶기 때문이다. 과거와 현재가, 삶과 죽음이, 이 영화를 두고 구체적으로 말하자면 통영의 움직이는 기억과 청계산의 정지된 사진이, 통영의 중식과 청계산의 중식이, 어떤 식으로든 하나가 다른 하나를 끌어안는 건 가능하지 않을까. 만약 영화가 그걸 보여주기만 한다면 거기서 위안을 얻고 싶었다.

그런데 내가 바라는 것과는 전혀 다른 차원에 생각지 못한 울림이 있었다. 물론 그 울림은 위안과는 좀 다른 종류의 것이다. 영화의 마지막 장면에서 연주(예지원)와 중식은 다른 인물들을 모두 통영에 남겨두고 여수행 버스에 오른다. 버스 안에서 중식은 자기가 쓴 시도 읽어주고, 서로의 마음에 대한 온갖 예쁜 말들을 나누고 이렇게 다짐한다. "아무것도 몰라도 우리가 사랑하는 것만 알면 충분해." 한때의 찬란한 아름다움일 거라고 생각하며 이제 청계산 두 남자의 스틸사진으로 돌아갈 준비를 하는 찰나, 연주와 중식의 모습 위로 두 남자의 마지막 내레이션만 흐르고 영화는 불현듯 끝나버린다. 난감하다. 이 결말은 현재로 향한 걸까, 과거로 향한 걸까. 혹은 어디로 열려지거나 닫힌 걸까. 그것은 〈밤과 낮〉에서 본 폐쇄된 결말도, 〈잘 알지도 못하면서〉에서 느낀 열려진 결말과도 다르다. 현재라고도, 과거라고도 규정할 수 없는 시간 속에 자기 자리를 찾지 못하는, 그러나 자신의 자리를 찾지 못할 때만 그렇게 살아 있을 수 있는 순간. 이 천진한 연인의 마지막 그림은 다른 존재들이 모두 시간 속으로 흩어지고 사라져도, 오직 서로의 마음에만 기대어 거기서 온전히 버텨 내려 한다는 인상이 있다. 나는 위에서 이 영화의 구조적 배열이 최근 홍상수 영화들에 비해 뭔가 촘촘해진 느낌이 있다고 했고, 그 이유를 서로 다른 시공간적 차원의 반복 교차 때문으로만 여겼다. 그러니까 배열의 문제를 표면적이거나 형식적인 차원에 국한해서 생각했던 건데, 마지막 장면에 도달해서야 알게 되었다. 〈하하하〉의 구조를 단단하게 만들어준 궁극의 요인은 바로 이 마지막 장면 속에 있다. 아니, 정확히 말해 그 장면이 그 자리에 놓여졌다는 데 있다. 시간의 위계도 부정하고 시간의 일관된 축과 질서에도 관심이 없지만, 그 시간을 버티는 인간의 모습만큼은 붙잡는 것. 그건 희망도 아니고, 딱히 어둠과 밝음으로 설명할 수 있는 것도 아니지만, 그 자리에 있어야만 하는 것이다.

사실, 그와 유사한 느낌의 장면을 통영에서도 보았다. 이 역시 연주와 중식의 장면인데, 비바람이 강하게 내리치는 어느 날 두 사람은 한 우산 아래 서로의 몸을 꼭 끌어안고 바다를 바라본다. 그리고 그 위로 흐르는 중식의 내레이션은 대강 이렇다. "아침에 그 사람하고 있는데 너무 짜릿하고 좋더라. 감각이 다 되살아나는 것 같았어." 이 자체만으로도 충분히 아름답지만, 바로 다음에 따라오는 장면을 보고 나면 그 배열의 인상을 잊기 어렵다. 연주와 중식이 함께 비 맞는 장면이 나온 후, 지금까지의 영화의 구조를 떠올린다면, 청계산 두 남자의 스틸사진이 따라오는 게 맞지만, 영화는 그 과정을 건너뛴다(여기를 기점으로 이 규칙적인 배열의 리듬은 깨진다). 그러니까 아무런 매개의 장면 없이, 성옥(문소리)이 일그러진 얼굴로 커다란 우산을 들고 폭우를 맞는 장면이 갑자기 붙는다. 이 모습을 카메라는 필요 이상으로 길게 쳐다본다. 똑같은 통영의 비, 그러나 연인의 다정한 비와 여인 홀로 견디는 폭우. 홍상수는 분명 이것을 귀여운 느낌에 근거한 우연한 배열이라고 말하겠지만, 두 장면의 충돌, 혹은 연결이 주는 인상은 쉽게 지나치기 어렵다. 두 장면의 감흥은 아주 멀리 떨어져 있다는 걸까, 아니면 결국 일치한다는 걸까. 잘 모르겠다.

하지만 영화에 등장하는 수많은 모습들 중에서도 왜 하필이면 위의 장면들에서 마음이 움직였는지에 대한 이유는 어렴풋하게나마 알 것 같다. 영화 속 중식의 표현을 빌리자면 "헛것이 하나도 없는" 맨얼굴, 그러니까 그걸 특정 장면의 맨얼굴이라고 해도 좋고, 그 속에 있는 인물의 맨얼굴이라고 해도 상관없다. 거기서 내가 느끼고 본 맨얼굴을 잊지 못하는 것 같다. 다만 이상한 건, 영화 전체를 돌이켜보아도, 연주와 중식은 둘이 함께 있을 때만 그들의 맨얼굴이 나오고 그게 늘 마음을 뭉클하게 하는데, 성옥은 그렇게 외롭게 홀로 폭우를 견디는 그 일그러진 장면에서만 맨얼굴이 돌출하고 그녀가 짝들과 함께한 수많은 다른 장면들에서는 그것이 좀체 느껴지지 않는다는 것이다. 달리 말해 연주와 중식 커플을 제외한 다른 이들은 그들이 아무리 함께 있어도 서로에게 붙는 느낌이 없고, 문경이 시종일관 다짐하는 것처럼 상대에게서 "좋은 것만 보려고" 하는 것 같지만, 뭔가 충분히 애쓰고 있는 것 같지는 않다. 이들은 왠지 다치기 전에 물러선다는 표현을 쓰고 싶게 만든다. 여기서 다친다는 건 자기 파괴를 무릅쓴다는 의미와는 다르고, 오히려 중식의 말을 다시 끌어오면 필사적으로 자신에게 솔직하지 않아 보인다는 의미에 가깝다. 왜 그렇게 느껴질까.

〈잘 알지도 못하면서〉에서 우리는 한 여인의 뭉클한 맨얼굴을 대면한 기억이 있다. 고순(고현정)은 세상의 눈이 아닌 자신의 눈으로 느끼고 경험하는 사람 같았다. 그건 그녀가 결국 원래의 자리로 돌아간다 해도, 혹은 그 자리를 잃는다 해도 그 두려움을 끌어안을 수밖에 없다는 걸 스스로 인정하는 것처럼 보였기 때문이다. 여기서 홍상수 영화의 도덕과 윤리의 구분(도덕이란 선악의 판단 기준이지만, 윤리는 오직 좋은 것과 나쁜 것의 기준으로 작동한다)에 대해 사려 깊게 분석한 정한석의 논지를 끌어와 좀더 밀고 나아가고 싶다. 윤리는 제도나 상투적 관습이 아닌, 개인적인 직관을 믿고 그걸 근거로 좋은 것을 보는 것이며, 그 관점에서라면 고순이야말로 삶의 윤리를 실천하기 위해 애쓰는 사람이다. 그런데 엄밀하게 생각해보자. 홍상수의 영화에서 누군가의 윤리를 판단하기는 쉬운 일인가. 고순의 윤리가 예쁘게 보였던 이유는, 그녀가 직관에 따라 행동했음을 우리가 잘 알기 때문이라서가 아니라(그것이 그녀의 직관에 의한 것임을 우리는 도대체 어떻게 판단할 수 있는가), 그녀가 한 남자의 아내로 살고 있으면서도 자신의 욕망에 따라 선택했고, 그 결과를 온전히 감내할 준비를 하고 있다는 점 때문이었다. 좀 부박하게 말하면, 영화에서 그녀가 결혼 제도 안에 존재하는 유부녀라는 사실은 그녀가 자율적이기 위해 애쓰는 존재라는 사실만큼 중요하다. 그러니까 그녀의 선택을 자율적인 것으로 보이게 해주는 건 그녀가 속한 타율적 울타리다. 이 말이 타율적 울타리를 수용할 수밖에 없다는 체념으로 오해되어서는 안 된다. 나의 행위가 그 어떤 상투성으로부터도 벗어나기 위해 노력하고 있다는 확신을 내게, 혹은 상대에게 주는 건 결국 내가 서 있는 도덕적 토대와의 관계에서다. 맨얼굴이 맨얼굴로 두드러지는 순간은 그것이 편견과 제도의 탁함으로 둘러싸여 있을 때다.

홍상수는 맨얼굴을 보기 위해 노력하자고 말하지만, 맨얼굴이 순수한 본질로 존재한다고 여기거나, 인간이 그것에 완전히 밀착하거나 도달할 수 있다고도 말하지 않는다. 〈하하하〉에는 그걸 보여주는 장면이 있다. 정호(김강우)와 중식 커플은 창밖의 걸인을 보면서, 그의 껍데기가 아닌 실체를 볼 수 있는지, 그의 더러움을 다 지워도 여전히 거지라고 할 수 있는지 등에 대한 바보 같은 논쟁을 벌이는데 여기서 이어지는 장면은 놀랍다. 실제로 그 걸인이 굉장히 위협적인 모습으로 중식 커플을 쫓아오며 "더러운 년!"이라고 내뱉는 모습인데, 영화 전체의 분위기상 끔찍하고 낯선 얼룩이다. 내 생각에 이 장면에서 홍상수는 단지 타자의 맨얼굴을 보기 위해 노력하자고 말하는 걸 넘어서 이렇게 반문하는 것 같다. 문제는 우리가 타자의 맨얼굴을 대면할 수 있다고 너무 쉽게 생각한다는 데 있는 건 아닐까. 과연 우리는 이 맨얼굴의 공포를 대면할 수 있을까.

여기서 윤리와 도덕이 중요해지는 건, 윤리가 도덕으로부터 순결하게 분리될 수 있다는 통념과 환상을 지적할 수 있을 때고, 그걸 말하는 이유는, 홍상수의 인물들이 순간의 충만감과 직관을 따를 때, 그것을 단지 좋은 것만 좇는 감상주의, 혹은 일탈에 대한 치기 어린 욕망쯤으로 치부하는 일련의 견해들을 경계하고 싶어서다. 우리에게 윤리가 절실한 건, 용기가 필요한 건, 우리가 도덕 안에 살고 있기 때문이다. 짝짓기를 소중히 여기는 그의 영화에 유독 유부남, 유부녀가 많이 등장하고 그들의 만남이 늘 우연한 여행에서 이루어진다는 점은 그런 맥락에서 이해해야 한다.

이제 〈하하하〉로 돌아가야겠다. 여하튼 무엇이 좋은 것이고 나쁜 것인지를 판단하기 위해서는 잘 느껴야 한다. 잘 느끼기 위해서는 투명해져야 하는데, 그 투명함은 좋고 나쁜 것을 구별할 수 있는 기준을 멈추지 않고 닦는 것이며, 그건 그 기준을 둘러싼 도덕 혹은 상투적 이미지와 싸우는 것이다. 연주와 중식 커플을 제외한 나머지 인물들에게 내 마음을 주기 힘들었던 이유는 아마도 그들에게는 좋고 싫음은 있지만, 그걸 판단하고 실행하기 위한 과정, 즉 도덕 안에서 윤리를 쳐다보고 갈망하는 치열함이 부족해 보였기 때문인 것 같다. 그 말을 이렇게 반복해도 될 것이다. 이 영화의 마지막 장면을 채우는 '하늘의 별' 같은 남자와 '천사새끼' 같은 여자는 두 손을 꼭 잡고 도덕 안에서 윤리를 보기 위해 필사적으로 버티고 있다. 그 순간이 과거이건, 현재이건, 영원하건,

사라지건 영화는 개의치 않는 것 같다. 다만 두 연인이 거기 버티고 있는 것처럼, 영화 역시 그 장면이 그 자리에 기필코 올 수밖에 없다고 믿는 것 같다. 그 결단을 생각할 때마다 나는 유쾌하기는커녕, 마음이 부서질 정도로 슬프다.

(『씨네21』 2010. 9)

옥희의 영화

인생처럼, 영화를 살아내다

홍상수의 영화를 매끈한 틀 안에서 설명하기란 늘 어려운 일이었지만, 〈옥희의 영화〉는 정말 그렇다. 알려진 대로 네 편의 이야기가 등장하는데, 각 편들은 연결되는 것일 수도 있고 아닐 수도 있다. 같은 배우들이 계속 나오지만, 이들이 같은 인물인지 아닌지도 확신할 수 없다(『씨네21』 770호에 실린 정한석의 글과 김혜리의 인터뷰 참고). 다만 영화 전체를 돌아볼 때, 각 이야기들 사이에서, 혹은 인물들 사이에서 뭔가 팽팽하고 치열하게 붙다가도 느슨하게 풀어지고, 때로 어긋나버리는 느낌을 받게 된다. 일관된 줄기가 없기 때문에 우선은 그 느낌의 근거를 단번에 알아채기 어렵고, 상투적인 규정도 피해야겠지만, 그것이 다른 무엇에도 기대지 않는 이 영화가 유일하게 기대고 있는, 이 영화만의 절실함이라는 사실만큼은 점점 분명해진다. 만약 〈옥희의 영화〉를 볼 때 단 한 가지, 영화에 대해 지켜야 할 예의라는 게 있다면, 그건 이 절실한 느낌을 영화적으로든 우리의 삶 안에서든 쉽게 풀어낼 수 있다고 생각해서는 안 된다는 것이다.

도식, 구조, 심지어 그림으로도 꿰뚫어지기 어려운, 그러나 분명 반복과도 관계가 있을 상황들이 〈옥희의 영화〉를 이룬다. 아니, 이룬다는 표현이 맞기는 한가? 그런 상황들이 거기 던져져 있다. 아니, 이 표현도 적절하지 않을지 모른다. 우리가 아는 홍상수는 미리 전체를 상정하지 않지만, 그보다 더 치밀한 직관에 의해 그 자리에, 그 이야기 혹은 장면을 위치시키는 감독이다. 그런데 〈옥희의 영화〉에서 이 치밀함은 단순히 배열의 문제만이 아닌 것 같다. 배열의 촘촘함만으로 획득할 수 없는 기운, 그러니까 특정 장면, 특정 이야기, 특정 인물의 상당한 밀도로부터 다른 이야기, 다른 장면, 다른 삶으로, 최소한의 인위적 장치를 통과해서 퍼져나가는 기운이 여기 있다. 배열이 단단한 게 아니라, 배열로도 가닿을 수 없는 어느 장면, 어느 사람, 어느 풍경의 마음이 단단하다. 아마도 위에서 언급한 이상한 느낌과도 일면 상통되는 기운일 것이다. 이와 관련해, 몇몇 평자들에게는 그것이 흘러넘치는 파토스처럼 느껴지는 모양이지만, 내게는 차라리 건조하게 말라버린 정념의 흔적처럼 다가온다. 좀 이상한 표현일 수도 있는데, 이 영화를 보며 그 건조함이 더 깊은 정념이 될 수 있다는 것을 목격하게 된다. 그게 부정과 환멸이 아니라 긍정의 테두리 안에서 벌어지고 있다는 사실이 무엇보다 놀랍다.

이 느낌과 기운이 〈옥희의 영화〉를 그간 홍상수의 영화와는 좀 다른 지평으로 이끈다. 뒤에서 보다 자세히 말하겠지만, 그 지평은 그의 전작들로부터의 단절이 아니라, 전작들을 끌어안고서 확장되고자 하는 움직임이라는 확신을 준다. 그러니 각 장들이 어떤 관계 안에서 조직되어 결국 무엇을 말하고 있는지에 대한 문제보다 〈옥희의 영화〉 그 어디에, 나의 심상이 왜 여전히 머무르고 있는지에 대한 생각으로 돌아가는 게 중요할 것이다. 물론 네 편의 이야기들 중 어느 편이 더 중요하고 덜 중요하다고 말할 수는 없다. 그러나 보는 이에 따라 좀더 끌리는 쪽이 있을 것이고, 내게는 세번째 편인 '폭설 후'와 네번째 편인 '옥희의 영화'가 그렇다. 이렇게 말하고도 싶다. 뒤의 두 편이 안긴 정서적 감흥이, 혹은 어떤 깨달음이 앞의 두 편에 대해, 그리고 홍상수의 열한번째 영화에 대해 새롭게 느끼게 했다. 〈옥희의 영화〉는 그저 〈하하하〉 다음에 찾아온 영화가 아니다.

홍상수는 〈옥희의 영화〉 속 네 편의 이야기를 '주문을 외울 날'(1)-'키스왕'(2)-'폭설 후'(3)-'옥희의 영화'(4) 순서로 각각 이름 붙였다. 동일한 배우들이 동일한 이름으로 등장하지만, 이 네 편의 이야기들 사이에 시간적 연속성은 없다. 앞 편이 뒤에 따라오는 편보다 시간적으로 뒤인 것 같을 때도 있고 한 편이 다른 한 편 안에 겹쳐지는 부분이 있는 것도 같다. 굳이 시간의 축 위에 이 이야기들을 위치 짓는다면, (2)-(3)-(4)-(1) 정도가 될 것이다. 하지만 그건 아무래도 상관없다. 중요한 문제는 따로 있다. 홍상수는 인터뷰를 통해 영화를 만든 순서는 (1)-(2)-(4)-(3)이었다고 말했다. 영화상 세번째 등장하는 '폭설 후'가 마지막에 만들어졌다는 것이다. (1)-(2)-(4)는 어찌되었든 영화 내용상의 내적인 필요에 의해, 그의 말을 빌리자면, "더 풀어줘야 할 것 같아" 이어진 구조다. 그러니까 세 개의 이야기만으로도 〈옥희의 영화〉가 완성되는 데 문제가 없었을지도 모른다. '키스왕'을 중심으로 '주문을 외울 날'은 진구의 영화, '옥희의 영화'는 옥희의 영화, 이렇게 대칭의 구조가 되었을 수도 있다. 그런데 103년 만에 폭설이 왔고 홍상수에게 문득 '폭설 후'가 떠올랐다. "날씨는 감정"이라고 곧잘 말해온 그에게 분명 눈이 불러온 심상이 있었을 것이다. 그리고 없어도 되었을 이야기가 분명 있어야만 하는 이야기가 된 것이다. 그는 하얀 세상을 보았을까, 결국 흙탕물 속으로 녹아버린 하얀 세상 그 후를 보았을까.

그렇게 탄생해서, 그 자리에 놓여진 '폭설 후'는 네 편의 이야기 중 가장 이상하다. 진구(이선균), 옥희(정유미), 송선생(문성근)의 관계가 다른 편들에 비해 가장 희미하다. 셋이 한자리에 모인 유일한 장임에도, 그들 사이의 긴장감, 셋이 서로에게 기대는 정도가 가장 약하다. 말하자면 다른 편들은 누구의 이야기라고 말하기 어려운 지점들이 있고, 대체로 인물들의 관계가 부각되지만, '폭설 후'는 관계의 이야기가 아니라 누구만의 이야기라고 말하고 싶어진다. 그 누구는 송선생이다. 그러니까 '폭설 후'는 오로지 송선생의 마음을 위해 거기 있다. 진구와 옥희가 송선생에게 질문을 하고 그가 답을 할 때, 마치 질문이 답 같고 답이 질문 같다. 학생들의 질문은 어딘지 상투적이고 일반화된 답을 기다리는 느낌이 나는 데 반해, 송선생의 답은 그 상투와 일반성에 질문을 던지는 것 같다. 확신을 원하는 학생들의 질문에 불확실한 답이 아니라 불확신이 곧 삶의 답이지 않느냐고 되묻던 남자가 끝에 이르러 그럼에도 불구하고 한 가지 확신, 하나의 마음만은 지키기로 할 때, 가슴이 아릴 수밖에 없다. 굳이 비교하자면 나머지 장들, 특히 '주문을 외울 날'의 송교수, 돈과 권력을 밝히는 그 남자가 송선생의 껍데기라면, 그것이 그가 의존하는 교수라는 상투성이라면, '폭설 후'의 송선생은 그 상투성과 싸우며 마음을 보존하기 위해 갈등하는 남자다. 그때 결기로 가득 찬 남자가 아니라 쉽게 상처 입는 나약한 세속의 남자가 할 수 있는 최선의 결단, 그 다짐의 희극적인 표출이 있다. 흰 눈 위에 토해진 낙지의 꿈틀거림과 뒤돌아 걸어가는 남자의 등과 그의 체념적인, 그러나 스스로를 위로하는 소심한 내레이션이 우리에게 주는 울림. 어쩌면 눈이 오지 않았다면 탄생하지 않았을 이야기, 아마도 눈이 오지 않았다면 결단하지 못했을 남자의 행위. 위대한 눈. 우연이 이룩해낸 기적. 이 기적은 기쁘지만, 한편으로는 뼛속이 차가워지는 꿈 같다. '폭설 후'가 쓸쓸하다면, 결단을 내린 중년 남자의 상투적인 뒷모습 때문이 아니라, 그 풍경들이 현실이 아닌 꿈처럼, 맑아지기 위해서는 초라함 또한 감내해야만 하는 그런 나이가 되어버린 남자가 꾸는 절실한 꿈처럼 느껴지기 때문일 것이다. 상투를 버리는 순간은 남자의 표현대로 '속이 시원'하지만, 이제 이 나이 든 남자는 자신의 맨몸과 어떻게 살아야 할까. 세상은 나이 든 남자의 맨몸을 맨눈으로 봐줄 수 있을까. 이 장면에서 맑음과 비애는 종이 한 장 차이다.

　그런데 홍상수가 이 기이하고도 서글픈 꿈결 같은 '폭설 후'를 다른 어디도 아니라 하필이면 '옥희의 영화' 앞에 붙여둔 이유에 대해 생각해볼 필요가 있다. 어차피 시간의 연속성에 따라 이야기들이 배치되지 않은 거라면, '폭설 후'가 만들어진 순서대로 '옥희의 영화' 뒤에 놓여도 안 될 이유는 없었을 것이다. 하지만 이런 상상을 해보자. 만약 '폭설 후'가 '옥희의 영화' 앞에 없었다면, '옥희의 영화'를 보며, 그 세 사람의 풍경에서 지금과 같은 감흥을 느낄 수 있었을까? 딱히 두 이야기가 관련이 없다 해도, 아무리 애써도 되돌릴 수 없는 시간 앞에서 퇴장하는 남자의 등을 보며 방금 전 맑아지기 위해 애쓰며 스스로를 다독이던 남자의 등을 떠올리지 않을 수 없다. 폭설이 왔고 홍상수가 어떤 직관에 의해 '폭설 후'를 마지막으로 만들게 된 건 우연적인 사건이다. 그러나 '폭설 후'가 '옥희의 영화' 앞에 배치된 건 영화적 필연처럼 느껴진다. 그런 맥락에서라면 홍상수의 영화에서는 우연과 필연이 언제나 일치된다고 말할 수도 있을 것이다. '폭설 후'를 채우는 어떤 기질, 심상, 혹은 마음의 파장이 '주문을 외울 날'에서 허세를 부리는 진구에게도, '옥희의 영화'에서 송선생의 뒷모습을 바라보는 옥희에게도, 어쩌면 '폭설 후'와 전혀 다른 세계들에도 일렁이고 있다는 걸 우리가 영화를 보는 순간이나 보고 난 후 알게 될 때, 홍상수 영화의 전체, 그 말이 부담스럽다면 〈옥희의 영화〉가 구조화되는 방식에 대해 생각하게 된다. 어떤 딱딱한 틀로 된 구조가 아니라, 감정의 파장, 그것이 구조다. 감정이 틀이다. 그 감정이 움직이는 방향은 이를테면 날씨처럼 기적 같은 우연이 이끄는 곳이다. 감정 그 자체는 상투적이고 인위적이지만, 그것이 우연의 배를 타고 움직이는 길은 그 감정의 상투를 넘어선다. 우리는 인물들이 품고 있는 감정 그 자체에 동요하는 것이 아니라, 감정이 퍼져가고 떠나고 남겨진 자리 혹은 행로에 감동을 받는 것이다. 그 자리와 행로, 파장에 결국 과거와 현재와 미래, 즉 홍상수 영화의 시간이 있을 것이다. 〈옥희의 영화〉를 보며 홍상수에게 배열의 문제는 결국 그렇게 귀결되는 것이 아닐까 생각하게 된다. 정한석이 이 영화의 뛰어난 점을 "어떤 감정의 반응으로서의 활동으로 영화를 완성한다는 것"(『씨네21』 770호)이라고 말할 때, 나와 같은 의미인지 잘 모르겠으나, 어느 정도는 유사할 것 같다. 우연에서 시작하지만 모든 순간을 반드시 거기 있어야만 할 것으로 하찮게 버려두지 않는 것, 삶의 우연과 영화적인 필연, 지극히 영화적인 경험이지만 그것이 반드시 삶 안에 있을 때만 기능하게 하는 것. 〈옥희의 영화〉에서 나는 그걸 더 깊게 느낀다.

'폭설 후'의 기운을 받은 '옥희의 영화'는 말 그대로 옥희가 만든 영화다. 내용은 이렇다. 12월 31일 옥희는 나이 든 남자와 아차산에 왔다. 그리고 일 년이 지난 후 1월 1일 젊은 남자와 다시 아차산에 온다. "같은 길을 다른 남자와 갔을 때의 죄책감과 흥분이 이 영화를 만들게 했다. 두 경험을 나란히 붙여 놓고 보고 싶었다"고 옥희의 보이스 오버 내레이션이 설명해준다. 우리는 나이 든 남자와 옥희, 젊은 남자와 옥희가 정말 같은 길을 올라가지만, 두 커플이 전혀 다른 것을 보고 다른 대화를 나누는 걸 본다. 영화는 옥희의 내레이션에 따라 그렇게 일 년의 시간을 훌쩍 뛰어넘어 두 커플을 오간다. 그러다가 나이 든 남자가 혹시라도 헤어지게 되면 잘생긴 나무 앞에서 매년 1월 1일에 만나자는 제안을 한다. 영화는 옥희가 나이 든 남자, 젊은 남자 각각과 산에서 내려오는 장면들을 계속 교차한다. 그때 나오는 옥희의 내레이션에는 어쩐지 마음에 걸리는 구석이 있다. 옥희는 말한다. "나이 든 분과는 말다툼을 해서 기분은 나빴지만 그분을 사랑한다는 걸 느꼈습니다." "젊은 남자와는 어쩔 수 없는 거리감을 느꼈습니다. 언젠가는 헤어지게 될 거라는 생각이 들었습니다."
하지만 영화의 후반에 옥희 곁에 있는 남자는 젊은 남자다. 거리감을 느꼈다
는 남자는 거기 있고 사랑한다는 걸 느꼈다는 남자는 거기 없다. 물론 사랑 앞
에서 시간은 멈추는 법이 없으므로, 그사이 흐른 일 년의 시간 동안 수많은 사
연들이 있었을 테고, 그걸 상상해보기만 해도 충분히 납득할 만한 상황이다.
하지만 영화가 그 두 그림을, 두 남자에 대한 옥희의 단상을 나란히 붙여놓자
둘 사이의 구체적인 시간의 두께가 사라지고, 그때 영화는 기이한 기운에 휩
싸인다. 좀 유치하기는 해도 그럼 어떤 사랑이 더 절실한가, 옥희의 회환과 후
회와 그리움은 어느 쪽으로 더 기울었나를 보고 싶지만 여기 그런 건 없다. 여
기서 두 개의 사랑은 곧 시간, 그 자체 혹은 시간의 결과겠지만, 옥희의 영화
속에서 사랑의 기억은 시간성을 잃은, 삶의 시간축 위에 자리잡지 않는 기억
이다. 아니, 특정 시간이 아니라 그저 지금 이 (영화적) 시간 위에 평면처럼
눌려 있다. 그렇다고 그걸 죽은 기억이라고 말할 수 없는 이유는 영화적 평면
위에 다시 놓인 기억의 심상들이 때때로 두 남자에게서도, 심지어 옥희에게서
도 떠나 온전히 그 자체의 힘만으로 서로를 움직이고 있는 것처럼 보이기 때
문이다. 오직 표면의 리듬만 느껴지는 기억들이며, 누군가의 마음으로도 품어
지지 않는, 그러나 거기 여전히 존재하는 기억들이다. 이런 기억들이 망각보
다 더 서글플지도 모른다. 옥희의 기억보다는 영화적 기억이라고 표현하고 싶
다. 그때 옥희가 잃은 것들, 혹은 영화만이 담아낸 것들. 대과거(나이 든 남자)
와 과거(젊은 남자)를 하나로 묶는 옥희의 목소리는 과거인가, 현재인가, 미
래인가? 기억으로서의 영화는 우리의 시간 그 어디쯤에 속해 있는가?
　그런데 나는 사실 그런 추상적인 문제보다는 이 후반부에서 영화가 왜 옥희
에게 나이 든 남자가 아닌, 젊은 남자를 남겨두었는지가 궁금해졌다. 만약 그
순서가 반대로 되었다면, 옥희의 영화는 자신의 내레이션대로 나이 든 남자에

게 더욱 사랑을 느낀 순간 끝날 수 있었을 텐데, 왜 언젠가 헤어질 것을 예감한 젊은 남자와의 우울한 정조 속에서 끝냈을까? 홍상수는 왜 그렇게 했을까? 바보 같은 질문이라고 일축할 수도 있을 것이다. 혹은 여기서 옥희와의 약속을 지키기 위해 산을 찾았다 돌아서는 나이 든 남자의 무력한 어깨, 거기 배인 세월의 무상함, 이런 것들이 주는 상념에 대해 쉽게 설명할 수도 있을 것이다. 하지만 그건 홍상수답지 않고 너무 상투적이다. 홍상수의 최근작들의 엔딩을 우리는 잘 기억하고 있다. 멀리 갈 필요도 없이 〈잘 알지도 못하면서〉에서 여인이 어리석은 남자를 남겨두고 총총히 해변을 빠져나갈 때, 〈하하하〉에서 남녀가 이보다 더 사랑할 수 없을 것처럼 서로를 보듬을 때, 거기에는 삶의 충만함이 있었다. 그건 삶이 아름답다는 감상주의가 아니라, 끝이 예정되고, 슬픔과 고통이 눈앞에 기다리고 있을지라도 어떻게든 스스로 충만함을 끌어내려는 노력, 그래야만 한다고 믿었던 엔딩이었다. 그런데 '옥희의 영화' 끝에는 현재에서 미래의 이별을 미리 예견하거나 현재에서 과거의 자리를 보며 사랑과 삶의 빈 장소를 들여다보는 옥희의 우울이 있다. 그리고 충만함을 붙잡는 데 실패한 중년 남자의 쓸쓸한 뒷모습이 있다. 그러니까 충만한 현재, 그것이 부족하다. 이 엔딩을 어떻게 받아들여야 할까.

옥희의 마지막 내레이션을 다시 상기해볼 필요가 있다. "많은 일들이 반복되면서 또 어떤 차이를 가지는 이 인생이란 게 뭔지는 끝내 알 수 없겠지만 제 손으로 두 그림을 붙여놓고 싶었습니다." 한동안 홍상수의 영화를 논할 때 가장 많이 나왔던 담론이 바로 '반복과 차이'였으나, 그 논의가 홍상수의 영화가 갖는 삶의 구체성을 설명하는 경우를 본 기억은 거의 없다. 그런데 바로 '옥희의 영화' 마지막에서 옥희는 깨달았는지 모르겠지만, 나는 그 차이의 정체를 본 것 같다. 옥희가 두 남자와의 기억을 붙여 차이를 발견할 때, 중요한 건 그것이 어떤 차이인지, 그 차이를 우리 삶의 좌표 어딘가에 다시 위치시킬 것인지의 문제가 아니다. 놀랍게도 그 과정은 우리에게 삶에는 무수한 반복이 있고 그때마다 차이가 있지만, 삶이 그 차이 모두를 평화로운 전체 속에서 융화할 수 없다는 걸 보여준다. '옥희의 영화'는 반복의 과정에서 어쩔 수 없이 버려질 수밖에 없는, 동시에 버리고 갈 수밖에 없는 차이들, 요컨대 어떤 마음, 존재, 풍경을 보는 영화다. 버려지지 않기 위해 싸우는 기억들을 보여주는 대신, 유령처럼이든, 처연한 미소로든 여전히 그 자리를 떠돌지만 버려진 삶의 감정들을 과연 나의 영화가 안아줄 수 있을까, 홍상수는 묻고 있다. 분명 이건 죽음을 말하는 방식이 아니며, 오히려 죽음이 불가능한 삶의 질긴 어떤 지점마저 긍정하려는 시도에 가깝다.

　그러니 〈옥희의 영화〉에서도 홍상수가 여전히 우연을 사랑하는 건 맞지만, 그 우연의 반복을 통해 우연으로 풍성해지는 삶의 형상을 그리고 있다고 보는 건 적어도 이 영화에서만큼은 반만 맞는 말일 것이다. 삶이 우연의 반복을 통해 덧셈의 과정을 겪을 때, 그 우연은 동시에 뺄셈의 과정 속에 있다. 말하자면 우리의 삶이 우연의 순간들을 받아들여 충만해지려고 할 때, 우리는 결국 시간의 또 다른 우연이라고 말할 수밖에 없을 이유들에 의해 뒤에 남겨진 것들, 잘못된 타이밍에 돌아온 것들, 의지로 의욕하거나 부수지 못하는 것들도 동시에 목격할 수밖에 없다. 그걸 견디고 그걸 보는 것이 이 영화가 말하는 기억이고 시간이다. 이 기억은 망각보다 고통스럽고 쓸쓸하지만 결국 윤리적이다. 〈옥희의 영화〉가 파토스를 끌어내는 데만 목적을 두었다면, 송선생의 슬픈 등을 쳐다보는 것으로 끝내는 편이 나았을 것이다. 그러나 영화는 기어이 옛 사랑의 뒷모습을 쳐다보는 옥희의 얼굴로 돌아오고, 나는 그 선택에 감동받는다. 1월 1일의 아차산. 나이 든 남자와 옥희, 한때 사랑했을 그들은 그때 그 장소에서 이제는 멀리 떨어져 서로에게서 무엇을 보고 있을까. 이듬해에도 이들은 같은 자리로 돌아올까. 분명한 건 그때도 그들에게 새로운 삶의 우연은 찾아올 것이고, 그들은 또다시 남겨진 자리, 두고 가야 할 것들 또한 대면하게 될 것이다. 결코 감정적으로 넘치지 않지만 외로운 우수로 가득 찬 홍상수의 열한번째 영화는 우연을 말하는 데서 나아가 우연을 받아들이는 태도에 대해 생각하고 있다. 사람의 감정 따위에는 아랑곳하지 않고 무심히 흘러가는 시간 안에서 삶을 정직하고 단단하게 받아들이는 용기. 〈옥희의 영화〉에는 그것이 있고, 그것만으로도 이 영화는 지금 내게 충분하다.

（『씨네21』 2010. 9）

북촌방향

거짓말, 무섭고 슬프고 아름다운

〈북촌방향〉을 처음 본 날부터, 얼마간 이 영화의 어떤 순간들에 대해 생각하곤 했다. 그리고 영화를 두번째 볼 기회가 오기 얼마 전, 신기하게도 며칠 간격으로 두 번의 꿈을 꾸었다. 유독 생각을 하면 할수록, 구조를 그리면 그릴수록 멀어지는 이 영화를 조금이라도 붙잡아보기 위해, 지금 나는 내 꿈에 기대어 이 글이 어찌 끝날지 모르는 채로 시작하려고 한다. 〈북촌방향〉에 대한 논리적인 분석의 글들은 이미 많고 나는 결국 북촌의 비밀을 밝힐 수 있다고 자신할 수 없으니, 이 글은 그저 감상을 분석으로 전달하기에 끝내 실패한 자의 이상한 질문들, 혹은 넋두리 정도로 읽히기를 바라는 마음이다. 헛소리 같은 꿈 이야기지만, 그 꿈에서 느꼈던 감정, 그때 본 이미지들을 감싼 무의식이 어쩌면 이 영화에 대한 가장 날것 그대로의 느낌인지도 모를 일이다. 그리하여 첫번째 꿈의 기억. 나는 아마도 지금의 〈북촌방향〉을 보고 있었던 것 같다. 그런데 영화가 끝난 뒤, 예상치 못한 2부가 시작되었는데, 2부의 제목은 무려 '지옥편'이다. 흑백의 뭔가 반복 순환하는 구조였던 것 같고, 얼음처럼 아주 서늘하고 투명한 어느 여인의 얼굴이 생생하게, 그러나 움직임 없이 거기 있었다. 그리고 며칠 뒤 두번째 꿈이 찾아왔다. 홍상수 감독이 나를 초대해서 신작의 한 장면을 무대 위의 배우들에게 재연하게 했다. 무대 위에 입체적인 구조로 배열된 의자에 여배우들이 앉고, 맨 앞자리에는 홍상수 감독이 앉아서 고요하게 모두 내가 있는 쪽을 쳐다보았다. 나는 홍상수 감독에게 "이번에는 살아 있는 시선의 영화네요"라고 짐짓 확신의 어조로 말하며 바로 이 순간을 언젠가 꿈에서 봤다고 혼자 되뇌면서 이상한 기분에 젖어들었다.

실은 지금도 이 우스운 꿈들의 의미를 잘 알지 못하겠다. 이 꿈들이 어쩌면 영화의 열쇠가 되어줄지도 모른다는 기대를 품고 〈북촌방향〉을 다시 보니, 그저 영화에 대한 비평의 무력감이 나타난 꿈이었을 테지만, 한편으로는 참 이상한 꿈이라는 생각도 들었다. '북촌방향'에 이어지는 '지옥편'이라니. 나는 결국 '북촌방향'을 죽음으로 느꼈다는 건가. 언제부터인가 홍상수의 영화를 죽음 안에서 읽는 건 영화 속 수많은 우연의 생기와 활력을 쉽게 단순화하고 가리는, 좀 쉬운 유혹이라고 여겨왔던 터라, 설사 죽음의 기운을 느낄 때조차도, 그것은 그 죽음의 기운과 싸우고 떨쳐버리는 과정을 위해 거기 있는 것이라고 생각하려 애썼다. 그런데 여지없이 무의식에서 그 죽음충동이 드러난 걸까. 물론 〈북촌방향〉을 죽음 안에서 읽기는 어렵지 않다. 이를테면 이 영화에서 슬픔과 섬뜩함을 안기는 성준(유준상)의 마지막 클로즈업은 마치 그제야 자신이 죽었다는 사실을 깨달은 자의 표정 같고, 그간의 여정을 유령이 된 남자의 삶에 대한 몽상, 혹은 꿈속에서 유령이 되어 부유하는 남자의 시간으로 읽고 싶게 만드는 구석이 있다. '북촌방향'은 죽음으로 향하는 길인가. 하지만 이처럼 사후적으로 이야기를 규정하거나 특정 장면들을 상징적으로 파악하는 건 아무래도 홍상수의 방식은 아니며, 북촌의 모호한 시간을 너무 명징한 그

릇에 담는 것이다. 영화 속 세계가 현실의 시간적 층위 위에 존재하지 않는다고 해서, 그것이 곧 죽음의 시간이라고 말할 수는 없는 일이다.

수많은 작가들이 죽음을 미지의 영역으로 탐구하고 치켜세우지만, 홍상수에게 죽음이라는 추상은 삶의 불가해함에 비해 차라리 명징한 것은 아닐까, 점점 더 믿게 되는 나로서는 '지옥편'이라는 이 유치한 꿈속의 제목을 죽음과 겹쳐둘 수 없다. 그의 세계는 죽음이 드리워질 때조차, 죽음에 아주 가까이 있을 때조차, 죽음이 아니라 삶의 생기로 숨쉬기 때문에 점점 더 현학적인 언어로, 관념적인 수사로 해부하기 어려운 것이다. 그러니 그 '지옥편'의 꿈에서 조금이라도 생각해볼 만한 것이 있다면, 그것은 한없이 맑은, 그 지옥을 꽉 채운 여인의 얼굴인 것 같다. 알 수 없는 일이다. 나는 〈북촌방향〉을 보는 동안, 북촌의 세계는 성준이라는 남자의 시간과 이야기라고 생각했던 것 같은데, 왜 두 번의 꿈에서는 온통 여자들뿐이었을까. 왜 그 지옥에, 그 무대 위에 남자는 없었을까. 문득 지옥에서 투명하게 빛나던 여인의 얼굴, 어두운 무대에서 쏟아지던 여인들의 투명한 시선이 마치 지옥을 구원하는 여인들의 기품 같았다는 생각이 든다. 한정된 장소, 사라져버린 남자, 한자리에서 어딘가 밖을 응시하는 여자의 시선들, 불길함과 충만함, 차가움과 따뜻함, 어둠과 빛. 이 꿈들이 영화의 의미일 리는 없지만, 나는 이 꿈들이 반복해서 내게 안긴 막연한 이미지의 감흥과 〈북촌방향〉의 시간이 처음 내게 불러일으킨 감정의 덩어리가 맞닿는 지점들을 생각해보며 조금은 무모하게 영화 속으로 다시 들어가보려고 하는 중이다.

많은 사람들이 이 영화의 놀랍고도 기이한 시간의 구조에 대해서 말해왔다. 하나의 줄기로 추려질 수 없는 구조, 아니, 구조라는 단어도 어울리지 않는 형태이므로, 다양한 추론이 가능하며, 오직 미끄러지는 추론만이 가능하다. 그런데 〈북촌방향〉의 전체 시간을 인물의 대사나 이야기의 정황으로 따져 묻고 그 비밀을 밝혀내고 재구성하는 그 추론들이 개인적으로는 점점 더 무의미하게 느껴진다. 시간의 각 단락(술집 '소설'을 중심으로 반복되는 상황을 편의상 '단락'으로 칭할 것이다)이 서로 얼마나 겹치는지, 어떤 매개와 순서로 연결되는지, 어느 쪽을 진짜로 믿을 것인지, 그러니까 이 영화가 자아내는 짓궂은 시간의 혼란이 영화적으로 매혹적이기는 하지만, 그게 정작 이 영화의 신비로움의 핵은 아니라는 생각에 점점 가까워진다는 것이다. 북촌의 신비로운 정념은 반복되는 시간 단락들 안에서, 그리고 단락의 배열 안에서 만나고 분리되고 어긋나고 젖어들고 퍼져가는 남자의 시간과 여자의 시간 각각의 활동, 그리고 서로에 대한 작용에서 오는 것 같다. 그러니까 북촌의 비밀은 실은 정황의 반복이 만들어낸 시간적 엉킴이 아니라, 그 시간적 엉킴을 생성할 수밖에 없는 북촌의 남자와 여자의 시간의 호흡에 있다. 이렇게 표현해보면 어떨까. 영화속 엉킨 시간이라는 추상은 구체적인 특정 순간들의 합이 아니라, 그 안에 속하기도 하고 속하지 않기도 한 구체들의 작용이다.

이 영화의 반복이 워낙 강렬해서 처음에는 단락의 공통된 순간들에 이끌리는데, 영화를 다시 보면서 각 단락들에 보이는 미세한 변화들이 중요하고, 그것이 영화 속 우연의 작용일 것이며, 그 변화들이 단락의 전체 배열 안에서 어떻게 호흡하고 있는지 보는 게 중요하다는 걸 알게 되었다. 그때 나를 붙든 막연하지만 믿게 되는 느낌이 있다. 여자는 그 자리에 있고, 남자는 움직인다. 홍상수의 영화에서 여자를 방문하는 남자의 여행은 익숙한 이야기니 여기까지는 그리 특별한 느낌이라고 할 수는 없을 것이다. 그런데 이상한 건, 이러한 남자와 여자의 동선이 시간의 파장 안으로 들어가면서부터다. 그 이상한 느낌에 대해 말하기에 앞서 먼저 영화 속 남자와 여자에 대해 언급할 필요가 있을 것이다. 성준이 고덕동에서 만나는 경진(김보경)과 북촌에서 만난 예전(김보경)이 같은 인물인지 아닌지, 혹은 '예전'이 '예전의 경진'인지 아닌지의 문제보다 내게 흥미로운 건, 예전이 경진의 펼쳐짐처럼 느껴진다는 것이다. 다소 도식적으로 표현해보자면, 경진이 추상이면 예전은 구상, 경진이 불가능성이라면 예전은 가능성이라고 말하고 싶기도 하다. 물론 그 느낌은 경진과 예전이 홀로 불러일으키는 게 아니고 성준이라는 남자가 이 여인들을 지나가면서 생긴다.

고덕동에서 경진과 헤어지고 나서 성준이 술집 소설에서 경진과 똑같이 생긴 예전을 만나는 세 번의 시간을 잘 들여다보자. 소설 1에서 예전과 첫 대면을 한 성준은 경진이 떠올라 깜짝 놀라 당황하지만, 별일 없이 일행과 어울리다 술집을 나선다. 소설 2에서 성준은 예전과 대면한 술집 밖에서 담배를 피우며 예전이 우연하게 밖으로 나오길 바라고, 그때 경진의 애처로운 문자가 오고, 이후 그의 바람대로 밖으로 나온 예전과 만두를 사러 갔다 오는 길에 달콤한 키스를 한다. 소설 3에서 똑같은 모습으로 예전은 술집에 등장하고 성준이 밖으로 나왔을 때, 예전이 먹을 것을 사러 간다며 골목을 빠져나가자 경진에게서 저주의 문자가 오고 성준은 예전을 따라간다. 돌아오는 길에 성준은 예전과 키스하고 일행을 보낸 뒤에 예전의 술집으로 돌아와 사랑을 나누고 나서 그녀와 이별한다. 나는 이 세 번의 '소설'을 지나면서, 예전이 경진과 부딪히며, 성준이 꿈꾸는 우연 안에서 확장된다는, 혹은 퍼져간다는 인상을 받았다. 캐릭터의 층위가 두터워진다는 의미나, 단순히 하나가 다른 하나의 분신이라는 의미가 아니라 이 여인의 표면이 펼쳐지는 것 같은 인상. 그 인상은 어쩐지 이 여인의 시간을 반복 순환이 아닌, 어딘가로 열려진 느낌으로 이끈다. 그건 순전히 내 느낌에 불과할지 모르지만, 그 느낌을 조금은 뒷받침해줄 대사들과 모습들이 있다. 예전은 소설 3에서 성준이 돌아오길 기다리며 달력에 무언가를 적고, 성준과 헤어질 때 "그래도 몇 년은 추억할 게 생긴 거네요"라고 말하며 일기를 쓰기로 다짐하고, 소설 1, 2, 3에서 성준과 늘 함께했던 보람(송선미)은 소설 3에서 성준과 헤어질 때, "당신이 어떻게 변하는지 두고 볼 거예요"라고 말한다. 말하자면 이 여인들은 미래에서 현재를, 현재에서 미래를 본다. 과거-현재-미래로 이어지는 시간성을 거부하는 영화에서 이 표현이 이상할 수도 있으니 달리 말하는 게 좋겠다. 이 여인들의 시간을 원으로 본다면, 그 원은 막혀 있는 원이 아니라 테두리 어딘가가 뚫린 원이다. 그 원은 미완성인 채로 그렇게 남겨질 수도 있고, 다른 원과 이어져 다른 모양으로 바뀔 수도 있을 것이다. 반면 이 여인들을 지나가는 성준에게는 오직 현재만 있다. 그는 자꾸 같은 자리로 돌아온다. 그는 경진, 예전과 헤어질 때마다 "연락하지 마. 힘들어. 우리는 다시 만나면 안 돼. 내가 알아"라고 부득부득 강조한다. 그는 끝을 안다(고 믿는다). 이 남자의 시간은 테두리가 꽉 막혀 있는 원이다. 그 원 안에 무수한 우연의 활동들이 있지만, 그 원은 어찌되었든 폐쇄된 것이다.

이렇게 말해도 될 것이다. 〈북촌방향〉에서 남자의 방문으로 인해 한자리에 있던 여자는 시간'의' 변화 가능성을 얻는다. 여자를 방문하며 남자는 시간'안'의 변화를 겪는다. 남자와 여자의 만남이라는 우연이 이렇게 둘을 변하게 할 수 있다. 그런데 그 변화의 가능성들이 예쁘게 보인다고 해도, 이상하게도 둘의 시간이 만나는 그 순간들은 어딘지 외롭고 위태롭게 느껴진다. 시간의 닫힘 안에 있는 남자는 활동하고 시간의 열림 안에 있는 여자는 자리에 고정된 데에서 오는 어떤 충돌, 모순 때문인 것 같다. 이 두 영역이, 혹은 두 부류의 시간이 서로를 감싸 안는 형국도, 여자의 시간이 남자의 폐쇄된 시간을 뚫거나 남자의 시간이 여자의 시간을 자기 안으로 꼭 붙들어 매는 것도 아니다. 이 영화에서 남자의 달력과 여자의 달력은 일치하지 않는다. 방랑하는 무언가는 꽉 막힌 테두리 안에 있고, 정지된 무언가는 열린 테두리 안에 있으면서 서로를 바라보고 품으려고 하는 데서 오는 기이함은 〈하하하〉에서 현재가 정지된 흑백 스틸사진으로, 과거가 생동하는 활동으로 교차되며 불러온 신비롭지만 쓸쓸하고 충만하지만 텅 빈 정념만큼 마음을 울린다. 남자와 여자의 두 시간이 함께하는 순간, 여러 층위의 시간이 활동한다기보다는 시간의 축 자체가 산화되어버리는 것 같다. 그건 그들의 사랑이 그리하여 그 순간만큼은 영원하게 느껴진다는 인상과도 다르다. 〈북촌방향〉이 형상화하는 시간에서 우리가 감동을 받는다면, 그건 시간의 복잡성 때문이 아니라, 차라리 시간의 층위가 덩어리가 되어버린 순간 때문이다. 시간의 축이 사라진 자리에, 시간의 흐름이 주는 회한과 위로 같은 것이 사라진 자리에서 나는 무엇을 보았을까.

그때, 〈북촌방향〉에서 가장 아름답고 가장 슬프고 가장 아련한, 그 감흥을 말로는 다 설명해내지 못할 한 장면을 말해야 한다. 새벽녘 술집 소설에서 나온 성준, 보람, 중원, 영호, 예전이 택시를 잡기 위해 한 프레임 안에서 비틀거린다. 담배를 꺼내 물던 보람은 휘청거리다가 갑자기 도로 건너편으로 가기 위해 프레임을 빠져나가고 영호가 그녀를 따라 화면 밖으로 나간다. 그녀를 데려다주겠다는 그의 목소리가 저 멀리서 화면 안으로 불쑥 들어온다. 취해서 몸을 가누지 못하는 중원을 성준과 예전이 부축해서 택시에 태우고, 택시가 떠난 뒤 둘은 조금은 어색하게 남겨진다. 눈이 내리는 중이며, 이 영화에서 유일하게 음악도 흐른다. 알코올의 충만한 밤은 지나가고 그 감흥에서 깨어나기를 거부하는 몸과 마음만이 어김없이 다시 찾아온 새벽의 차가운 공기 앞에 덩그러니 놓여진, 민망하지만 더없이 정직한 이 세속의 순간. 이 장면에 눈물이 날 것 같다면, 당신은 술 마시는 영혼들의 가장 고독한 시간을 아는 자이다. 이 장면의 영화적인 무엇이 새벽의 그 정념으로 우리를 이렇게 젖게 하는 걸까. 홍상수는 이 장면의 시간을 뒤로 돌리고 음악과 거리의 사운드는 원래대로 흐르게 하고, 흑백을 거두어 〈북촌방향〉의 예고편을 만들었는데, 나는 이 예고편을 보면서 비로소 이 장면의 감흥에 대해 조금은 말할 수 있을 것 같았다. 이 예고편은 신기하게도, 시간을 인위적으로 거꾸로 감고 있다고 느끼지 못할 만큼, 술 취한 남녀가 뒷걸음질치는 작고 섬세한 동작들, 후진하는 택시의 움직임, 심지어 하늘로 올라가며 흩어지는 눈발까지 프레임 안의 모든 운동이 자연스럽다. 작은 인위를 통과하니 마법처럼 드러난 자연. 시간이 앞으로 가도, 뒤로 가도, 그 순간 프레임 안에 담긴 모든 것이 조화롭게 그 어떤 미적 손상도 입지 않고 활동하고 있다는 사실이 놀랍다. 엄밀히 말해, 이 장면의 감흥은 시간에 의한 것이 아니라, 시간의 축이 사라진 자리에도 존재의 고유한 리듬으로, 그리고 위계 없이 서로의 리듬에 기대 흔들리는 우연의 운동에서 온다. 그 우연은 뭘까? 보람은 술집 밖에서 성준과 마주치자, "이런 우연은 뭘까요?"라고 묻고 성준은 "공기, 남자, 여자"라고 귀엽게 말하는데, 그 말을 흉내내서 이렇게 대답하고 싶다. 세계의 순수한 활동만으로 한없이 외로우면서도 이상하게 따뜻한 이 장면의 우연은 술, 남자, 여자, 눈, 그리고 밤과 낮 사이에 걸쳐진 새벽.

이제 이 영화에서 가장 이상한 얼룩처럼 보였던 장면들을 경유해서 마지막 장면에 도달할 때가 되었다. 소설 2와 소설 3 사이, 아무 여인도 등장하지 않고 영호와 성준 둘만이 연이어 담긴 장면들이 있다. 소설 2의 끝에 보람, 성준, 영호가 술집을 나설 때, 영호는 밤공기를 들이마시며 "이러고 있으니 옛날 생각난다"고 말하는데, 그때 카메라가 그에게 줌인한다. 마치 다음 장면에서 플래시백이라도 나와야 할 것처럼, 뭔가 다른 시간대로 넘어가기 직전의 느낌이 나지만, 다음 장면에서 성준과 영호는 정독도서관 앞에서 커피를 마시며 첫사랑에 대해 이야기를 나누다가 "용감한 자가 미인을 얻지. 남자는 역시 용감해야 돼"라는 말들을 주고받는다. 그들의 현재 안에서는 별로 용감해 보이지 않는 두 남자가 그런 이야기를 나누니 이상한 기분이 든다. 그런 다음 앞선 장면들과 어울리지 않는, 과도하게 줌으로 당겨 찍힌 산의 형상이 아주 괴상하게 일렁이며 화면을 채운다. 그리고 나서 영호와 성준은 영호의 집에서 이런저런 이야기를 나누며 달걀 프라이를 먹고 중원을 만나기로 한다. 밖으로 나온 영호와 성준은 텅 빈 거리에서 때마침 민방위훈련에 걸리고, "중원이도 걸렸겠네"라고 말한다. 나는 사람들이 이 영화에서 이질적이라고 꼽는 고덕동 경진의 집 장면보다, 소설 2와 소설 3의 틈에 비집고 들어온 성준과 영호의 중의적인 대사들, 갑자기 끼어든 신묘한 산의 기운, 활동하던 모든 것을 갑자기 멈추게 하는, 민방위훈련이라는 현실제도의 개입이 이질적이라고 느낀다. 소설 3으로 돌아가기 전, 소설 2의 끝부분에 등장하는, (위에서 언급한) 술 취한 새벽, 택시를 잡는 남녀의 순간도 같은 맥락에서 덧붙이고 싶다. 이 순간들은 반복 순환하는 남자의 시간에 초현실적인 단절의 공기를 끼얹는 것 같고, 남자의 시간은 그 단절을 통해 폐쇄된 시공간 안에서 어떤 작은 이행을 시도하는 것 같다. 그런 이행으로 성준은 시간을 잃어가는 것일까, 되찾아가는 것일까. 그 이행이 폐쇄된 시공간의 남자를 어떤 식으로든 구원해주는가. 잘 모르겠다. 다만 성준의 행로를 보며 〈북촌방향〉의 남자는 여자를 흐른다, 는 이상한 문장을 말하고 싶어진다. 하지만 여기서 여자는 남자의 미래가 아니다, 라고 말하고도 싶어진다. 남자는 다시 자신의 시간으로 돌아간다.

그러기 위해 예전과 영원한 이별을 약속하는 성준. 이제 그는 술집을 나와 예전의 빈자리를 돌아본 뒤, 다시 거리로 나선다. 성준은 거리를 걷다가 아는 사람들 몇몇을 우연히 마주친다. 눈이 내린다. 그때, 그렇게 홀로 방황하던 성준 맞은편에서 사진기를 든 한 여인(고현정)이 걸어오며 그를 묘하게 쳐다보고, 단어들이 내뱉어지는 순간 공기로 스르륵 사라지는 어조로 성준에게 말을 건다. 그녀는 경진, 예전과 다르다. 짧은 등장이지만 그녀에게는 분명 성준처럼 방랑하는, 누군가를 방문하는 자의 기질이 보인다. 성준과 우연히 세 번이나 만난 여배우도 길 위를 떠돌았지만, 그녀는 이를테면 이 영화 속 인물들의 시간이 열린 원이건, 닫힌 원이건 원의 시간을 살 때, 홀로 직선의 시간 위에 있는 것처럼 느껴졌다. 그녀는 현실적인 시간적 층위를 자꾸 환기하게 만드는, 북촌의 영화적 시간에 어딘지 어울리지 못하는 돌출된 존재처럼 보이고 무엇보다 성준을 유혹하지 못한다. 하지만 영화의 마지막, 북촌을 헤매는 유령 같은 남자의 시간 앞에, 홍상수의 말대로라면 "그 자리에 떡하니" 나타난 유령 같은 이 여자는 반복의 회로에 갇힌 남자의 시간을 어떻게든 휘감을 것만 같다. 물론 남자는 집으로 돌아가지 못할 것이다. 남자는 또다시 여자의 시간을 흐를 것이다. 남자의 표정이 비애와 두려움, 이기지 못하는 어떤 감정의 뒤섞임으로 일그러진다. 불현듯 나타난 이 새로운 여인의 시간은 사내의 시간을 구원할 수 있을까. 아니, 저들은, 그리고 우리는 이 생기롭고 신기한 지옥의 마술로부터 구원될 순간이 도래하기를 정녕 기다리는가. 거짓말. 그 거짓말은 무섭고 슬프고 아름답다.

(『씨네21』 2011. 9)

다른나라에서

꿈의 중첩 활동

빚을 지고 도망간 이모부 때문에 빚쟁이들에게 쫓겨 모항으로 내려온 모녀
(윤여정-정유미). 그런 상황이 마뜩잖은 딸은 무료하고 불안한 마음에 세 편
의 시나리오를 쓰기 시작한다. 주인공은 안느라는 이름의 프랑스 여인(이자
벨 위페르가 1인 3역을 한다)인데, 그녀가 각기 다른 이유로 모항으로 내려오
면서 벌어지는 일에 관한 이야기들이다. 그 세 이야기에서 안느는 프랑스에서
온 멋진 영화감독이고, 한국 남자와 사랑에 빠진 유부녀이며, 한국 여자 때문
에 남편에게 이혼당한 여자다. 안느'들'은 젊은 여자(정유미)가 일하는 동일
한 펜션에 머무르며, 외국 여자에게 호감을 갖는 한국 사람들과 어울리고, 해
변의 텐트에서 사는 안전요원(유준상)을 만난다. 이 세 편의 시나리오가 홍상
수의 열세번째 장편 〈다른나라에서〉를 채운다.

　그러니 〈다른나라에서〉는 〈극장전〉이나 〈옥희의 영화〉에서 부분을 이루었
던 '영화 속의 영화'가 전체로 확대된 영화인가? 그런 것 같지만은 않다. 우선

우리가 보는 세 편의 안느 이야기는 정유미(극 안에서 그녀의 이름은 알 수 없다)가 완성한 영화가 아니라, 그녀가 쓰고 있는 시나리오에 대한 그녀의, 혹은 홍상수의 영상화된 상상이다. 이 차이가 뭐가 그리 대수로운가 묻는다면, 〈다른나라에서〉의 구조에 대해 말할 필요가 있을 것이다. 우선 펜션 안 식탁에 앉아 시나리오를 쓰는 정유미의 현실이 있다. 그녀가 주인공 안느에 대해 설명하자, 영화는 이제 그녀가 쓴 시나리오의 세계 속으로 들어간다. 그 이야기가 끝나면, 마지막 등장인물의 내면을 설명하는 정유미의 목소리와 함께 영화는 다시 현실의 식탁으로 돌아오고 다음 이야기의 또 다른 안느에 대한 정유미의 설명이 이어진다. 말하자면 각 시나리오 사이에 이야기를 쓰는 주체인 정유미의 단호한 목소리가 끼어들어 시나리오의 시작과 끝을 정리한다. 이렇게 보니, 현실과 허구를 오가는 〈다른나라에서〉는 구조적인 측면에서 과거의 기억과 현재를 오가던 〈하하하〉와 얼핏 유사해 보이기도 한다. 〈하하하〉에서는 기억의 주체는 있지만, 영화의 시간축이 끝내 불분명하다는 느낌이 중요했는데, 〈다른나라에서〉도 이야기의 주체는 있지만, 정유미의 현실을 이야기의 축이라고 규정하기 망설여진다.

축을 찾는 대신, 이렇게 표현하고 싶다. 서로 다른 세 명의 인물로 설정된 안느들은 매번 같은 장소로 돌아와 모항의 동일한 구성요소들, 이를테면 안전요원, 펜션, 등대, 바다 등을 통과한다. 그러나 그 요소들 각각을 잇고 그들과 안느를 잇는 선들은 그날의 우연들에 의해 그 방향과 관계가 달라지고, 궁극에는 그 선들로 이어진 세계의 모양도 변화한다. 그렇게 형성된 세 편의 시나리오는 단지 수평적으로 나열된 게 아니라, 하나 위에 다른 하나가 겹쳐지며 함께 호흡하고 서로에게 반응하는 세계 같다. 그때, 때로는 귀엽고, 우아하며, 종종 무모한 세 명의 구체적인 안느들은 신묘한 어느 외국 여인이라는 추상이기도 하고 저 신비로운 배우 이자벨 위페르이기도 하다. 매번 처음이지만, 언젠가 어렴풋이 본 것 같고 들은 것 같고 느낀 것 같은 사람들, 사물들, 상황의 기질이나 대화의 뉘앙스, 그리고 감정이 그 세계들에 친밀하고도 낯설고 아련하고도 새로운 기운을 불어넣는다. "동일자의 특성을 간직하면서 그 변형인 모든 타자는 판타스틱"하다고 누군가 말했던가. 그 판타스틱한 것은 허구(시나리오)다. 그 허구는 꿈이다. 그 꿈이 '다른 나라'다, 라고 나는 다시 말하고 싶어진다. 시간의 복잡다단한 미로를 탐험하던 홍상수의 영화들이 꿈으로 빨려 들어갈 수밖에 없는, 꿈 앞에서 나약한 자들의 불가사의하고 용감하지만 두려운 세계였다면, 계(界)의 이행을 유희하는 이 영화는 꿈을 진정 사랑하고 아끼는 자들의 싱싱하고 당당하지만, 애틋한 세계다.

　현실과 허구의 표면적인 교차가 아닌, 경계를 흐리는 꿈들의 활동이 실은 〈다른나라에서〉의 구조이며 정조라고 해야 할 것이다. 홍상수는 〈다른나라에서〉를 촬영하고 나서, 같은 펜션에서 정유미와 윤여정, 유준상을 주인공으로 하는 단편 〈리스트〉를 찍었다. 〈다른나라에서〉의 도입부와 똑같이 시작하는 〈리스트〉는 정유미가 시나리오가 아닌, 하고 싶은 것들의 리스트를 적고, 영화가 그 문자들을 바닷가의 이미지와 겹쳐두며 묘한 감흥을 불러일으킨 다음, 그녀가 리스트의 바람을 실행하는 과정을 본다. 그러나 우리는 영화 말미에 그것이 리스트를 적다 잠이 든 그녀의 꿈이라는 걸 알게 된다. 두 영화의 관계를 말하는 자리는 아니지만, 〈다른나라에서〉의 정유미가 시나리오를 쓰던 식탁, 〈리스트〉는 바로 그 자리에서 꾼 꿈이다. 말하자면 문자와 이미지가 만난 꿈을 꾸는 자리. 그녀의 시나리오가 꿈의 활동이 아니면 무엇이겠는가. 그 안에서 안느도 꿈을 꾼다. 수(문성근)를 기다리는 안느의 이야기에 모호하고 간절하며 깜짝 놀랄 만한 꿈 장면들이, 혹은 꿈결 같은 활동들이 있다는 정도만 일단 말해두려고 한다. 세 편에 모두 등장해서 안느와 이상한 만남을 갖고 그 끝마다 텐트 주변을 맴돌며 알 수 없는 표정으로 한탄과 중얼거림을 내뱉던 안전요원의 존재, 아니 그의 이상한 행동들과 시선, 아니 그가 결국 기어들어가는 주홍빛 텐트는 마치 꿈으로 들어가고 나오는 통로 같다. 그 신기한 텐트는 안느를, 그리고 우리를 유혹한다. 말하자면 마주보는 꿈들의 중첩된 활동이 〈다른나라에서〉를 움직이게 한다. 그걸 절실히 느끼게 하는 이 영화의 라스트 신에 대해서는 다시 말할 것이다.

하지만 홍상수의 영화는 언제나 꿈의 지평에 닿아 있었는데, 이 영화의 꿈이 뭐가 특별한가? 특별하다. 우선 언어가 그렇다. 안느와 등장인물들의 대화는 모두 영어로 이루어진다. 거기 한국 사람이 몇 명 더해지면, 한국어가 뒤섞이기도 한다. 영어는 그들 모두에게 모국어가 아닌 외국어다. 그러나 여기서 외국어의 생경함은 핵심이 아니다. 생경함의 차원에서라면 홍상수 영화의 한국말들(술자리나 잠자리에서 나누는 낯뜨거운 대화!)도 그에 못지않다. 영화 대부분에 상투적이고 어색한 영어들이 난무하고 있어도 신기할 정도로 그것이 전혀 어색하게 느껴지지 않는다는 게 핵심이다. 언어의 낯섦이 인물들 사이에 막을 형성하는 게 아니라, 오히려 막을 걷어내고 투명한 순간들을 드러내는 것처럼 느껴진다. 많은 순간들이 있지만, 특히 세 편의 시나리오에서 안전요원과 안느의 대화 장면들을 떠올려보라. 'light house(등대)'가 어디 있냐고 안느가 물을 때마다 그녀의 질문을 알아들은 것처럼 굴던 안전요원이 진지하게 'light house'가 뭐냐고 되묻고 나서, 그들은 마주보고 서서 온갖 부산한 의성어와 노래와 제스처로 그것을 표현하기 위해 애쓴다. 한국어와 영어가 뒤섞인 울퉁불퉁한 언어의 조각들이 두 사람 사이를 오갈 때, 아니, 미끄러질 때, 질문과 대답 사이의 간극, 그 사이의 한숨, 망설임, 애태움, 오직 그 순간, 최선을 다해 상대의 반응에만 기댄 반응이 더해지자, 여기, 가장 천진하고 활기찬 소통의 미학이 우리의 마음을 만진다. 말하자면 등대의 실체, 의미가 중요한 게 아니라, 등대를 둘러싼 무의미한 사사로운 것들의 톤과 생동이 중요하며,

의미가 부서지는 과정에서 영화적 리듬이 탄생한다. 외국 평자들이 아무리 홍상수의 영화를 좋아해도 그의 영화는 늘 모국어의 뉘앙스와 결부되어 있다고 믿었던 우리에게 이상한 영어 대사들로 춤추는 〈다른나라에서〉는 그저 감탄스러울 뿐이다.

또 다른 특별함은 인물들의 걸음걸이에 있다. "걸음걸이가 갖는 표현력을 진짜로 이용할 수 있는 것은 영화"라고 일찍이 벨라 발라즈가 말했고, 나는 산책자, 여행자들을 찍어온 홍상수의 영화야말로 그 말에 부합하는 세계라고 생각해왔다. 〈다른나라에서〉는 그중에서도 가장 아름다운 '걸음걸이의 영화'다. 이때, 카메라가 걸어오는 인물들을 앞에서 바라보는 게 아니라, 거의 언제나 뒤에서 가만히 지켜본다는 게 중요하다. 얼굴 표정이 배제된, 오직 신체의 리듬이 그 순간의 상황에 반응하여 이루어낸 뒷모습의 감정. 우리는 여기서 〈해변의 여인〉에서 문득 마주한 경보하는 여인들의 걸음걸이보다 유머러스하고 재치 넘치며 쓸쓸한 뒷모습들을 여럿 발견할 수 있다. 그러니까 아무것도 의미하지 않는 언어와 최선을 다한 제스처들의 산만함, 어조의 예민함, 가식을 떨 수 없는 걸음걸이의 솔직함, 그 순간의 날씨, 그때 들리는 세계의 사운드, 수줍거나 뻔뻔한 시선, 거기 종종 들어서 세계를 다른 차원으로 이행시키는 음악의 앙상블이 〈다른나라에서〉의 꿈의 활동이다. 그 앙상블은 어긋난 틈과 분산된 활동, 공백의 조각을 끌어안은 기이한 리듬이다. 그 꿈의 활동은 억압된 무의식의 어두운 표출일 리 없고, 생기롭고 사심 없는 꿈의 표면이다.

수많은 소중한 장면들 중에서도 이 영화의 결말을 잊기는 어려울 것이다. 웬일인지 세번째 이야기는 안전요원의 당황한 얼굴로도, 정유미의 내레이션으로도 마무리되지 않고, 우산을 쓰고 어딘가로 총총히 걸어가는 안느의 뒷모습으로 끝난다. 머무는 여자가 아니라 떠나는 여자의 뒷모습을 바라보며 현실로 돌아오지 않는 홍상수의 새로운 선택. 우리는 끝내 그녀의 표정을 알지 못한다. 다만 꿈과 현실, 시나리오 안과 밖으로 나뉘지 않고 어떤 축도 없이 어딘가로 열려진 저 길 위를 홀연히 걸어가는 이 여인의 뒷모습은 가벼우나 경박하지 않고, 의연하나 고독하다. 길을 떠나는 홍상수의 남자들이 되뇌던 다짐도, 결심도, 후회도 없다. 과거도, 미래도 없이 그저 팔랑대는 뒷모습. 여기, '영화'가 있다. 뭉클하다. 그녀의 뒤를 따라가고만 싶다. 가장 상투적인 언어들의 향연을 가장 아이 같은 놀이로 만들고서 거기서 가장 맑은 반언어적인 순간들을 성취한 〈다른나라에서〉는 정말로 잊고 싶지 않은 청량한 꿈이다.

(『씨네21』 2012. 5)

누구의 딸도 아닌
해원

또 한번, 이렇게 생이 깨어나다

〈누구의 딸도 아닌 해원〉을 처음 본 날, 홍상수의 영화가 20대 여인에게 온전한 시선을 돌렸다는 사실보다 영화 내내 맴돌던 어떤 이상한 기운이 내내 마음에 남았다. 영화의 모든 부분들이 그 어디에도 붙지 않고 표면을 부유하고 있다는 인상, 그리고 표면이 어떤 기운으로 잠식되거나 포화되고 있는데, 동시에 그 표면에서 뭔가 지워지고 있거나 빠져나가고 있으며 그 과정에서 무언가가 희미하지만 절박하게 드러나고자 애쓰고 있다는 느낌을 잊기 어려웠다. 어딘지 무척 슬프고 외로우며 불안하다, 고 생각했다. 마치 영화 속 '누구의 딸도 아닌' 해원의 처지처럼. 그간 홍상수의 영화를 반복, 차이, 대구, 옴니버스 등과 같은 구조를 빌려 붙잡으려 했다면, 어쩐지 이 영화만큼은 구조와는 다르거나 구조를 넘어서는 방식을 통해서 말해야 하지 않을까, 짐작할 따름이었다.

두번째 볼 때야 이 영화는 배열에 감흥이 있다는 것을 알게 되었다. 물론 홍상수의 영화에서 배열이 중요하지 않은 적은 단 한 번도 없다. 하지만 〈누구의 딸도 아닌 해원〉에 대해서만큼은 배열은 있으나, 구조는 여기 없다, 고 말하고 싶어진다. 배열의 합으로서의 구조가 불가능하다는 의미이기도 하고, 구조로 포괄될 수 없는 무언가가 이 배열에 있다는 의미이기도 하다. 실은 논리적으로 설명하기 어려운 느낌에 근거한 말이지만, 이 배열이 영화 속 세계에 안정된 틀로서의 구조를 정착하지 못하게 하는 것 같다. 이 영화에서 그 배열은 현실과 꿈의 관계이기도 하고 꿈 자체 안에서의 활동이기도 하며 꿈으로 들어가고 나오는 문이기도 하다. 그런데 그 꿈이 이상한 것이다. 꿈 그 자체는 과잉이지만, 그 과잉의 활동이 영화 속 세계 안에서 무언가를 쳐낸다는 인상이 있고, 이 상반된 감흥의 공존으로 해원의 세계에는 깊은 파토스와 메마른 두려움이 함께 작용하는 것 같다. 그 치열한 과정을 겪으면 결국 무엇이 남는 걸까. 그 끝에서 우리는 무엇을 본 것일까.

언제나 꿈을 소중히 여겨온 홍상수이지만, 해원의 꿈은 그래서 유독 튼튼하면서도 애처롭다. 이를테면 〈다른나라에서〉에서 안느가 꾸는 꿈, 그리고 안느와 안전요원의 꿈결 같은 순간들은 활동으로 펼쳐지며 미지의 어딘가로 열리는 자유로움을 안긴다. 그 꿈은 청명했다. 하지만 〈누구의 딸도 아닌 해원〉의 세계는 어쩐지 꿈으로 말려들어가는 것 같거나 꿈과 현실이 서로를 결박하고 있는 것 같다. 직관을 사랑하는 감독의 영화이므로 직관에 근거해서 이렇게 풀어놓고 보니 어수선하고 수수께끼 같은 말들이 되어버렸다. 여하튼 억압된 무의식의 구조 혹은 현실과 분리된 판타지 혹은 현실의 이면으로서의 꿈이 아니라, 과거-현재-미래의 경계, 삶과 죽음의 경계 어딘가에 걸려 있으나 현실과 동등한 표면으로서 현실과 기어코 대화하려는 꿈, 그래서 (해원의 말을 빌리자면) "외롭고 슬프다가 무서운" 꿈이 여기 있는데, 신기하게도 그 꿈이 20대 여인 해원을 버티게 한다.

우리는 해원이 쓴 세 편의 일기를 보고 있다. 첫날 캐나다로 떠나는 엄마를 기다리다가 해원은 꿈을 꾼다. 그 꿈에 제인 버킨이 등장해서 그녀의 딸을 동경한다는 해원을 다정하고 따뜻하게 안아준다. 꿈에서 깬 해원 앞에 진짜 엄마가 등장하는데, 엄마는 미래의 자유를 생각하며 들떠 있고, 해원은 그런 엄마를 물끄러미 바라보며 쓸쓸해하는 것 같다. 그녀는 엄마에 대한 어떤 감정을 참고 있는 것처럼 보이고 엄마는 그런 딸이 대견하고 예쁘지만, 둘 사이에는 낯설고 어려운 거리가 느껴진다. 꿈에서 제인 버킨의 딸을 좋아한다고 했지만 실은 제인 버킨과 그녀의 딸의 관계 같은 이상적인 모녀상에 대한 동경이 해원에게 있는 것 같고, 자신의 현실은 그렇지 못하다는 슬픔이 이 꿈을 둘러싸고 있다. 그렇게 엄마가 떠나고 해원은 한때 사귀었던 유부남 교수 성준을 만난다. 남자는 여전히 해원을 잊지 못하고 있는 것처럼 보이지만 주위의 시선을 의식하고, 해원은 그런 남자의 태도가 서운하다. 둘째 날, 성준의 연락을 받고 그와 함께 남한산성에 오른 해원은 성준의 못난 질투심 때문에 싸우고 헤어지는데, 그녀가 떠난 다음 성준은 벤치에 앉아 어깨를 들썩이며 흐느낀다. 이 장면은 뒤에 다시 언급하겠지만, 날씨의 우연과 성준이 자기가 튼 카세트의 음악 안에서 우는 뒷모습, 그러니까 어딘지 세팅된 상황과 기막히게도 그 순간 지는 노을과 깃발을 펄럭이는 바람, 거기 공존하는 인위와 우연이 이상한 조화를 이루며 일으키는 휘몰아치는 정념 때문에 기묘하고 아득한 꿈결을 경험하고 있는 것 같다는 인상을 준다. 셋째 날, 해원은 도서관에 갔다가 친구를 만나 성준과의 관계를 다 털어놓는 꿈을 꾸다 깨서 "미친년"이라고 말하고 엄마와 갔던 서촌을 돌아다니다 우연히 미국에서 교수를 한다는 남자를 만난다. 그 남자는 〈북촌방향〉에 나왔던 배우 김의성이며, 그는 〈북촌방향〉에서 여자들에게 했듯, 해원이 어떤 사람인지에 대해 말해준다. 남자와 헤어지고 해원은 다시 남한산성에 가서 친한 언니 커플을 만나는데, 이들은 놀랍게도 〈하하하〉에서 커플로 나왔던 연주(예지원)와 유부남 중식(유준상)이다. 때마침 성준이 해원을 만나기 위해 남한산성으로 오지만, 이들은 또다시 싸우고 성준은 둘째 날 일기에 등장했던 벤치에 앉아 뒷모습으로 운다. 이번에는 해원이 등장해서 옆에 앉고 둘은 함께 슬퍼하는데, 우리는 이어지는 마지막 장면에 이르러 명징함과 모호함이 함께 작용하던 셋째 날의 일기가 모두 꿈이었다는 것을 알게 된다.

그러므로 세 날의 일기 안에 두 번의 꿈(세번째 일기에 등장하는 도서관에서 깬 장면은 감독의 말에 따르자면 "꿈에서 깬 꿈을 꾼 것"이다)이 있다. 아니, 중요한 것은 꿈이 몇 번 나오는지의 문제가 아니라, 지금 이 꿈들이 그 자리에서 무엇을 하고 있는지를 묻는 일이다. 이 꿈들은 현실의 시간으로부터의 이탈이 아니라, 현실의 직선적 시간을 꿈으로 다시 구부려서 반복하고 변주하고 있다. 해원은, 혹은 영화는 해원의 힘들고 답답하고 외로운 현실을 그렇게 꿈으로 구부리고 압축해서 재감각하려고 한다. 그런데 이 꿈들은, 특히 후반부 전체가 할애되는 꿈들은 다시 현재로 빠져나오려는 노력을 하지 않는 것 같다. 다시 언급하겠지만, 이 영화의 마지막 장면이 주는 기이한 기운 때문이기도 하고, 꿈의 장면들이 정한석의 말대로 "꿈이라고 인식할 여지가 없이 현실의 톤과 크게 다르지 않기"(『씨네21』 893호) 때문이기도 할 것이다. 현실을 재감각하기 위해 기어코 구부러지는 시공간으로서의 꿈, 그러나 현실로 다시 빠져나오기 위한 노력을 기울이지 않는 것만 같은 꿈, 그러나 현실에 달라붙지 않고서는 존재할 수 없는 꿈. 그래서 이 꿈은 위로가 되는 동시에 두려움을 안긴다. 영화 전체에서 해원이 가장 평화로워 보일 때는 그녀가 엎드려 잠이 들어 있을 때이지만, 동시에 그 모습은 흡사 영혼이 빠져나간 창백한 존재의 형상처럼 보이기도 하는 것처럼 말이다.

그 꿈에 더 들어가보기 위해서는 반드시 말해야 할 것이 있는데, 그건 영화 속 여인의 시간이다. 홍상수의 영화에서 여인은 시간축이고 시간의 단일성을 만들어낸다고 이미 클레어 드니가 날카롭게 지적한 적이 있다(『씨네21』752호). 그리고 허문영은 홍상수의 영화에서 여자는 남자와 달리 시공간의 반복에 갇히지 않는다고 말하며 "남자들의 맴도는 시간, 여자들의 흐르는 시간은 갈수록 뚜렷해지는 홍상수 영화의 또 다른 대구"(『문예중앙』 2012. 겨울)라고 통찰했다. 그렇다면 우리는 해원에게도 같은 말을 할 수 있을까. 표면적으로 여기서 일기를 쓰며 시간의 흐름을 알리는 자는 해원이므로 그녀가 영화 속 시간축이라고 볼 수도 있을 것이다. 하지만 그 일기 안으로 꿈이 들어와 흐르는 시간이 꿈으로 반복되고 있을 때, 상황은 그리 간단하지 않다. 〈누구의 딸도 아닌 해원〉의 새로움은 홍상수가 20대 여자를 이야기 전면에 내세워서가 아니라, 실은 이 여인에게 시간의 흐름과 반복의 자리를 모두 주었다는 데 있는 것 같다. 일기라는 어쨌든 표면적으로는 앞으로 나아가는 열린 시간과 그 시간을 접어 만든 반복이라는 폐쇄성이 해원에게 공존한다는 점, 그녀가 일기를 쓰면서 꿈도 꾸는 자라는 점이 그녀를 기이한 존재로 느껴지게 하는 것이다.

이 기이함을 놀라운 감흥으로 전달하는 몇몇 장면들이 있다. 첫번째 일기 속 해원이 친구들과 함께하게 된 성준과의 어색한 술자리에서 비틀거리며 일어나서 눈물을 참으며 엄마가 떠나서 슬프다고 말하고 홀로 떠날 때, 베토벤 교향곡 7번 2악장이 흐른다. 〈밤과 낮〉의 성남이 파리의 거리를 쓸쓸하게 그리고 최선을 다해 걸어갈 때 흐르며 성남의 세속적인 우주를 전혀 다른 차원으로 이행시켰던 바로 그 음악이 해원의 가장 슬픈 이 순간을 적신다. 이 장면이 감동적인 이유는 슬픔을 참으면서도 정직해지려는 해원의 투명함 때문이기도 하지만, 바로 그 순간 〈밤과 낮〉의 그 음악(베토벤 교향곡 7번이 아니라, 〈밤과 낮〉의 그 음악으로 부르고 싶다)이 해원의 몸으로 이행하고 있다는 느낌 때문이기도 하다. 그 순간은 흐르는 시간의 지표였던 홍상수의 여인이 시간의 축의 자리를 떠나는 순간, 말하자면 몽상하고 방랑하는 여자 산책자의 등장을 알리는 순간이 아닐까, 묻고 싶게 만든다. 또 다른 장면도 있다. 엄마와 함께 공원에 갔다가 엄마 앞에서 미스코리아 걸음걸이를 선보이던 해원이 느닷없이 공원 한쪽에 자리한 거대한 동상 주위를 뛰어 돌면서 "아!" 하고 소리친다. 그 동상은 엄마가 학교에 다닐 때부터 그 자리에 줄곧 그렇게 있었던 불변하는, 그러나 누적된 시간의 형상이다. 그 주위를 뛰어 도는 해원의 행위는 아마도 엄마에 대한 해소되지 않는 어떤 감정의 분출이겠지만, 이 이상한 행위를 보면서 나는 그녀가 시간의 축을 자유롭게 뱅뱅 돌고 있다는 느낌을 받았다. 이 두 장면은 무언가를 참고 견디려는 행위에서 나온 것이지만, 여기에는 신기하게도 홍상수의 기존의 여인들의 역할을 벗어던지는 것 같은 해방감이 있다. 남자가 그녀의 집을 방문하는 것이 아니라, 이제 그녀는 기다리지 않고 집을 나서 거리를 걷는다.

흐르는 시간과 반복되는 시간 모두를 붙잡는 여인이 등장했다는 사실뿐만이 아니라, 그녀의 입에서 아무렇지도 않게 죽음이라는 단어가 내뱉어지고 있다는 점도 지나치기 어려운 변화다. 해원의 엄마가 "사는 건 죽어가는 거야"라고 단정한 어투로 자연스럽게 말을 할 때도 그랬지만, 죽으면 자식, 영화, 기억이 남을 거라는 성준에게 해원이 던지는 말은 조금 무섭다. 나는 아무것도 안 남길 거야. 죽으면 다 끝나, 죽으면 다 돼. 그녀가 도서관에서 잠을 잘 때 곁에 둔 책의 제목은 '죽어가는 자의 고독'이다. 그 말들의 의미를 곧이곧대로 믿고 듣는 건 홍상수의 영화를 경험하는 방식은 아니지만, 그럼에도 불구하고 그의 영화에서 죽음이 이렇게 단호하게 노골적으로 언급되고 있다는 것이 놀랍다. 그의 영화가 삶의 충만함에 이르고자 할 때, 그 충만함을 껴안기 위해서는 어쩔 도리 없이 죽음의 기운을 의식할 수밖에 없었지만, 그가 죽음이라는 거대한 관념을 이 젊은 여인의 입을 통해 망설임 없이 토해낼 때, 한 명의 평자로서 이 영화의 슬프고 불길한 정조를 죽음과 연관해서 읽고 싶은 유혹을 느낀다. 그런 생각을 전제로 이 영화를 다시 떠올려보면 죽음의 기운이라고 부를 만한 장면들이 있을 것이다. 남한산성이라는 장소에 켜켜이 배인 역사, 같은 자리에서 내려다보는 동상의 응시, 노을과 안개의 불길한 정조, 무엇보다 〈하하하〉의 연주와 중식이 안개 낀 남한산성에 다시 등장하는 순간. 〈하하하〉의 마지막이 현실로 돌아가지 않고 연주와 중식의 충만한 '지금'으로 끝났을 때, 그 순간의 시제는 중요하지 않았다. 그것이 현실인지, 꿈인지, 과거인지, 현재인지, 미래인지의 문제보다 중요했던 건 그 순간이 바로 그 자리에 있어야만 한다는 영화적 선택이었고, 그것이 아름다웠다. 그런데 이들이 〈누구의 딸도 아닌 해원〉에 해원을 위로하기 위해 같은 이름으로 다시 돌아오자, 영화는 이들의 만남이 7년간 지속되었다고 말하고 있다. 그들이 아무리 해원의 꿈에 나온 것일지라도, 그간 홍상수 영화에서는 잘 느끼지 못했던 현실이 묻어나는 시간, 그러니까 퇴색되어가는 시간이 이 커플 위로 내려앉는다. 혹은 그들은 마치 오래전에 죽었다가 유령처럼 해원의 꿈으로, 남한산성의 안개 낀 시간으로 돌아와 부유하고 있는 것 같다. 마음만 먹으면 많은 장면들을 죽음에 닿은 이미지로 설명할 수 있을 것이다. 이에 대해 홍상수는 나이가 들었으니 죽음도 생각하게 되는 게 아닐까, 심드렁하게 말했지만, 나는 그 심드렁함 앞에서 문득 망설여졌다. 여기가 아닌 저기 어딘가의 응시, 목소리, 시공간을 대면할 때마다 왜 우리는 고작 죽음이라는 추상에 기댈 수밖에 없을까. 〈누구의 딸도 아닌 해원〉은 정말 죽음에 기울어진 세계일까. 우리는 그 유혹을 다시 응시하며, 다시 물어야 한다.

남자들의 반복되는 시공간에 시간의 축이 되거나 흐르는 시간으로 등장했던 여인이 이 영화에서 시간의 끝, 죽음, 무(無)를 말할 때, 그러니까 그녀가 그 시간의 축을 무화하거나 흐르는 시간의 더 이상 흐르지 않는 지점을 말할 때,

무언가 우리를 충격에 빠뜨리거나 불안하게 만든다면, 그건 우리가 익히 알고 있는 죽음이라는 관념의 무게 때문은 아닐 것이다. 해원이 두려움을 감추며 단호하게 그렇게 말할 때, 홍상수의 새로운 여인은 그의 영화들이 여인들에게 부여했던 기존의 역할에 저항하고 있거나 혹은 아예 극단적으로 그 시간의 흐름을 쭉 밀고나가 끝을 보는 것 같고, 이 과격함이 우리를 놀라게 하는 것이다. 이 새로운 여인은 죽음을 말하면서까지 왜 새로운 시간의 형식이 되려고 하는 것일까.

여기 한 장면이 있다. 해원의 세번째 일기의 꿈에서 성준은 다친 얼굴로 해원을 만나러 남한산성에 가지만 해원과 다투고 만다. 그는 두번째 일기 속의 현실에서처럼 벤치에 앉아 카세트를 틀고 운다. 현실에서는 노을이 지고 있었지만, 꿈에서는 안개로 앞이 꽉 막혀 있다. 현실에서는 해원이 없었지만, 꿈에서는 그곳을 지나가던 해원이 그를 발견하고 옆에 앉는다. 남자는 왜 우리는 사랑하면 안 되는 거냐고 서럽게 울다가 "가기 싫어"라고 말한다. 해원은 남자를 다독이며 "조금만 있으면 괜찮아질 거예요"라고 말한다. 이 꿈 장면은 앞에서 언급한 현실의 장면을 반복하지만, 날씨의 우연한 차이와 해원의 등장으로 인해 앞 장면과 묘하게 마주보며 더없이 시네마틱한 리듬의 감흥을 자아낸다. 성준이 울며 "가기 싫어"라고 말할 때, 나는 그 말이 '깨기 싫어'로 들렸고, 그건 달리 말해 '반복하고 싶어'의 다른 표현이라고 생각했다. 해원이 그런 성준에게 "조금만 있으면 괜찮아질 거예요"라고 말할 때, 나는 '죽으면 다 끝나니까 괜찮다'는 의미로 받아들였다. 이것은 해원의 꿈이기는 하지만, 다른 꿈들에 비해 이 장면만큼은 해원과 남자가 함께 꾸는 꿈처럼 느껴지고, 홍상수의 남자와 여자에게 꿈이라는 것이 다르다면, 어떻게 그러한지를 이 장면 하나로 감각하게 해주는 것 같다.

그에 대해 더 말하기에 앞서, 이 꿈 장면에 이어지는 마지막 장면의 강렬한 신비로움에 대해 먼저 언급해야 할 것이다. 홍상수의 영화에서는 마지막 장면이 바로 그 자리에 있는지 없는지에 따라 전체 영화의 감흥이 달라진다. 마지막의 '그' 장면은 서사적인 필요에 의해, 즉 이야기를 마치기 위해 거기 있는 게 아니라, 영화 전반의 감흥을 확 열어버리거나, 그 감흥과 충돌하며 다른 차원의 감흥으로 전환하기 위해 거기 존재하는 경우가 많았다. 〈누구의 딸도 아닌 해원〉은 후자에 가깝다. 우리는 이 영화의 마지막 장면에 이르러서야 앞의 장면들이 꿈이었음을 알게 되는데, 그 모든 게 꿈이었다는 사실도 놀랍지만, 더 큰 충격이 있다. 책상에 여전히 엎드린 채 창백한 밀랍인형처럼 잠들어 있는 해원의 정지된 이미지 위로 그녀의 목소리가 날아든다. "꿈에 본 아저씨는 착한 아저씨 같았다." 잠에서 깨어나지 않은 이미지와 잠에서 깬 목소리의 충돌, 보이는 것과 들리는 것의 차이, 시제를 알 수 없는 불길한 목소리 때문에 처음에는 해원이 유체이탈을 해서 마치 죽은 자신을 쳐다보고 있는 것 같다고 느꼈다. 하지만 이 장면을 다시 볼 때, 이 단호하고 명징한 목소리와 그 목소리가 말하는 조금은 난데없는 내용에는 앞선 꿈 장면의 흔들리는 파토스를 단칼에 잘라내는 차가움이 있고, 그 차가움은 성숙하며, 성준과 불안하게 부유하던 꿈의 순간들을 고마운 아저씨와의 좋은 기억으로 당당하게 응시하려는 씩씩함이 있다는 걸 알게 되었다.

그러니 나는 이 마지막 장면에 도달해서야 이 새로운 여인이 시간의 끝을 말하는 것, 죽으면 다 끝나니까 괜찮다고 말하는 것이 미래를 말하기 위한 것도, 죽음을 말하기 위한 것도 아니라 현재적 감각을 어떻게든 끌어안기 위한 것이라고 느낀다. 성준이 죽어서도 남게 될 자식, 기억, 영화를 이야기할 때나 엄마가 우리 앞날에는 좋은 일만 있을 거라고 해원을 위로할 때, 해원이 외롭게 보인 건 그녀가 붙잡고 싶은 현재의 충만함을 그들은 지금, 그녀와 함께 찾지 않기 때문이었다. 그때, 기쁜 일보다 힘든 일이 더 많은 현실의 흐르는 시간을 반복해서라도 재감각하려는 용감하고 간절한 안간힘이 해원이 꾸는 꿈이다. 하지만 홍상수의 인물들은 늘 꿈을 꾸고 특히 〈밤과 낮〉의 성남도 그랬으니 이 꿈이 뭐가 다른가, 물을 수도 있을 것이다. 해원의 꿈은 다르다, 고 대답하고 싶다. 성남도, 그리고 이 영화의 성준도, 그러니까 홍상수의 남자들의 꿈은 욕망으로 반복하지만, 해원의 꿈은 소망으로 반복한다. 홍상수와 인터뷰를 하던 중, 그는 이 영화의 꿈이 그녀의 "소망"을 압축해서 보여준다고 말했는데, 나는 그가 욕망이라고 하지 않고 소망이라는 단어를 쓴 게 이상하게도 뭉클하다고 생각했다. 소망과 욕망을 말한다고 해서, 내가 여기서 프로이트와 라캉의 그 복잡한 개념을 염두에 두고 있는 것은 아니다. 다만 욕망의 사전적 정의가 "부족을 느껴 무엇을 가지거나 누리고자 탐함"이라면 소망은 "어떤 일을 바라는 마음"이라는 차이를 보려고 한다. 만족을 거부하고 장애가 있어야만 그 쾌감이 지속되며, 그래서 좌절과 반복의 운명을 타고난 것이 그들의 욕망이라면, 충만감에 도달하는 데 실패한 순간들을 반복을 통해 다시 느끼고 소중히 품고 싶어하는 마음이 해원의 소망이다. 어느 쪽이 더 가치 있다고 말하려는 건 아니지만, 영화가 해원에게 새로운 시간의 모험을 시도하게 하며 지키고 싶어하는 것은 욕망이 실패하는 과정이 아니라, 소망의 의지를 탐구하는 과정인 것 같다.

이 영화의 30초 예고편은 90여 분간 우리가 본 해원의 세계가 모두 압축되어 있다고 할 만큼 생기롭고 인상적이다. 첫번째 일기 속의 해원이 공원의 문을 과감하게 열고 들어가자, 성준이 "들어가면 안 될 것 같은데"라고 말하며 따라 들어간 다음, 실제 영화 속에서는 세번째 일기에 해당하는 해원의 꿈 장면이 바로 붙는다. 김의성이 뭔가에 홀린 듯 열린 그 문으로 들어가면, 공원 구석에 해원이 쭈그리고 앉아 초봄의 추위를 뚫고 피어난 들꽃을 쳐다보고 있고, 그 예쁜 모습을 남자가 미소를 지으며 바라본다. 현실과 꿈이 마술처럼 접촉하는 이 예고편에서 해원은 꿈으로 향하는 문을 과감하게 열고 성큼 들어가는 자이며, 그런 해원의 행위, 그리고 그녀가 작은 꽃 한 포기에 보내는 응시가 바로 이 젊은 여인의 소망이라고 나는 느낀다. 그 소망에는 거짓이 없고 요란함도 없다. 해원을 쳐다보던 그 남자는 해원이 스스로 누구인지 알기 위해서 아파도 끊임없이 부닥치는 용감한 여자라고 일러주었다. 그렇게 부닥치기 위해서는 과한 무언가를 통과해야 하고 부닥치고 나면 쓸데없는 껍데기들이 떨어져나갈 것이다. 이 영화에서 그 과한 무엇이란 꿈인 것 같다. 이렇게 표현해볼 수도 있을 것이다. 〈누구의 딸도 아닌 해원〉은 해원이 스스로에게 하듯, 지금 꿈으로 현실에 부닥쳐보고 있다. 혹은 반복되는 시간으로 흐르는 시간에 부닥쳐보고 있다. 그러니 마지막 장면으로 다시 돌아가, 해원의 목소리가 깨어났으나 그녀의 모습이 여전히 깨어나지 않은 채 영화가 끝날 때, 꿈도, 현실도, 삶도, 죽음도 아닌 어느 계에 막혀 있는 것 같은 이 장면은 해원이 꿈을 꾸는 게 아니라, 꿈이 해원을 꾼다는 이상한 표현에 더 어울릴지도 모르겠다. 혹은 여기서 우리는 해원이 그녀의 꿈이라는 음악을 지휘하고 있는 줄 알았으나, 어쩌면 꿈이 해원이라는 음악을 지휘하고 있었던 건지 모른다는 엉뚱한 생각을 하게 될지도 모른다.

이 영화를 다시 보고 마지막 장면에 대해 생각에 잠겨 있던 어느 날 저녁, 누군가에게서 시집 한 권을 선물 받았다. 지금 나는 하필이면 그날, 내 삶에 찾아온 흥미로운 우연에 대해 말하려고 하는 중이다. 별생각 없이 책장을 들추자, 노년의 작가가 '시인의 말'에 쓴 문장은 이러했다. "죽어서도 꿈꾸고 싶다." 해원의 꿈과 거기 깃든 어쩔 수 없는 어둠과 불안한 기운으로부터 벗어나지 못하고 있을 때, 이 간결하고 단단한 문장 하나가 그녀의 꿈을 다시 느끼게 했다. 그러고 보니 이 시집의 표지는 해원의 마지막 장면이 불현듯 끝나고 나서 엔딩 크레딧이 올라갈 때 화면을 채우던, 너무 선명해서 무서운 주홍빛

색과 꼭 같은 색이 아니던가. 죽어서도 꿈꾸겠다는 소망. 물론 죽어본 적 없는 우리에게 이 말은 영원히 알 수 없는 것이다. 하지만 이 말이 지시하고 있는 방향이 죽음이 아닌 삶이며, 삶의 생기를 시간의 끝이 올 때까지 붙잡고 싶다는 소망이고, 그 소망을 지켜내는 일은 실은 죽음의 두려움과 삶의 고독을 응시하는 일이라는 것만큼은 알 수 있다. 그러니 해원의 그 마지막 장면은 죽은 자신을 바라보는 꿈, 혹은 죽어서 꾸는 체념의 꿈이 아니라, 죽어서도 꿈을 꾸겠다는, 그만큼 삶을 껴안고 알고 싶어하는 젊은 여인의 절실한 소망과 의지에 더 가까울 것이다. 그날 저녁, 영화 곁에 온 이 시집의 신기한 우연을 나는 믿기로 한다. 시집의 제목은 '사는 기쁨'(황동규)이다.

'누구의 딸도 아닌' 해원은 외롭고 슬프다가 무서워지는 시간을 견디고 반복하고 다시 감각하기 위해 애쓰고, 그런 자신을 끈질기게 응시하는 동안 홀로 외롭고 슬프고 무서웠으나, 적어도 죽음에 지지 않았다. 한없이 서글프지만 결국은 죽음에 지지 않는 영화. 홍상수의 열네번째 영화는 그렇게 또 한번, 또 다르게 생을 깨어나게 한다.

(『씨네21』 2013. 2)

홍상수 7

우리 선희
말의 행로

〈우리 선희〉에 대해 "이번에 미친 짓 중 하나는 노래를 통째로 넣는 것"이라는 홍상수 감독의 말을 귀담아들을 필요가 있을 것 같다(「홍상수의 첫 경험」, 『씨네21』 921호). 영화 안의 음악으로 세 번 나오는 〈고향〉은 이미 알려졌듯, 1941년에 발표된 가수 이난영의 노래를 최은진이 다시 부른 곡이다. 그의 어떤 직관이 이런 시도를 하게 만들었는지 우리가 알 길은 없으나, 그간 홍상수의 음악에 친숙한 우리들에게도 이 곡은 어딘지 과도하게 들린다. 물론 일차적으로 그 느낌은, 그의 영화에서 처음으로 한국의 근대가요가 흘러나오고, 그걸 부른 가수의 음색이 드라마틱하며, 무엇보다 이 노래에는 구체적인 가사가 있다는 점에 근거할 것이다. 애절하게 호소하는 가사를 더없이 애절하게 부르는 가수의 노래와 홍상수의 세계의 조합에 대해 적어도 나는 생각해본 적이 없다. 왜냐하면 홍상수의 전작들에서 음악의 감흥은 음악 자체의 내용이나 개성이 아니라, 그 음악이 세계와 만나는 순간 빚어내는 낯선 감각에서 비롯된다고 믿어왔기 때문이다. 이를테면 홍상수의 영화에서 음악은 서사를 보충하는 기능으로 보는 이의 감정을 고양시키는 역할을 한 적이 없다. 홍상수는 우리 귀에 익숙한 클래식 음악들을 전혀 어울릴 것 같지 않은 상황에 등장시켜 세계를 예상치 못한 차원의 감각지평으로 풍요롭게 확장하는 걸 즐겨온 감독이다. 혹은 그의 오랜 파트너 정용진 감독이 연주한 단순하고 맑은 피아노 선율은 세계의 쓸데없는 것들을 눌러서 가장 투명한 순간을 살아나게 하는 또 하나의 독립된 세계였다.

〈우리 선희〉에서 〈고향〉은 전작들의 음악과 다르다. 앞서도 말했듯, 〈고향〉이라는 노래의 특이성, 그러니까 음악의 구조와 내용도 다르지만, 그 느낌은 무엇보다 이 노래가 영화에 흘러들어오는 과정에서 이전과는 뭔가 다른 일이 벌어지고 있다는 인상과 더 관련이 있는 것 같다. 음악의 정조가 영화 속 세계와 충돌하거나 접속하며 그 세계를 다른 차원으로 이행하게 하고 도약하게 만들던 전작들의 방식에서 음악이 영화 세계의 표면과 부딪치며 만들어낸 감흥은 영화 속의 인물들은 모르는, 영화 밖의 우리만이 누릴 수 있는 체험이었다. 그런데 〈우리 선희〉에서 〈고향〉이 당황스러운 건 영화 속 인물들이 그 노래에 '반응'하고 있다는 사실을 영화가 보여주고 있다는 점이다. 홍상수의 지난 영화들을 상기하면 이건 분명 낯선 광경이다. 우리만 듣는 것이 아니라, 그들도 지금 무언가를 듣고 있다. 그 노래가 디에게시스 내에서 나오는 것으로 설정되었으니 당연하지 않느냐고 반문할 수도 있겠지만, 실은 그리 간단히 넘어갈 일은 아닌 것 같다. 이 노래의 작동과 이에 대한 인물들의 기묘한 반응에는 보다 복잡하고 모호한 움직임이 있고, 그걸 물을 때, 〈우리 선희〉에 대한 새로운 물음도 시작된다고 나는 생각한다.

이를 위해 〈고향〉이 흘러나오는 세 장면을 언급하려고 한다. 학교 앞 치킨집에서 선희가 먼저 나가버리자, 취한 문수는 텅 빈 가게에 덩그러니 남겨진다. 그때 프레임 안으로 〈고향〉이 들려오고 문수는 무언가에 홀린 듯 프레임 밖 어딘가를 잠시 쳐다본 뒤 얼굴을 감싼다. 문수의 낙담스럽고도 우스꽝스러운 처지와 프레임 밖으로 향하는 문수의 갑작스러운 시선, 도무지 치킨집과는 어울리지 않는 노래의 어색하지만 강렬한 조합도 잊기 어렵지만, 더 이상한 인상이 있다. 다음 장면에서 문수는 북촌의 골목을 걷고 있는데 이전 장면에서 나오던 노래가 끊이지 않고 지속되고 있는 것이다. 대체 이 노래의 위치는 어디일까. 치킨집 어딘가에서 나오는 것 같았던 이 노래가 그대로 이어지며 북촌의 골목길에서도 들린다면, 이 노래는 영화 안에 존재하는 것일까, 밖에 존재하는 것일까. 혹시 이 노래는 문수를 따라다니는 환청이고 그렇다면 우리 역시 문수의 환청을 듣고 있는 것일까(이 노래가 '아리랑'에서 다시 나오자 문수는 재학을 향해 "이거 나 좀 전에 들었던 노랜데, 진짜!"라고 흥분해서 말하지만 이 말의 뉘앙스는 어딘지 자연스럽지 않다). 문수가 노래를 듣고 있었던 게 아니라, 노래가 문수를 쳐다보고 있었다는 표현이 더 맞을까. 그렇다면 이 노래가 처음 흘러나오는 순간, 프레임 밖 어딘가를 돌아보던 문수의 시선은 무엇을 보고 있었던 것일까. 물론 대답은 불가능하다. 다만 나는 〈우리 선희〉가 전작들과 비교해 "시간이 혼동되지 않고, 꿈이 등장하지 않으며, 인물의 속마음이 들리지 않는"(「아름답고 귀한 욕망의 원주운동」, 『씨네21』 921호)다는 정한석의 지적에 일면 동의하면서도 〈고향〉의 괴이한 움직임과 그 안에서 반응하는 인물의 괴이한 행동, 시선이야말로 중층적이고 모호하며, 때로는 귀기 어린 기운을 영화에 퍼뜨리는 활동이라고 느낀다.

문수와 재학이, 그리고 선희와 재학이 술집 '아리랑'에서 만나는 장면들 끝에도 이 노래가 나온다. 문수와 재학 사이의 삐거덕대는 대화의 끝에, 선희와 재학 사이의 애틋한 행동이 오가는 중에, 〈고향〉은 정황상 '아리랑'의 주인(예지원)이 프레임 밖으로 나가 트는 노래로 그들의 공간에 흘러들어온다. 앞선 치킨집 장면에서 문수가 프레임 밖으로 갑자기 시선을 이동하던 것처럼, 여기서도 인물들은 노래가 불쑥 끼어드는 순간, 동시에 고개를 돌려 우리에게는 보이지 않는 무언가를 뚫어지게 응시한다. 말하자면 〈고향〉이라는 신파적인 노래가 마치 파도처럼 프레임을 삼켜버린다는 느낌이 들 때마다 인물들의 시선은 이렇게 반복적으로 프레임 밖 어딘가로, 혹은 화면 어딘가로 빨려 들어간다. 이 노래는 어디서 들려오는 것일까. 지금 이들은 무엇에 홀린 것일까. 일상적으로 술집에서 술을 마시는 도중 감동적인 노래가 흐를 때, 우리는 그것이 텔레비전에서 나오거나 라이브로 연주되지 않는 이상, 그 노래가 나오는 곳을 궁금해하며 쳐다보는 행동을 하지 않는다. 그런 의미에서 이 장면들에서 인물들이 〈고향〉에 대해 보이는 무의식적인 반응은 분명 이상한 것이다. 그들은 들리는 걸 그저 들으며 흥에 취하는 대신, 보고 있다. 마치 거기 음악의 육체성이 있다는 듯이. 여기서 중요한 건, 우리가 듣는 것을 그들도 듣지만, 우리가 보지 못하는 것을 지금 그들은 보고 있다는 사실이다. 〈고향〉이라는 음악의 혼령은 대체 프레임 밖에서 무슨 일을 벌이고 있는 것일까. 그 프레임 밖은 여전히 '아리랑'이라는 시공간일까. 거기에는 다른 차원의 시공간이 펼쳐지고 있는 것일까. 다소 무모해 보일 수도 있는 물음의 연쇄지만, 내게 이 장면들은 그런 질문들의 충동을 억누르지 못하게 하는 충격을 안겨준다. 홍상수의 영화들을 보며 나는 프레임 밖의 비밀에 대해 이렇게 호기심에 사로잡혀본 적이 없다.

영화 안에서 유일하게 이 노래를 듣지 못한 최교수에게도 이와 유사한 순간이 있다. 이 순간에는 〈고향〉이 아니라 정용진의 피아노 선율이 영화 밖에서 흐른다. 서로의 마음을 고백하며 술을 마신 선희와 최교수는 다음 숏에서 술에 취해 비틀거리며 골목을 걷는다. 선희는 최교수를 껴안고 최교수는 그런 선희의 손을 풀었다가 그녀의 손을 다시 잡고 프레임 밖으로 급하게 나가버리는데 이후 이들의 행로는 생략된다. 술에 취한 그들의 걸음걸이와 프레임 밖 어딘가로 시선을 빼앗긴 듯한 최교수의 표정, 어딘지 우습지만 간절한 제스처들이 이 순간에 진귀한 리듬을 부여한다. 물론 이 숏의 내용을 설명하기는 쉽다. 최교수는 반짝이는 모텔의 불빛을 보고 그쪽으로 황급히 걸음을 옮기는 것일 수도 있다. 하지만 저 멀리 어딘가로 던져지는 최교수의 몽롱하면서도 결기 어린 시선과 둘의 세세한 행동의 리듬은 여전히 나로 하여금 이들이 내가 알지 못하는 어딘가를 보고 있는 것 같다는 생각을 하게 만든다.

그러니까 보이는 것들의 충만한 표면들로 구조화되어 거기 감응하게 했던 홍상수의 전작들에서 우리가 느껴본 적 없는 것들이 〈우리 선희〉에서는 우리를 건드리는 것 같다. 홍상수의 이전 작품들에서는 '보이는 것'들, 바꿔 말하면 상투적인 것들이 너무 명징하게 드러나거나 인물들이 보고 있는 것들을 카메라가 정색하고 쳐다보며 그 정체를 다시 보이게 하면서, 오히려 모호함과 생경함을 우리에게 안겼다면(남산이나 성곽이나 동상들을 떠올려보라), 이 영화에서의 모호함과 생경함의 근원은 다르다. 〈우리 선희〉에서는 우리가 보지 못하는 걸 그들만 보게 함으로써, 대상 자체가 아니라 대상을 바라보는 누군가의 시선만 보게 함으로써 그런 기운을 자아낸다. 홍상수의 영화를 보는 동안 보이지 않는 무언가에 이끌리는 경험은 적어도 내게는 처음이다.

꿈으로 들어가고 나가는 문이 모호하거나(〈북촌방향〉, 〈다른나라에서〉, 〈누구의 딸도 아닌 해원〉), 인물들의 동질성이 모호하거나(〈옥희의 영화〉), 시간의 축이 모호한(〈하하하〉) 전작들이 보이는 것들의 명확함을 흔들며 구조적인 신비를 드러냈다면, 〈우리 선희〉에서 인물의 등장과 퇴장, 시간의 흐름은 "굵고 큰 덩어리들이 몇 개 안 되면서 이어"진다는 홍상수의 표현처럼 단순하고 단단한 편이다. 대신 그 '큰 덩어리' 각각에 리듬을 부여하는 덩어리 내의 보이는 것과 보이지 않는 것 사이의 작용, 영화적 요소들의 움직임이 중요한 것 같다. 전작들이 안에서 더 안으로 갈라지며 층위를 쌓아갔다면, 이 영화는 안과 밖의 호흡으로 리듬을 만든다. 누군가를 부르고 그 부름에 화답하는 목소리로 인물들의 만남이 이루어진다는 지극히 일상적이고 평범한 순간을, 이 영화는 프레임 안팎을 오가는 시선과 목소리의 운동을 통해 종종 신기한 리듬으로 전환해낸다. 이를테면 문호가 재학의 집 앞에서 그를 부를 때, 유사한 방식으로 최교수가 재학을 부를 때, 두 인물은 하나의 숏에 담기지 않는다. 우리는 재학의 집 안에서 창가에 얼굴을 빼고 선 재학의 등을 보며 창밖 어딘가에서 들려오는 문호의 목소리를 듣는다. 혹은 골목길에 선 최교수가 재학의 창가를 올려다보는 광경에 울려 퍼지는 재학의 목소리를 듣는다. 말하자면 두 인물이 동시적인 시공간에 존재하며 시선과 목소리를 교환한다는 것이 영화적 사실임에도, 여기에는 이상한 머뭇거림과 엇갈림의 간극이 있다. 프레임 안으로 불쑥 밀려들어오는 보이지 않는 목소리와 그 목소리를 물끄러미 쳐다보며 밖으로 향하는 시선의 이미지는 서로 다른 층위에 존재한다는 인상을 준다. 한 사람의 목소리와 다른 한 사람의 이미지가 공존하는, 실은 두 사람의 숏이지만, 보이는 것과 보이지 않는 것의 어딘지 불균형한 움직임으로 지탱되는 이 장면들은 인물들의 내면을 드러내는 다른 장치 없이 오직 영화적인 요소들의 움직임으로만 정서적 낯섦과 묘한 거리감을 만들어낸다.

〈우리 선희〉는 그러므로 어딘가로 던져지고 돌아오는 시선, 소리, 말이 중요한 영화이며, 그 던져짐과 돌아옴의 방향과 타이밍, 즉 그 행로가 기묘한 영화다. 앞서 예를 든 장면들에서는 물론이고, 이 영화에서 선희를 중심으로 돌고 도는 말의 궤적이 그렇다. 내 앞의 당신에게만 해당되는, 당신만을 매혹시키는 것이라고 생각했던 말이 다른 사람의 입에서, 다른 사람을 향해 끊임없이 반복될 때, 〈우리 선희〉는 말의 진위나 출처보다 그것의 자율적 활동의 활기에 더 매료된 것처럼 보인다. 그 행로에서 말의 내용이 무엇인지가 아니라,

그 말의 톤이, 말의 뉘앙스가, 그리고 말이 이끌어내는 반응이 어떤 미묘한 차이의 리듬을 발생시키는지 보고 싶어하며, 그 각각의 차이가 불러일으키는 충만감, 간절함을 기대하는 것이다. 그러니 〈우리 선희〉에서 반복되는 말의 내용은 (단 한 사람에게) 유일무이하지 않지만, 말이 던져지는 순간의 공기, 말의 행로가 파놓은 기억들은 언제나 유일무이하다.

선희와 세 남자의 유사하지만 다른, 수평적으로 나열된 만남 혹은 확정을 의도적으로 피하고 생략하는 관계, 그러니까 홍상수가 말한 "굵고 큰 덩어리들"을 붙잡으며 종종 거울처럼 서로를 비치게 하는 축은 선희라는 실체이기보다는 선희와 함께 생성되는 말의 행로라고 보는 게 맞을 것이다. 그 말들이 반복되며 만들어내는 행로는 선희와 세 남자들 사이에서 우연이 작용한 결과지만, 〈우리 선희〉라는 세계에 최소의 구조를 부여하는 영화적 필연이다. 나는 〈우리 선희〉가 실체를 제대로 포착하지 못하는 말의 한계를 보여주는 영화라는 세간의 평에 동의하지 않는다. 왜냐하면 〈우리 선희〉는 오히려 그 실체라는 것이 말로 따라잡을 수 없는 고정된 무엇이 아니라, 말의 작용, 행로와 함께 변하는 것이라고 믿는 영화에 더 가까워 보이기 때문이다. 선희는 세 남자의 선망을 받으면서도 그 속내를 알 수 없는, 끝내 말로 표현 불가능한 기이한 여인이 아니라, 말의 행로 속에서 자신을 진심으로 알고 싶어하길 멈추지 않는 여자다.

말의 내용에는 개의치 않지만, 말의 행로를 민감하게 따라가며, 말이, 소리가, 음악이 들리는 곳을 쳐다보고 거기 매번 달리 반응하는 인물들이 여기 있다. 우리는 그들이 거기서 무엇을 보았는지, 그곳에서 정확히 무슨 일이 일어나고 있는지 끝내 알지 못하며, 영화 또한 모르는 것 같다. 다만 그 행로를 붙잡고 기억하며 떠나지 않는 것이 중요하다고 믿는 것 같다. 결국 말은 다 쓸데없는 것이라고 말해버리는 건 홍상수의 방식이 아니다. 말의 상투적 파편들로 어떻게 질문을 꺼뜨리지 않으면서 그 과정에서 아주 잠깐 스쳐가는 투명한 한 순간을 건져낼 것인가. 말의 세속 안에서 그 세속을 꿰뚫는 맑음을 어떻게 발견할 것인가. 영화의 마지막, 선희는 떠났고 카메라는 고궁의 사라진 무언가의 흔적을 들여다보는 남자들을 어리석고 귀여운 작은 개미처럼 멀리서 찍었다. 선희는 누구인가, 라는 질문을 안고 말의 행로를 따라온 결과가 결국 저 세 남자들처럼 지금은 텅 빈 무언가를 들여다보는 것이라 해도, 이 마지막 장면의 찡하게 아름다운 정취와 깊이는 그 행로가 더없이 소중하지 않느냐고 묻는 것만 같다.

(『씨네21』 2013. 9)

자유의 언덕

홍상수 8

시간의 틀 안에서 틀 부수기

한 남자가 여자에게 간절한 편지를 보낸다. 편지를 받아든 여자가 계단에서 휘청거리자 편지가 땅에 떨어져버린다. 편지의 순서는 뒤섞이고, 여자는 그중 한 장을 빠뜨리고 줍는다. '자유의 언덕'이라는 카페에 들어온 여자가 편지를 읽기 시작하고, 뒤엉킨 시간의 편지 내용이 펼쳐진다. 흩어진 편지, 생략된 한 장, 낯설어진 시간.

홍상수 영화의 시간이 과거, 현재, 미래의 선상에서 '흐른다'는 인상을 준 적은 없다. 시간의 인과론이나 명확한 선후 관계는 그의 관심사가 아니다. 최소의 일관된 시간의 흐름을 파악할 수 있는 중심축이 그의 영화에서는 늘 모호하고(〈하하하〉, 〈북촌방향〉), 나아가는 것 같지만 무언가에 막혀 있거나 제자리다(〈밤과 낮〉, 〈누구의 딸도 아닌 해원〉). 그의 시간관은 줄곧 반복, 폐쇄된 순환 등의 용어로 말해져왔지만, 고정된 시간적 틀을 거부하는 그의 영화들 앞에서 그런 용어는 비평적 무력감에 더 닿아 있다. 더욱이 최근 몇 년간,

홍상수의 작업 방식이 이야기를 구성하는 최소의 안전한 틀조차 버리고 촬영 당일의 날씨, 장소, 배우들에게 거의 모든 걸 걸기 시작하면서, 그 세계의 시간을 설명하기는 더 어려워지고 있다. 틀 없이도 저기 살아 움직이는 시간의 생생한 덩어리를 어떻게 표현해야 할 것인가. 그의 영화에 대해 쓴다는 것은 결국 실패를 전제한 이 질문과 대면을 하는 일이다.

그런 맥락에서 〈자유의 언덕〉은 홍상수의 또 다른 시간 여행이라고 말할 수 있을 것이다. 그런데 이전과는 무언가 좀 다른 일이 이 영화에서 벌어지고 있는 것 같다. 영화 속에서 '시간'이라는 제목의 책을 들고 다니는 모리는 영선에게 말한다. "시간은 실체가 아니에요. 우리 뇌가 과거, 현재, 미래라는 틀을 만들어내는 것이죠. 우리가 꼭 그런 틀을 통해 삶을 경험할 필요는 없어요." 〈자유의 언덕〉은 우리의 뇌가 만들어낸 시간의 틀을 해체하는 영화다. 여기서 해체의 결과만큼 중요한 건 아이러니하게도 영화가 틀이라는 전제를 염두에 두고 있다는 점이다. 어떤 영화도 최소의 얼개는 필요하겠지만, 홍상수의 최근 작품들 중에서도 〈자유의 언덕〉은 파편화되기 이전의 틀, 즉 과거-현재-미래로 이어지는 통념적인 시간의 흐름을 가장 많이 의식하게 만든다. 시간의 덩어리들이 붙여지고 분리되는 과정 자체에 집중하게 만드는 이전의 영화들과 달리, 이 영화는 시간을 뒤섞기 이전의 상태에도 어쩔 수 없이 생각을 머무르게 한다. 홍상수도 인터뷰에서 이 점을 언급한다. "뭘 뒤섞으려고 해도 뭐가 먼저 있어야지, 존재도 하지 않은 것들을 상상해서 그것을 또다시 뒤섞는다는 게 가능하지 않은 일이었습니다. 그래서 순서대로 찍었는데, 찍을 때는 '흐트러질 순서'란 의도를 최대한 생각 안하고 찍었습니다."(『씨네21』970호) 홍상수의 영화가 대부분의 경우 찍은 순서로 장면을 배열한다는 사실은 익히 잘 알려져 있지만, 이번 영화에서는 순서대로 찍은 "재료"(홍상수는 위의 인터뷰에서 이 영화의 첫번째 편집본을 그렇게 표현한다)들을 뒤섞는 편집의 과정이 그 어느 때보다 중요했다는 점을 짐작할 수 있다.

그러니 이 영화를 보며 편지의 내용을 시간 순으로 복구해보려는 욕구는 얼마간 자연스러운 것이다. 인물들이 입은 옷이 바뀌었는지 아닌지에 따라 시간의 흐름을 추측해보거나, 인물들이 이전 장면에서 말하는 내용의 원인이 될만한 것들이 뒤에 나오면 상황의 전후 관계를 파악해볼 수도 있을 것이다. 영선이 다짜고짜 모리를 찾아와 자신의 강아지를 찾아줘서 고맙다고 말하며 친밀감을 표시하는 순간의 난감함은 모리가 영선의 강아지 꾸미를 골목에서 마주하는 장면이 나온 뒤에 이해되고, 모리가 영선의 남자 친구에게 갖는 적대감은 영선의 남자 친구가 모리를 대하는 무례한 태도를 본 다음 납득하게 된다. 하지만 이와 같은 서사상의 인과 관계가 홍상수의 영화를 감상하는 데 별다른 영향을 미치지 못한다는 사실을 우리는 알고 있다. 요컨대, 모리가 강아지 꾸미를 발견하는 장면이 없다고 해도 영선과 모리가 서로를 탐색하는 앞선 장면의 활력이 사라지지 않으며, 영선의 남자 친구와 모리의 불편한 만남의 장면이 등장하지 않아도 모리의 날선 반감이 드러나는 앞선 순간의 미묘한 결은 충분히 체감된다. 오히려 이 뒤바뀐 순서, 즉 사건이 아니라, 그 사건이 불러일으킨 사후의 감정이 앞서 제시되는 방식은 쓸데없는 형식적 절차 없이 솔직하게 밀고 나오는 감정의 맨얼굴을 먼저 대면하게 하는 쾌감을 안긴다. 혹은 과거와 현재의 순서가 뒤섞이고, 둘의 자리가 멀어지자, 각각의 장면들은 그 자체로 충분히 충만한 세계로 숨 쉬며 내용적인 관계를 압도한다.

그럼에도 불구하고 영화를 보는 동안, 단순한 서사적 인과론의 차원을 벗어나서도 여전히 시간적 전후 관계의 틀을 의식하게 되는 것은 왜일까. 〈자유의 언덕〉의 뒤섞인 시간은 현재의 무한 반복을 보고 있다는 느낌보다는, 내가 지금 보고 있는 것이 미래일 수도 있다는 느낌, 즉 정해진 미래가 여기 어딘가에 이미 도착해 있다는 기분에 종종 사로잡게 한다. 우연의 활동 속에서 시간의 경계가 사라지고 반복되는, 그러니까 끝이 없어서 불안한 여행이 아니라, 뒤엉킨 시간의 면들 어딘가에 미래가, 달리 말해 끝이 존재할지도 몰라서 불안한 여행이 여기 있다. 과거, 현재, 미래로 이어지는 시간적 틀이 분해되고 있고, 그 분해된 조각들을 틀로 소급하려는 관습화된 시간의 힘과도 싸우고 있지만, 그 어느 때보다 그 틀을 의식할 수밖에 없는 이상하고 힘겨운 자리에 〈자유의 언덕〉이 있다. 틀 밖으로 도망치지 않고, 틀 안에서 틀을 부술 수 있는가. 〈자유의 언덕〉은 홍상수의 다른 어떤 영화들보다도 맹렬하게 이를 질문하고 있다.

이 영화의 시간을 희미하게나마 지탱하는 축이 있다면, 그건 모리가 쓴 편지를 읽는 권의 시간일 것이다. 영화는 모리와 주변 인물들의 일화들을 보여주고 중간중간 편지를 읽는 권의 시간으로 돌아온다. 편지의 시간은 뒤죽박죽 펼쳐져 있고 그걸 읽는 권의 시간은 하루 안, 같은 장소에 정적으로 놓여 있다. 권이 읽고 있는 편지의 내용이 지금 우리 눈앞에 펼쳐지고 있는 장면들이라고 짐작되지만, 상황이 그리 단순하지만은 않아 보인다. 〈자유의 언덕〉에는 이 편지가 포괄하지 못하는 잉여의 부분들이 존재하는 것 같다. 가장 극명한 예로, 영화의 많은 부분을 차지하는 영선과 모리의 관계가 편지에 고스란히 담겨 있거나 권이 그 사실을 모두 알게 되었다고 보기는 힘들다. 편지(를 읽는 권의 시간)가 이 영화의 축이라고 해도, 그 축이 알지 못하는 부분들, 그 축으로 돌아오지 못하는 지점들이 이 영화에는 존재한다. 우리는 이미 홍상수의 지난 영화에서도 이러한 순간들과 대면한 적이 있다. 〈하하하〉에서 흑백사진의 현재와 컬러 동영상의 과거가 교차할 때, 둘 중 어느 한쪽을 시간의 축이라고 규정하기는 어려웠고, 축으로 포괄되지 못하는 잉여의 기운들이 이 영화를 현재와 과거, 현실과 그 너머 어느 한편에 정박할 수 없게 만들었다. 그 잉여의 순간들을 어떻게 설명해야 할까.

모리를 연기한 배우 카세 료는 〈자유의 언덕〉에 대한 인상을 "프리즘" 같다고 표현했는데, 그 멋진 묘사가 영화 속 편지의 비밀을 설명해주는 하나의 길이 될 수 있을 것 같다. 편지의 문자들은 모리의 통제 아래 쓰인 것이지만, 권이 그 편지를 읽는 '자유의 언덕'이라는 시공간의 프리즘을 통과하며 편지는 모리의 의식, 의도를 벗어나 자율적으로 갈라진다. 마치 프리즘이 백색 빛의 파장을 굴절시켜서 무지갯빛 스펙트럼으로 분리시키며 자기 동일성을 여러 갈래로 해체시키는 것처럼 말이다. 권에게 도달해야 하는 단 하나의 목적을 가지고 있었던 편지는 시간 관계가 흐트러지면서 그 목적을 넘어선다. 그 뒤엉킨 시간의 배열은 한 사람을 향한 단순하고 순수한 감정과 실은 분리될 수 없는 죄의식과 욕망, 위선과 용기, 유혹과 양심 등으로 뒤엉킨 편지의 무의식이다. 모리가 수시로 잠에 빠져들고 종종 깨어나길 거부하는 건 그에게 잠은 현실의 시간을 멈추는 (죽음을 제외한) 유일한 방법이기 때문일 것이며, 그 멈춘 시간 안에서 비로소 깨어나는 건 무의식의 시간일 것이다. 〈자유의 언덕〉에서 물질로서의 편지는 현실의 시간에 놓인, 누군가를 기다리는 하나의 마음이지만, 무의식으로서의 편지는 모순된 마음의 양상들을 펼쳐 보인다.

그렇다고 해도 이 영화의 시간을 무의식의 시간으로 정리해버리는 건 지나치게 간편한 해석처럼 보인다. 중요한 건 우리가 보는 것이 편지의, 혹은 모리의 무의식이라면, 그 무의식의 배열은 모호하지만, 그 무의식의 장면들을 지배하는 감정이 더없이 투명하다는 간극에 대해 생각해보는 일일 것이다. 그 간극은 이 영화가 목적론적인 시간은 격렬히 거부하면서도 어떤 지향들을 끝내 포기하지 않는다는 사실과 연관된다. 이와 관련해서 영화 속에서 의아한 두 지점에 대해 말해야 한다. 하나는 이 영화의 엔딩이다. 마침내 권이 모리의 게스트하우스를 찾아가 모리와 재회한다. 마치 영화의 축이 스스로 움직여 목적지에 도착한 것 같은 이 장면이 지나면, 모리와 권은 커다란 여행 가방들을 들고 언덕을 오른다. 그 위로 그 둘이 다음날 일본으로 떠나서 아들딸을 낳았다는 모리의 내레이션이 흐른다. 무언가 실현되었다는 인상, 불안하게 부유하던 무의식의 시간이 마침내 현실의 시간 안에서 평화롭고 단단하고 안전하게 정착한 것 같은 인상을 주는 이 장면은 무척 아름답지만, 그만큼 무섭다. 결혼을 해서 아들딸을 낳았다는 저 미래의 목소리가 아무런 망설임도 없이 그 장면에 불쑥 개입하며 그 순간을 과거로 만들어버릴 때, 단순하고 천진난만한 미래의 목소리, 거기 배어 있는 순진무구한 믿음은 선형적 시간의 흐름을 거부하던 세계를 단숨에 균열해버리는 어떤 목적 혹은 가치가 아닌가.

그런데 더 놀라운 건 영화가 거기서 끝나지 않고 영화의 문을 닫는 방식이다. 이어지는 장면에서 모리는 게스트하우스 마당의 테이블에 엎드려 자고 있다. 그의 방문이 열리면 영선이 술이 덜 깬 모습으로 나타난다. 그들의 옷차림으로 봐서, 두 사람이 처음 저녁을 먹으며 술에 취해 대화를 나누던 초반의 장면에 이어지는 장면인 것 같다. 즉 모리가 영선과 섹스를 하기 이전, 그러니까 그가 영선과 처음 자고 게스트하우스로 돌아오던 밤, "일본으로 돌아갈 건데 내가 무슨 짓을 한 거야!"라고 자책하기 이전의 상황일 것이다. 왜 이 장면이 이 자리에 온 것일까. 권과의 미래를 말하던 앞의 장면은 모리의 꿈이라는 것인가. 지금까지 본 영선과 모리의 관계가 모리의 소망이라는 것인가. 존경하는 여인(권)과의 영원한 결합을 말하는 장면에 이어 사랑하는 여인(영선)과 긴밀해지기 이전으로 돌아간 장면이 여기 나란히 붙어 있다. 전자는 미래로 열려 있고 후자는 과거로 열려 있고, 정작 남자의 시간은 그 사이에 갇혀 있다고 말해야 할까. 모든 것이 모호하다. 분명한 사실 하나는 편지는 목적을 이루기를 두려워하고 있으며, 모리는 일본으로 돌아가길 두려워하고 있다는 점 정도일 것이다. 권과의 장면을 통해 '더 행복한' 미래를 더할 나위 없이 명징한 태도로 말하고는 바로 이어지는 영선과의 장면을 통해 그걸 가능하게 하는 시간의 틀을 부정해버리는 세계의 간극, 혹은 태도의 충돌. 그 간극과 충돌은 잔인하고 가엾고 아프다.

이 엔딩의 이상함과 관련해서 더 말해야 할 다른 하나는 모리가 하는 말들이다. 그는 끊임없이 더 좋은 사람, 더 나은 사람, 더 행복한 것에 대해 말한다. 홍상수의 영화들이 언젠가부터 그런 가치를 포용하기 시작했지만, 〈자유의 언덕〉에서만큼 거듭 힘주어 강조한 적은 없었다. 모리의 말에 담긴 순수한 의도를 의심할 수는 없지만, 질문은 남는다. 일관된 시간의 전개가 여기 없다는 건 지속되는 무언가로부터 영화가 스스로를 방어하고 있다는 의미일 텐데, 그때 '더 나은' 상태에 대한 판단이 어떻게 가능해지는가? 차이를 판단할 수 있는 기준은 어디에 있는가? 모리와 영선이 침대에서 나누는 대화를 떠올려보자. 모리는 다짐과 달리 영선의 집으로 가서 또 잠을 자고, 영선의 남자 친구에 대해 묻는다. 영선은 그가 다른 여자 친구도 만나는 것 같고, 심지어 다른 여자를 이 집에 데려온 적도 있다고 말한다. 그녀는 그 남자에게는 양심이 없다고 말하는데, 모리는 이에 동조하며, 그런 사람은 만나지 말라고 걱정한다. 다음 장면에서 그는 영선의 화장실에 갇혀 마치 자신이 방금 한 그 말이 자신에게 돌아오는 걸 무력하게 바라보듯 불안한 침묵 속에 앉아 있다. 모리는 기본적으로 선량한 인간처럼 그려지고 있으나 엄밀히 말해 그의 욕망과 행동이 영선의 남자 친구보다 더 낫다고 판단할 근거가 영화에는 주어져 있지 않다. 이 영화는 그 어느 때보다 가치와 선택에 대해 절실하게 말하지만, 그 기준을 내부에 새겨두는 것은 망설인다. 혹은 그 기준을 말할 수 있는 시간의 지평을 불가능하게 무너뜨린다.

그렇다면 〈자유의 언덕〉을 지배하는 위의 간극들, 아니 분열을 어떻게 받아들여야 할까. 이 영화에서 가장 섬뜩한 장면은 모리가 꾼 이상한 꿈에 등장한다. "아무것도 하고 싶지 않다. 사라지고 싶었다"라는 모리의 내레이션이 나온 다음, 그는 어느 개울가에 쪼그리고 앉아 있다. 그때, 어디선가 모리의 이름을 부르는 여인의 음성이 들리는데, 권의 것으로 짐작되는 그 목소리는 죽은 원혼의 흐느낌처럼 그 장면에 스산하고 날카롭게 틈입한다. 이내 모리는 이상한 꿈이라며 잠에서 깨지만, 그 장면에서 모리를 포획한 죽음의 기운은 영화 내내 잊히지 않는다. 영화의 마지막, 모리와 권이 삶의 구체성 안에서 단단히 묶인 것처럼 느껴지는 언덕길 장면이 등장할 때의 충격은 그처럼 죽음에 가까웠던 존재가 그처럼 삶에 닿아 있는 순간을 목도하는 데에서 상당 부분 비롯되는 것 같다. 죽음의 섬뜩한 형식과 삶의 투명한 내용 사이의 거리가 너무 가깝게 체감되는 것이다.

과거, 현재, 미래로 이루어지는 시간을 해체해서 시간 틀의 압력으로부터 해방되려는 시도는 결국 언젠가 도래할 끝의 공포로부터 자유로워지고 싶어 하는 예술의 안간힘이다. 모리가 죽은 사람처럼 잠에 빠져드는 이유는 잠 속에서는 그 끝의 시간이 현실 너머로 전환되며 영원히 유예되기 때문일 것이다. 하지만 슬프게도 그가 강조하는 감정의 가치들은 그 끝을 외면하고 시간의 누적을 견디지 않고서는 도달하기 어렵다. 〈자유의 언덕〉은 위계 없이 뒤섞인 시간의 자유로운 활력으로 시간의 압력에 저항하면서도, 매 순간 어딘가 이미 도착해 있을 미래, 궁극에는 끝을 의식하는 영화다. 그 사이에서 어느 한쪽도 포기하지 않고 버텨내려는 노력이 더없이 피로한데, 그 피로함이 참으로 맑다.

(『씨네21』 2014. 10)

경계

장률 1

경계의 끝에서 또다시 시작되는 생

황량한 초원, 한 집, 두 집 사람들이 떠난다. 더 이상 희망이 없어 보이는 이 메마른 땅에 끊임없이 묘목을 심는 남자가 있다. 헝가이. 그는 도시로 떠난 아내와 딸을 따라가지 않았다. 모래바람이 부는 초원 한가운데 홀로 남겨진 헝가이는 어떻게 해서든지 죽어가는 터전에 생명의 뿌리를 내리려고 애쓴다. 그런 그 앞에 어느 날 불쑥 초라한 모자가 나타난다. 이들은 탈북자 순희와 그녀의 아들 창호다. 누구도 정착하지 않으려고 하는 초원에 기어코 뿌리를 뻗으려는 남자와 삶의 터전을 찾아 간절히 정착하고 싶어하는 모자의 기구한 만남이 시작된다.

장률은 여전히 인물의 움직임을 기다려주고 인물이 화면을 떠나면 그제야 느리게 이동한다. 특히 그는 이번 영화에서 컷을 나누는 대신 카메라를 좌우로 천천히 움직이며 이미 그 안에 존재하고 있는 것들을 드러낸다. 한 인물을 찍던 카메라가 의미 없는 빈 공간을 혹은 시간을 패닝하면 거기에는 어김없이 그 인물을 지켜보는 또 다른 존재가 있다. 이렇게 한 화면에 담긴 인물들은 마치 동일한 시공간을 사는, 그러나 서로 맞닿을 수 없는 양 끝에 위태롭게 걸쳐진 두 개의 삶처럼 보인다. 장률은 이러한 촬영 방식에 대해 "도시에서는 카메라가 인물을 계속 따라가지 않으면 카메라를 돌렸을 경우 인물들이 그새 사라져버린다. 그러나 몽골에서는 같이 있던 사람이 자리를 뜨고 다른 곳으로 간다고 치면, 반 시간이 지나도 그 사람이 길을 걷고 있는 모습이 보인다"고 말했다. 장률 영화의 윤리는 영화가 보여주는 인간의 삶과 그걸 담아내는 형식의 밀착에서 시작된다.

〈망종〉은 삶이 한 여자에게 떠안길 수 있는 모든 비극을 짊어진 자, 순희의 이야기였다. '망종'은 보리를 베고 벼를 심어야 하는 계절, 즉 어쨌든 다시 시작하는 시간이라는 의미를 가지지만, 영화는 점점 더 끝으로 내몰리며 요동치는 그녀의 뒷모습으로 끝나면서 가슴 아프게 삶을 체념하고 말았다. 〈경계〉는 〈망종〉 때보다 더 벼랑 끝에서 시작하지만, 이 건조한 초원에서 펼쳐지는 이야기에는 〈망종〉 때와는 다른 삶에 대한 온기와 믿음이 있다. 〈망종〉에서 순희가 맺는 관계들은 언제나 냉담한 폭력으로 돌아와 그녀의 삶을 훼손했고 영화는 그 과정을 담담하게 바라볼 수밖에 없었다. 그러나 감히 단언하자면, 〈경계〉에는 인물들 사이에 보살핌과 기다림의 정서가 있다. 이를테면 정처 없이 앞으로 휩쓸려가는 여인의 뒷모습을 핸드헬드로 담은 〈망종〉의 마지막 장면은 여기서도 탈북한 여인에 의해 반복되지만, 그녀는 떠밀려가는 대신, 결국 다시 돌아온다. 메마른 초원에 묘목을 심고 또 심으며 삶을 지켜내려는 헝가이의 모습이 반복될 때나 사막과 초원을 가로지르는, 도무지 끝이 안 보이는 여정 속에서 암전된 화면 위로 "앞에 큰길이 보여요"라는 창호의 음성이 들릴 때, 여기에는 〈망종〉의 체념을 넘어서려는 어떤 움직임이 보인다. 삶이 더욱 고달파진 만큼, 그 삶을 살아내려는 의지도 더욱 강해졌다. 헝가이가 잠시 도시로 떠난 뒤, 엄마와 단둘이 허허벌판에서 묘목을 심던 아들은 말한다. "초원도 이렇게 보호를 받는데 우리도 보호를 받아야 되잖아요." 그건 분명 체념이 아닌 호소이다. 장률의 소년은 부서진 세계 한가운데서 끝내 자존감을 잃지 않으며 삶을 대면하는 작은 철학자다.

(『넥스트플러스』2007. 10)

두만강

돌아갈 수 없는 고향이 낳은 분열

〈두만강〉의 쟁점에 대해서는 이미 지난 호『씨네21』에 정한석(「마술처럼 흔들리는 취권의 순간들」)과 정성일, 허문영의 씨네산책(「그는 경계에 서 있다」)이 상세히 밝혔다. 그들이 짚어낸 공통된 쟁점은 이 영화 속의 죽음과 관련이 있는데, 순희가 탈북자에게 겁탈당하는 장면, 그때 생긴 아이를 낙태하는 결정, 그리고 영화 말미에 창호가 스스로 몸을 던져 죽는 장면에 대한 것이다. 영화에 대한 호의를 전제로 이들이 제기한 문제들을 요약하면 다음과 같다. 정한석은 장면의 내용 자체가 아니라 그것을 "진행하는 방식"이 장률의 영화답지 않게 도식적이고 관념적이며 구체성을 상실한 것 같다고 지적했다. 정성일은 그 죽음들에 대해 영화가 희망의 가능성을 거세한 것은 아닌지 물었다. 허문영 또한 창호의 선택에 "과도한 순교의 책임"이 부과된 건 아닌지 질문하며, 영화가 아이의 죽음을 취하는 문제의 윤리적인 불편함에 대해 말했다. 〈두만강〉은 이러한 쟁점 이외에도 충분히 말해질 만한 요소가 많은 작품이지만,

이 쟁점을 끌어안을 것인지 의심할 것인지에 따라 영화에 대한 입장이 달라질 수밖에 없는 작품이라는 게 내 생각이다. 사실 위에서 제기된 지적은 〈두만강〉뿐만 아니라, 아이들의 죽음을 주제화한다는 명목하에 극적 장치로 사용하는 일련의 영화들, 이를테면 죽음 자체에 대한 개입은 없고 그것의 상징적 재현의 효과에 몰두하는 영화들 모두에 대체로 해당되는 것이다. 나 역시 영화 속 아이의 죽음은 그 어떤 죽음보다 타자화된 죽음일 수밖에 없기 때문에, 그걸 어떤 경로로든 형상화해도 된다고 생각하는 영화에 대해서는 아무리 그 의도가 훌륭해도 일단 의심하는 편이다. 그런데 그러한 무조건적인 의심에 대해 다시 생각해볼 만한 순간들을 나는 〈두만강〉에서 마주한 것 같다. 이상하다. 위의 필자들이 언급한 일련의 장면들이 나는 껄끄럽지 않았다. 아니, 아이들의 죽음, 창호의 투신이 갑작스럽거나 어른의 세계를 위해 내던져진 관념으로 다가오지 않았다. 모순된 문장처럼 들리겠지만, 그 죽음들이 그저 죽음으로 느껴지지 않았다는 게 적절한 표현인 것 같다. 평소와 다른 이 느낌, 당혹스럽지만 이상하게도 굳게 믿게 되는 이 느낌의 근원을 영화 안에서 생각해보려고 한다. 그러니까 이 글은 쟁점들에 대해 위의 필자들과 반대되거나 다른 자리에서 〈두만강〉을 옹호하는 입장에 서보려고 한다.

영화의 마지막, 창호의 투신에 대해 말하기 위해서는 돌아가야만 하는 두 지점이 있는데, 영화 전체에서 가장 기이한 느낌을 불러일으키는 순간들이라고 해도 될 것이다. 하나는 영화의 첫 장면이다. 한참 동안 카메라가 꽁꽁 얼어버린 두만강의 하얀 풍경을 바라본 후, 마을의 어른 둘이 카메라 쪽으로 다가온다. 카메라가 고개를 숙이자, 한 소년이 웅크린 채 눈을 감고 누워 있다. 소년을 내려다보던 어른들이 "창호 아닌가?"라고 말하자, 갑자기 소년이 눈을 번쩍 뜨더니 강 저편으로 빠르게 도망친다. 영화는 그가 점처럼 사라질 때까지 그 광경을 계속 지켜본다. 창호는 거기서 무엇을 하던 중이었을까. 깜빡

잠이 들었던 것일까, 죽은 척 장난을 치고 있었던 것일까. 바로 이어지는 장면에서 탈북한 소년들로 추정되는 시체가 언 강 위에 창호와 거의 유사한 자세로 널브러져 있는 모습이 나온다. 이 두 장면은 서사상의 필요성을 넘어서는, 뭔가 이상한 기운을 품고 연결되어 있어서 쉽게 잊을 수 없다. 죽음을 흉내내는 소년과 실제로 죽은 소년들의 경계(두 장면 사이에는 '두만강'이라는 타이틀이 뜬다), 그러나 그 경계를 넘어서 결국은 공유되는 죽음의 공기. 공안이 죽은 소년들의 몸을 강 밖으로 끌어내는 광경을 멀리서 거리를 두고 찍은 두번째 장면을 보고 나면, 죽은 듯 누워 있던 창호의 몸에 밀착했다가 그가 멀어질 때까지 바라보던 첫번째 장면이 왠지 창호의 꿈결처럼 느껴진다. 혹은 창호의 그 모호한 행위와 거기 내재된 모호한 기운은 뒤이은 탈북 소년들의 명백한 현실의 죽음과 서로를 품고 있다는 인상을 준다. 혹은 창호는 영화의 첫 장면에서 이미 육체적으로 영화적 타자의 자리에 스스로를 위치시키는 것처럼 보인다. 둘 사이에 어떤 반복, 혹은 교환이 일어나고 있는 것 같다는 인상을 기억할 필요가 있을 것이다. 또 다른 지점은 영화의 중반 즈음, 탈북 소년 정진과 친구가 된 창호가 정진을 집으로 데려온 후, 함께 밥을 먹기 위해 두부를 사러 갔을 때다. 두부를 사서 돌아서는 창호를 두부를 만들어 파는 여인, 아마도 첫 장면에서 얼음 위에 누워 있던 창호를 발견했던 그 여인이 갑자기 소년을 붙잡으며 "니 죽은 게 어떻게 두부를 빌어먹니?"라고 묻는다. 창호는 날카로워진 눈빛으로 그녀를 돌아보며 대답 없이 나가버린다. 첫 장면의 상황을 떠올리면 이해가 가는 정황이기는 해도, 그로부터 영화가 한참 진행된 뒤, 웃음기를 거두고 정색하며 던져진 여인의 물음, 그걸 서둘러 뿌리치는 소년의 모습은 어딘지 낯설고 생경하다.

　말하자면 위의 두 지점에서 창호는 스스로를 죽은 사람처럼 다루거나, 혹은 죽은 사람처럼 다루어지고 있다. 그걸 단지 아이의 제스처이거나 어른의 농담이라고 치부하기에는 그 행위와 말에 일순간 현실을 정지시키는 것 같은 정적이 감돈다. 그렇다면 이 순간들은 그저 영화 말미 창호의 죽음을 암시하기 위해 거기 있는 것인가. 장률은 인터뷰에서 사람이 죽을 때는 그전에 반드시 흔적이 있는데, 죽기 얼마 전, 창호가 창밖으로 무술 동작을 하면서 살짝 뛰어내리는 모습이 바로 그가 "벌써 떠나가는 길에" 있음을 보여준다고 멋지게 설명했다. 그런데 앞의 두 지점은 그런 흔적, 혹은 암시와는 좀 다른 느낌을 품고 있다. 나는 그 순간들을 보며 차라리 죽음은 이미 너무 가까이 있거나, 처음부터 거기 있다는 표현을 쓰고 싶어진다. 창호가 지붕에서 뛰어내리는 순간이 느닷없거나 과도한 죽음이라고 생각되지 않은 이유는 아마도 그 때문일 것이다. 그때 창호는 죽음의 위협에 당면한 탈북 소년들을 도와주는 자가 아니라, 애초에 그 소년들과 공동의 운명을 지닌 존재처럼 보인다. 물론 살아 있는 소년을 두고 이미 죽음은 거기 있다, 는 표현을 쓰는 건 그를 영화적 관념의 도구로 해석하고 있다는 지적을 받을지도 모른다. 그 오해를 피하기 위해서 잠시 창호와 정진의 관계에 대해 살펴볼 필요가 있을 것이다.

창호와 친구들은 어느 날 폐교 구석에서 불을 쬐며 쉬고 있는 탈북 소년들과 마주친다. 창호 무리는 처음에는 적개심을 보이지만, 탈북 소년 중 한 명인 정진이 먹을 것을 좀 달라고 하자, 대신 다가올 축구시합에 나오라고 조건을 건다. 정진은 약속하는데, 음식을 요구하는 정진의 모습에는 구걸과는 사뭇 다른 당당함이 있다. 창호는 음식을 가져오고 정진에게 건넨다. 그때 카메라가 이 모습을 찍는 방식이 인상적이다. 카메라는 창호가 정진에게 음식을 주는 그 순간을 폐교의 창밖에서 멀리 떨어져 찍었다. 둘 사이에는 별말이 없고 창호 무리는 먹을 것을 준 후에 바로 그곳을 빠져나간다. 그러니까 그들은 탈북 소년들이 허기를 채우는 모습을 구경하지 않는다. 그들이 나간 후에야 카메라는 폐교 안으로 들어와 비로소 탈북 소년들이 먹는 모습을 그저 지켜본다. 여기에는 그 어떤 비굴함도, 동정도 없고 그저 '사실'만 있다. 탈북 소년들은 배가 고픈데 먹을 게 없고, 옌볜의 소년들은 먹을 건 있는데 축구를 잘하는 선수가 부족하다. 그래서 그들은 서로 가진 것을 부족한 것과 교환한다. 심지어 이후, 정진이 아무도 없는 창호의 집에서 쌀을 가지고 나올 때도, 그는 그걸 당당하게 밝히고, 창호 역시 별문제를 느끼지 않는다. 물론 탈북자들에 의한 마을의 피해가 눈에 띄게 커지면서 이 관계도 위태로워지지만, 그전까지, 그리고 영화의 엔딩에서 기본적으로 이들의 관계는 수평적이기 위해 애쓴다. 정진과 창호 사이에 쌀, 약속, 축구, 미사일 모형, 그리고 마침내 생명이 교환될 때, 여기엔 서로가 서로를 타자화하지 않으려는 부단한 움직임이 있다. 정진은 불쌍한 탈북자가 아니라, 존엄한 인간으로 그려진다. 이때 '타자에 대한 환대'와 같은 거대한 수사는 어딘지 어울리지 않는다. 다만 영화는 이들의 국적이 다르다는 태생적 차이가 아니라, 물적 조건을 넘어서 이들의 자리바꿈이 가능해지는 순간들, 감정적인 평등함이 작동하는 순간들을 보여주려고 하는 것 같다. 정진이 탈북자라는 사실 때문에 그 순간들은 늘 (장률의 말대로) '목숨을 걸고' 일어나므로 창호와 정진의 관계에는 언제나 죽음의 기운이 어떤 형태로든 둘러싸고 있을 수밖에 없다. 그들이 어른들의 현실과 다른 삶의 순수함 가운데 있기 때문이 아니라, 죽음을 중심에 두고 매번 타자의 자리로 가기 때문에 영화적 활력이 나오는 것이며, 나는 그것이 추상적이라고 생각하지 않는다.

그렇다면 이미 죽음이 거기 있는데, 창호는 굳이 왜 영화의 마지막, 지붕에서 뛰어내리며 육체적으로 부서져야 했을까. 영화는 그의 죽음을 굳이 그런 식으로 명시해야 했을까. 영화가 후반에 접어들자, 탈북자의 소행으로 짐작되는 사건들로 마을이 뒤숭숭해지면서 정진에 대한 창호의 마음도 잠시 돌아선다. 옌볜의 소년들에게 구타를 당한 정진이 무슨 마음인지 창호도 없는 집에서 창호의 누나가 차려준 밥을 먹고 있다. 그 모습을 본 창호가 정진에게 화풀이를 하자, 정진은 약속을 꼭 지키겠다는 말을 남기고 떠나며, 이미 여동생은 죽었다고 말한다. 정진이 떠난 뒤, 누나는 그가 창호를 위해 가져온 미사일 모형을 전해준다. 정진은 우표 수집을 하는 창호를 위해 북한 우표를 가져다주고 싶었지만, 구하지 못해서 대신 그만큼 귀한 모형을 가져온 것이다. 창호는 받침 부분이 부러진 미사일 모형을 아무 말도 못하고 물끄러미 바라본다. 단조로운 대사와 어딘지 결연한 행동으로 채워진 화면에는 죽음과 생존, 배신과 신뢰, 분노와 애틋함, 연민과 후회 등이 응축된 감정들이 말없이 서로를 건드리며 감동을 자아낸다. 그런 다음 화면은 눈 내리는 창가에 오롯이 세워진 미사일 모형에 온전히 할애되는데, 왠지 모를 슬픔과 꿋꿋함의 정서가 동시에 스며든다. 우표가 아닌 미사일. 그러니까 편지의 오고감이 아니라 한번 발사되면 돌아오지 못하고 어디선가 폭발해야만 하는 운명. 정진이 주고 간 미사일 모형을 보면서 창호는 이제 자신이 정진에게 되돌려줘야 할 무언가를 생각하며 다짐하고 있는 중일 것이다. 밖에서는 총소리가 들리고 창호는 잠들지 못한다.

이 모든 장면들이 지나간 뒤 벌어진 창호의 투신은 그러므로 비통하기는 해도 급작스럽지 않다. 창호가 지붕에서 내려오라는 어른들의 말에 잠시 프레임 아웃 될 때, 우리는 잠시 안도하지만, 창호는 추락의 도약을 위해 잠시 뒤로 빠진 거였다. 소년은 자신의 목숨을 담보로 어른들과 타협을 보려는 게 아니다. 한 치도 망설임이 없어 보이는 행위. 그러므로 내게 그것은 누군가를 대신한, 혹은 누구를 위해서 선택한 희생의 행위로도, 물신화된 행위로도 보이지 않는다. 그것을 희망이나 절망의 차원으로 규정하기도 망설여진다. 왜냐하면, 창호의 투신은 행위의 결과를 내다보며 선택된 것이 아니라, 오직 행위 그 자체로서 읽혀야 하기 때문이다. 어린 소년은 죽음을 관념적으로 사유하는 법을 알지 못한다. 그의 투신은 오직 지붕 아래에서 수갑을 찬 채 지켜보고 있는 정진을 향해 있다. 그것은 창호에게 주어진 여러 선택지들 중의 하나가 아니라, 할 것인가 말 것인가를 선택할 수 있을 뿐인 유일한 것이다. 나는 여전히 창호의 이런 결단을 죽음이라는 단어, 영화 밖의 우리가 기껏해야 관념적으로 인지할 수 있는 단어로 고정하고 싶지 않지만, 굳이 그래야만 한다면 이 행위를 자살이 아닌, 창호의 두번째 죽음이라고 표현하는 게 더 적절하다고 생각한다. 이 말의 애매함을 좀더 명확히 설명하기 위해서는 영화의 다른 한 축에서 진행되는 순희의 이야기를 따라가볼 필요가 있다.

한국으로 돈을 벌기 위해 떠난 엄마 대신, 창호와 할아버지를 보살피며 사는 순희는 말을 못하지만 마음만은 누구보다 곱다. 장률의 다른 영화를 한 편이라도 본 적이 있는 사람들이라면, 이 티 없는 여자의 일상에 느닷없이 불행이 침투하리라 예상하는 건 어렵지 않다. 어느 날 밤 다급하게 문을 두드리며 하룻밤만 재워달라는 탈북자의 청을 할아버지는 거절하지 못하는데, 다음날 우리는 노인과 손자가 도시로 외출한 걸 알게 된다. 불길한 예감. 이후 영화는 예상대로 진행된다. 의연한 어린 정진과 확연히 대비될 정도로 인간의 존엄성을 찾아볼 수 없게 비굴하게 호소하던 탈북자는 어느새 폭력적으로 돌변한다. 이 장면은 정한석의 말대로 다분히 도식적인 구석이 있다. 순희가 차려준 밥을 먹고 배가 부르자 그는 술을 요구하고 순희는 술을 건네준 후 자리를 뜬다. 그때 아마도 순희가 켰을 텔레비전에서는 북한 찬양 방송이 나오고, 갑자기 미쳐버린 남자는 순희에게 다가가고, 프레임 밖에서 들려오는 순희의 울부짖음, 그리고 텔레비전에서 여전히 흘러나오는 북한 방송의 화면이 겹쳐진다. 이 장면의 모든 상황은 작위적이며, 순희가 강간당하는 모습을 직접 보여주지 않았다는 사실에 약간의 위안을 얻는 걸 제외하고는, 그 작위성은 더없이 끔찍하게 여겨진다. 그렇다면 그런 명백한 함정에도 불구하고 영화가 이 순간을 필요로 한 이유는 무엇일까. 실제로 탈북자들에 의해 그런 사건이 일어나기 때문에 그 장면을 넣을 수밖에 없었다는 장률의 대답이 거짓말이라고 생각하지는 않지만, 당연히 그게 전부는 아닐 것이다. 물론 나는 이 장면의 작위성에 순결한 여자에 대한 영화의 상투적인 가학성이 작동하고 있다는 의심을 모두 거두지는 못하지만, 만약 이 장면이 있어야만 한다면, 그건 이후 순희의 결단들을 영화가 매우 중요하게 생각하기 때문이라는 사실에 설득이 된다.

순희의 선택들. 그건 창호의 선택과 영화적으로 연결되어 있으나, 창호의 것만큼 명백하고 단순하지는 않다. 그래서 더욱 현실적이고 윤리적인 궁지에 처한다. 그 사건으로 아이를 갖게 된 순희는 할아버지와 함께 병원을 찾는다. 그러나 그녀는 수술실에서 도망치고, 할아버지는 그런 손녀를 말리지 않는다. 보통 이런 경우라면, 뱃속의 아이를 차마 죽이지 못한 여자는 결국 아이를 낳는 수순을 따른다. 처음에는 나도 그렇게 생각했다. 그런데 놀랍게도 영화의 결말에 그녀는 다시 병원을 찾는다. 병원에서 수술을 받지 않고 나온 이후, 그리고 다시 병원을 찾는 시점 사이에 그녀에게 어떤 변화가 있었던 걸까. 그 사이에 인상적인 장면 하나가 있다. 슬픈 표정으로 눈밭에 앉아 있던 순희 뒤로 마을의 노인 한 명이 지나가다 그 옆에 앉는다. 치매에 걸린 듯 보이는 이 노인은 영화 앞부분에서도 고향으로 돌아가겠다고 매번 두만강을 건너려다 사람들에게 잡혀 집으로 돌려보내지곤 했다. "어렸을 때 어머니 손잡고 이 강을 건널 때만 해도 다리 하나가 있었는데"라고 노인이 중얼거리자, 카메라가 그녀의 시선을 따라가면 산으로 둘러싸인 얼어붙은 강의 풍경이 펼쳐진다. 그런 다음 뒤이은 장면에서 순희는 스케치북에 노인으로부터 들은 다리의 형상을 그려본다.

그림 속 다리의 풍경이 이상하게도 생생하고 그것이 벼랑 끝에 선 순희에 대한 유일한 위로처럼 느껴져서, 이 장면의 연결에는 신비로운 느낌이 있다. 그래서인지 모든 이야기가 종결된 뒤 에필로그에 이르러, 영화가 눈 덮인 두만강 위에 과거의 혹은 상상 속의 그 다리를 세워두고 노인으로 하여금 건너게 하는 판타지 장면에서, 문득 그 다리는 영화적으로 순희에 의해 마련된 것이라는 생각이 들었다. 하지만 순희가 다리 그림을 그린 후, 영화가 에필로그에 이르기 전, 그녀로 하여금 낙태를 선택하게 만들었다는 사실은 그렇기 때문에 더 당혹스럽다. 순희는, 혹은 영화는 상상 속에서 고향으로 향하는 정서적인 다리를 한편에 기어이 만들어두고, 다른 한편에서는 탈북자의 폭력에 의해 잉태된 아이를 죽이는 결단을 내린다. 물론 그 뱃속의 아이를 어떤 상징으로 단정하고 해석하는 건 위험한 짓일 것이다. 하지만 분명 이런 두 가지 선택이 영화 속에서 양립할 때, 나는 둘 사이의 간극에 영화의 슬픔이 있다고 느낀다. 말하자면 고향에 대한 장률의 분열. 장률은 어찌할 수 없는 두 마음을, 과거와 현재를, 상상과 현실을 내버려두고 바라본다. 한쪽이 다른 한쪽을 봉합하거나 채우지 못한다. 순희는 고통을 무릅쓰고 아이를 낳아 이 분열을 메워주는 천사가 아니다. 나는 순희가 장률이 천사라고 칭했던 〈이리〉의 백치 같은 여인 진서보다 장소의 기억에 대한 장률의 감정이 훨씬 더 구체화된 인물이라고 생각한다.

순희가 낙태를 한 번 미루고 영화의 끝에 다시 병원을 찾는 시점은 창호가 투신하는 시점과 영화적으로 맞물리며 그건 다분히 의도된 영화적 선택일 것이다. 그렇다면 장률은 기억 속의 고향이 결국 삶으로부터 죽음으로 부서질 수밖에 없다고 체념하는 것일까. 혹은 마지막 에필로그의 판타지를 개입시켜서라도 죽음으로부터 희망을 불어넣고 싶은 것일까. 둘 다 아닌 것 같다. 고향을 판타지적으로 재현하고 싶다는 욕망, 혹은 리얼리즘적으로 재현할 수 있다는 믿음 모두 왜곡과 미화, 냉소에 빠질 위험이 있다는 걸 장률은 누구보다 잘 알고 있는 감독이다. 그러므로 〈두만강〉의 어떤 부분이, 누구의 선택이 사실적이고 상상적인지, 이 세계의 정체가 무엇인지를 묻는 건 별 의미가 없다.

다만 나는 장률에게 고향의 기억을 영화화하겠다는 결심이 희망과 절망, 혹은 삶과 죽음, 둘 중 하나를 선택하는 문제가 아니라는 사실만큼은 알 수 있을 것 같다. 그는 자신의 영화가 감히 죽음으로부터 삶을 구원할 수도 없고, 행여 그럴 수 있다고 믿어서도 안 되지만, 적어도 죽음을 죽음으로부터 꺼내기 위해 애써야 한다고 믿는 것 같다. 창호의 마지막 행위, 그 두번째 죽음은 단순한 자멸이 아니라 그런 의미로 다가온다. 이를테면 마을의 노인이 죽던 날 밤, 사람들이 애도의 노래를 부를 때 환하게 뜬 보름달의 정서, 할아버지가 창호에게 "내 죽으면 여기 묻어라. 앞에 두만강이 보이지 않니"라고 말할 때 노인의 시선을 따라 펼쳐진 아련한 강의 감정, 그러니까 죽음을 말하고 있지만, 그 순간 영화에 퍼지는, 죽음이라고도 삶이라고도 표현할 길 없는 절실한 기운. 다시 말하지만 죽음을 죽음으로부터 꺼내는 것, 그것이 장률의 기억이고, 돌아갈 수 없는 고향에 대한 최소의 예의다. 그런 의미에서 내게 〈두만강〉은 고향에 대한 오랜 기억과 마주한 감독이 일상적 구체성을 넘어서 감정의 물질성에 도달하려는 시도다. 설령 그 시도의 결과가 관념에 조금 더 가깝다고 해도, (그 견해에 동의하지는 않지만) 나는 그 관념도 기꺼이 끌어안겠다고 말하겠다.

(『씨네21』 2011. 3)

장률 3

풍경
장률의 마음이 선 자리

〈풍경〉은 장률의 첫번째 다큐멘터리다. 다섯번째 극장편인 〈두만강〉과 〈풍경〉 사이, 그에게는 변화가 있었다. 평론가 정성일과의 지난 인터뷰(「안개 속의 풍경」, 『씨네21』 933호)에서 그가 말했듯, 서울의 한 대학에서 강의를 하게 되면서 거주지를 서울로 옮긴 것이다. 그의 지난 영화들을 돌아볼 때, 장률에게 장소의 이동, 변화는 거의 모든 것의 변화다. 그것은 삶의 조건과 태도뿐만 아니라, 영화의 형식과 리듬의 필연적인 변화를 예견케 한다. 한국을 방문하는 것이 아니라, 한국에 산다는 것. 사건의 공간이 아닌 일상의 공간. 그 차이가 〈풍경〉에 담겨 있을 거라고 생각했다. 말하자면 〈풍경〉은 한국의 외국인 노동자들에 대한 다큐지만, 그 과정에서 한국 사회 안에서 스스로를 바라보는 장률의 시선을 감지할 수 있는 첫 영화가 될 터였다.

그런 마음으로 영화를 보는 동안, 나는 종종 예상치 못한 당혹감과 마주해야 했다. 장률의 지난 극영화들이 최대한 피해왔던 것들을 〈풍경〉은 적극적으로 끌어안거나 내버려두고 있었다. 견고하고 치열하게 자신의 영화 세계를 지켜온 감독의 예술관이 고작 몇 년 사이에 변했을 리는 없을 것이다. 그렇게 말하는 건 비평의 게으름일 것이다. 그렇다면, 이는 장률이 아직은 장르적으로 완전히 익숙하지 않은 다큐멘터리를 받아들이는 과정에서 생긴 현상일까. 이 영화를 두번째 볼 때야, 나는 내게 당혹감을 준 요소들이 장르적 미숙함이나 변화와 같은 용어로 간단히 설명될 수 있는 문제가 아니라, 이 영화로 들어가는 가장 중요한 문이라는 사실을 알게 되었다. 말하자면 그 당혹감의 정체는 〈풍경〉이 넘어서야 할 결함이 아니라, 〈풍경〉에서 읽혀야 할 질문들이다. 뒤에서 다시 언급하겠지만, 그 질문은 결국 감독 장률의 자리에 대한 질문과 연결된다. 〈풍경〉을 이루고 있는 그 질문들의 결을 들여다보는 글이 쓰고 싶어졌다.

알려진 대로, 〈풍경〉은 이주민 노동자 열네 명의 노동 현장을 지켜보고, 그들을 인터뷰한다. 인터뷰의 질문은 '당신이 한국에 와서 꾼 꿈 중 가장 기억에 남는 꿈은 무엇입니까?'이며, 이들이 답하는 모습을 찍을 때 카메라는 한자리에 서서 노동자들을 지켜본다. 이들의 황폐한 현실로부터 가장 자유롭고 가장 사적인 이야기를 듣는 순간인데, 이상하게도 이 이야기를 품고 쳐다보는 영화의 공기와 시선은 인터뷰 장면마다 차이는 있지만 대체로 경직되어 있다는 인상을 준다. 그 인상은 이들이 기억해낸 꿈의 내용적 차원에 근거한다기보다는 카메라와 피사체 사이의 의식적인 거리감과 관련이 있다. 나는 〈풍경〉의 카메라가 노동자들의 내밀한 이야기를 듣고 있지만, 이들과 육체적으로, 혹은 물질적으로 내밀한 관계가 되기를 스스로 차단하고 있다는 생각이 들었다. 그건 카메라가 원하지 않아서 거부하고 있다는 느낌과는 좀 다른 차원의 것이다. 장률은 인터뷰에서 "사람들 사이의 모든 거리는 계산이에요. 나는 실제 거리를 찾았어요. 그런 거리 속에서 나와 저 사람의 감정이 흐를 수 있는 딱 그만큼의 거리. 거기서 더 들어가면 용기인데 나에게 그런 건 없었어요"라고 말했다. 혹은 그는 사진관 장면의 흥미로운 소녀에 대한 호기심에 대해 말할 때도, "거기서 멈춰야 했어요"라는 표현을 쓴다.

물론 이 말들, 아니, 선택은 놀랍지 않다. 우리는 그의 지난 극영화들을 통해, 그가 멈추어야 하는 순간을 결단하는 데 매우 예민한 창작자라는 사실을 알고 있다. 더 가서는 안 될 순간 앞에서 멈추는 행위, 카메라가 더 이상 움직이지 않아야 하는 시점을 판단하는 일은 그에게 영화적인 윤리였다. 그러니 〈풍경〉의 인터뷰 장면과 노동 현장의 장면에서 느껴지는 거리감은 이전 작품들에서와 마찬가지로 장률의 윤리적인 결단으로 받아들이면 될 것인가? 그의 대답으로만 보자면, 그런 것 같다. 하지만 이 장면들에서 느껴지는 심리적인 동시에 물리적인 거리감은 그것이 이 영화의 윤리이기는 한데, 결단보다는 어딘지 좌절과 체념, 두려움에 좀더 가깝다는 생각을 갖게 한다. 이에 대해서라면 나는 두 가지 견해를 동시에 갖고 있다. 하나는 그런 거리감이 노동자들과 카메라의 상호 작용이 빚어낼 수 있는, 즉 질문과 답을 넘어서는 의외의 파열과 돌출을 누르고 있다는 것이다. 혹은 꿈을 발화한다는 행위 자체에서 툭 터져나올 법한 어떤 자유로움을 가두고 있을지 모른다는 것이다. 하지만 다른 한편으로 나는 〈풍경〉이 지켜내려는 이 거리의 엄중함이 곧 노동자들의 삶을 대하는 영화의 태도라는 데 동의한다. 장률이 수많은 노동자들의 이야기 조각들을 한 덩어리로 뭉치지 않으면서도 끝내 이 풍경의 리듬을 버틸 수 있었던 것은 그 태도 덕분이라는 생각도 한다.

정작 나를 의아하게 만든 건 노동자들의 장면 사이사이에 삽입된 풍경 장면들이다. 정확히 말하자면, 노동자들이 꿈을 말하는 장면들과 이어 등장하는 풍경 장면들의 관계에는 장률의 극영화들을 떠올릴 때, 확실히 낯선 구석이 있다. 노동자들이 가장 기억에 남는 꿈에 대해 이야기를 한다. 그 이야기를 말없이 듣고만 있던 영화는 다음 장면에서 자신이 들었던 그 꿈의 장소로 가서 그 풍경을 찍는다. 방글라데시에서 온 와리우라 브후아이야가 꿈에서 아내와 실제로는 한 번도 가본 적 없고, 어디 있는지도 모르는 제주도에 간 기억을 들려주자, 영화는 다음 장면에서 실제로 비행기를 타고 제주도에 가서 제주도의 풍광들을 카메라에 담는다. 방글라데시에서 온 셰크할 마문이 회사를 그만두겠다고 말하는 꿈을 다섯 번이나 꿨다고 말하자, 영화는 다음 장면에서 나뭇잎을 뜯어먹는 코끼리를 보여준다. 그 코끼리가 프레임을 나간 뒤 이어지는 장면에서 카메라는 마문이 현재 일하는 모습을 유리창 건너편에서 지켜본다. 그 유리창에는 코끼리 그림이 그려져 있다. 혹은 캄보디아에서 온 초웁 칸피아룬이 신나게 자전거를 타고 가다가 뒤로 돌아가려고 하니 강물이 들어서 있고, 앞을 보니 길은 없어지고 강물뿐이었던 꿈을 떠올리자, 이어지는 장면에서는 텅 빈 마당에 작은 자전거가 덩그러니 놓여 있다. 그리고 그 자전거는 마치 귀신이 타고 있는 것처럼 저절로 움직인다. 태국에서 온 브라욘 쁘쿤은 자신이 화상을 입기 전 꾼 꿈을 말한다. 불을 본 꿈이었는데, 영화는 다음 장면에서 잔잔하고 투명한 물가에 한참 동안 시선을 둔다.

고통과 쓸쓸함을 무색무취한 언어로 감추는 노동자들의 경직된 장면과 비교할 때, 뒤에 이어지는 자연과 동물의 풍경에는 확실히 해방감이 있다. 인간의 그림자 없이 그 자연과 동물들이 존재하는 시간의 리듬은 신비롭고 존엄하며 자유롭고 마술적이다. 장률과 정성일이 나눈 대화를 참조하지 않더라도, 이러한 장면 연결이 노동자들의 꿈을 영화적으로 이루어주고 위로해주고 싶은 〈풍경〉의 소망임을 알아채기는 어렵지 않을 것이다. 그 헤아림이 존중할 만한 것이라고 생각하면서도 영화의 흐름으로 볼 때, 여기에는 좀 이상한 불균형이 작동하고 있는 것 같다. 한편(꿈을 말하는 인터뷰 대상자들)으로는 최대한 건조한 시선을 취하며 더 들어갈 길을 멈추고, 다른 한편(꿈의 풍경들)으로는 감정을 끌어안는 데 주저함이 없다는 것이다. 노동자들의 현실 앞에서는 거리를 유지하지만, 그들의 꿈에 영화로 개입하는 것에는 그만큼의 망설임이 없다. 이렇게 바꿔 말할 수도 있을 것 같다. 〈풍경〉은 개별 장면들은 냉정하게 찍었지만, 편집에서는 감정을 제어하지 않고 그 감정의 드러남을 두려워하지 않는다. 그 간극에 대해 생각해보아야 할 것이다. 〈풍경〉은 둘 사이의 그 간극을 의도적으로 벌려놓고 있거나, 그 간극을 좁히는 일은 지금으로서는 불가능하다고 여기는 것 같다. 나는 그 간극에서 그간 장률이 가장 중시했던 무언가가 부족한 것 같다는 인상을 받았다. 이 영화 속의 현실과 꿈의 관계에서, 노동자들의 꿈의 기억과 영화가 형상화하는 꿈의 풍경 사이에 부족한 것은 이물감이다.

이 영화에서 가장 끔찍한 풍경인 마장동 도축장 장면 다음에 이 영화에서 가장 아름다운 풍경 중 하나인 옷감공장의 장면을 붙인 이유에 대해, 장률은 "마장동 도축 장면을 정화할 그런 꿈이 필요했는데 여기서 많이 해소한 거지요"라고 설명했고, 나는 그 대답이 놀라웠다. 그의 지난 영화들에서 그가 지켜내고자 했던 건, 끝내 무엇으로도 해소될 수 없는 잉여의 상태가 아니었던가? 〈풍경〉의 카메라가 피사체에게 엄격한 거리를 두고 어느 지점 이상 다가가지 않으면서 편집을 통해 꿈의 풍경으로 도약, 혹은 비약할 때, 이 이행의 형식은 아름답지만, 그 아름다움은 때때로 지나치게 명징하고 확정적인 것 같다. 혹은 그 이행은 종종 감정적으로 성급하다. 무엇이 이물감 대신 해소를 가져오고, 대상을 뚫고 들어가는 대신 풍경으로 이동하게 만들었을까? 그건 〈풍경〉이 결국 한국에 대한 장률의 '인상'의 기록이기 때문이라고 말해버리는 걸로 충분할까? 장률은 지금 어느 자리에서 어디를 보고 있는 걸까?

이에 답하기 전에, 먼저 다큐멘터리로서 이 영화의 빛나는 순간들에 대해 말하는 게 좋겠다. 앞에서도 언급했던 와리우라는 꿈에서 아내와 제주도에 갔던 기억을 꺼낸다. 그는 서투른 한국어로 그 기억을 더듬는데, 그 순간 그에게서 나오는 생기는 모국어로 꿈을 말하는 이들에게서는 보지 못한 느낌이다. 그들은 막힘없이 매끄럽게 꿈에 대해 말하지만 어딘지 무심하고 딱딱하다는 인상을 주는데, 와리우라가 타국의 언어로 한 번도 가보지 못한 타국의 섬에 대한 기억을 더듬더듬 말할 때, 그를 감도는 꿈의 감흥은 다르다. 그의 들뜬 표정과 제스처와 거기 담긴 간절함은 이후 영화가 보여주는 제주도의 실제 풍경보다도 풍요롭고 생생하다. 언어의 서사를 넘어서는 이 인터뷰 장면은 열네 명의 인터뷰들 중에서 가장 꿈의 활기에 닿아 있는 것 같다. 이와 정반대의 지점에 있지만, 그만큼의 울림을 주는 장면은 중국에서 온 쉬첸밍의 사연이 나올 때다. 소와 돼지가 갈기갈기 찢기고 토막 나는 마장동 도축장의 풍경 안에서 그에게 가장 두려운 것은 돼지의 내장을 손질하는 일과 추방당하는 일이다. 그는 꿈에서도 그 두 가지 일만 벌어진다고 말한다. 이 잔혹한 풍경과 무기력한 목소리에는 다른 노동자들의 인터뷰에 배어나는 향수나 소망, 일말의 낭만 같은 것이 완전히 제거되어 있다. 그에게 꿈은 현실의 출구가 아니라 현실의 무한한 반복일 뿐이다. 장률은 이 남자에게만큼은 꿈의 풍경으로 섣부르게 영화적 위로를 건네지 못한다. 다음 장면에서 그저 좀더 나은 꿈을 꾸는 노동자에게로 옮겨가며 스스로를 위로하지만, 그의 사연과 피비린내 나는 도축장의 이미지는 영화 속 꿈의 풍경들 위를 유령처럼 부유한다.

무엇보다 이 영화에서 가장 흥미로운 우연의 활력으로 가득한 장면은 연변에서 온 소녀 송홍련이 불쑥 등장해서 사진관 주인과 대화를 나누는 순간이다. 아마도 이 사진관에서의 대화는 〈풍경〉에서 유일하게 준비되지 않은 질문과 준비되지 않은 대답일 것이다. 그 즉흥성과 우연이 빚어내는 엉뚱함과 재치, 친밀감과 어색함은 〈풍경〉이 포착한 가장 훌륭한 리듬이다. 카메라가 의도적으로 거리를 둔다거나 특별히 개입한다는 인상 없이, 그저 그 자리에 존재할 뿐인데, 그 앞에서 삶의 구체적인 순간이 스스로 충만하게 숨을 쉬고 있는 것이다. 그 짧은 시간 동안, 우리는 이 소녀와 사진사가 어떤 사람인지에 대해 영화 속 그 누구보다도 많이 알게 된다. 물론 소녀는 천진함을 잃은 어른이 아니고, 피폐한 노동자가 아니며, 미리 섭외한 인물이 아니라는 우연이 이 순간의 활기에 영향을 미쳤을 것이다. 하지만 우리는 이렇게 다시 물을 수도 있다. 왜 프레임 밖의 감독이 못한 것을 프레임 안의 사진사는 할 수 있었을까? 왜 노동자들에게 불가능했던 순간이 소녀에게는 가능했을까?

나는 〈풍경〉이 이런 질문을 의도하고 있다고 생각하지는 않지만, 그 의도와 무관하게 그 질문이 이 장면에 기입되어 있다고 생각한다. 이를 위해 사진관 장면의 또 다른 인상적인 순간에 대해 말해야 할 것이다. 외국인 남자가 증명사진을 찍기 위해 앉아 있다. 영화의 프레임 밖에서 사진사의 목소리가 들린다. 그는 지금 무뚝뚝하게 앉아 있는 손님을 향해 '김치, 치즈, 스마일' 등의 단어를 동원해 미소를 짓게 하려고 한다. 하지만 그 노력이 무색하게 남자의 표정에는 별 변화가 없다. 다음 장면에서 사진사는 결국 컴퓨터로 남자의 무표정한 얼굴을 매만져 좀더 상냥하고 자연스러운 표정으로 변형하고 있다. 사진관에서 흔히 하는 작업이기는 하지만, 마치 영화는 이 순간을 찍으며 다큐멘터리로서 자기 자신에 대해 생각에 잠겨 있는 것만 같다. 프레임 밖의 나, 카메라를 든 나, 그들의 세계를 관찰하고 기록하려는 나의 질문과 의도와 시선은 과연 그들에게 얼마나 닿을 수 있을 것인가. 그 프레임 안으로 들어가지 않고 그 세계의 호흡을 경험할 수 있을 것인가. 피사체와의 심정적, 물리적 거리를 지켜온 〈풍경〉이 한 편의 다큐멘터리로서 자신의 실패를 바라보는 시선 혹은 쓰라린 심정이 여기 있는 것 같다.

이제 다시 위의 질문으로 돌아가려고 한다. 노동자들의 꿈에 대한 인터뷰와 꿈의 풍경들 사이에 기입된 간극과 그간의 장률의 세계에서 경험하지 못했던 감정적인 편집은 결국 이 영화를 찍는 장률의 위치와 관련이 있는 것 같다. 인터뷰를 통해 그는 "나와 사는 방식이 다른 나와 같은 처지의 사람들"에게 자꾸 눈길이 가서 이 영화를 시작하게 되었다고 밝혔다. 이 말이 중요한 것 같다. '나와 삶의 조건이 다르지만 이방인이라는 같은 처지'라는 말일 것이다. 그는 외국인 노동자를 찍는 내국인 감독이 아니다. 혹은 이주민 노동자를 찍는 이주민 노동자가 아니다. 그 스스로도 고향을 떠나온 자이며 정서상으로는 이주민 노동자들에게 가까울지라도 그가 현재 주변부의 빈곤한 노동자가 아니라, 감독이고 대학교수라는 사실은 무시할 수 없는 차이다. 말하자면 "다른"과 "같은" 사이에 그는 존재한다. 나는 〈풍경〉이 그 둘을 화해시키고 싶은 욕망에서 시작되었으나, 과연 그것이 가능한가의 반문으로 끝나는 영화라고 생각한다. 장률은 자신이 찍은 서울의 풍경과 꿈의 풍경으로 이주민들의 고단한 고백과 꿈과 일상에 화답하고 싶어한다. 이 영화가 이방인들의 풍경이라는 것만큼 중요한 사실은 이것이 그에 대한 장률의 화답이라는 점이다. 그는 그렇게 그들과의 다름보다는 같음으로 소통의 지점을 찾으며 이 다큐멘터리에서, 나아가 한국이라는 나라에서 자신의 자리를 묻고 싶었을 것이다. 나는 그게 이 영화의 무의식이라고 생각한다. 하지만 이 영화가 그들의 꿈에 화답할수록, 그 꿈의 허망함과 현실의 피폐함에 아련한 꿈의 풍경으로 화답하고 위로할수록, 영화는 그들의 현실을 뚫고 들어가지 못하고 표면을 맴돌 뿐이다. 영화 속 안개가 자욱하게 낀 풍경이 슬프다면, 그 사실을 자각하는 이 영화의 마음의 풍경이기 때문일 것이다.

물론 마지막 장면에서 영화는 그 표면을 뚫고 들어가기로 결심한다. 분주한 도시의 대로를 지나 어두운 터널과 좁은 골목길을 쉬지 않고 저돌적으로 달려간다. 그리고 갑자기 주저앉아 숨을 헐떡이며 하늘을 바라본다. 분노든, 다짐이든, 절박함이든, 무언가 노골적인 감정의 분출이 여기 있다. 이 장면의 공격적인 속도는 앞서 영화가 유지하던 거리감이나 정적이고 아름다운 풍경들을 의도적으로 훼손해버리는 것 같기도 하다. 하지만 그렇게 달려온 길의 끝에는 아무도 없다. 〈풍경〉은 그 많은 이방인들의 꿈을 지나 결국 혼자 남는다. 혼자 남은 이 시선의 주인은 누구일까. 나는 이 마지막의 의미를 희망이나 절망이라는 언어로 섣불리 판단하고 싶지 않다. 다만 이 마지막 장면에 이르러 한 가지 분명해진 것이 있다. 장률은 끝내 이 다큐멘터리에서 자신의 자리를 찾지 못한다. 〈풍경〉은 그 사실에 대한 궁극의 인정이다. 〈풍경〉은 고향에 대한 아련함과 이방인으로서의 고독을 위로와 동질감으로 품고 싶었으나, 결국 불안 속에 홀로 남아 분열과 실패의 흔적을 마주할 수밖에 없는 자가 꾸는 꿈이다. 이 영화가 장률의 최고작이라고 할 수는 없을 것이다. 〈풍경〉은 냉정한 창작자의 시선 이전에 한 사람의 이방인으로서의 감정이 더 도드라지는 작품이다. 숨겨지지 않고 정리되지 않으며 잘라낼 수 없는 이 감정, 그리고 타인의 꿈이라는 불확정적인 세계에 성급하게 화답하고자 하는 욕망이 〈풍경〉의 영화적 활기를 때때로 멈추어 세우는 것도 사실이다. 한 명의 창작자로서의 냉정한 시선과 한 명의 이방인으로서의 감정적 동요 사이에서 이 영화는 흔들린다. 하지만 그런 이유에서 〈풍경〉은 어쩌면 장률이 자신의 현재를 바라보는 심정이 그대로 투영된 영화다. 그 심정은 정직하다. 그리고 아프다.

(『씨네21』 2013. 12)

살인의 추억

악은 어둠만을 잘라먹지 않는다

잘 알려졌듯, 〈살인의 추억〉은 1986년부터 1991년까지 화성에서 일어난 연쇄 살인 사건을 모티브로 삼은 영화다. 5년간 10명의 부녀자들이 강간 살해당했고 수많은 경찰 병력이 투입되었으나 공소시효가 끝난 2006년을 지나 현재까지도 범인은 잡히지 않고 있다. 2003년에 제작된 〈살인의 추억〉은 1986년을 시작으로 연쇄살인마의 행적과 정체를 쫓는다. 그러나 이 영화는 정확히 말해, 연쇄살인마에 대한 이야기가 아니라, 연쇄살인마를 제외한 당대 한국 사회의 다른 모든 것을 겨냥한 이야기다. 끝내 범인을 잡지 못한 현실을 단순히 반영하는 차원에서가 아니라, 끝내 범인의 자리를 공백으로 두려는 몸부림 같은 것이 이 영화에는 있다. 그 공백을 둘러싼 실패와 좌절과 혼란 속에서 모든 것을 뒤죽박죽으로 만들어놓은 영화는 그 어떤 가능성도 차단한 채, 더 깊은 어둠의 심연 앞에서 막을 내린다. '왜 그런 잔혹한 살인 사건이 일어났나'의 질문은 폐기되고, '왜 잡지 못했나'에 대한 무력한 반문만이 강력하게 살아남는다. 그러니까 〈살인의 추억〉은 질문의 방향을 범인으로부터 그를 제외한 나머지 우리에게로 돌아오게 만든다.

왜 잡지 못했나. 현장보존의 의미조차 모르는 형사들은 무능력하고 폭력적이다. 엉뚱한 주민을 용의자로 지목해서 고문하고 거짓 자백을 받아내면서도 자신들이 애초 틀린 방향에서 시작했다는 사실을 인지하지 못한다. 특별히 악독해서이기보다는 사태의 구조를 파악하고 예견할 줄 아는 능력이 그들에게는 없다. 전근대적이고 미개한 수사 방식 혹은 개별 형사의 능력이 표피적인 원인처럼 제시되지만, 그 원인은 장르의 서사적 장치에 더 가깝다. 영화가 말하고자 하는 바는 보다 상위의 층위에 있다. 구체적인 개인 하나 구해내지 못하면서도 반복적으로 실행되는 민방위훈련, 시위 진압작전에 동원되느라 사건 현장에 투입되지 못하는 전경, 대통령의 지방 순시를 환영하기 위해 동원되는 소녀들의 이미지가 영화의 결정적 순간들 사이에, 무심한 듯 그러나 날카롭게 삽입된다. 무엇보다 1986년, 부천경찰서 여대생 성고문 사건에 대한 뉴스가 영화 속에서 흘러나오는 순간 인물들에게 일어난 일들은 사태를 더 깊은 미궁으로 빠뜨리는 결정적인 역할을 한다. 군부독재, 이념 공세, 고문치사, 87항쟁, 아시안 게임과 올림픽 등 정치경제적으로 급변하던 시기에 화성 연쇄살인 사건은 놓여 있다. 말하자면 우리는 화성 연쇄살인 사건의 상위에 한국 사회의 구조적 폭력이 있다는 사실에 대해 눈감기 어렵다. 영화 속 도처에서 유령처럼 출몰해 당대 현실을 환기하는 이 원인들을 하나의 의미로 환원해 사건과 연결시킬 수는 없지만, 그것들이 이 처참한 미결사건의 비극과 아무런 관계가 없다고 말할 수는 없다. 폭력의 주체를 구체적인 범인 한 명에게로 소급해서 설명하지 않으려는 이 영화의 선택은 그런 맥락에서 이해될 수 있을 것이다.

또 한 가지. 영화 속 도처에 원인들이 부유한다면, 도처에 징후들 또한 배회

한다. 지능이 떨어지지만 사건의 유일한 목격자인 광호는 형사가 들이민 용의자의 사진 앞에서 질문에 답을 하지 않고 갑자기 어린 시절 입었던 화상의 공포를 떠올린다. 그리고 철로에서 어이없는 죽음을 맞이한다. 군홧발로 용의자들을 가차 없이 밟던 형사는 광호가 휘두른 각목의 못에 다리를 찔린 뒤, 파상풍으로 다리를 절단해야 할 위험에 처한다. 폭력을 행사하던 다리가 잘린 뒤 그는 영화에 더 이상 등장하지 않는다. 영화 속 형사들이나 관객들에게 가장 강력한 용의자로 의심받던 박현수는 백지처럼 창백한 얼굴로 늘 침묵 속에 혼자 있으며, 늘 무언가에 괴로워하는 것처럼 보인다. 그는 사건 당일마다 라디오 프로그램에 노래 「우울한 편지」를 신청한 장본인이며, 범행이 벌어지던 시간에 행적이 묘연했고, 가까스로 살아남은 희생자의 증언대로 부드러운 손을 가졌다. 그러나 유전자 검사 결과 그는 범인이 아닌 것으로 판명난다. 그가 개입된 이 이상한 우연들의 일치를 어떻게 보아야 할까. 그에게는 어떤 사연이 있는 걸까.

무언가에 골똘히 사로잡힌 이들의 시선과 얼굴 클로즈업은 의미화가 불가능하다. 아이러니한 상황들 속에서 죽음과 기억, 불안과 공포의 징후가 이들 주위를 맴도는데, 그 실체는 밝혀지지 않는다. 즉 연쇄살인 사건을 중심으로 도처에 원인들과 징후들이 넘실대지만, 이상하게도 명징한 인과 관계를 성립시키기에는 모호한 상황들이 여기 있다. 살인자를 찾고 말겠다는 형사들의 절박함, 관객들의 긴장감이 결국 허사로 끝날 때, 모든 것이 불분명한 가운데 한 가지만은 분명하다. 〈살인의 추억〉에는 그 어떤 인과론으로도 사건을 해소해서는 안 된다는 저항이 있다. 그리고 그 저항감은 망각을 거부하려는 의지와 냉소적인 무력감 사이 어딘가에 있을 것이다.

영화의 마지막, 이제는 더 이상 형사가 아닌 2003년의 박두만이 과거 시체를 발견했던 하수구를 들여다본다. 한때는 참혹한 피의 장소였으나, 지금 그곳은 더없이 고요하며 잡초들만 무성하다. 오직 범인과 그 장소만이 유일하게 모든 것을 기억할 것이다. 그때도, 지금도 우리 눈에는 그 실체가 보이지 않는다. 그렇다면, 우리가 본 것은 무엇일까. 우리는 무엇을 기억해야 할까.

덧붙여, 봉준호는 〈살인의 추억〉에 대한 인터뷰에서 "누가 나에게 '80년대를 어떻게 기억하세요?'라고 묻는다면 '등화관제의 시대요'라고 말할 거다. 그건 인위적인 어둠을 만드는 행위다. (……) 직설적 감정 표출이 우려되는 클라이맥스의 살인 장면(전경들이 모두 시위 진압하러 갔다는 대사와 민방위 훈련 장면과 여학생의 살해 장면이 노골적으로 교차되는 순간—필자)은 '거기 쌀집 불 꺼!'라는 방송과 함께 셔터가 내려지는 것으로 시작한다. 일견 노스텔직한 장면으로 시작했고 관객을 그렇게 유도했지만, 내 진심을 폭발시키는 교차편집 과정에서 그 노스탤지어와 완전히 분리되었다고 생각한다. 그 지점에서 인물과의 거리감도 허물어졌다"고 말했다. 절반만 동의한다. 봉준호의 영화들은 종종 놀라울 정도로 노골적이고 직설적인 발언을 할 때가 있지만, 그의 세계가 우리의 넋을 빼놓는 순간은 그런 발언으로 결코 환원되지 않는 얼룩들을 드러낼 때다. 즉, 이상한 유머와 잔인한 아이러니와 균열로 세계가 지탱되고 있음을 보여줄 때다. 그가 기억하고 형상화하는 "등화관제의 시대"에서 우리를 두렵게 하는 건 밝음을 잠식한 인위적인 어둠이 아니라, 실은 밝음 그 자체다. 이 영화에서 우리를 유혹함과 동시에 공포에 사로잡히게 한 건 한밤에 벌어진 사건의 폭력적 수위가 아니라, 대낮 환한 벌판에 덩그러니 놓인 시체를 둘러싼 무지와 오인과 소동의 천진난만한 폭력성이다.

(『씨네21』 2014. 10)

마더
폐쇄적이고 슬픈 발악

영화를 보고 나오면서 난감한 고민에 빠졌다. 내가 본 건 분명 정념이 넘치는 장면들의 연속이었는데, 왜 이렇게 마음이 건조한 걸까. 분명 김혜자는 세상에서 가장 히스테리적인 엄마였는데, 그 히스테리의 뜨거운 흔적이 왜 내 마음에서는 널뛰지 않고 식어버리는 걸까. 이 영화가 걷잡을 수 없는 광기보다는 잘 주조된 장르 영화의 구조에 우위를 두었기 때문이라고 생각할 수도 있다. 하지만 그렇게만 단정하고 말기에는 (대부분은 김혜자의 것인) 개별 장면의 정서적 과잉과 영화 전체의 치밀하게 정돈된 느낌 사이의 간극이 너무 크다. 그 점이 극장을 나서는 나를 불안하게 했고, 간극의 이유를 영화 내에서 찾아내는 것이 〈마더〉를 이해하는 하나의 길이 될 것이라는 생각이 들었다.

그 간극에 대한 느낌은 이렇게 바꿔 말할 수도 있겠다. 개별 숏의 밀도는 높지만, 이들이 전체적으로 연결될 때 밖으로 폭발하지 않고 내부로 자꾸 밀고 들어오는 것 같은 느낌이 있다. 이를테면 영화를 본 거의 모든 사람들의 찬사처럼 김혜자의 연기는 물론 이 엄마의 광기가 그 자체로는 엄청난 파급력을 갖고 있음에도 스크린 속의 세계를 균열하거나 어떤 극단으로 치닫는 것처럼 보이지 않는다는 점은 의아했다. 조금 과장되게 말해, 위험한 엄마의 형상과 안전한 서사의 공존은 어떻게 가능해지는가? 오해를 피하자면, 나는 이 엄마의 무한한 광기가 결국 한국 사회의 시스템 안에서 어떻게 해결되는지, 혹은 잉여로 남게 되는지 등의 내용적 차원에 대해 이야기하고 싶은 게 아니다. 그보다 궁금한 건, 각 장면이 욕망으로 기이하게 차오르지만, 이들이 부딪혀 터지지 않고 영화 내적으로 끈질기게 억압된다는 사실, 인물들은 한결같이 욕망 덩어리지만, 그 욕망이 상대를 찾아 분출되기보다는 음험하게 영화를 맴돌고 있다는 사실과 관련된다. 그걸 담아내기 위해 〈마더〉가 취하는 영화(형식)적인 선택들을 눈여겨볼 필요가 있다.

우선 엄마(김혜자)와 아들 도준(원빈)이 대화를 나눌 때나 서로를 응시하는 가장 친밀한 장면에서조차 상대의 존재감이 느껴지지 않는 데서 오는 당혹감을 말해야 할 것 같다. 그건 도로를 사이에 두고 가게 안과 밖에 존재하는 엄마와 아들의 물리적 거리가 있을 때뿐만 아니라, 이들이 같은 식탁에 앉아 있을 때에도, 면회실의 투명 플라스틱 벽을 사이에 두고 있을 때에도 마찬가지다. 한마디로 이들에게는 상대의 시선, 언어에 대한 리액션이 부재하는 것처럼 보인다. 물론 이 말은 영화상에서 둘 사이에 반응 숏이 없다는 게 아니라, 있을지라도 상대에 대한 어떤 끈으로 작용하지 않는다는 의미다. 카메라가 같은 공간에 존재하는 엄마와 아들을, 정확히 말하면 각각의 얼굴을 오갈 때조차, 이들은 대체로 서로로부터 철저히 고립되고 단절된 것처럼 보인다. 도준이 또래보다 지적으로 모자란 아이고, 엄마가 히스테리에 갇힌 여자인 것도 단순히 극적 효과를 위한 우연한 설정이 아닐 것이다. 완전히 텅 비었거나 온전히 홀로 충만한 얼굴. 여기서 영화를 본 누구나가 지적하는 인물들의 얼굴 클로즈업을 언급해야 할 것이다. 김혜자와 원빈의 클로즈업이 인상적인 이유는 흔히 말하듯 이들의 모호한 내면을 드러내주기 때문이기보다는, 누군가와의 교감을 통해 해소되거나 소통되지 않는 불안 그 자체만을 프레임이 터질 듯, 그러나 터지지 않을 정도까지 팽창시키고 있기 때문이다. 이 클로즈업은 자크 오몽 식으로 말해보면, 커뮤니케이션이나 사건에 예속된 것도, 다른 얼굴과의 만남을 위한 것도 아니다.

이때 이상한 점. 〈마더〉는 모성의 이야기다. 그건 광기든, 숭고든 이 이야기가 엄마와 아들의 '관계'에 대한 이야기여야 한다는 말이다. 그런데 영화가 특히 잦은 얼굴 클로즈업을 통해서 보여주는 건 앞서도 말했듯 서로에게 반응하는 관계가 아니라 단절과 고립감이다. 영화 속 진태(진구)가 엄마에게 하는 충고의 문장을 약간 변용해보자면, '아무도 믿지 않는' 얼굴이고 장면들이다. 그러니까 영화는 우리가 믿는 모성이라는 것이 관계의 문제가 아닐 수도 있다고 말하는 중이다. 영화 속 개별 장면, 개별 인물의 정념은 충만하지만, 〈마더〉는 예상과 달리 (엄마와 아들의) '관계'에서 파토스를 끌어내는 영화가 아니다. 나아가 〈마더〉는 모성이 광기로 치닫는 과정에 대한 이야기가 아니라, 혹은 좋은 모성이 나쁘게 변질되는 과정에 대한 이야기가 아니라, 모성 그 자체가 이미 자기 파괴적인 광기라고 은밀하게 말하는 이야기에 가깝다. 김혜자의 얼굴 클로즈업은 프레임 안에서 무언가 지글거리는 인상을 주는데, 거기서 끈질기게 내부를 갉아먹는 광기가 보인다.

예컨대 김혜자의 들판에서의 소름 돋는 춤 시퀀스가 끝난 뒤 바로 이어지는 도입부는 그런 뉘앙스를 집약적으로 전달한다. 가게 안에서 작두를 써는 엄마의 시선은 가게 밖, 도로 건너편에서 장난치고 있는 아들을 향해 있다. 이 시선이 너무 불안하고 위태로워서 무언가 일이 벌어질 거라는 예상을 하는 찰나, 아들은 차에 치이고 그 순간 엄마는 작두에 손가락을 벤다. 이후에도 비슷한 장면이 더 등장하는데 이때 아들은 형사에게 붙잡혀 경찰차에 강제로 태워진다. 앞서 내가 말한 것과 달리, 이 도입부에서는 엄마와 아들 사이에 어떤 긴밀한 교감이 있는 것처럼 보일 수도 있으나, 결과적으로 이는 그것의 불가능성에 대한 장면이다. 엄마와 아들의 관계, 그 끈을 상징하는 시선은 결국 무력하게 실패한다. 그 시선은 아들의 사고를 막지 못하고 엄마에게서도 기어이 피를 본다. 즉 모성은 아들을 구하지 못할뿐더러 엄마 자신도 구하지 못한다. 그러니 과연, 〈마더〉가 누가 누군가를 보호하는 영화라고 단정할 수 있을까.

봉준호는 '어머니와 섹스'라는 이상한 조합의 매력에 대해 말한 적 있다. 일반적으로 모성을 이야기할 때, 어머니는 성 불능, 혹은 처녀생식을 하는 여자로 여겨진다. 모권을 지키는 엄마는 성적인 존재가 되어서는 안 된다. 새삼스럽게 이 해묵은 논지를 꺼내는 이유는 영화 속 엄마의 광기가 공권력이나 가부장제와 싸우며 홀로 아들을 구하는 과정에서 비롯된 거라고 믿고 싶겠지만, 실은 성적인 엄마가 되고 싶은 욕망에서 비롯되었다고 보는 쪽이 설득력 있다고 말하고 싶어서다. 그걸 암시하는 장면들은 많다. 덧붙여 지적하고 싶은 건, 영화 속 엄마의 친밀한 이웃인 사진관 여인의 미스터리(?)다. 그녀는 오랫동안 아이를 낳고 싶어한 것 같고 김혜자는 자기에게도 효험이 있었다며 그녀에게 침을 놓는다. 이상한 건 이 사진관 여인이 나오는 모든 장면에 남편의 존재, 혹은 섹스 파트너에 대한 언급이 전혀 없다는 점이다. 우스갯소리 같지만, 침으로 아이를 잉태한 이 처녀-엄마들은 섹스를 말하지 않음으로서, 섹스를 입속으로 삼킴으로써 가장 성적인 엄마의 얼굴이 된다. 다시 말하지만, 김혜자의 얼굴 클로즈업.

알려졌듯, 휑한 들판에서 엄마의 춤으로 시작했던 영화는 관광버스 안 엄마들의 춤으로 끝난다. 그런데 이 마지막 춤의 결말은 첫 시퀀스의 춤과 비교해도, 〈살인의 추억〉, 〈괴물〉의 결말과 비교해도, 뭔가 해소되지 않은 찜찜함을 남긴다. 앞의 두 영화에서 결말은 비극이고 미결이었지만 어딘가의 미래로, 혹은 과거로 열려 있었다. 그러나 〈마더〉의 마지막 장면은 영화 속 사건이 어쨌든 해결된 후이며, 심지어 흐느적거리는 집단 춤인데도 그 순간에 꽉 막혀 있는 것 같다. 폐쇄적이고 슬픈 발악이다. 해결이란 불가능한 땅에서 해결을 맞이하는 건 미결보다 불행한 일이라는 걸까. 불법으로 침을 놓는 엄마가 가장 자주 하던 말 중 하나는 갑갑한 속을 뚫어주는 침 자리에 대한 것이었다. 〈마더〉는 영화 자신에게 끝내 그 자리를 마련해주길 망설인다. 그게 이 영화가 갈 수 있는 최선의 길이라고 보는 것 같다. 다만 그럴수록 이 가련한 엄마는 꾸역꾸역 광기를 삼킨다.

(『씨네21』 2009. 5)

설국열차
두 이야기는 결국 만나지 못했네

〈설국열차〉에서 남궁민수(송강호)가 등장하는 순간은 예상과 달리 영화의 첫 번째 클라이맥스가 지나간 뒤다. 커티스(크리스 에반스)와 꼬리칸 반란자들이 꼬리칸을 탈출하며 이 영화에서 가장 역동적인 질주의 쾌감을 불러일으킨 다음, 열차의 감옥에 이르러 마침내 남궁민수의 정체가 드러난다. 반란 지도자 커티스와 비밀스러운 열차의 열쇠가 되어줄 남궁민수가 처음 대면하는 이 순간이 앞으로의 서사적 전개를 책임져줄 중요한 전환 시점이 될 것으로 예상하기는 어렵지 않다. 그런데 영화는 이 장면에 기대되는 긴장감을 뜬금없는 말장난이나 행동들로 분산시키며 앞선 탈출 시퀀스의 흥을 단절시킨다. 물론 그것이 서사적, 장르적 기대를 배반하는 봉준호 특유의 스타일이라고 이해하고 넘어갈 수도 있겠지만, 그럼에도 불구하고 여기에는 그냥 지나치기에는 좀 이상한 점이 있다.

크로놀 냄새를 맡고 깨어난 남궁민수는 부스스한 얼굴로 커티스와 그의 일행들을 쳐다본다. 잠시 어색한 순간이 지나간 후, 남궁민수와 커티스의 대화가 이어지는데, 카메라는 이 장면을 남궁민수와 커티스를 오가며 찍었다. 그런데 이상한 건 남궁민수의 말과 표정, 시선이 담긴 숏과 커티스(일행)의 숏이 서로 마주보며 반응하는 게 아니라, 마치 서로 다른 차원의 세계에 속한 것처럼 느껴진다는 점이다. 남궁민수와 커티스가 서로를 바라보고 있음에도 마치 두 사람 각각의 숏의 시선은 어긋나는 것 같다는 인상이 여기 있다. 단지 한국어와 영어라는 언어적 차이 혹은 인종적 차이에서 기인한 낯섦 때문일까. 표면적으로는 그런 것 같지만, 커티스의 숏들에 대한 반응에서 한 걸음 비껴난 듯 보이는 남궁민수의 클로즈업은 그런 표피적인 차이로만 설명이 되지는 않는다.

물론 봉준호는 클로즈업을 낯설게 쓰는 감독이다. 특히 그의 클로즈업은 인물이 화면 정면을 바라보는 숏들에서 서사적 맥락이나 인과 관계를 넘어서는 시선의 불가해함을 담아낼 때 그 파급력이 있었다. 이를테면 〈마더〉는 엄마와 도준이 서로를 응시하는 순간을 그들 각각의 얼굴을 클로즈업한 숏들의 교차로 형상화하는데, 인물들이 같은 시공간에 존재함에도 이들은 서로로부터 분리되고 단절된 것처럼 느껴진다. 이때, 숏을 가득 채운 이들 각각의 얼굴은 소통을 위해 그 자리에 있는 것이 아니라, 완전히 텅 비거나 홀로 충만하고 불안한 초상이며 광기와 히스테리를 잔뜩 머금은 것처럼 보인다. 무엇보다 각각 다른 차원에 고립되어 서로에게 온전히 반응하지 못하는 각각의 클로즈업들은 엄마와 아들 사이를 잇는 시선의 무력한 실패를 드러내주는 것이었다.

남궁민수의 클로즈업 숏들도 그러한 맥락에 있는 걸까. 이에 대답하기에 앞서 〈설국열차〉의 후반으로 건너뛰어, 커티스와 남궁민수가 서로 마주하는 대화 장면에 대해 먼저 말해야 할 것이다. 남궁민수와 커티스가 윌포드(에드 해리스)의 엔진칸 앞에 도달했을 때, 마지막 문을 열어달라는 커티스의 요구를 남궁민수가 거부한다. 커티스는 열차 꼬리칸의 비극적인 역사를 회상하며 인육을 먹었던 자신의 과거를 고백하고 눈물을 흘린다. 그 이야기를 잠자코 듣던 남궁민수는 자신은 커티스가 열고 싶어하는 윌포드의 문이 아니라, 열차 밖으로 나가는 문을 열고 싶다고 말한다. 지나온 칸들에서 종종 느꼈던 서사적 미진함을 상쇄하듯 목적지 바로 직전에 설명조로 방출되는 커티스의 고백이나 그저 마약중독자로 보였던 남궁민수의 갑작스러운 철학적인 견해가 다소 의아한 건 사실이다. 〈설국열차〉에 동조하지 않는 관객들의 불평 중 상당수가 이와 관련된 것 같은데, 이 영화를 두번째 볼 때, 나는 과한 대사의 내용이 아니라 다른 무엇이 이 장면을 어색하게 만든다는 생각을 하게 되었다.

　카메라는 이들의 마지막 대화 장면 역시 남궁민수와 커티스의 정면 클로즈업을 오가며 찍었다. 그런데 여기서도 역시 한쪽이 다른 한쪽에 반응하고 있다기보다는 서로 다른 맥락에 놓여 있는 세계가 불균형적으로 붙어 있다는 느낌을 자아낸다. 전체 영화상 어쩌면 가장 극적인 감흥을 불러일으켜야 할 이 장면에서 커티스에게 몰아치는 신파조의 감정 나열과 그걸 쳐다보고는 있지만 무언가 다른 생각에 빠져 있는 것 같은 남궁민수의 표정 사이에는 좁혀지지 않는 어떤 거리가 있다. 말하자면 남궁민수의 첫 등장과 후반부의 이 장면을 보는 동안 우리는 남궁민수가 커티스의 응시를 되돌려주는 자리에 앉아 있다는 것이 명백한 영화적 사실임을 알지만, 여기에는 그가 바라보는 곳이 정말 그쪽일까 의심하게 만드는 구석이 있다고 느끼게 되는 것이다. 〈마더〉에서 인물들의 서로 닿지 않는 클로즈업들이 앞서 말한 것처럼 시선의 무력한 실패를 형상화하고 그 실패는 인물의 내면을 설명하며, 서사적으로 기능하는 감정의 표현이기보다는 그 모든 확실한 것들을 모호하게 만드는 정념 그 자체를 의미한다면, 〈설국열차〉 속 위의 숏들 사이의 거리도 그런 맥락에서 받아들여야 할까. 그 거리는 과연 의도된 것일까. 분명한 건, 남궁민수와 커티스의 클로즈업 숏 사이의 거리감은 봉준호의 전작들에서와 같은 정념을 작동시키지 않는다는 점이다. 오히려 정념을 단념시킨다고 말해야 맞을 것이다. 그렇다면 여기에는 뭔가 다른 종류의 실패가 진행 중인 걸까.

미리 말하자면 그런 것 같다는 게 나의 결론이다. 그러니까 위에서 언급한 특정 숏들의 어색한 결합, 아니 어딘지 단절된 채 이루어지는 교차는 비단 특정 시퀀스에만 국한된, 혹은 어떤 영화적 감흥을 위한 의도적인 선택이 아니라, 영화 전반에 걸쳐 지속된 문제이자, 끝내 영화가 풀지 못한 문제처럼 보인다는 것이다. 〈설국열차〉를 즐기지 못했다고 고백하는 사람들은 대체로 앞칸으로의 이동만을 목적으로 삼는 커티스(일행)의 단선적인 이야기 구조가 지나치게 명징하고 심심하다는 점을 언급하는데, 나는 그들이 받은 느낌에는 공감하지만, 그게 단선적인 이야기 구조 때문이라는 점에 대해서는 좀 다른 견해를 갖고 있다. 내 생각에 〈설국열차〉에는 두 개의 이야기, 다시 말해 커티스의 이야기와 남궁민수의 이야기가 있으며, 이들이 각기 따로 진행되고 있다는 걸 보는 게 중요하다.

마약중독자이자 더 많은 크로놀을 얻기 위해 커티스의 제안에 동참하는 남궁민수가 속한 세계는 환각의 세계다. 우리는 그가 오랜 시간 감옥에 갇혀 있었고, 행색이 허름하며 인종적 타자라는 이유 때문에, 무엇보다 그가 커티스 일행에게 열차의 문을 여는 결정적인 도움을 주는 자라는 사실 때문에 그를 꼬리칸 하층 계급의 일부로 당연시한다. 게다가 영화의 말미에 열차를 폭파해서 밖으로 나가자는 그의 말에 근거해 우리는 그가 커티스보다 급진적인 혁명가일지 모른다는 데 동의하게 된다. 하지만 그런 표피적인 대사나 그의 외관이 주는 편견을 제거하고 면밀히 들여다보면, 그에게는 커티스 일행과의 계급적 친연성을 느끼게 할 만한 무엇도 없다. 그에게는 열차 앞칸의 기득권에 대한 적대감이 없으며, 꼬리칸의 반란자들과의 연대 의식도 없다. 그 자신이나 딸 요나의 목숨이 위협에 처한 순간을 제외하고, 그가 꼬리칸 생존자들과 함께 싸움에 동참하는 장면을 우리는 보지 못한다. 그는 차라리 윌포드의 엔진칸에 도달하기 직전 통과해야 하는 술과 마약과 섹스로 점철된 광란과 퇴폐의 열차칸에, 그러니까 그 칸에 널브러진 최상층 계급의 기질에 더 가까이 있다.

그런 남궁민수가 갑자기 크로놀로 만든 폭탄을 꺼내어 열차 밖으로 향하는 문을 폭파하려고 할 때, 그를 커티스보다 정치적으로 의식화된 존재로, 한갓 마약쟁이가 아니라, 실은 시스템의 파괴를 꿈꾸는 진짜 혁명가라고 말하는 게 과연 타당한 일일까. 만약 그렇다고 한다면, 그의 환각에 우리도 홀린 것이다. 남궁민수가 이 지점에서 보여준 과격한 대사나 행동은 갑작스러운 정치적 깨달음도, 그의 잠재된 정치의식의 발현도, 나아가 이 영화가 끝내 말하고자 하는 진실도 아니다. 남궁민수는 지금 크로놀 한 알이 아니라 몇 십 개의 덩어리가 데려다줄 수 있는 환각 지평의 확장을 꿈꾸고 있는 것이다. 더 광대한 불가능의 심연, 상징계와 완전히 분리된 실재의 차원에 닿고자 하는 욕망 말이다. 그 지평이 지금 그에게는 열차 밖이지만, 그것이 '실제로' 열차 밖이어야 할 이유는 없을 것이다. 그가 찾는 건 물리적인 조건의 변화가 아니라 심신 어딘가에 잠재된 감각의 끊임없는 갱신을 가능하게 할 수단이기 때문이다.

반면 과거를 반성하며 하층 계급의 리더가 되어 열차 꼬리칸에서 앞칸까지 내달려온 커티스가 속한 세계는 (실패한) 혁명의 세계다. 이 세계는 탈출과 공격과 방어, 폭력과 죽음을 반복하며 나아가는 급박한 세계인데, 이상하게도 우리는 그 내달림이 종종 제어되고 있다는 인상을 받는다. 이를테면 이 영화의 두번째 클라이맥스라고 할 만한 터널 시퀀스가 대표적이다. 요나의 때늦은 외침에도 불구하고 남궁민수에 의해 열차 다음 칸으로의 문이 열리자, 윌포드의 진압군들 한 무리가 커티스 일행을 향해 서 있다. 그렇게 잠시 대치하던 두 집단은 도끼를 휘두르며 싸우기 시작하는데, 저항하는 커티스의 행동이 난데없이 슬로모션으로 전환되고 그 위에 서정적인 음악이 깔린다. 얼마간 그런 식으로 진행되던 싸움은 열차가 예카테리나 다리를 건넌다는 윌포드 수하의 외침에 의해 중단되고 갑자기 한 해가 지나감을 알리는 카운트다운이 시작된 다음, 철로를 가로막은 얼음 덩어리들과 충돌한다. 그런데 이 모든 사태가 지나간 뒤, 바로 다시 싸움이 시작되는 게 아니라, 메이슨 총리(틸다 스윈튼)가 등장해서 예의 그 지루한 연설을 이어가고 피 터지게 싸우던 반군들은 의아하게도 그 자리에 멈추어서 그걸 듣는다. 그리고 햇불의 스펙터클로 점철된 터널 장면이 뒤를 잇는다.

　말하자면 커티스 일행의 질주와 액션의 흐름이 단지 안타고니스트들에 의해 멈추어 세워지는 게 아니라, 영화가 의도적으로 그 시간을 머뭇거리며 지연시킨다는 인상이 있다는 것이다. 이 처절한 싸움의 현장에서 커티스의 액션을 슬로모션으로 늘어뜨리고 (단순한 유머의 기입이겠지만) 그가 물고기에 미끄러지는 동작을 펼쳐낼 때, 우리는 궁금해진다. 영화는 행동의 목적을 확신할 수 없으므로 행동의 시간을 최대한 연장시키는 것인가. 이 슬로모션은 장엄함에 더 가까이 있는가, 자기 조롱에 더 가까이 있는가. 분명한 건 여기서 영화는 우리를 구경의 자리로 초대한다는 점이다. 장르적 쾌감이 중요한 싸움 시퀀스에서 그게 무슨 문제냐고 반문한다면, 이 장면의 당혹스러움은 적어도 봉준호의 영화를 보는 동안, 이야기가 벌어지고 있는 세계와 철저히 거리를 두고 이미지를 즐기는 구경꾼의 자리에 우리가 서본 적이 없다는 사실과 관련될 것이다. 그러고 보니 커티스와 일행들이 꼬리칸을 탈출하고 앞칸으로 나아가며 산 자의 수가 점점 줄어들수록 영화는 이들을 움직이는 동력을 보여주는 일보다 그 구경의 시간을 늘리는 데 더 골몰하는 것처럼 보인다. 메이슨 총리를 앞세우고 본격적으로 상류층의 칸들로 이동하면서부터 카메라는 커티스 일행에 밀착하는 대신, 그 무리에서 빠져나와 그 무리보다 먼저 그 칸들의 스펙터클을 구경하고 있는 것 같다. 윌포드는 커티스의 혁명이 실패할 수밖에 없는 이유를 구구절절 나열하지만, 그건 사후적으로 설득력을 얻는 설명일 뿐이다. 대신 나는 좀 엉뚱한 물음을 던지고 싶어진다. 커티스의 혁명이 실패한 이유는 온갖 희생을 무릅쓰고 엔진칸까지 도달해야 하는 인물들의 심정과 상황의 구체적인 당위성이, 멈추어서 구경하려는 (카메라의 혹은 커티스의) 욕망을 이겨내지 못했기 때문은 아닐까.

남궁민수의 이야기와 커티스의 이야기. 환각의 세계와 혁명의 세계. 실재계와 상징계. 〈설국열차〉는 이 두 세계를 충돌시키지 않는다. 이 점이 중요하다. 영화에서 둘은 뒤섞여 있는 것처럼 보이지만, 둘은 끝내 서로에게 연루되지 않는다. 그러니 아들을 찾아야 한다는 강력한 동력을 가진 인물들이 모두 죽고 난 뒤, 공유할 수 있는 동력을 갖지 못한 남궁민수와 커티스의 분리된 세계를 함께 앞칸으로 움직이려면, 달리 말해 두 이야기를 어쨌든 영화의 결말까지 붙들고 가려면 프랑코 같은 인물이 필요할 수밖에 없었을 것이다. 죽은 줄 알았으나 신기하게도 매번 살아나서 남궁민수와 커티스를 뒤쫓는 이 남자는 이들이 유일하게 공유하는 적이다(프랑코는 자신의 동생을 죽음에 이르게 한 요나를 위협한다). 이 영화를 통틀어 그는 그 자체로는 가장 설득력이 약한, 그야말로 장르적으로 세공된 과한 존재로 종종 실소를 불러일으키지만, 실은 서사의 추진이 불가능해지는 지점마다 살아나 두 개의 이야기를 앞으로 밀어붙이는 역할을 하고 있는 것이다.

다시 말하지만, 이 영화에 두 개의 이야기가 존재한다는 사실 자체가 아니라, 영화가 그 둘의 간극을 내버려두고 있다는 점, 만나게 하지 않는다는 점을 지적하는 게 중요하다. 엔진칸 앞에서의 남궁민수와 커티스의 대화는 대화가 아니라 혼잣말에 가깝고 그렇게 찍혔다. 그런 맥락에서 이 영화의 엔딩은 갑작스럽고 당혹스럽다. 충돌 없이 나열되던 두 개의 이야기가 열차가 폭발한 뒤,

갑작스럽게, 그러나 너무 자연스럽게 '생존자'라는 테두리 안에서 결합되는 것처럼 보이기 때문이다. 두 세계의 충돌이 일으키는 모호함과 불안의 파편들을 대면하고 그 과정으로 열차를 달리게 하는 일이 지배자들을 물리치는 것이나 환각을 혁명으로 전환하는 것(남궁민수의 마지막 대사)이나 시스템 안에서의 혁명의 필연적인 실패를 냉정하게 체념하는 것(커티스와 윌포드의 만남)보다 이 영화에서 가장 중요하게 다루어졌어야 할 문제가 아니었을까. 그랬다면 〈설국열차〉는 확장된 환각과 실패한 환각, 시스템을 부순 혁명과 실패한 혁명, 감각의 혁명과 체제의 혁명 사이 어딘가에서 불길한 얼룩으로 숨 쉬며 우리를 건드렸을 것이다. 남궁민수의 딸과 꼬리칸(커티스로 대변되는 세계)의 아들이 열차의 유일한 생존자로 손을 잡고 설원에 서 있는 장면이 어렴풋한 희망의 시작인지 더 큰 파국의 시작인지의 여부에 나는 솔직히 별 관심이 가지 않는다. 다만 충돌 없이 얻은 이 결말의 결합이 그 속이 텅 빈 가상처럼, 혹은 너무 때늦게 대면한 이야기의 시작처럼 보일 뿐이다.

(『씨네21』 2013. 8)

스틸 라이프

부끄러움을 가르쳐준 영화

"〈동〉과 〈스틸 라이프〉에서 똑같은 화면, 동일한 프레임으로 리샤오둥이 있던 그 장소, 그 자세, 그 각도, 그 모습으로 돌아오는 것, 그것은 비판입니다. 그때 둘은 같은 자세를 취하고 있지만 싼샤를 보는 사람은 예술가 리샤오둥이 아니라 노동자 한산밍입니다. 세상 안에서 노동을 하는 사람이 세상을 볼 수 있는 것입니다. 그러므로 당연히 〈동〉과 〈스틸 라이프〉는 동시에 보아야 합니다."(지아장커, 『씨네21』 575호) 사실 지아장커의 이 말에는 더 이상의 설명이 필요 없을 정도로 〈스틸 라이프〉의 핵심이 담겨 있다. 게다가 나는 리샤오둥을 중심으로 싼샤에서 찍은 다큐멘터리 〈동〉을 보지 못했다. 그럼에도 불구하고 굳이 이 글을 써야겠다고 결심한 이유는 단 하나, 이 영화를 잊지 않기 위해서다.

싼샤. 1993년부터 시작된 중국 정부의 댐 건설로 중국 인민폐 10위안에도 그려진 아름다운 풍광과 2000년의 장구한 역사가 서서히 물에 잠겨가는 곳.

과거는 그렇게 수장되고 현재는 끊임없이 부서지고 미래는 안개로 덮여 보이지 않는 곳. 그곳에서 영화는 시작된다. 여기 두 남녀가 있다. 산밍은 16년 전 자신을 떠난 아내와 딸을 찾기 위해, 선홍은 2년째 소식이 끊긴 남편을 찾기 위해 싼샤의 시간 속으로 들어선다. 이것은 사라져버린 누군가를 찾으러, 사라져가는(허물어지는) 시공간 속으로 들어올 수밖에 없었던 사람들의 이야기다. 어느 날 삶의 텅 빈 구멍을 목도한 사람들과 자신의 일부가 점차 부서져가는 과정을 지켜보아야 하는 풍경의 만남. 처음 볼 때는 자신의 의지로 붙잡거나 제어할 수 없는 상실에 이 영화의 슬픔 혹은 근대화의 슬픔이 있다고 생각했다. 그러나 두번째 볼 때야 비로소 〈스틸 라이프〉는 그저 사라짐의 슬픔을 환기하는 영화가 아니라, 그 사라짐을 끝까지 응시하는 영화라는 생각이 들었다. 다시 말해, 이 영화는 사라짐 앞에 자신을 던져두고 거기에 저항한다. 나는 여기서 풍경의 저항, 인민들의 저항을 본다. 물론 이것은 불굴의 의지로 투쟁의 대상을 설정하고 싸우는 저항이 아니라, 완전한 먼지로 흩어질 때까지, 실체를 잃을 때까지, 그 자리에 버티고 서 있다는 의미에서의 저항이다. 살아남음으로써, 즉 존재함으로써 저항한다.

영화 속 싼샤의 산수는 무척 아름답다. 그러나 영화는 그 풍광을 감상의 대상으로 찍지 않았다. 영화는 유람선을 타고 산수화를 보듯 그 풍광을 감상하는 사람들과 인민폐에 그려진 풍경을 물끄러미 쳐다보는 사람들을 보지만, 자신의 시선을 이들의 것으로부터 구별한다. 카메라가 싼샤의 산수에 도취될 수 없는 이유는 이 풍광의 흐느낌을 보고 있기 때문이다. 그것은 아직 완전히 죽지 못하고 자기 몸의 일부가 점차 썩어가는 모습을 목격한 풍경의 눈물이다. 싼샤의 산수는 하루아침에 모든 것이 부서지는 이 변화의 시공간에서 더 이상 나아가길 거부하며 그 자리에 멈춰 서 있다. 그리고 죽기도 전에(완전히 사라지기도 전에) 그 자리에서 유령이 되는 길을 택한다. 영화는 그렇게 찍었다.

그래서 카메라가 담아낸 싼샤의 자연은 그 자체로 초현실적인 연기를 피워낸다. 이것은 어쩌면 싼샤의 마지막 저항이 아닐까. 카메라는 그 풍경을 바라보는 인물들을 바라본 후, 인물들이 프레임 밖으로 나간 후에도 그 자리에 한참을 서 있다. 마치 싼샤의 소리 없는 마지막 저항을 지켜보는 마지막 증인처럼. 하지만 그렇다고 영화가 과거의 찬란함을 돌아보며 전근대의 어느 시절을 향수하는 것은 아니다. 〈스틸 라이프〉가 보는 싼샤의 진실은 사라진 풍경이 아닌, 지금 이 순간 그 부서진 공간 위에 발을 딛고 땀을 흘리는 인민들 속에 있기 때문이다.

싼샤로 들어서는 길목에서 산밍은 동네 건달들이 주관하는 마술쇼에 강제로 끌려간다. 그들은 백지를 달러, 유로화, 인민폐로 바꾸는 쇼를 보여주면서 자신들이 불러 모은 구경꾼들로부터 관람료를 갈취한다. 이 장면은 세계화에 대한 간접적인 비판이기도 하지만, 돈이 돈을 낳는, 즉 자신의 회전 속에서 확장되는 자본의 본질이 압축적으로 드러나는 장면이기도 하다. 이에 비한다면, 영화 속에 삽입된 〈영웅본색〉의 일부, 즉 "우린 모두 옛날을 그리워하지"라고 말하며 지폐에 멋지게 불을 붙여 담배를 피우던 주윤발의 모습은 자본을 조롱하는 자본주의의 반영웅을 보여준다. 그러나 싼샤의 현실 앞에서 주윤발은 그저 낭만일 뿐이다. 주윤발을 꿈꾸던 청년 마크는 결국 근대화의 파편들에 깔려 죽었다. 지아장커는 자본의 흐름에 승차한 건달들이나 판타지를 살았던 마크를 보며 슬픔의 한탄을 내뱉지만, 이들의 삶은 정작 그가 보고자 하는 인민들의 삶이 아니다. 그의 카메라를 움직이는 건 사라져가는 시간 한가운데에서 그 고단한 시간을 살아내려고 하는 인민들의 결단이다. 그는 죽어가는 풍경에 가장 윤리적으로 접근하는 길은 그 풍경을 살아 있는 죽음으로 담아내는 것이지만, 그 안의 인민들의 삶은 결코 유령처럼 만들어서는 안 된다고 생각했을 것이다. 그래서 이 영화에 가장 많이 등장하는 이미지는 안개 낀 싼샤의 풍경과 검게 그을린 노동자의 단단한 맨몸이다. 이 둘은 근원적으로는 근대화의 상처를 공유하지만 대립되며 충돌하는 이미지처럼 보인다. 쌴샤의 풍경 속으로 노동자들의 육체는 스며들지 않고 때때로 튕겨져 나가는 느낌을 준다. 영화가 특정 숏 혹은 신을 붙이는 방식도 이와 연결된다. 이를테면 산밍의 이야기에서 선홍의 이야기로 넘어갈 때, 하늘에는 UFO가 날아가고 선홍의 시선은 그걸 따라간다. 영화는 그런 다음 더 이상 돌아가지 않는 녹슨 공장의 숏으로 시작한다. 순식간에 지나가는 시간과 그 자리에 정지된 시간의 충돌. 선홍이 남편의 동료를 만나러 갔을 때, 문화재국원인 그는 쌴샤가 수장되기 전에 서한 시대 유물을 발굴하는 작업을 진행 중이다. 그 장면 바로 뒤에는 파편으로 부서지는 건물의 모습이 등장한다. 복원과 파괴의 충돌. 다시 산밍의 에피소드로 돌아왔을 때, 산밍과 노동자들은 어느 가수의 조금은 우스꽝스럽고 조금은 서글픈 공연을 지켜본다. 가수가 부르는 노래는 대충 이런 내용이다. '굳이 뒤돌아보지 마. 이 땅 없이는 집 없고 집 없이는 당신 없고 당신 없이는 나도 없어.' 이것은 사라지는 고향에 대한 회한과 향수의 노래다. 그리고 바로 다음 장면에서 그 노래를 함께 즐기던 노동자들은 건물 철거에 매진하고 있다. 흥겨운 노랫소리는 건조한 망치질 소리로 전환된다. 고향에 대한 향수와 생존을 위해 고향을 부수기. 이미지 혹은 의미의 이러한 충돌을 통해 영화는 사라지는 것들에 대한 섣부른 감상주의를 경계하려고 했을 것이다. 말하자면 가난한 인민들에게는 사라지는 것들에 대해 슬퍼하는 일보다, 역사를 보존하는 일보다, 지금 현재에 살아남는 일이 절실하다. 나아가 이러한 배치는 표면적으로 충돌하는 이미지들이 사실은 동일한 사태의 두 가지 현상임을 보여주려는 정교한 성찰의 결과다. 근대적 시간 안에서 이 둘은 서로 분리되지 않고 언제나 함께 간다. 완전한 소멸이 이루어진 무의 지점에서 새로움이 증축되는 것이 아니라 새로움 속에는 그것을 가능하게 하는 소멸의 피 흘림이 이미 잠재되어 있다.

선홍은 2년 만에 마침내 남편을 만난다. 그러나 다른 사랑이 생겼다고 말한 후, 싼샤의 시간을 떠난다. 그녀는 싼샤의 부서지는 시간 속에서 자신의 남은 사랑과 기다림을 부순 후, 상하이라는 새로운 도시의 시간으로 들어간다. 산밍은 16년 만에 마침내 자신을 버리고 도망간 아내를 찾는다. 아내는 오빠의 빚을 갚기 위해 팔려온 상태다. 그는 아내를 소유한 노인에게 빚을 갚을 테니 일 년의 시간을 달라고 말한다. 그리고 딸의 사진을 본다. 다음 장면에서 산밍과 아내는 폐허가 된 건물 안 모퉁이에 어색하게 서 있다. 아내가 남편에게 사탕을 건네자, 남편이 아내에게 다시 건네준다. 둘은 만남 이후 처음으로 다정하게 마주앉아 서로를 보고 있다. 그때 그들 뒤로 거대한 건물이 붕괴되고 둘은 일어서서 그걸 지켜본다. 흔적도 없이 사라져버린 어떤 시간 앞에서 이들이 기어이 되찾으려는 시간. 산밍은 부서지는 시간 속에서도 부서진 가족을 끝끝내 붙잡는다. 영화는 가난한 인민들의 삶에 드리워진 자본의 교환 논리를 끊임없이 환기해왔다. 이를테면 철거일은 일당 50~60위엔, 숙박비는 1.5위엔, 아내를 사온 돈은 3,000위엔…… 그런데 산밍이 자신을 버리고 떠났던 아내의 빚을 대신 갚기 위해 일 년의 시간을 요구한 순간, 빈곤한 노동자의 삶을 지배했던 교환의 논리는 속도를 늦추고 지연된다. 그 지연된 시간에는 일 년의 고된 노동, 고된 기다림이 예정되어 있다. 영화는 이 지연된 시간, 그 시간을 감당하기로 결정한 어느 노동자에게서 자본 한가운데서 자본을 넘어서는 삶의 윤리를 발견한다. 산밍이 숙소로 돌아와 일당 200위엔을 받을 수 있는 산시의 광산으로 떠난다고 말하자, 동료들은 동행하기로 한다. 산밍은 그 200위엔의 대가로 감수해야 할, 예견할 수 없는 죽음의 그림자를 말한다. 잠시 정적이 감돈다. 카메라는 천천히 이동하며 이 노동자들의 침묵을, 그러니까 죽음과 함께 살아야 하는 무거운 삶의 무게를 응시한다. 그리고 함께 길을 나서는 이들의 뒷모습을 비춘다. 땅을 소유하지 못하는 노동자들은 언제든 미련 없이 떠날 수밖에 없다. 그때 산밍은 문득 뒤를 돌아본다. 두 개의 고층 건물 사이에서 누군가가 외줄을 타고 있다. 도약은 결코 불가능할, 오직 버티기 아니면 추락뿐인, 더 나빠진다면 죽음밖에 없을 그런 길. 그런데 산밍은 그 광경을 물끄러미 바라본 후, 고개를 돌려 동료들이 앞서간 미래의 길을 쳐다보고는 프레임 밖으로 사라진다. 마치 여기나 거기나, 현재나 미래나 달라질 것은 아무것도 없다는 듯 태연한 표정으로. 그의 결단에는 그 어떤 망설임도 없다. 왜냐하면 그는 더 많이 벌어 아내의 빚을 갚고 아내와 딸을 데려와야 하기 때문이다. 그가 떠난 이 텅 빈 화면은 보는 이에게 부끄러움을 안긴다. 나는 산밍이 아내와 재회한 순간부터 영화가 끝나는 순간까지 내내 부끄러움을 떨칠 수가 없었다. 그걸 가르쳐주는 영화는 정말 흔치 않다.

(『씨네21』 2007. 6)

지아장커 2 무 용

무용과 유용, 예술과 노동

자본주의에서 상품이 아닌 모든 것은 '무용(無用)'하다(고 믿어진다). 이때, 자본 밖에서 존재할 수 있다는 이상을 꿈꾸는 대신, 자본 안에서 자본을 거스르려는 움직임을 포기하지 않는 것, 무용한 것의 정치성을 끝끝내 붙잡는 것이 예술이다. 그렇다면 자본주의를 사는 예술가와 그 세상을 사는 노동자의 삶은 얼마나, 혹은 어떻게 겹쳐지는가. 지아장커의 '아티스트 3부작'은 그걸 사유하는 작업이다. 화가 리샤오둥을 주인공으로 싼샤의 노동자들을 찍었던 〈동〉이 그 첫번째 작업이었다면, 〈무용〉은 〈동〉에서 그 사유를 좀더 진척시킨 다큐멘터리다. 여기서 지아장커의 관심은 중국의 의류산업이다. 보다 정확히 말해, 점점 더 자본주의적으로 변모해가는 중국의 현실에서 옷을 둘러싼 삶의 이야기를 보는 것이다. 이를 위해 그는 세 개의 지역에서 옷과 관련된 세 개의 초상을 발견하는데, 첫번째는 광둥의 의류공장에서 일하는 노동자들, 두번째는 파리에서의 패션쇼를 준비 중인 중국 디자이너 마커, 그리고 세번째는 싼샤 지방 탄광촌의 노동자들과 그들의 작업복을 수선해주는 양장점의 재봉사들이다.

표피적으로만 본다면 영화의 중심은 디자이너 마커다. 대량 생산을 거부하고 수작업으로 만들어진 옷에서 역사와 기억, 관계, 삶의 가치를 찾아야 한다고 주장하는 그녀의 브랜드 이름은 영화의 제목과 같은 '무용'이다. 그렇게 고집스러운 작업 끝에 파리 컬렉션에서 영혼이 환생한 듯한 전시를 선보일 때, 그걸 바라보는 지아장커의 카메라에는 숭고함에 대한 경외심이 묻어나는 것 같다. 지아장커 스스로도 마커의 컬렉션이 "중국의 사회적 리얼리티를 성찰하게 만들었다"고 밝힌 바 있다. 〈동〉과 〈스틸 라이프〉에서 죽음을 목전에 둔 싼샤의 풍경이 끝까지 그 자리에 존재함으로써 사라짐을 증언하고 그 사라짐에 저항하는 것처럼, 마커의 옷들은 자본주의의 대량생산 체제에 무용함으로 저항한다고 말할 수도 있다. 하지만 〈무용〉은 세 개의 무대를 모두 보고 각 이야기들, 혹은 삶들 간의 유기성과 단절 지점을 한 호흡으로 다시 생각할 때 완성되는 작품이다. 그것이 지아장커의 의도인지 아닌지는 확실치 않으나, 탄광촌을 무대로 하는 세번째 일화를 보고 나면, 앞의 두 일화가 처음과는 다른 방식으로 읽힌다는 것이다. 거칠게 말해, 첫번째 일화와 마지막 일화가 공명하며, 이 둘의 공명은 세 개의 이야기 중 가장 드라마틱하고 직설적인 마커의 예술적 자의식을 희미하게 만든다.

이를테면 마커가 여백의 미가 돋보이는 작업실에서 영적인 것을 추구하고 대량생산을 혐오한다고 말할 때, 그녀의 주장에는 광둥의 소음 가득한 의류공장 작업 라인 앞에서 고된 몸짓을 반복하고 지친 몸과 멍한 눈빛으로 양호실에 앉아 있는 노동자들의 막막한 현실이 담겨 있지 않다. 혹은 탄광촌의 광부들이 검댕 묻은 알몸을 물로 씻어 내리는 장면을 보여주던 카메라가 그 곁에 그들 몸의 일부처럼 가지런히 놓여 있는 검은 작업복을 물끄러미 쳐다볼 때,

마커가 옷에 담긴 시간과 역사를 표현하기 위해 자신의 작품과 모델들에게 일부러 흙을 묻히던 장면이 떠오른다. 지아장커가 어느 한쪽에 더 마음을 주었다고 단정할 수는 없지만, 여기에는 어떤 선명한 간극이 있다. 옷이 라이프스타일인 삶과 옷이 생존인 삶. 자본주의의 패션산업이 지향하는 바와는 다른 방식으로 노동자의 '유용'한 옷. 결국 지아장커의 능력과 진심이 빛나는 부분은, 이미 '아름다운' 마커의 고풍스러운 작업과 우아한 가치관을 찍을 때가 아니라, 삶과 밀착해서 숨 쉬는 세상의 사사로운 물질성을 온기 가득한 시선과 호흡으로 오래도록 응시할 때다.

(『씨네21』 2008. 10)

24시티
자본주의의 초상

몇 해 전, 감독 지아장커는 화가 리샤오동을 중심으로 싼샤에서 〈동〉이라는 다큐멘터리를 찍은 뒤, 바로 그 자리에서 노동자 한산밍에 대한 극영화 〈스틸 라이프〉를 만들었다. 그는 똑같은 프레임 안에서 같은 자세로 서 있는 예술가 와 노동자, 즉 자신의 다큐멘터리와 극영화를 마주세운 다음, 세상 안에서 노 동을 하는 사람만이 그 세상을 바라볼 수 있다고 말했다. 다큐멘터리와 극영 화를 넘나드는 지아장커에게 중요한 건, 우리가 흔히 생각하듯, 다큐멘터리 가 과연 얼마만큼의 객관성을 확보할 수 있는지의 문제가 아니다. 대신, 영화 가 역사를, 기억을, 무엇보다도 변화하는 세상 안에서 그 시간을 버텨내고 있 는 인민과 사물들을 어떻게 스크린 위로 불러올 수 있을지의 문제와 관련된다. 그러니까 지아장커의 다큐멘터리를 주관성과 객관성, 나아가 픽션과 논픽션 의 경계를 기준으로 판단한다면, 우리는 그의 세계로 들어가는 열쇠를 버리는 것과 같다.

지아장커는 그 경계가 지워지는 지점에 상상력이 개입할 수 있다고 믿으며, 이 상상력이야말로 세계의 변화를 목도하는 인민의 변화를 가장 잘 표현할 수 있는 태도라고 믿는 감독이다. 객관적인 사실의 포착이 아니라, 인민들의 역사에 깃든 시간의 구체적인 정서를 물질화해내는 일이 중요한 것이다. 그래서 그는 다큐멘터리의 윤리를 지탱해온 어떤 규칙(혹은 신화), 즉 카메라는 대상이 움직일 때까지 기다리고 또 기다려야 한다는, 카메라 혹은 기록자의 개입을 차단하는 암묵적인 합의를 때때로 무화시킨다. 물론 지아장커의 이러한 방식이 다큐멘터리에도 어느 정도의 조작이 필수적이거나 용인되어야 한다는 주장으로 읽혀서는 안 된다. 지아장커의 영화가 품은 정서와 그가 말하는 상상력을 일련의 다큐멘터리가 숏의 재배열이나 카메라의 시선을 통해 양산하는 감상주의 같은 것으로 이해해서는 곤란하다.

〈동〉이 댐 건설로 무너지는 싼샤의 풍경과 철거 작업에 동원된 노동자들, 그리고 그곳을 떠나는 주민들을 담았고, 〈무용〉이 자본주의 시스템에서 기계적으로 생산되는 옷에 대한 사유를 그 옷을 만들거나 입으며 생존하는 노동자들의 삶과 연관지었다면, 〈24시티〉는 재개발정책으로 사라져가는 어느 공장 지대, 노동자들의 기억을 되살린다. 1958년 쓰촨성 청따오에 세워진 군수공장 팩토리 420은 50여 년 동안 수많은 노동자들의 일터였다. 그들은 거기서 가족을 꾸리고 국가에서 운영하는 기숙사에 거주하고 퇴직 후에는 연금을 받으며 몇 세대에 걸쳐 살아왔다. 하지만 군수산업이 위축된 지금 팩토리 420은 철거되었고 정부는 그 자리에 고가의 아파트 단지인 '24시티'를 세운다. 지아장커는 기숙사로 직접 찾아가 공장 노동자 130명을 인터뷰하고 하루하루 부서져가는 공장의 시간과 그 뒤로 세워지는 고층 아파트 단지의 시간을 찍었다. 흥미로운 건 그가 인터뷰 장면에 실제 노동자들뿐만 아니라 네 명의 배우를 출연시켜 팩토리 420의 노동자들처럼 연기를 시켰다는 건데, 외국 관객들의 입장에서는 이들이 진짜 노동자인지 배우인지 분간하기가 쉽지 않다. 물론 실제 노동자들의 인터뷰에 비해 이 배우들이 자신의 것인 양 연기하는 기억과 그걸 발화하는 태도가 좀더 드라마틱하게 보이는 것은 사실이다. 하지만 그들 중 누가 팩토리 420을 경험한 진짜 노동자인지를 밝히는 데 골몰하는 일은 〈24시티〉를 보는 데 있어서 가장 사소한 문제다.

그렇다면 우리는 무엇을 보아야 하나? 지아장커는 줄곧 자본주의가 맹신하는 '새로움' 아래, 아니, 그 새로움의 토대가 되어온, 유령처럼 귀환하는 피 흘리고 잊혀진 시간을 보았다. 말하자면 그의 영화들은 그 어떤 새로움도 무(無)의 지점에서 시작될 수 없다고 말하고 있다. 아마도 그는 팩토리 420이 먼지처럼 사라졌을지라도 그가 대면한 노동자의 얼굴들로부터 24시티를 부유하는 그때 그 공장의 숨소리를 들었을 것이다. 영화의 도입부에는 똑같은 작업복을 입은 노동자들의 얼굴이 등장한다. 프레임을 가득 채운 이 군중의 얼굴은 개체성을 상실한 익명적인 무리일 따름이며, 이 얼굴들이 표상하는 건 단 하나, 즉 노동자라는 계급적 정체성이다. 그러나 지아장커와의 인터뷰에서 이들 각각이 공장에 얽힌 사적인 기억을 발화할 때, 그들의 얼굴은 더 이상 집단 속의 익명이 아니다. 그들이 과거를 떠올리며 향수, 슬픔, 혹은 회환으로 얼굴에 생기를 찾기 때문이기도 하지만, 정적 속에서 이들의 얼굴을 클로즈업하는 카메라에 예기치 않은 순간들이 포착되기 때문에 더욱 그렇다. 이 영화에서 가장 아름다운 장면들은 그런 의외의 순간이 노동자의 얼굴을 바라보는 카메라나 감독 혹은 관객의 일방적인 시선을 균열할 때 나온다. 영화가 인터뷰를 통해 노동자의 얼굴에서 개별성을 발견하려는 의도적인 작업을 멈추고 거기 불현듯 나타난 어떤 무의식적인 파장을 물끄러미 바라볼 수밖에 없는 순간들이 있다. 아무런 맥락 없이 그들의 얼굴에 퍼지는 갑작스런 침묵, 무표정, 눈물, 주름, 익살의 빛은 언어화하기 어려운 수줍지만 맹렬한 아우성이며, 한줄기 서사로 정리될 수 없는 팩토리 420의 작고 구체적인 역사적 결들을 생생하게 살아나게 해서 보는 이의 마음을 움직인다.

여기서 지아장커는 노동자들의 얼굴에 대한 감흥을 사유의 차원으로 좀더 밀고 나아간다. 영화 후반부에 등장하는 두 인물, 노동자로 살기를 거부하고 앵커가 된 남자와 노동자 부모를 두었지만 자신은 노동자가 되는 대신, 돈 많은 중년 여인들의 심부름으로 돈을 버는 여자는 팩토리 420 세대라기보다는 24시티 세대다. 노동자 계급의 부모를 둔 이들은 푸른 작업복을 입으면 성별조차 구별할 수 없는 노동자의 익명성에 회의를 느끼며 부모 세대와는 다른 길을 선택한다. 그들은 작업복 대신 브랜드의 옷을 입고 고급 자가용을 몰고 다니며, 팩토리 420에 대한 기억 대신, 24시티의 일부가 될 수 있다는 희망을 가짐으로써 그런 무기력한 집단성과 단절할 수 있다고 믿는 것처럼 보인다. 그러나 이들이 스스로를 24시티의 일부로 호명할 때, 과연 우리는 그들이 온전한 개별 주체로서 비로소 노동자들의 집단적인 얼굴로부터 자유로워졌다고 말할 수 있을까. 이들은 오히려 자본주의라는 환상의 얼굴, 즉 익명적 욕망의 얼굴로 이행한 것이 아닌가. 지아장커가 영화 도입부에 공장을 들어서는 노동자들의 얼굴을 배치하고 영화 마지막에 자본주의의 초상이라고 할 만한 24시티의 획일적인 고층빌딩 숲을 위치시킨 건 단순한 우연일 리 없다. 〈24시티〉는 역사의 시간에 켜켜이 쌓인 정서를 매혹적으로 살려내면서도 그 시간이 야기한 변화를 냉정하게 응시하려는 더없이 예민하면서도 야심찬 영화다.

(『연대대학원신문』 2009. 3)

천주정

패턴화된 폭력이 지워버린 현실의 얼굴들

"나에게 폭력이라는 문제는 사실 생소한 화두였다. (……) 나에게는 그 폭력을 비주얼로 표현할 수 있는 영화적 언어가 없다는 생각이 들었다. 네 개의 이야기 속 폭력의 관계를 어떤 식으로 다루면 좋을지 그 마법의 언어를 찾지 못해 한동안 어려움을 겪었던 것이다. 그러던 어느 날 고전 무협영화 한 편, 즉 〈협녀〉가 생각났다. (……) 호금전은 영화에서 사회적, 경제적 상황 속의 억압과 불평등, 그리고 그 속에서 사람들이 어떻게 변화에 반응하는지를 폭력이라는 언어를 통해 보여주었다."(『씨네21』 906호) 작년 칸영화제에서 〈천주정〉이 공개된 후, 지아장커가 한 말이다. 급변하는 중국에서 실제로 일어난 폭력 사건들, 그 사건들을 바탕으로 한 네 개의 이야기, 그리고 무협장르. 영화를 보기 전 감독의 인터뷰를 읽는 편은 아니지만, 지아장커와 무협의 만남에 대한 호기심을 참지 못하고 인터뷰들을 먼저 읽고 말았다. 〈천주정〉과 관련해 『씨네21』과 진행된 세 번의 인터뷰(906호, 925호, 947호)에서 그는 이 영화가 실화를 바탕으로 했다는 점, 네 개의 이야기가 중국 현실의 폭력이라는 주제로 묶인다는 점을 거듭 강조했다. 그리고 네 개의 이야기와 영화에 등장하는 요소들이 각각 어떤 의미를 지니는지에 대해서도 설명했다. 좀 의아하다는 생각이 들었다. 특정한 순간, 이미지, 요소를 특정하게 의미화하는 건 적어도 지아장커의 방식은 아니었기 때문이다. 더욱이 그는 그 어떤 위대한 예술가도 딜레마에 빠뜨리는 '폭력'이라는 미묘하고 거대한 주제에 대해서 말하는 중이었다. 그가 자신의 영화에 대해 말을 아끼는 감독이 아니라는 사실은 알고 있었지만, 이 인터뷰들의 답변은 종종 지나치게 규정적이며, 영화에 이르는 길을 좁히고 있다는 인상을 주었다. 영화에 대한 과잉되고 확정적인 그의 설명에서 역설적으로 영화에 대한 그의 불안감과 초조함이 비친다는 느낌도 받았던 것 같다.

물론 감독의 말은 한 편의 영화를 결코 포괄하지 못하며, 영화적 세계는 종종 만든 이의 의도를 벗어나 활동한다. 감독이 내뱉은 말 한마디나 감독의 정치적 성향, 심지어 지난 작품들의 기질을 근거로 영화를 보기도 전에 가지는 막연한 느낌과 짐작은 바보 같은 편견으로 드러나는 경우가 많다. 위의 인터뷰들에서 느껴진 것들이 쓸데없는 우려였기를 바라며 〈천주정〉을 보았다. 결론부터 말하자면, 나는 이 영화를 걸작이라고 평가하는 사람들의 견해에 동의하지 않는다. 이 영화가 지아장커의 또 다른 세계로 건너가기 위한 과도기적인 영화라는 점을 받아들일 수 있을지는 모르겠으나(솔직히 다음 영화를 보기 전에 알기는 어려울 것 같다), 여기에 감탄할 만한 영화적 새로움이 있다고 생각하지 않는다. 그의 지난 작품들과 비교해 〈천주정〉이 세계를 대하는 태도나 그 태도를 영화적 질문으로 형상화하는 방식은 확연히 경직되고 둔감하다는 인상과 종종 자기도취적이라는 의심을 불러일으킨다.

이 영화를 옹호하는 사람들의 공통된 견해는 지아장커가 중국의 현실을 여러 장르들, 특히 무협적인 색채 속에서 도전적이고 비판적으로 그려내는 데 성공했다는 것이다. 하지만 내 생각에 〈천주정〉은 극단적인 현실과 극단적인 장르의 결합에서 양자의 '극단'(적 이미지 혹은 순간)들을 피상적으로 만나게 하는 데 몰두하는 동안, 정작 현실과 장르의 중층적인 매개를 발견하는 데 소홀한 영화다. 그런데 흥미로운 건 감독이 의식했든 의식하지 않았든, 그 실패의 흔적 혹은 징후가 영화 내에 고스란히 담겨 있다는 것이다. 자신만만하고 현란한 스타일과 구조에 달라붙은 의도치 않은 그 실패의 그림자가 이 영화에 대한 실망감에도 불구하고 비평적으로 말을 걸게 만들었다.

왜 무협 장르인가? 지아장커는 중국 현실의 폭력을 영화화하기로 하면서 왜 무협이라는 장르를 중심에 두었을까? 〈천주정〉과 관련해 이상하게도 잘 이야기되지 않는 물음에서 시작해보려고 한다. 지금까지 읽어본 여러 비평들 중에서 이에 대해 납득할 만한 견해를 제시한 글을 아직은 보지 못했다. 무협 장르는 그저 영화의 전제로 받아들여지고 있거나 새로운 스타일의 시도 정도로 이야기되고 있는 것 같다. 오히려 그 이유를 말한 건 지아장커 자신이다. 알려진 것처럼, 그는 최근 중국에서 벌어진 폭력 사건을 중국판 트위터인 웨이보로 접했고, 이를 바탕으로 네 개의 이야기를 구상했으며, 그 네 개의 이야기를 전달하는 영화적인 통로로 무협 장르를 떠올렸다고 했다. 즉 각각의 이야기들에서 기존의 무협영화들이 다루던 주제, 즉 불평등하고 억압적인 사회에 처한 사람들의 싸움을 보았다는 것이다. 하지만 지아장커가 단지 주제적인 유사성 때문에 무협 장르를 도입했다고 말하는 건 위의 질문에 아무런 대답도 하지 않은 것이나 마찬가지다.

이 글의 도입부에서 인용한 지아장커의 인터뷰를 읽으며 가장 뇌리에 남았던 건, "네 개의 이야기 속 폭력의 관계를 어떤 식으로 다루면 좋을지 그 마법의 언어를 찾지 못해"라는 말이었다. 즉, 분리된 네 개의 사건들 사이에 "관계"를 설정해주고 묶어내는 "마법의 언어"로서의 무협. 구체적으로 상상은 불가능하지만, 이 말은 더없이 매혹적으로 들렸다. 그의 고심을 따른다면, 이 영화에서 무협 장르는 특정 장면이나 설정의 모델이 아니라, 현실 속 폭력의 파편들을 영화적으로 관계 짓고 네 개의 이야기들을 서로에게 작용하게 만들어서 어떤 식으로든 구조화하는 역할을 해주는 마법이 되어야 한다. 다큐멘터리 〈동〉에 이어 〈스틸 라이프〉를 만들면서 지아장커는 대상의 비밀 속으로 들어가기 위해서는 이야기가 필요해진다는 말을 했는데, 이후 우리는 그의 작품들을 통해 그 원칙의 윤리가 불러온, 현실에서는 결코 포착할 수 없는 위대한 영화적 순간들을 목도해왔다. 그렇다면 〈천주정〉에서 무협의 형식은 지금 중국의 현실을 전방위적으로 지배하는, 그러나 눈에 보이지 않는 폭력의 구조적 비밀에 접근하기 위해 필요했던 것일까. 〈천주정〉은 영화 속 현실을 지탱하는 폭력의 구조와 무협의 구조, 혹은 무협의 정신이 어떤 식으로든 연동되리라는 기대를 부추겼다.

하지만 기대와는 다른 방향으로 영화는 진행되고 있었다. 우선 네 개의 이야기는 폭력이라는 커다란 주제 안에 있다는 점을 제외하고는 별다른 연결고리 없이 흩어져 있다. 첫번째 이야기는 산시의 광산을 배경으로 한다. 주인공은 인부들과 마을 사람들을 착취하는 자본가, 그리고 저항하지 않고 그 곁에 기생하는 자들에게 내내 당하다 마지막에 그들을 총으로 쏘아 죽인다. 두번째 이야기의 주인공은 고향 충칭으로 돌아온 청부살인업자다. 오랜만에 가족과 재회하지만 그는 곧 또 다른 살인을 위해 충칭을 떠난다. 세번째 이야기의 주인공은 후베이의 마사지숍에서 일하는 여자 접수원이다. 유부남 애인과 기약 없는 이별을 하고 돌아온 그녀는 애인의 아내가 데리고 온 사내들에게 폭행을 당한다. 얼마 뒤, 마사지숍을 찾은 남자들이 성관계를 요구하며 돈다발로 그녀의 머리를 때리고, 그녀는 품에서 칼을 뽑아 그들을 처단한다. 네번째 이야기의 주인공은 공장과 클럽을 전전하는 젊은 노동자다. 돈을 벌기 위해 애쓰지만, 막막한 상황에 내몰린 그는 결국 극단적인 선택을 하고 만다.

한 이야기가 다음 이야기로 건너갈 때, 주요 인물들이 같은 시공간을 잠시 스쳐지나가는 장면들이 있기는 하지만, 그 장면들은 각 이야기들을 한 편의 영화 안에 모아두기 위한 표피적이고 무의미한 장치에 불과하다. 네 개의 이야기들 사이에는 영화적으로 어떤 작용도 없으며, 매개도 없다. 다만 현대 중국의 실화라는 느슨한 테두리 안에서 폭력의 양상들은 나열되고 있다. 왜 나열의 인상이 문제가 되는가. 〈천주정〉은 옴니버스 영화이므로 네 개의 이야기들이 구체적인 사건을 중심으로 연결되지 않는다는 점을 탓할 수는 없을 것이다. 하지만 폭력의 양상들이 그렇게 단순 나열될 때, 지아장커가 중국의 현실에서 벌어지는 수많은 사건들 중 왜 하필이면 이 네 개의 사건을 선택해서 영화화했는지를 영화의 구조 안에서, 혹은 배열 안에서 찾기 어려워진다. 이야기의 관계에 대한 태도를 〈천주정〉은 질문하지 않는다.

옴니버스식 구성은 아니지만, 〈스틸 라이프〉도 하나의 이야기가 아닌, 두 사람의 두 개의 이야기로 구성된 영화였다. 일부는 이미 물에 잠기고 남은 마을도 이제 철거를 앞둔 싼샤에 아내를 찾으려는 한 남자와 남편을 만나려는 한 여자가 찾아온다. 영화는 두 남녀를 단 한순간도 만나게 하지 않고, 이들의 이야기를 겹쳐두지 않는다. 그럼에도 불구하고 이 두 개의 이야기는 서로 다른 감흥으로 함께 진동하며 나아가 이 영화의 공기를 구조화한다. 지아장커는 정성일과 〈스틸 라이프〉에 대해 나눈 인터뷰에서 "두 사람은 만나서는 안 되며, 그 둘은 닮아 있는 이야기를 하지만 그 둘은 같은 이야기를 하는 것이 아닙니다. 나는 두 명의 자리를 오가면서 그 둘이 함께 살고 있는 시간을 찍고 싶은 것입니다. (……) 나는 여기서 인물들이 가진 고독감, 내가 가진 문제를 남이 도와줄 수 없다는 고립, 철저하게 혼자라는 것, 혼자라는 느낌을 주고 싶었습니다"(『씨네21』 575호)라고 말했다. 같은 시공간에서 유사한 상황에 처한 남녀의 이야기를 동일한 사건의 고리를 만들지 않고도 한 편의 영화 안에서 기이하게 접합시키는 것. 의도적인 사건 없이도 그게 가능했던 이유는 지아장커의 말대로 그가 두 이야기를 끌어안은 '시간'을 찍고 있었기 때문이다. 〈스틸 라이프〉는 서로 다른 두 개의 이야기가 같은 시공간의 공기를 들이마시며 외롭게, 그러나 기적처럼 공존하는 세계였다.

하지만 동시대 중국 현실을 다룬 〈천주정〉에 이르러 이야기는 두 배로 많아졌지만, 이상하게도 처음 세 이야기를 보는 동안 나는 동일한 이야기를 반복해서 보고 있다는 생각에서 벗어날 수 없었다. 물론 내용도 다르고 인물들도 다르며 장소도 다른 이야기들이다. 그러나 인물과 상황의 전형성, 개념화된 폭력의 양상들, 무엇보다 무협의 형식이 이야기들을 동질화하고 있다는 인상을 주었다. 말하자면 이 영화에서 무협의 형식은 폭력을 패턴화한다. 패턴화된 폭력에는 지아장커의 지난 영화들이 붙들고 있었던 시간의 구체성이 결여되어 있다. 폭력의 이야기들을 어떻게 만나게 할 것인가, 아니 폭력의 이야기들을 어떻게 분리시킬 것인가, 그 폭력들을 네 지역의 공기 안에 어떻게 배치해서 오늘날 중국의 현실에 비가시적으로 확산되고 내재된 폭력의 공기를 어떻게 만질 것인가에 대한 질문이 여기에는 없다.

그러니 〈천주정〉에서 무협 장르의 효용은 기대와는 달리 영화의 구조, 나아가 폭력의 구조와 별 관계를 갖지 않는 것 같다. 작년 칸영화제에서 〈천주정〉을 본 정한석은 지아장커가 〈스틸 라이프〉 때는 무협의 구조를 빌려왔다면, 이 영화에서는 무협의 액션을 가져왔다고 예리하게 구별했는데(『씨네21』 906호), 나 역시 그의 지적에 적극 동감한다. 그런데 그 둘은 어떻게 다른가? 지아장커는 〈스틸 라이프〉가 자신에게는 일종의 무협영화와 같다고 고백한 적이 있다. "싼샤에는 매일 많은 배와 사람들이 오가고 있습니다. (……) 그들은 마음속에 칼을 하나씩 안고 다니는 것입니다. 그들은 복수를 하기 위해서 이곳에 온 것이 아니라 그들 자신의 감정적인 문제를 해결하기 위해서 쌴샤에 온 것입니다. (……) 지금 중국은 자기가 결정을 해야 합니다. 그건 자기 삶의 어느 순간을 칼로 내려치는 것입니다. 내가 말하는 무협소설은 그런 의미에서입니다. 그렇게 주인공들은 자신의 삶을 스스로 결정해야 합니다."(『씨네21』 575호) 무협의 액션을 찾아볼 수 없었던 〈스틸 라이프〉의 뼈대가 무협이라고 밝힌 뒤, 중국의 현실 안에서 무협 정신의 필연성을 말하는 그의 대답은 감동적이었다. 마음속에 품은 칼, 그러나 복수가 아닌 감정적인 문제를 대면하기 위한 칼. 아마도 그 정신이 〈스틸 라이프〉의 두 개의 이야기들을 접속시키는 토대일 것이며, 그 감정의 구조가 결국 지아장커가 생각하는 무협의 구조였을 것이다.

　〈천주정〉은 어떤가. 정한석의 말대로 이 영화는 무협의 구조가 아니라 액션에 기대고 있다. 달리 말해, 무협의 감정이 아니라 무협의 행동을 전시하는 영화이며, 이 영화의 칼은 "마음속에 품은 칼"이 아니라 복수를 위한 것이다. 그것이 악덕 자본가에 대한 처단이든(첫번째와 세번째 이야기), 세상을 향한 무차별적인 폭력이든(두번째 이야기), 이 영화의 무협은 이야기의 구조나 폭력의 구조가 아니라 개별적 복수를 위해 존재한다. 실화를 바탕으로 했다지만, 대다수 현실의 평범한 인민들에게는 불가능한 분노의 즉각적인 실현, 그것을 위해 〈천주정〉은 무협을 필요로 한다.

　두 가지 문제를 짚고 넘어가야 할 것 같다. 이 영화 속 이야기들의 무협적인 성격을 복수의 서사와 연관 지을 때, 네번째 이야기의 예외성을 말해야 할 것이다. 다른 세 이야기들에 비해 의외로 덜 말해지는 이 마지막 이야기는 〈천주정〉에서 가장 장르적이지 않고, 지아장커의 지난 세계들에 가장 가까이 있다. 〈세계〉 속 테마파크의 인공성과 〈소무〉, 〈임소요〉의 소년들을 섞어놓은 듯한 이 이야기에서 주인공은 돈을 벌어야 하지만, 일터 한 군데에 정착하지 못한다.

의류공장에서 그의 의도와는 무관하게 동료가 다치고, 그 피해를 대신 물어야 할 처지에 놓이자 그는 도망을 친다. 친구의 소개로 클럽의 웨이터로 취직하게 되고, 거기서 남자들을 상대하는 한 여자를 좋아하게 되지만 그마저도 곧 그만두고 다시 친구가 일하는 공장으로 돌아온다. 집에서는 돈을 더 보내라고 독촉하고 때마침 예전 공장에서 다쳤던 동료와 무리들이 그를 불러낸다. 그들이 그를 폭행하려다 그냥 가버리자, 그는 공장 기숙사로 돌아와 복도 난간에 올라 뛰어내린다. 이 젊은 남자의 자살 행위, 자살에 이르는 과정과 그 타이밍은 급작스럽고 충격적이다. 지아장커의 지난 영화들 속 인물들의 선택과 결말을 떠올려도 이 광경은 낯설고, 이 영화 속 다른 주인공들의 행로와 비교해도 예외적이다. 그는 왜 죽어야 할까. 왜 그는 무협 액션의 주인공이 되지 못했을까. 영화는 왜 이 이야기에서만큼은 장르에 기대지 않을까.

앞의 세 이야기에서 주인공들의 액션을 추동하는 건 분노이며, 그 분노는 복수할 개별 대상을 향한다. 하지만 이 마지막 이야기에서 젊은 남자는 복수할 개별 대상을 갖지 못한다. 우리는 그의 마지막 행동, 즉 자살의 이유를 구체적으로 명확히 설명할 수 없다. 자신 때문에 다친 공장의 동료가 찾아와 자신에게 아무런 해도 입히지 않고 다시 돌아갈 때 그는 수치심을 느꼈던 걸까. 좋아하던 여자가 알고 보니 아이의 엄마이며, 매일 돈 많은 남자들을 상대해야 한다는 사실을 감당하지 못한 자신의 무기력함이 사무쳤던 걸까. 자신의 비루한 사정에는 아랑곳없이 돈을 보내라는 부모의 요구가 서러웠던 걸까. 외부로 발산되는 분노가 아니라, 수치심과 무기력으로, 즉 내부로 삼켜진 분노의 결말이 여기에 있다. 복수의 주체들은 분노의 서사 위에서 적어도 영화상에서는 살아남지만, 분노의 서사 안에서 설명되지 않는 이 젊은 남자는 처참히 죽어버린다. 앞의 세 이야기에서 세계의 폭력은 가시적으로 개별화되고 평면적으로 제시되지만, 네번째 이야기에서 폭력은 비가시적이고 중층적으로 현실에 뿌리내리고 있다. 여기서는 무협의 액션이 불가능하다. 생각해보라, 이 젊은 남자가 칼을 휘두른다면, 대체 누구를 향해 휘두를 수 있겠는가? 세계 전체를 폭파시킬 수 없다면, 그 스스로 파멸하는 길만 남는다. 그러니 앞의 이야기들은 결국 이 가혹한 이야기의 소망 충족 혹은 꿈인지도 모른다. 〈천주정〉은 리얼리티 안에 어떤 식으로든 무협 장르를 새겨 넣지 못하고 무협(앞의 세 이야기)과 현실(네번째 이야기)의 거리를 좁히지 못한다. 네번째 이야기의 이질성은 중국의 현실에 대한 지아장커의 영화적 자의식이기보다는 그 실패의 징후로 보인다.

그런 맥락에서 자오타오가 재등장하는 에필로그는 "영화적 변명"(변성찬, 『씨네21』 947호)이라는 혐의로부터 자유롭지 않다. 변성찬은 이 에필로그를 사족에 불과하다고 지적했는데, 내 생각에 그것은 사족이지만, 지아장커로서는 반드시 삽입해야 하는 사족이다. 첫번째와 두번째 이야기 속 주인공들이 이야기와 함께 사라지고, 네번째 이야기 속 주인공이 현실의 찬 바닥으로 추락해 죽은 뒤에도 자오타오는 살아남아 영화의 마지막에 등장한다. 그녀는 더이상 머리를 치켜 묶고 협곡을 거니는 장르 속 협객이 아니라 공장의 컨베이어 벨트를 바라보며 취직을 원하는 현실의 노동자다. 왜 그녀일까. 다른 두 무협의 주인공들의 폭력이 원인을 넘쳐 과잉되거나 다소 비현실적이라는 인상을 주는 데 반해, 그녀의 액션은 원인에 대응한다는 인상을 준다. 달리 말해, 그녀는 이 영화에서 유일하게 현실과 무협을 오가며 그 괴리를 붙들 수 있는 자이다. 지아장커는 그녀를 에필로그의 주인공으로 내세워 앞의 세 이야기와 마지막 이야기 사이에 벌어진 간극을 메우고 복수의 장르적 폭력과 자기 파괴적이고 무력한 현실의 죽음 사이의 간극을 수습하며 영화의 불균형한 구조를 봉합하려는 것 같다.

영화가 끝나기 전, 카메라는 경극을 바라보며 감정으로 일렁이는 자오타오의 얼굴을 비춘다. 무대에서는 "무고한 사람에게 죄를 뒤집어씌우니 눈물이 나는구나"라는 여인의 탄식에 이어 "정녕 너의 죄를 모르겠느냐?"는 목소리가 들린다. 그리고 영화의 마지막 장면에 이르러 경극을 바라보는 한 무리의 인민들의 기묘한 얼굴이 등장한다. 개별화된 폭력의 서사를 지나 익명의 군중들의 얼굴에 도달한 이 마지막 장면에서 영화는 자신의 자리를 혹은 시선을 어디에 두고 있는 것일까. 나는 이 마지막 장면에서 지아장커의 영화적 과시가 엿보인다고 생각하면서도, 한편으로 그 익명의 얼굴들에는 (영화의 의도와 관계없이) 앞선 이야기들을 무력화하는 힘이 있다고 느낀다. 네 개의 이야기 속 폭력의 양상을 통해 중국의 현실을 포착했다고 여기는 자들도 마지막에 등장한 이 인민들의 얼굴 앞에서는 아무것도 읽어내지 못할 것이다.

이제 위에서 언급한 두 개의 문제 중 다른 하나를 말할 차례가 되었다. 〈천주정〉은 작년 칸영화제에서 각본상을 수상하며 공개된 후, 서구 평론가들의 열렬한 지지를 받아왔다. 요컨대 『씨네21』이 받은 2013년 "해외 평단의 베스트 리스트"(『씨네21』 944호)를 보면 설문에 참여한 열 명의 비평가 중 일곱 명이 〈천주정〉을 명단에 올렸다. 그리고 그 일곱 명 중 하스미 시게히코를 제외한 나머지는 모두 서구 평론가들이다. 지아장커의 영화가 해외 평단의 지지를 받는 건 생경한 현상은 아니지만, 이 영화에 관해서라면 좀더 물을 필요가 있을 것 같다. 그들은 중국의 리얼리티와 무협이 결합한 〈천주정〉의 무엇에 그토록 환호하는 것일까.

내가 읽어본 비평문들에 국한해서 말하자면, 대체로 그들은 〈천주정〉의 사건들이 중국에서 실제로 벌어진 일이라는 점을 강조하고, 새로운 표현 방식으로 전달되는 폭력의 국면들에서 중국의 현실을 읽으며 거기서 이 영화의 정치성을 찾는다. 가령 〈천주정〉의 영어자막 번역자이자 아시아 영화 전문가로 알려진 토니 레인즈는 〈천주정〉이 "중국에서 벌어지는 불평등과 범죄를 고발"

(944호)하며 심지어 "효율적이고 투명성 있는 법 체제가 시급하다고 암시"하는 영화라고 보았다. 같은 지면에서 〈호수의 이방인〉 다음 순위로 〈천주정〉을 뽑은 『필름 코멘트』의 평론가 로버트 쾰러는 그간 지아장커의 영화를 지배하던 중국의 현실에 대한 절망감이 이 영화에서 처음으로 과장된 어조를 통해 직설적인 분노로 전환되었다고 보며 지아장커는 여기서 그 어떤 가능성도 제거된 세계를 그려냈다고 평가했다(『시네마스코프』 55). 즉, 〈천주정〉이 극단적인 장르를 취하고 있음에도, 서구 평론가들에게 이 영화는 지아장커의 작품들 중에서도 중국의 현실을 가장 강렬하게 압축한 영화, 현실에 대한 지아장커의 발언의 강도가 가장 높고 직접적으로 제시된 영화로 이해되는 것 같다. 제3세계의 폭력성을 고발한다는 미명하에 폭력적인 이미지를 전시하는 영화들과 이들을 제3세계의 정치사회적 알레고리로 쉽게 등치하고 사회비판적인 메시지로 읽어내려 애쓰는 서구 평론가들의 오해와 편견은 낯설지 않다. 나는 지아장커의 〈천주정〉이 폭력을 의미화하는 방식과 그것이 서구 평론가들에게 받아들여지는 방식이 그러한 맥락으로부터 완전히 자유롭다고 말하지 못하겠다. 이 영화에서 중국 현실의 폭력성을 읽었다고 망설임 없이 믿는 이들이 영화의 마지막 화면을 채운 익명의 인민들의 얼굴에서 무엇을 느꼈을지 궁금하다. 그들에게 그 얼굴들은 영화 속에 출몰하는 동물들의 초현실적이고 신비롭게 대상화된 이미지들, 혹은 중국의 생경한 풍경의 일부였을 뿐일까.

일군의 비평가들이 이 영화의 장르성을 어떤 식으로든 리얼리즘 안에서 사유하려고 하는 데 반해, 지아장커는 종종 장르적 탐닉에 빠진 것처럼 보인다(그 탐닉을 노골적으로 드러냈다 해도 그건 비판의 근거가 되지 않을 것이다. 다만 그가 중국 사회의 폭력이라는 리얼리티를 내세우며 그 욕망을 숨기는 것처럼 느껴질 때 이 영화는 불편해진다). 그렇지 않다면 인물의 역사와 행동의 동기가 거의 제거된 청부살인업자의 이야기를 설명할 방도가 없다. 총성이 울릴 때가 가장 재미있다는 말 외에 이 남자의 잔혹한 행동을 설명해줄 단서를 찾기는 어렵다. 그는 폭력의 미학에 몰두하는 남자다. 인상적인 장면이 있다. 새해를 앞두고 남자의 아들이 벌판에서 불꽃놀이를 구경하고 있다. 남자가 아들에게 묻는다. "폭죽 터뜨려줄까?" 그가 허공을 향해 총을 쏘는 순간 마치 그의 총이 폭죽을 만들어내듯, 검은 하늘이 불빛들로 가득하다. 멀리서 잡은 이 장면은 아름답다. 하지만 이 장면을 지배하는 건 지아장커의 지난 영화들이 그토록 경계하던 미학화의 욕망이다.

지아장커가 〈천주정〉에 대한 인터뷰에서 "나에게 폭력이라는 문제는 사실 생소한 화두였다"고 말했을 때, 나는 내 귀를 의심했다. 폭력을 개별 이미지로 전면화한 적은 거의 없지만, 그의 영화들이 언제나 체제의, 자본의 구조적 폭력을 버티는 사람들의 역사와 기억과 시간과 선택이 아니라면 다른 무엇이었겠는가. 그러나 그의 영화가 정작 폭력을 사건화하자, 그의 지난 영화들을 숨 쉬게 하던 물질성의 감각은 사라지고 말았다. 영화적 요소들은 전에 없이 요란하게 움직이는데, 정작 영화 자체는 언어로는 닿을 수 없던 그 운동성을 잃어버렸다. 지아장커의 지난 작품들을 사랑하면서 〈천주정〉에 애정을 주는 건 나로서는 불가능한 일이다.

(『씨네21』 2014. 3)

야간비행

그러니까 아직은 해피엔딩

또 한 명의 감독이 한국 중고등학교 소년들의 성장기 영화를 만든다는 소식을 접해도, 우리는 더 이상 별반 궁금하지 않다. 왕따, 폭력, 파국의 엔딩. 지난 몇 년간 반복 재생되어온 학교 폭력 이야기는 이제는 하나의 장르로 굳어져 정작 현실과의 접점을 잃어가고 있는 중이다. 더욱이 하루가 멀다 하고 우리를 충격에 빠뜨리는 현실 속 폭력의 양상들을 떠올린다면, 이 장르가 극단적인 설정이나 풋풋함만으로 우리를 설득해내기는 점점 어려워지고 있다. 이송희일 감독이 학교 폭력에 대한 영화 〈야간비행〉을 자신의 필모그래피에 추가하기로 마음먹었을 때, 그 또한 위의 궁지에 대해 생각했을 것이다. 성소수자, 탈영병 등을 통해 한국 사회의 구조적 폭력을 마주해온 그에게 이 소재가 꼭한 번은 거쳐가야 할 근본적인 영역이었음은 짐작하기 어렵지 않다. 게다가 한국 사회에서 어른-남자가 되기 위한 억압을 완전히 내면화하지 못한 이송희일의 주인공들은 언제나 나이를 불문하고 소년이라는 말이 더 어울리지 않았던가. 그러니 이번에는 진짜 소년을 다룰 차례인 것이다. 하지만 그간의 인물들과 달리, 〈야간비행〉의 소년들은 길 위를 서성대면서도 '학교'라는 특정 장소로 돌아와야 한다. 다시 말해, 한국의 '학교'라는 장소의 전형성 안에서, 그것이 빚어내는 상투들과 싸워야 하는 과제가 〈야간비행〉 앞에 놓인다.

〈야간비행〉이 그 과제를 돌파하는 방식은 전작들보다 더 많은 인물들을 배치하고 그들의 관계망을 보다 복합적으로 만드는 것이다. 지난 작품들에서는 인물들이 마주한 현재의 행위, 욕망, 감정의 교환과 표출 그 자체가 영화 속 세계를 지탱했다면, 〈야간비행〉에서는 거기 얽힌 개별 사연들이 그만큼 무게 있게 다루어진다. 그러나 동시에 개별 사연들이 인물들을 하나의 유형으로 환원하거나 행동의 동기를 하나의 원인으로 소급하는 기능이 되지 않도록 경계한다. 인물들의 관계와 심정은 종종 모호하고, 그들 각각이 서 있는 자리는 하나의 조건으로 설명되지 않는다. 가학적이고 사악한 가해자를 한편에 던져두고, 나약한 피해자를 다른 한편에 둔 다음, 액션과 리액션만을 보여주다가 극단적인 복수로 사태를 뒤집는 일련의 학교 폭력 영화들로부터 이 영화는 가능한 멀리 떨어져 있고 싶어한다.

고등학생 용주(곽시양)와 기택(최준하)은 중학교 때부터 단짝이다. 기택은 반장 성진(김창환)이 중심이 된 같은 반 무리로부터 수시로 괴롭힘을 당하는 처지다. 하지만 뭐 하나 내세울 것 없는 기택과 달리 용주는 담임의 기대를 받는 우등생이다. 학교라는 울타리 안에서 성적은 계급이다. 성진 무리는 기택과 어울리는 용주를 건드리지 않는다. 용주는 자유분방하게 살아가는 엄마와 단둘이 살며 사이좋은 친구처럼 지낸다. 또래의 소년들이 가질 만한 폭력성, 불안감, 결핍 대신, 그는 태생적으로 낙천적인 사람에게서만 풍기는 특유의 온기를 지녔다. 그런 그에게 유일한 비밀이 있다면, 같은 반 친구이자 일진인 기웅(이재준)에 대한 마음이다. 중학교 시절, 용주, 기택과 친했던 기웅은 지금은 전혀 다른 사람이 되어 있다. 학교는 밥 먹듯이 빠지고, 배달 일을 하면서 종종 청부 폭력도 일삼는다. 기웅의 아버지는 노조 활동을 하다가 공장에 불을 내고 도망 다니고 있으며 엄마는 그런 현실 속에서 자기 한 몸 지탱하기도 힘들어한다. 기웅은 종종 자신에게 머무르는 용주의 애틋한 눈길을 알아채고, 경멸 어린 눈으로 차갑게 반응한다. 하지만 무슨 이유에서인지 결정적인 순간마다 기웅은 용주를 외면하지 못한다. 한편 반장이자 학급의 이진인 성진은 수시로 기택에게 폭력을 휘두르는 가운데, 기웅과 용주가 가까워질까봐 전전긍긍한다. 성진이 기웅과 용주 사이의 이상한 기류를 느낄 무렵, 의외의 인물에 의해 용주가 게이라는 소문이 순식간에 퍼지고, 용주의 위상은 한순간 추락한다.

한국 사회에서 게이들은 사랑을 긍정하기 위해 어떻게 세상과, 그리고 자신과 싸우는가. 이송희일의 지난 작품들을 관통하던 주요 화두는 큰 틀에서 보자면 〈야간비행〉에도 해당되지만, 학교라는 제도가 중심 배경이 되면서 여러 갈래의 질문이 더해진다. 학교 폭력에 시달리다 자살하기 직전 엘리베이터의 CCTV에 찍힌 한 아이의 모습이 이 영화의 출발점이라고 감독 자신이 밝혔듯, 〈야간비행〉의 방점은 학교라는 구조적 폭력에 희생되는 아이들에게 맞춰져 있다. 주인공 용주가 게이이며 그의 시선이 영화의 중심을 지탱하고 있다는 점은 이 영화의 퀴어적인 면을 직접적으로 지시하지만, 영화는 보다 넓은 의미에서, 어떤 불확정적인 상태에서의 퀴어적 공기 또한 잡아내고 싶어하는 것 같다. 표면적으로는 동성애에 적대적인 이성애 중심적인 집단이지만, 그 내부에서 은밀하게 작동하는 동성애적 징후들을 영화는 감지한다. 그 징후들이 꼭 성적 욕망을 의미한다고 보기는 어렵지만, 남자들로만 이루어진 집단에서 그들의 이해관계, 인정욕구, 의리와 배신 저변에 자리한 욕망과 관련된다.

이송희일의 전작들에서 퀴어멜로는 언제나 계급적 조건과 분리될 수 없는 것이었다. 영화 속 커플들은 한쪽이 다른 한쪽에 비해 사회적으로 권력의 우위를 점했고, 성적 욕망은 일시적으로나마 그 불균형한 구도를 흔들었다. 말하자면 그들은 사회경제적인 조건으로부터 자유로울 수 없으나, 그들의 하룻밤, 길 위의 여정은 잠시일지언정 욕망 안에서 평등하다. 하지만 아무리 몸부림쳐도 학교라는 제도로부터 벗어날 수 없는 십대 소년들이 주인공이 되자, 이송희일의 세계를 이루던 구도는 보다 복잡해진다. 용주는 우수한 성적으로 학교로부터 인정을 받고, 기웅은 폭력에 대응하는 방법을 약자에 대한 폭력으로 익히며 일진이 된다. 성적과 힘, 집안 배경 등 모든 측면에서 우위를 점한 성진은 학급 안에서 권력을 잡고 있다. 그런데 기웅에 대한 용주의 마음이 본격적으로 드러나면서부터 위태롭게 유지되던 이들의 위상은 균열을 보이기 시작한다. 성진은 기웅이 자신의 무리에 모습을 드러내지 않자, 기웅을 찾아가 "너 없으니까 불안해"라고 고백한다. 용주와 기웅의 관계를 성진에게 폭로하며 유일한 친구 용주를 배신한 기택은 왜 그랬냐는 용주의 물음에 "니가 먼저 배신했잖아"라고 외친다. 폭력적이고 위악적이며 비관적인 이들을 지배하는 건 불안감과 배신감이며 이 감정의 근원은 모호하다. 성진은 권력이 아니라, 실은 기웅을 빼앗길지 모른다는 불안감을 말하고 있으며, 기택은 기웅과 용주의 비밀스러운 관계에 배신감을 느끼고 있는 것이 아닐까. 그들은 아직 자신의 감정이 무엇인지, 자신이 누구인지 혼란스럽지만, 학교는 이런 혼란을 제대로 느껴볼 순간조차 허락하지 않는다.

기웅의 경우도 마찬가지다. 용준의 마음을 거부하면서도 이상하게도 그를 염려하고 그 주위를 맴돌며 유령처럼 그의 곁에 머물다 가는 기웅의 감정은 끝내 명확하게 설명되지 않는다. 용준에 대한 마음은 사랑인가, 우정인가. 아니, 이 소년들에게 두 감정은 무 자르듯 구분될 수 있는가. 〈야간비행〉은 이들의 행동이나 감정의 모호한 지점을 특정하게 호명하지 않고 어떤 잠재성의 영역으로 펼쳐둔다. 그리고 그 잠재성의 영역을 억압적인 잣대로 규정하려는 학교 제도와 그 속에서 자신의 마음을 들여다볼 틈도 없이 괴물이 되어가는 소년들의 비극을 응시한다. 유일하게 용주만이 투명하다. 자신을 외면하는 기웅 앞에서 "또 누군가 찾겠지. 친구가 없으면 이 세상은 끝이잖아. 넌 죽어도 모르겠지만"이라고 말할 수 있는 그는 상처를 입고 분노로 내지르는 소년들 속에서 상처를 입고도 자신의 감정만큼은 소중히 품는 자다. 과하다 싶을 만큼 순수하고 솔직하다. 그가 기웅에게 과감한 고백을 하고 처참하게 맞은 다음, 감정을 일그러뜨리지 않기 위해 애쓰는 표정으로 돌아볼 때, 그 맨얼굴의 감정은 기웅의 폭력을 압도한다. 하지만 결국 그의 투명함도 집단적인 폭력의 제물이 되고 만다. 늘 친구처럼 아들을 이해해주던 엄마조차 그의 곁에 등장하지 않는다.

다리 밑에서 들리는 기차 소리, 노을 지는 강변의 풍경, 그림자로 비친 나뭇잎의 흔들림, 철거를 앞둔 낡은 게이바, 초라하고 쓸쓸한 골목길, 그 속에서 함께 달리고 말없이 앉아서 한곳을 쳐다보는 소년들. 이송희일의 세계에서 외로운 인물들은 언제나 길 위의 풍경과 호흡한다. 일탈과 안식의 시간이자, 세상으로부터 완전히 고립된 고독과 자유의 시간이자, 말없이도 마음이 보이는 시간이자, 학교라는 획일적인 시간과 싸우는 멈추어진 시간으로서의 풍경이 거기 존재한다. 〈야간비행〉에서 그 풍경들은 마치 영화 속 용주가 찍은 과거 행복했던 때의 사진들처럼 사라질 것을 이미 알고 있는 풍경이며, 그런 맥락에서 향수의 정취를 머금고 있고 거기 흐르는 음악과 공기는 종종 감상에 젖어 있지만 영화는 그걸 감추고 싶어하지 않는다. 폭력으로 점철된 세상에서 그 정도의 낭만도 허락하지 못할 이유가 없지 않느냐고 묻는 것도 같다.

"세상이 이렇게 병신 같으면 엔딩이라도 웃어야 되는 거 아냐?" 같은 반 아이들에게 두들겨 맞은 기택이 용주에게 하는 말이다. 기택의 좌절된 기대는 어쩌면 〈야간비행〉을 보는 내내 우리가 가진 기대인지 모른다. 주인공들이 연루된 극단의 사태를 보여준 뒤, 몇 년 뒤로 무책임하게 이행해버리는 일련의 성장기 영화들과 달리, 〈야간비행〉은 체념도 타협도 안정도 아직은 불가능한, 가장 아프고 막막한 현재의 그 순간에 멈춰 선다. 벼랑 끝에서 더는 갈 곳 없이, 단둘이 남겨져 외로움으로 연대하는 용주와 기웅의 뒷모습을 쳐다보며 우리는 비로소 웃게 될까. 이 영화의 출발점이었던 CCTV 속 그 가여운 아이와 달리 이 가혹한 세상에서 어찌되었든 살아남았으니 그것만으로도 이미 위대한 해피엔딩이라고 말해야 할까. 이제 그들을 기다리는 건 〈후회하지 않아〉와 〈탈주〉의 시간이지 않느냐고 감독에게 슬프게 따져 물어야 할까. 〈야간비행〉은 대답하지 못한다. 다만 지금은 이 소년들의 외로운 눈물에 함께 흐느껴야 할 때라고 말할 뿐이다.

(『씨네21』 2014. 8)

이송희일의 어떤 풍경들

커밍아웃한 감독이 만든 퀴어영화. 첫 장편인 〈후회하지 않아〉 이래로 이송희일과 그의 작품들은 줄곧 그러한 범주 안에 놓여왔다. 감독 본인의 입으로 퀴어영화가 아니라고 표현한 〈탈주〉나 퀴어 색이 흐릿하다고 말한 〈야간비행〉도 관객들뿐만 아니라 평론가들로부터 퀴어영화라는 틀 안에서 이야기되곤 한다. 그건 달리 말해, 이송희일이 어떤 영화를 만들든, 그의 영화는 언제나 주류 사회, 즉 이성애 중심 사회를 향해 발언하는 동성애 영화로 수용되어왔고 그 발언의 정치성이 중시되어왔다는 의미이기도 하다. 그것이 사실과 다르다거나 잘못되었다는 말을 하려는 건 아니다. 다만 그의 작품들을 쭉 따라온 나로서는 언제나 좀 걸리는 부분이 있다. 그의 작품들은 제도에 대한 저항이나 싸움 이전에 그 제도가 끌어안지 못하는 감정과 욕망을 다루는 데 더 몰두해왔다. 감정과 욕망을 끌어안지 못하는 사회가 영화 속에 등장할 때, 그의 영화는 그 사회를 이성적으로 냉철하게 비판하는 시선의 세계가 아니라, 버려졌으나 꿈틀대는 그 감정과 욕망을 한없이 가여워하는 시선의 세계다. 그는 투사의 영화를 만들고 있는 게 아니라, 투사도 되지 못하는 이들의 영화를 만들고 있는 것이다. 적어도 나는 그렇게 느낀다. 그러나 그의 영화들은 대체로 전자로 읽혀왔고, 감정과 욕망의 문제는 은연중에 저항의 정치, 혹은 운동 같은 의미로 해석되곤 한다. 이성애 중심적 자본주의 사회에서 감정과 욕망의 영역이야말로 가장 정치적인 것이므로 그게 왜 문제냐고 물을 수도 있을 것이다. 동의한다. 하지만 감정과 욕망을 다루는 그의 영화가 가지는 정치성이라는 것이 '퀴어영화'의 메시지와 내용에만 국한되어 말해진다는 건 아쉬운 일이다. 영화 전체의 운동이 빚어내는 정치성, 그러니까 형식의 정치성에 대해서는 말해질 수 없는 것일까. 그건 이송희일 영화들의 탓일까, 비평과 관객의 탓일까.

나는 퀴어영화라는 범주에 요구되는 기대, 전제되는 틀이 이송희일의 영화적인 결들을 단순화한다고 생각하는 한편, 이송희일의 영화들에서 또한 그 기대와 틀로부터 자유롭지 않은 순간들을 종종 느낀다. 한 감독에게 자신의 모든 영화가 하나의 범주로 이해되는 것은 다소 억울한 일일 것이다. 한 편의 구체적인 영화로서 우리에게 말을 걸어오기 이전에, 이미 존재하는 단순한 틀로 해명되어버리는 일을 반길 감독은 없을 것이다. 여성 영화인이 만든 영화를 여성 영화로 호명하고 규정하고 '가부장제에 대한 비판'이라는 똑같은 말로 환원해버리는 무지하고 폭력적인 경우가 이반 감독이 만든 영화에는 퀴어영화라는 용어로 더 가혹하게 작동하고 있는 것 같다. 그러니 엄밀한 구분이 필요하다. 이 세계에 대한 시선을 확장하기 위해 이송희일이 취하는 태도가 퀴어적이라는 사실은 그의 영화가 다루는 모든 세계를 '퀴어영화'라는 범주로 틀 지을 수 있다는 의미가 아니다. 영화에서 태도는 결국 내용이 아닌 형식의 문제라고 한다면, 이렇게 질문의 방향을 바꿔볼 수 있다. 그의 영화들은 정말 충분히 퀴어적인가. 그가 품고자 애쓰는 감정과 욕망의 문제는 내용을 넘어

영화의 고유한 형식에 닿아 있는가. 그의 영화들은 퀴어적 태도로 '퀴어영화'라는 경직된 범주와 싸우고 있는가.

이송희일의 영화들을 지탱하는 기본적인 구도는 권력관계다. 〈후회하지 않아〉나 〈백야〉의 경제적 계급의 문제, 〈탈주〉의 상명하복식 군대 문화, 〈지난여름, 갑자기〉의 선생과 학생의 관계가 그러하고, 〈야간비행〉은 이 모든 구도의 집합체라고 할 수 있다. 중요한 것은 그런 구도 자체가 아니라, 좁혀질 수 없는 이들 사이의 거리와 불균형한 권력 구도가 한순간 흔들려서 잠시일지언정, 혹은 궁극의 실패를 예견할지언정, 지각 변동을 일으킨다는 점이다. 제도와 통념으로 세워진 관계의 틀을 감정과 욕망의 힘이 무너뜨리는 것인데, 이 감정과 욕망은 단지 사랑 혹은 섹스로만 설명되지 않는다. 우리가 '남자가 남자를 사랑한다'는 문장으로 간략하게 정리하고 싶어하는 그 감정과 욕망의 움직임은 실은 대단히 모호하고 복합적이다. 그의 영화에서 동성애적 행위 자체보다 중요한 건, 불확정적인 상태에서 포착되는 퀴어적 공기, 혹은 이성애 중심적인 집단 내부에서 은밀하게 작동하는 동성애적 징후들이다. 즉 그런 퀴어적 공기와 징후들은 성적 욕망만이 아니라, 남자들로만 이루어진 집단에서 그들의 이해관계, 인정 욕구, 의리와 배타심 저변에 자리한 모든 욕망들을 지시한다. 그걸 극명하게 보여준 영화가 〈야간비행〉이다. 학교라는 사회의 먹이사슬을 중심으로 한 학급의 남학생들이 서로에게 보이는 집착, 폭력, 애정, 질투, 모순된 태도와 행동 등을 하나의 정의로 설명해내기는 어렵다.

대신 그의 영화들은 언제나 상대의 몸과 마음을 열렬하게 갈구하고, 그 갈구를 매몰차게 거절하지만 어느새 상대에게 마음을 열고 있는 인물들, 즉 자신이 갖는 감정과 욕망의 정체를 모르고 그걸 표현하는 방법에도 서툰 인물들로 채워진다. 아니, 그들은 자신들의 감정과 욕망이 향하는 길을 몰라야만 한다. 그런 의미에서 그의 영화 속 주인공들은 상징계를 제대로 거치며 제도 안에서 자신을 통제하고 판단할 수 있는 남자 어른이어서는 안 된다. 그들은 그들의 '아버지'를 닮아서는 안 되므로, 아버지의 자리는 줄곧 비어 있다. 영화 속 인물들이 생물학적 나이로는 아무리 어른일지라도 왠지 소년이라는 말에 더 어울리는 존재들로 보이는 건 그 때문이다. 그들은 대체로 스스로를 무엇이라고 규정하지 못하는 상태에 놓이며, 이들을 지배하는 불안, 배신, 원망, 분노, 사랑의 원인을 밝히는 데 영화 또한 무심하다. 뒤에서 다시 말하겠지만, 나는 이송희일의 영화가 진짜 원하는 것은 (우리의 오해와 달리) 감정과 욕망의 사회적인 원인을 파헤치는 것이 아니라, 원인으로도 소급될 수 없는 감정과 욕망 그 자체의 폭발력을 형상화하는 일이라고 생각해왔다. 그 감정과 욕망은 자연히 노골적일 수밖에 없고, 상처를 입었어도 순수하며 그렇기 때문에 맹목적이고 통속적이다.

그러한 노골성과 순진함과 맹목성, 다시 말해, 감정과 욕망의 통속성을 영화가 어떻게 체현하고 있는지의 물음은 곧 이송희일 영화의 형식적 문제와 결부될 것이다. 내용적 차원에서 그 통속성은 종종 민망하게 느껴질 정도로 직설적이며 앞뒤의 과정이 없이, 정제되지 않은 채 그대로 뱉어진 대사들로 전달된다. 그 대사들에 감독의 어떤 의도가 실려 있는지 잘 알지는 못하지만, 솔직히 나는 그 대사들이 영화가 쌓아온 모호한 감정을 때때로 지나치게 규격화한다는 인상을 받는다.

오히려 통속성과 관련해 더 흥미롭게 이야기할 만한 건, 어쩌면 서사적 내용 그 자체와는 무관한 영화 속 풍경의 공기다. 가련한 소년들이 사회로부터, 상대로부터 소외되고 외로워할 때마다, 영화가 그들을 위로하는 방식은 그들을 사건화하는 대신 풍경화하는 것이다. 그 풍경은 집이나 학교나 일터 내부인 적은 없고 언제나 길 위에 있다. 그 풍경의 시간은 밝은 대낮인 적이 드물고 대개의 경우 해가 저물어가는 시간, 새벽을 기다리는 시간이다. 매서운 겨울 서로의 속내를 탐색하며 걷는 한밤의 성곽길(《백야》), 사랑과 배신과 분노를 거쳐 두 남자가 다다른 세상의 끝, 눈 내리는 숲 속(《후회하지 않아》), 상처 입은 아이들이 말없이 나란히 앉아 있는 담벼락, 철거를 앞둔 게이 바에서 바라본 노을 지는 한강(《야간비행》), 탈영병들이 헤드라이트 불빛 속에서 춤을 추던 밤의 길(《탈주》), 서로의 마음을 곁눈질하며 애타게 상대의 시선을 기다리던 한강(《지난여름, 갑자기》), 덧없지만 치열한 육체적 충돌 뒤에 홀로 춤을 추던 터널(《남쪽으로 간다》) 등 이송희일이 인물들을 데려다 놓은 풍경들은 그 어떤 언어나 행동으로 닿을 수 없으나 거기 애타게 출렁이는 심정들로 젖어 있다. 세상의 시간과 상관없이 멈춰진 그들만의 시간이 펼쳐질 때, 영화의 통속성은 배가된다. 그 풍경은 이미 제도적으로 특징이 부여된, 사회 안에서 장소성을 부여받은 곳이 아니라, 그 어떤 틀도 없으며 그 순간이 지나고 나면 사라져버릴 일회적인 공기를 머금고 있다. 이송희일의 영화에서 인물들은 애초 몸과 마음을 나눌 안정된 장소를 가질 수 없으므로, 물리적으로 보존되지 못하고 자본의 시간이 머물지 못하는 버려진 공간을 자기만의 장소로 삼는 것이다. 그런 풍경의 장면들은 인물들의 초라한 처지에 비해 더없이 아름답고, 때로는 그 아름다움이 과해 실은 한 번도 가져본 적 없는 찬란했던 한때를 추억하는 환상처럼 느껴지기도 한다. 낭만과 향수의 정취를 이송희일의 풍경들은 굳이 숨기려 들지 않는다. 나 역시 다른 관객들처럼 그가 만들어내는 풍경에 매혹된다. 하지만 그의 풍경들이 그의 인물들, 이야기, 나아가 세계가 품고 있으나 폭발시키지 못하는 어떤 욕망의 한층 다듬어진 무의식적 표출은 아닌지에 대해서도 늘 의문을 품고 있다.

무엇을 누르고 있는 것일까. 이송희일의 영화가 감정과 욕망의 영역을 건드리기 때문에 잘 지적되지 않는 사실 중 하나는 그의 이야기 구조가 이야기의 균형을 민감하게 의식하고 있다는 점이다. 의외로 그의 영화에는 이야기 구조

안에서 정리될 수 없는 불균질한 혼돈의 상태가 없다. 앞서 영화의 구도에 대해 언급했듯이, 힘을 더 갖고 있는 쪽과 덜 갖고 있는 쪽, 순수한 쪽과 덜 순수한 쪽 등과 같은 양 축이 있고, 그렇게 기울어진 저울 위에서 동성애적 감정이 무게중심을 흔드는 방식으로 영화가 진행된다. 중요한 건 그 감정이 언제나 사회적 조건의 차이를 수면에 떠오르게 하고, 권력의 불균등한 조건을 전제한다는 사실이다. 그러한 사회적 조건이 감정의 원인이라고 할 수는 없지만, 그들의 감정은 언제나 그들이 놓인 사회적 조건을 어떤 식으로든 환기해야 한다는 것이다. 물론 사랑이 놓인 토대를 의심하고 질문하는 일은 이송희일 영화의 장점으로 여겨져왔다. 그 역시 인터뷰를 통해 이성애자들에게는 사회성을 반영한 멜로가 더 이상 불가능하지만 여전히 사회적 약자인 동성애자들에게는 "사회물로서의 멜로드라마 형태"가 가능하며 그 점이 퀴어멜로의 매력이었다고 밝힌 바 있다(『텐아시아』 2014. 9. 26). 그런데 최근 그의 영화들을 돌이켜보며 그가 염두에 둔 '멜로의 사회성'이라는 보이지 않는 테두리가 그가 해방시키고자 하는 영화의 감정과 욕망을 제어하고 있는 건 아닌지 거꾸로 묻게 된다.

영화가 발산하는 감정과 욕망이 결국 '퀴어정치학'적인 구도와 질문(영화에 앞서 전제되는 틀)으로 귀결되어야 한다는 의식이 그의 영화들을 자주 붙들고 있는 것 같다. 감정과 욕망은 그 자체로 순수하게 형상화되어야 한다는 주장을 하려는 것은 당연히 아니다. 그건 불가능하다. 다만 나는 그의 영화를 특징짓는 노골성, 맹목성, 순수성, 통속성이 결국 닿고자 하는 지점이란 휘몰아치는 감정의 퇴폐성, 그러니까 그 어떤 도덕, 제도로 환원될 수 없고 오직 심신의 폭발력 자체로만 일어나는 과잉된 정점의 순간이라고 느끼는데, 정작 그의 영화에서 부족한 것 또한 그 순간이라고 생각하게 된 것이다. 이송희일의 세계에 어렴풋이 맺혀 있는 퇴폐적인 그림자, 그러나 어떤 이유에서인지 충분히 발현되지 않는 그 욕망은 강렬한 정념으로 소년들을 휩쓰는 대신, 아련하고 적절한 감상이 되어 소년들을 다독인다.

멜로드라마가 사회를 해석하는 훌륭한 장르라고 믿었던 멜로의 거장 더글러스 서크는 "사랑 이야기가 들어 있는 사회의 구조는 사랑 그 자체만큼 중요하다"고 말했다. 그의 멜로 영화들은 사랑이 놓인 사회적 조건을 통해 사회를 비판한다는 점에서 그 가치를 인정받아왔다. 하지만 서크의 영화들을 이데올로기적 비판의 영역 안에서 평가하는 건 영화사적 맥락에서는 의미가 있을지 모르지만, 그의 작품들이 전하는 감흥의 일부분도 건드리지 못한다. 그의 영화가 지금까지도 우리의 심장을 내리치는 이유는 사랑을 가능, 혹은 불가능하게 하는 사회적 조건에 대한 생각으로 우리를 이끌어서가 아니다. 그런 조건으로도 설명할 수 없는 정념들, 인물들에 귀속된 감정이 아니라, 거기, 한순간, 비바람 몰아치듯 스크린을 흘러넘쳤다 내내 유령처럼 그 세계를 부유하는 정념의 물질성이 우리를 뒤흔드는 것이다. 사회적 조건이 환기되는 순간이 아니라, 사회적 조건마저 정념 앞에서 무너져버리고 마는 순간, 과잉된 정념이 휘몰아치고 난 뒤, 폐허가 된 텅 빈 자리를 응시하는 것. 서크 영화의 위대함은 그 정념의 과격함이며, 그것은 그 어떤 이데올로기로도, 성정치로도 포괄되지 않는, 영화에서만 가능한 유일무이한 순간의 경험이다.

이송희일의 영화들을 그러한 맥락에서 이야기하고 싶다. 이를테면 〈야간비행〉에서 아버지가 떠나버린 농성장을 찾은 기웅이 아버지의 동료들에게 분노한 다음, 카메라가 패닝을 해서 이 현장을 내려다보고 있는 거대한 빌딩으로 시선을 돌리는 장면이 있다. 변성찬은 "농성 현장 안에서 벌어지는 갈등을 내려다보고 있는 빌딩의 차가운 불빛, 체제가 야기한 모순이 우리의 삶의 갈등으로 곪아 터지는 현장을 냉정하게 묘사한 후, 정면으로 그 체제의 눈빛을 마주보는 이 카메라의 움직임에 〈야간비행〉의 사회 드라마로서의 핵심이 담겨 있다"고 평했다(『씨네21』 971호). 그의 분석 이상으로 그 장면의 의미를 명백하게 짚어낼 수는 없을 것이다. 하지만 이 장면 속 카메라의 움직임, 즉 의미로 계산된 그 움직임을 통해 나는 그 장면의 의도는 읽지만, 움직임의 근원에 자리한 아픔에 동화되지는 않는다. 내가 이 영화에서 가장 흔들렸던 순간은 따로 있다. 마침내 용주가 기웅에게 과감하게 고백한 오후, 용주는 처참하게 두들겨 맞는다. 쓰러진 몸을 일으켜 세운 용주는 자리를 떠나다 기웅을 뒤돌아본다. 감정을 일그러뜨리지 않기 위해 애쓰는 그의 얼굴은 터진 상처 자국에도 불구하고 믿을 수 없이 맑다. 그 맨얼굴, 오직 그 순간만을 위해 거기서 아주 잠시 빛나는 것만 같은 그 얼굴의 감정은 기웅의 폭력은 물론 영화가 소년들의 복합적인 권력 구도를 통해 말하려는 수많은 이야기들을 한순간 무력화시키고 압도해버린다. 내게는 그 장면이 이 영화의 핵심이다.

한 명의 평자이기 전에 이송희일의 영화 세계에 애정을 가진 관객으로서, 나는 그에게 사회 구조를 토대로 증축된, 혹은 그것을 반영한 사회 비판적인 멜로를 기대하지 않는다. 나는 그의 영화적 감수성과 퀴어적인 태도가 실은 사회 비판이 아니라, 파열의 에너지 쪽에 더 가깝다고 느끼기 때문이다. 사회적 조건의 프레임 안에서의 운동이 아니라, 그걸 깨부수는 퇴폐와 향락의 한 순간. 내가 이송희일의 영화에서 언제나 기다리는 감정과 욕망은 그런 것이다.

(『독립영화 ZINE』 2014. 12)

2부

영화에게 말 걸기

한공주

윤리와 폭력과
연민의
이상한 동거

작년 부산국제영화제에서 공개된 이래, 〈한공주〉에 대한 국내외적인 관심은 여전히 뜨겁다. 다수의 국제 영화제들에서의 수상 소식이 들려오고 있으며, 국내에서 개봉한 지 20여 일 만에 20만 명 이상의 관객들이 이 영화를 보았다. 분명 이 영화는 더 많은 관객들의 주목을 끌며 더 많이 회자될 것이다. 평단의 반응도 대체로 호의적이다. 다만 이들이 호평을 전제하면서도 영화의 특정 부분에 대해서만큼은 공통적으로 판단을 유보하고 있는 것 같다는 인상이 주목할 만하다. 많은 장점들을 열거한 뒤에도 이들이 망설이는 지점은 영화의 현재에 개입하는 플래시백, 특히 성폭행 현장이 다루어지는 방식이다. 대표적으로 김혜리는 같은 소재를 이야기하는 다른 영화들과 이 영화의 차별성을 섬세하게 읽은 뒤 "그날의 재현이 감독의 의도에 부합하는 수준으로 알맞게 통제됐는지"에 대해 조심스레 의문을 제기한다(『씨네21』 950호). 혹은 정한석은 이 영화의 탁월한 면과 지지할 수 없는 면을 나눠 비평을 시도하는데, 그가 공감하지 못하는 부분 역시 위의 장면과 관련이 있다(『씨네21』 954호).

한 편의 영화를 보고 나서 두 개의 상충되는 마음이 공존하는 경우, 평자로서 난감하다. 아마도 위의 두 평자 또한 그런 난감함과 대면했을 것 같다. 지난해 부산영화제에서 〈한공주〉를 본 후, 이 영화의 특별한 성취와 그럼에도 불구하고 걸리는 대목에 대한 의구심을 짧게 덧붙인 적이 있다(『씨네21』 926호). 한 감독이 만든 한 편의 영화에서 영화가 소재로 취하는 논쟁적인 사안에 대해 두 개의 다른 태도가 보이는 것이 가능한가. 그 모순을 비평적으로 어떻게 설명해야 할까. '비판적 지지'라는 말은 이럴 때 쓰라고 있는 것일까. 판단을 미뤄둔 채 반년이 흘렀고, 예상보다도 훨씬 많은 이들이 이 영화에 공감을 표하고 있다.

다시 영화를 보았다. 두번째 보면서 나를 포함해 여러 평자들을 머뭇거리게 한 위의 장면들이, 정확히 말해 그 장면들에서 보이는 영화의 태도가 영화의 장점에 비한다면 기꺼이 눈감고 넘어갈 수 있는 단순한 얼룩도, 우리가 동의하는 이 영화의 성취에 이르기 위해 필수불가결하게 삽입된 무엇도 아니라, 그 자체로 가장 중요하게 말해져야 할 지점이라는 생각이 들었다. 그 특정 장면들(의 시선)을 제대로 판단하지 않고 〈한공주〉를 말하기는 불가능하다. 위에서 언급했듯 이미 두 명의 평자가 그 길을 열어주었다. 그러니 이 글에서는 이수진 감독과의 인터뷰에서 김혜리가 물음을 던진 두 장면과 정한석이 쓴 찬/반론 중 반론의 내용에 기대어 좀더 면밀히 들여다보려고 한다.

한공주가 성폭행을 당하던 과거의 현장을 재현한 두 장면에서 시작해야 할 것이다. 남학생들이 모여 있는 거실을 비추던 카메라가 천천히 돌아가면 오른쪽 구석에서 폭행이 벌어지고 있다. 이수진 감독은 이 장면에 대해 "문제의 광경을 보여주기 위해 팬을 했던 게 아니라 공간 전체를 보여주기 위한 방법이었다. 다가가기도 컷으로 나누기도 어려우면서 거리감이 필요한 장면이었고 오해의 소지도 많아서 고민 끝에 벽에 달린 선풍기의 시점으로 카메라를 움직인 것"(『씨네21』950호)이라고 설명했다. 우리는 영화의 초반, 공주가 쫓기듯 집을 나서기 전, 벽에 걸린 선풍기를 물끄러미 쳐다보던 장면을 기억한다. 공주의 과거에 대한 어떤 정보도 제시되기 전이었지만, 좌우로 이동하지 못하고 한 지점에 멈춰 돌아가던 선풍기의 움직임과 소리는 어딘지 예사롭지 않아 보였다. 이후 영화가 과거의 사건 현장을 재현할 때, 선풍기는 그 자리에 있다. 다시 말해, 이 영화에서 선풍기는 단순히 집 안에 존재하는 물건들 중 하나가 아니며, 이수진 감독의 답에서도 그 점을 짐작할 수 있다. 선풍기의 시점. 나는 이수진 감독이 고민 끝에 선택했다고 밝힌 그 시점이 이 장면에서 지나쳐서는 안 될 핵심이라고 생각한다. 시점에 대한 어떤 미세한 구분이 그의 대답에 있는 것 같다.

그는 지금 '선풍기의 시점'에는 이전까지 진행되던 카메라의 시선과는 분리되거나 다른 무언가가 있는 듯 말하는 것처럼 느껴진다. 이렇게 질문해볼 수 있을 것이다. 이 장면에서 카메라가 하지 못하는 무엇을 선풍기의 시점은 해내고 있는가? 이 시점의 정체는 무엇이며, 왜 이 시점이 필요했을까? 감독의 말과 우리가 그 장면에서 본 것들로 몇 개의 추측을 해볼 수는 있다. 선풍기의 시점은 벽에 고정되어 위에서 현장을 내려다본다. 무엇보다 자동적으로 스스로 움직인다. 이 점이 중요하다. 이것은 왜곡이 없는 중립적이고 자율적인 사물의 시점이며, 그 자리에 증인으로 존재하던 객관적이고 유일한 3인칭의 시선, 말하자면 신뢰할 수 있는 시선이라는 의미를 내포하는 것 같다. 감독이 인터뷰에서 밝힌 것처럼, "노출과 폭력 묘사"를 최소화하려는 의지, "공간 전체를 보여주기 위한 방법"에 대한 고민, 그러니까 폭력의 광경에 대한 일종의 윤리적 선택의 결과가 선풍기의 시점이라고 감독은 이 장면을 통해 강변한다. 하지만 나는 그 방식에 선뜻 동의되지 않는다.

선풍기의 시점에 대한 위의 질문을 좀 세분화할 필요가 있을 것 같다. '컷으로 나누지 않고 거리감도 확보하며 공간 전체를 보여주는' 방식이 왜 필수적인 선택이었을까. 가장 일반적이고 원론적인 차원으로 돌아가보자. 다큐멘터리에서, 혹은 다큐적인 성격을 지향하는 극영화에서 컷을 나눈다는 것은 피사체가 놓인 상황에 대한 조작과 개입을 의미하는 것으로 이해되곤 한다. 시공간적 동질성을 지켜 최대한의 리얼리티를 보존하는 것을 중요시하는 영화들에게 "금지된 몽타주"(앙드레 바쟁)는 원칙이자 때로는 윤리가 되기도 한다. 요컨대 그 예의 가장 극단적인 경우로 '동물의 왕국'류의 다큐멘터리를 떠올려 볼 수 있다. 사슴을 뒤쫓는 사자를 한 프레임 안에서 동시에 보여주고 마침내 사자에게 포획된 사슴을 컷으로 나누지 않고 포착할 때, 그 사실성이 주는 경탄할 만한 긴장감은 다른 어떤 방식으로도 획득할 수 없는 것이다. 〈한공주〉의 문제의 장면을 말하면서 동물 다큐멘터리의 예를 드는 일은 적절하지 않아 보인다. 하지만 그 장면에서 시공간적 동질성을 강조하는 시선의 의도에는 이상하게도 동물 다큐멘터리에서 숱하게 보아온 장면들의 작동 방식을 떠오르게 하는 구석이 있다.

〈한공주〉에서 컷으로 나뉘지 않는 선풍기의 시선은 동일한 시공간에서 잔혹한 폭력이 벌어지고 있음에도 이에 조금도 개의치 않는 공모자 무리들의 폭력성을 체감하게 하려는 목적을 가질 것이다. 그것이 이 영화가 지켜내려는 리얼리티의 효과일 것이다. 쉽게 말해 인물들의 내재적인 폭력성과 사건의 물리적인 폭력성을 하나의 극단적인 행위가 아니라, 공간과 시선을 통해 드러내는 것이다. 충격의 체감(體感) 차원에서라면 그 목적은 성공했다. 그런데 더 말해야 할 것이 있다. 여기에는 이 모든 폭력성을 바라보며 작동시키는 상위의 폭력이 있으며 그것은 다름 아닌 (선풍기의) 시선의 폭력성이라는 사실 말이다. 즉, 이 장면에는 엄밀히 말해 삼중의 폭력이 작동하고 있다. 하지만 감독은 그렇게 생각한 것 같지 않다. 오히려 그는 선풍기의 시선이 폭력에 대한 노골적인 묘사를 최소화할 수 있는 수단이라고 여긴 것 같다. 하지만 문제의 장면이 위험한 이유는 폭력의 특정 이미지 때문이 아니라, 감독의 이런 판단 때문이다.

위에서 언급한 유(類)의 동물 다큐멘터리에서 우리는 강한 동물이 약한 동물을 잡아먹는 폭력적인 장면을 사실적으로 잡아내는 카메라의 시선과 거기 동화되는 우리의 시선에 폭력에 대한 쾌감이 있다는 것을 부정하지 않는다. 어떻게 해야 더 현장감 있게 찍을 수 있는지 고심하는 시선을 보며 구경꾼으로서 우리는 그 리얼한 감흥에서 죄의식을 느끼지 않는다. 왜냐하면 그 장면들은 우리의 시선으로 가치 판단할 수 없는 약육강식의 논리, 자연의 영역이라고 여기기 때문이다. 당연히 우리는 〈한공주〉의 그 장면이 작동하는 방식은 이와 다르며 같아서도 안 된다고 생각할 것이다. 그 장면이 특정 방식으로 다큐적 사실성 안에서 폭력의 잔혹함을 생생하게 보여줄 때, 우리는 동물 다큐멘터리에서와는 달리 적어도 이 영화의 리얼함에서는 죄의식 혹은 분노에 가까운 불편함을 느끼지 않는가, 반문할 수 있을 것이다. 하지만 과연 그럴까. '아, 잔인하다'고 경탄하는 것과 '아, 잔인하다'며 불편함을 느끼는 것 사이의 거리는 얼마나 멀까. 어떤 기준으로, 두 감흥이 구분될 수 있을까. 그 판단의 기준은 결국 인간의 이성에 있는 것일까. 쉽게 답할 수 있는 문제가 아니라고 생각한다. 다만 물리적으로 보여지는 폭력의 수위가 아니라, 그걸 담아내는 시선의 작동에 대해서는 질문해볼 수 있을 것이다. 동물의 약육강식을 찍는 것이 아니라 인간의 폭력을 찍을 때, 최대한 거리를 두고 사실에 밀착되게 찍는 것만으로는 결코 충분하지 않다. 인간 사회의 폭력을 다루는 영화에서 그 세계를 재구성하고 바라보는 우리의 시선은 그 세계의 작동에 이미 연루되어 있기 때문이다. 그러니 필요한 것은 리얼한 거리감이 아니라 적극적인 개입이다.

그러니 다시 처음으로 돌아가, 물어야 할 것이다. 그 장면에서 선풍기 시점의 정체는 무엇인가. 이 장면은 카메라의 의도적인 패닝이 아니라, 선풍기의 자동적인 움직임에 의한 것처럼 찍혔다. 마치 사건의 현장을 어쩔 수 없이 보게 된 것처럼 굴고 있는 것이다. 감독은 한곳에 고정된 선풍기의 위치가 피사체와의 거리감을 확보한다고 여기는 것 같지만, 그것은 안 보는 체하지만 이미 공간을 장악한 시선이고 죄에 연루되지 않은 체하는 전지적 시점이며, 결국은 책임지지 않으려는 관음의 시선이다. 나는 이 장면에서 선풍기의 시점이 카메라의 욕망을 대리하고 있다고 느낀다. 영화는 선풍기의 시점을 통해 "멀리 떨어진 곳에서 고통받는 사람들을 보는 특권을 부당하게 향유"(수전 손택, 『타인의 고통』)하고 있다. 동요하지 않는 이 시선의 의연함은 무섭다. 이 장면에 대한 의심을 더 확고하게 한 계기는 이어지는 플래시백, 즉 두번째 문제의 장면에 있다. 동윤의 아버지가 아들을 데리고 나가는 이 장면에서 아이들 사이로 폭행 광경이 보인다. 우리는 그 광경을 앞선 플래시백에서 선풍기의 시점으로 이미 보았다. 다시 말해, 한번은 선풍기의 시점으로 다른 한번은 정체를 알 수 없는 시점으로 반복되는 이 장면은 고속 촬영으로 느리게 진행되며, 시선은 마치 그 폭행 광경을 엿보는 듯한 위치에 자리한다. 감독은 여기서 "도저히 그럴 수 없는 상황에서도 지속되는 행동"을 드러내고 싶었다고 말했다. 하지만 이 장면에서 외설적인 호기심과 관음의 욕망은 이러한 의도를 압도하며 그 광경을 물신화한다. 동윤 아버지의 폭력적인 무심함을 보여주기 위해 영화적 시선의 폭력성을 용인해도 될 것인가. 공주의 내면의 결들에 그토록 세심한 이 영화가 폭력을 재현하는 자신의 시선에 이처럼 지나치게 무디거나 관용적이라는 건 납득하기 어려운 일이다.

이 영화가 공주의 현재를 중심으로 그 현재에 출몰하는 과거를 보여줄 때, 과거는 공주의 감정선을 따라 전개된다. 현재의 어떤 순간이 과거의 특정 순간을 불러오는데, 말하자면 이 영화의 플래시백은 공주의 파편화된 기억처럼 진행되는 것이다. 그렇다면 위의 두 장면을 비롯해 현장의 폭행 장면을 담은 플래시백 또한 공주의 기억이라고 할 수 있을까. 이렇게 질문을 바꿔보자. 그 토록 무자비한 폭행을 당한 그녀가 그 순간을 온전히 기억해내는 일이 가능할 까. 이 플래시백들을 지탱하는 시선은 공주에게는 불가능한 것이다. 특히 사 건의 현장을 둘러보는 선풍기의 시점 같은 것은 공주의 것이 될 수 없다. 영화 는 학교 수업 장면에서 진실과 사실의 차이를 묻는 선생님을 등장시키며 둘의 차이에 대해 생각하게 하는데, 그 맥락으로 말하자면, 위의 플래시백들은 집 단성폭행이라는 사건의 사실에 닿아 있는지는 모르겠지만, 공주가 기억하는 진실에는 닿아 있다고 보기 어렵다. 우리가 그 장면들에서 본 폭력의 서사는 정작 공주를 소외시킨다. 하지만 그날 그 자리에서 벌어진 일에 대해 말할 권 리는 오직 한공주에게만 주어져야 하는 게 아닐까.

우리가 이 장면을 관장하는 외적인 시점에 불편함을 느끼고, 그 장면의 권 리는 오직 한공주에게만 있다고 말한다면, 그 기억은 어떻게 재현하는 것이 온당한가. 한공주의 트라우마를 그녀 자신의 시점으로 재구성하면 될 일인가. 하지만 여전히 쉽게 해결되지 않는 물음들이 남는다. 이를테면, 카메라는 서 슴없이 그녀의 시선이 놓인 자리에 가도 될 것인가. 그 자리에서 어떤 식으로 든 물질화될 공포, 두려움, 고통의 시선을 물신화하지 않으며 드러낼 수 있을 것인가. 우리는 수많은 스릴러물에서 피해자의 공포가 물신화되어 장르의 또 다른 쾌감으로 전환되는 경우들을 알고 있다. 피학적 주체의 두려움의 시점을 다른 무엇으로 전환하지 않고 그 자체로 체감하는 것은 가능한가. 아니, 만약 가능하다 해도 그러한 체감이 대체 무슨 의미가 있을 것인가. 그러한 체감으 로 연민과 공감이 가능하다고 말할 수도 있겠지만, 그건 달리 말해 피해자의 고통을 어떤 식으로든 이해 가능한 것으로 만들려는, 그러니까 피해자의 고통으로부터 멀어지는 길이 될 때가 더 많다. 영화가 누군가의 트라우마를 영화적으로 반복 재현한다는 것은 이토록 어려운 일이다.

그렇다면 다른 방법은 없는 것인가. 〈한공주〉로부터 너무 멀리 나가는 이야기가 될 수도 있지만, 한 번쯤은 생각해볼 필요가 있을 것 같다. 하나는 가장 극단적인 대응이라고 할 수 있을 텐데, 더 이상 스토리텔링을 믿지 않는 것이다. 이야기를 만든다는 것은 인간의 "실존적 공허함에 억지로 질서를 부여"하고 그 질서를 "기만적으로 엮어내는" 것이며, 허구의 연금술에 의해 생성된 이야기는 "결코 진실이 아니"기 때문이다(로버트 스탬, 『자기반영의 영화와 문학』). 아무리 관습적인 서사의 구조를 해체한다고 해도 해체된 이야기 역시 무언가를 전달하는 또 다른 서사라는 점을 벗어나지는 못한다. 우리는 인간의 이성으로, 인과론으로 설명할 수 없는 상황들 앞에서 무엇을 말해야 할지 모를 때일수록 그 텅 빈 심연을 은폐하기 위해 더 많이 말하고 더 많이 왜곡한다. 2014년 4월, 도무지 믿기 어려운 국가적인 참사 앞에서 난립하는 말들의 향연이 그 예가 아닐까. 그 어느 때보다 많은 서사가 난무하는 상황에서, 우리는 서사의 진정성을 논하지만, 그 서사가 자기비판과 반성, 미안함을 토로하는 경우에도 모든 서사는 서사화의 욕망, 결국 타자가 아닌 자신을 설명하려는 욕망으로부터 자유롭지 않음을 목격한다. 타자를 2인칭으로 상정하거나('너희들'로 시작하는 수많은 편지와 시들), 타자의 자리에 서서 1인칭으로 말하는(생존자들의 인터뷰를 모아 1인칭 시점으로 사건을 재구성하는 기사들) 방식이 3인칭의 냉정하고 건조한 글보다 더 진정성이 있다고 판단할 근거는 없으며 그 형식의 미학이 때로는 지나친 자기연민과 기만일 수도 있는 것이다.

다른 하나는 서사 앞에서 질문의 방향을 전환하는 것이다. 지금 눈앞에 형상화된 재현이 얼마나 진실된 것인지 묻는 대신에, 우리는 우리의 무엇을 그 서사에 투사하고 있는지 묻는 것이다. 〈한공주〉를 본 사람들이 가장 많이 하는 말은 고통을 감내하는 한공주에 대한 죄의식과 연민과 관련된다. 지금 우리 사회에서 벌어지는 수많은 비극들에 대한 분노와 무력감이 이 영화에 투영되었다는 사실, 하지만 충격이 분노와 연민의 서사로, 결국에는 망각과 무감함으로 전환되곤 한다는 점은 길게 지적하지 않아도 될 것이다. 그런데 영화를 보고 나오면서 좀 흥미로운 반응을 접했다. 젊은 여성 두 명이 이 영화에 대한 감상을 나누는 중이었는데, 그들은 "토할 것 같다"라는 표현을 쓰고 있었다. "이준익 감독의 〈소원〉처럼 힐링이 가능한 영화인 줄 알았는데 완전히 속았다"는 것이다. 그 불쾌함이 성폭행 사건 현장의 장면을 향한 것인지, 한공주라는 인물을 향한 것인지, 그녀의 주변 인물들을 향한 것인지 나는 잘 알지 못한다. 하지만 후자의 감상이 분노와 연민을 표하는 감상보다 더 솔직하다는 생각이 들었다. 토할 것 같은 불쾌함은 그들이 영화를 보는 동안 공포가 연민을 압도했다는 증거일 텐데, 이들에게 그 공포는 〈소원〉에서와는 달리 끝내 서사로 해소되지 않았던 것 같다. 말하자면 그들의 환상에 이 영화는 답해주지 않은 것이다.

그렇다면 재현 불가능한 것들 앞에서 스토리텔링을 믿지 않고 침묵과 생략을 택하거나 서사에 대한 우리의 욕망을 묻는 것 외에 달리 택할 수 있는 길은 없는 것일까. 결국 〈한공주〉에 대한 나의 의심은 하나의 물음을 향하고 만다. 이 영화는 왜 사건의 재현을 필요로 했을까. 이 영화가 보여주는 공주의 현재만으로도 우리는 그녀의 깊은 상처를 충분히 짐작할 수 있다. 그녀의 현재에 등장하는 사람들의 위선만으로도 평범해 보이는 이들 모두가 공모한 폭력의 구조와 모순을 충분히 느낄 수 있다. 말하자면 사건 현장을 반복 재현하지 않아도 영화가 말하고자 하는 바에 도달할 수 있었다면, 사건의 이미지는 잉여이며, 그 잉여가 무엇에 복무하는지를 물어야 한다. 이렇게 생각해보자. 만약한 편의 다큐멘터리가 실제 성폭행 사건의 현장이 찍힌 영상을 삽입해서 재생

했다면 그 다큐는 비난을 피하지 못할 것이다. 그런데 다큐에서는 안 되는 장면이 허구에서는 되는 이유는 무엇인가? 그러니까 허구에서만 가능한 역할은 무엇인가? 폴란드의 거장 감독 키에슬롭스키의 선택은 이 질문에 대한 실마리를 제공한다. 그는 다큐멘터리 감독으로 영화를 시작했지만, 어느 순간 극영화로 관심을 돌렸다. 그 이유는 "타인의 내밀한 부분에 허락도 없이 파고 들어가는 (다큐의) 외설성"을 견디지 못했기 때문이다. 그때, 현실의 외설성을 돌파하는 가장 좋은 수단은 그 순간을 허구로 만드는 것이며, 그 위장된 허구 속에서 오히려 진실을 탐색할 수 있다는 것이다(슬라보예 지젝, 『진짜 눈물의 공포』). 현실의 외설성을 그대로 반복하지 않고 거기 저항하기 위해 그가 허구를 택한 것이라고 나는 이해한다. 하지만 그의 견해를 〈한공주〉에 적용할 수는 없다. 이 영화의 허구적 재현은 현실의 외설성을 모방하고 반복한다.

이 물음과 관련해 말해야 할 한 장면이 남았다. 공주가 떠난 뒤, 반 친구들은 사건의 현장이 찍힌 영상을 보고 있다. 영화는 그 영상에서 흘러나오는 공주의 울부짖는 소리와 그걸 바라보며 충격에 사로잡힌 아이들의 얼굴만 비춘다. 컴퓨터에서 재생되고 있는 그 동영상은 의도적으로 우리에게 보여주지 않는다. 이상한 선택이다. 정한석이 지난 비평에서 지적했듯, 우리는 이미 그 현장의 영상을 플래시백으로 보지 않았는가. 감독은 지금 아이들이 동영상을 보는 행위, 나아가 그들의 시선을 경유해서 그 영상을 보는 행위를 비윤리적이라고 판단하고 있다. 하지만 그 판단의 대상에 영화 자신의 시선은 포함시키지 않고 있다. 그렇지 않았다면 우리가 본 사건 현장을 재현한 장면들, 그 참혹한 공간을 천천히 둘러보는 선풍기의 시점을 어떻게 설명할 수 있겠는가. 끝내 두 시선 사이의 차이를 발견하지 못하는 나는 결국 이 영화에 동의를 표할 수가 없다.

말하기 방식의 문제인가, 말하기 자체의 문제인가. 이 영화를 보며, 그리고 최근 한국의 처참한 상황 속을 떠다니는 말들을 보며, 후자를 택하고 싶은 유혹을 뿌리치기가 힘들다. 말하기 자체의 저열함을 견디기 어렵다. 하지만 나역시 결국은 〈한공주〉에 대해 말하기를 택했다. 이야기를 떠날 수 없는 우리는 "재현할 수 있느냐 또는 재현해야 하느냐에 대한 문제가 아니라 재현하고자 하는 것이 무엇이냐, 그 목적을 위해 선택해야 하는 재현 양식이 무엇이냐"(자크 랑시에르, 『미학 안의 불편함』)의 문제로 돌아갈 수밖에 없을 것이다. 다만 말해질 수 없고, 재현할 수 없는 공백을 채우는 대신, 우리의 실패를, 무능을 형상화하는 방식을 찾는 것, 창문에 보이는 내용이 아니라, 창문 자체로 시선을 돌리는 일에 대해 더 많이, 더 깊게 생각해야 할 것이다.

(『씨네21』 2014. 5)

로맨스 조

당신에게 이야기란
무엇입니까?

이광국의 데뷔작 〈로맨스 조〉는 물론, 이야기 구조가 돋보이는 영화다. 이미 여러 평자들이 하나의 전체 그림으로 조합되지 않는, "뫼비우스 띠"(「꼬리에 꼬리를 물며 이야기를 쏟아내다」, 『씨네21』 844호) 같은 형식을 이 영화의 신선한 미덕으로 꼽았다. 현실과 허구, 회상과 상상을 단순히 오가는 것이 아니라, 그 경계 자체를 아예 무너뜨리는 방식으로 파편들을 끝없이 펼쳐놓으면서도 이야기를 성립시키는 이 영화의 저력은 흥미롭고 인정할 만하다. 그런데 〈로맨스 조〉의 독특한 구조에 대해 말할 때, 이야기들을 어떤 식으로든 겹치고 흩어지게 하는 형식의 표층, 그러니까 영화적 기술보다 중요하게 다루어져야 할 화두는 실은 그 형식을 추동하는 이 영화의 무의식, 즉 〈로맨스 조〉의 이야기에 대한 욕망을 묻는 일인 것 같다. 자살에 실패하고 술에 취한 로맨스 조(김영필)는 말했다. "왜 우리는 이야기를 해야만 합니까? 이야기가 없는 나는 왜 죽어야 합니까?" 이야기, 아니면 죽음. 어느 무명 감독의 한낱 과장된 자괴감이 우습게 표출된 말일 따름이지만, 그럼에도 그 절규는 내내 영화에 울려 퍼지며 어쩌면 너무 근본적이라서 대책 없는 하나의 궁금증으로 우리를 이끈다. 도대체 당신에게 이야기란 무엇이기에? 나는 〈로맨스 조〉를 구성하는 이야기의 기묘한 생태계가 결국 이 세계를 사는 남녀의 생태계를 통과하고 있으며, 그것이 이 영화를 어떤 영화들의 계보 안에 두지만, 동시에 그 계보로부터 빠져나오게 하며, '이야기, 여자, 남자'라는 세 화두의 연결 고리가 영화의 현란한 형식 자체보다 주목해야 할 무엇이라고 생각한다.

홍상수의 조감독이었던 이광국의 이력과 이야기 구조의 독특함을 들어 〈로맨스 조〉와 홍상수 영화와의 구조적 연관성에 대해 말하는 견해들이 많다. 하지만 엄밀히 말해 이야기를 풀어나가는 구조적 차원에서의 친연성은 생각보다 적다. 이야기 속에서 어떻게든 또 다른 이야기로 이어지는 문을 찾고, 그이야기를 끝없이 지속시키는 이광국의 방식과 우연의 반복에서 차이를 보고, 거기서 이야기의 물질성을 얻으며 삶의 구체성을 보는 홍상수의 방식은, 그 구조도, 그리하여 얻는 영화적 활력도 다르다. 그러므로 만약 〈로맨스 조〉에서 홍상수의 어떤 영화들이 연상된다면, 그건 형식이 아닌, 남자 캐릭터가 공유하는 어떤 지점들 때문일 것이다. 요컨대, 이 영화에서 로맨스 조의 내레이션이 풍기는 어조, 대사의 결, 자기 비하와 자기 다짐, 스스로는 더없이 진지하지만 실은 더없이 희극적인 제스처 등에서 홍상수의 남자 인물들을 떠올리기는 어렵지 않은데, 이런 표피적인 유사함은 홍상수 영화에 대한 무의식적인 영향이 아니라, 다소 의도적인 모방처럼 느껴진다. 말하자면 영화 속 로맨스 조라는 남자는 자기의 무력한 현실 안에서 허구의 인물들을 참조하며 그들을 흉내 내는 방식으로 자기 현실을 사는 캐릭터라는 인상을 영화는 종종 주고 있다.

남자 인물들의 면면에 관해서라면, 여기서 우리는 미약하게나마 또 다른 감독의 그림자가 어른거림을 지적할 수 있을 텐데, 그는 윤성호다. 영화 속에서 이야기의 겹 가장 바깥에 존재하는 것처럼 보이는 일명 '300만 감독'(조한철)은 그로 분한 배우가 〈은하해방전선〉에 출연해서만이 아니라, 언제나 말로는 혁명이라도 할 것처럼 굴지만, 실상은 더없이 소심하기 짝이 없는 윤성호 영화 속 남자 캐릭터들을 연상시키는 면이 있다. 〈은하해방전선〉에서 말로 연애하고 밀로 영화를 만드는, 인용과 모방에서 창작이 시작된다고 믿는 영재는 〈로맨스 조〉에서 감독이라는 직분으로 다방 여종업원을 유혹하려다가, 도리어 그녀의 '말'에 유혹되어 타인이 들려준 이야기를 마치 자기의 이야기인 양, "한 남자의 실존, 첫사랑…… 여기에는 어떤 스릴러적인 요소가 있어"라고 허세를 부리는 '300만 감독'과 거의 같은 계열에 속한 남자 캐릭터처럼 보인다.

　〈로맨스 조〉의 남자들을 말하면서 무리를 무릅쓰고 홍상수와 윤성호를 끌어온 건, 이들 영화 속 남자들이 기존의 한국 장르 영화들 속 남자 캐릭터들의 전형과는 상이한 디테일들로 생동하기 위해 애쓰는 유형들이라는 느슨한 공통점(더없이 유약하지만 들끓는 욕망 때문에 안절부절못하고 애걸복걸하는 남자들)을 갖고 있고, 그런 유사함 속에서도 홍상수의 세계와 윤성호의 그것이 전혀 다르듯, 이광국 역시 여기에 또 다른 유형을 더하고 있는 것처럼 보이기 때문이다. 이때, 이들의 차이는 유약한 남자들이 세계를 버티는 서로 다른 방식에 있다고 말해도 될 것이다. 이를테면 윤성호의 인물들은 자신의 언어를 표현할 목소리를 잃자 피리를 불거나 노래를 부르는 식으로, 다른 수단을 고안하면서 '말'을 멈추려고 하지 않는다. 혹은 자신을 영재 7호, 8호, 9호라는 식으로 분열시키거나 전환하며 자기 안의 중층적인 욕망을 설명하거나 합리화한다. 끊임없는 자기 해체의 놀이 같지만, 그 놀이는 사실, '나'를 놓아버리지 않기 위한 행위다. 한편, 홍상수의 남자들은 여행을 하고 그 길에서 새로운 여자를 만나고, 거기서 생을 감각하고 "생각을 해야겠다"고 다짐을 해도, 결국 폐쇄된 시간을 벗어나지 못한다. 그때, 어디에도 속하지 못하고 끝내 살아남은 존재가 여전히 '나'인지 아닌지는 모르겠으나 그 존재는 여전히 떠돌며 반복되는 시간을 견딘다.

좀 먼 길을 돌아왔으나, 이제 이들의 남자 인물군에 더해 제3의 유형이라고 불러도 될 이광국의 남자들에 대해, 궁극에는 그들의 이야기에 대한 욕망에 대해 말할 차례가 되었다. 한마디로 〈로맨스 조〉의 남자들은 세계를 이야기로 버틴다. 그런데 이 이야기에는 이상한 점들이 있다. 그것은 누구의 이야기인가? 하지만 그 이야기가 내가 만든 것인지, 누군가에게 들은 것인지, 혹은 회상인지의 문제는 결국 중요하지 않은 것 같고, 오직 이야기가 작동하고 있다는 사실만이 중요한 것 같다. 말하자면 이 남자들은 이야기에 집착하지만, 그 집착을 단순히 이야기에 대한 소유의 욕망이라고 말하기는 어려우며, '나'라는 주체성의 문제와도 별 관계가 없어 보인다. 수신인도 발신인도 명확하지 않은, 그저 닫히기를 두려워하는 이야기는 덧붙여질수록 그들의 정체를 흐릿하게 만든다. 또 하나 정말 의아한 건, 영화 속 남자들에게 이야기는 사랑, 연애, 섹스와도 교집합을 이루지 않는 다른 무엇처럼 보인다는 점이다. 좀 상투적으로 말해, 그들은 이야기로 여자를 꾀려고 들지도 않는다. 아니, 그들에게는 여자를 유혹하는 것보다 이야기가 더 중요하다. 그러니 다시 물을 수밖에 없다. 이야기로 세계를 버틴다는 건 어떤 의미이기에 대체 연애보다도 이야기가 중요하다는 말인가.

그 물음 앞에서 〈로맨스 조〉의 여자 인물들은 비로소 흥미로워진다. 우리는 어린 초희(이채은)와 다방 여종업원(신동미)이 처한 유사한 상황들 때문에 이들을 동일 인물의 과거와 현재로 보고 싶은 유혹을 느끼지만, 끝내 그 사실을 알 수는 없다. 다만, 내내 이야기의 중심에 위치하던 어린 초희와 남자들에게 이야기를 풀어놓고 전달하던 다방 여종업원에게 과연 이야기란 무엇일지, 질문하고 싶어진다. 고향을 떠나 순정적인 시절과 이별하고 홀로 아이를 낳고 떠돌다 남자들을 상대하게 된 이 생존력 강한 여자들에게 이야기는 여관을 찾은 감독들의 그것과 같은 것일까. '300만 감독'에게 멋진 이야기 꾸러미들을 풀어놓고 다방으로 돌아온 여인은 말했다. "이제 몸으로 돈을 버는 시대는 끝났어. 사람들마다 꼭 필요한 이야기가 있거든." 남자 감독들에게는 영감을 자극하는 추상적인 미지의 매혹적인 세계가 이 여인에게는 생계수단이다. 그녀는 이야기로 세일즈한다. 그녀에게 이야기는 섹스보다 지적이고 능동적인 노동이다. 그렇다면 영화 속 인물들 중 유일하게도 누군가의 회상 속에, 혹은 이야기 속에 갇혀 있는 것처럼 느껴지는 초희의 경우는 어떤가. 그녀와 어린 로맨스 조(이다윗)가 등장하는 몇몇 장면들을 언급해야 할 것이다. 나는 〈로맨스 조〉의 형식을 스타일의 과시라는 위험에서 구해주며, 종종 다른 영화들의 흔적이 어른거리는 와중에도 오직 자기만의 감정으로 지켜지는 장면들이 바로 초희와 어린 로맨스 조의 이야기에 있다고 생각한다. 감독은 이 둘의 이야기가 "익숙한 방식의 멜로 라인"처럼 상투적으로 보일까봐 우려를 표했지만, 내용의 상투성의 측면에서라면 성인 남자 감독들의 행태를 묘사하는 방식이 더 상투적이며, 오히려 이 단순하고 (감독의 말을 따르면) "원형적"인 멜로에는 〈로맨스 조〉가 형식의 다층성을 통해 보여주고자 하는 어떤 핵, '이야기란 무엇인가'에 대한 쓸쓸한 자문, 그러나 참을 수 없는 호기심이 어떤 감정들을 매만지며 섞여 있다.

초희와 그녀를 짝사랑하던 소년 로맨스 조가 고향을 떠나 서울로 온 날 밤, 둘은 서울의 후미진 골목에 자리한 여관에서 잠을 잔다. 그러나 소년은 잠을 이루지 못하고, 초희에게 근처 가게에 다녀오겠다는 말을 남기고는 가방도 챙기지 않고 여관을 나선다. 초희는 소년을 붙잡지 않는다. 골목을 뛰쳐나와 홀로 울먹이던 소년은 다시 여관으로 돌아가지 않는다. 무엇이 소년을 두렵게 만든 것일까. 돌아오지 않는 소년을 기다리는 대신, 초희는 그날 새벽 여관의 옥상에서 서울의 야경을 내려다본다. 소녀는 이제 혼자 이 낯선 도시의 황량한 현실을 대면해야 할 것이다.

영화가 다른 인물들의 이야기를 지나 다시 초희와 어린 로맨스 조의 이야기로 돌아왔을 때, 여전히 소녀의 얼굴을 한 초희는, 그러나 진한 화장을 하고 허름한 여관방에서 어른 남자와 함께 있다. 시간이 얼마나 흘렀는지는 알 수 없지만, 지금 초희는 도시의 타락한 어른의 세계, 그 현실의 한가운데에서 피로한 심신으로 버티고 있다. 아침이 되어 남산타워를 뒤로한 어느 골목을 내려오던 초희는 술에 취한 채 계단에 널브러져 주정하는 한 소년을 알아보고 황급히 고개를 돌린다. 그는 분명 로맨스 조다. 이어지는 장면에서 감독이 된 소년 로맨스 조가 바로 그 계단 아래에서 영화를 찍고 있다. 모자를 눌러쓰고 그 장소를 다시 찾은 초희는 우연히 엑스트라로 섭외된다. 표지에 '로맨스 조'라고 쓰여 있는 시나리오를 받아든 초희는 자신과 어린 로맨스 조의 일화가 이야기로 만들어진 걸 알게 된다. 저 멀리서 의젓하게 연기 연출을 하고 있는 로맨스 조에게 그녀가 은밀히 시선을 던진다. 그런데 그때, 로맨스 조의 무심한 외침, "저기요, 여기 쳐다보시면 안 돼요." 아마도 여기에 감춰진 말이 있을 것이다. '이것은 끝내 현실에 상처 입지 않은 '이야기'여야 해요.' 어찌하여 소년은 그 애틋한 첫사랑을 알아보지 못하는 걸까. 허구 속에서는 여전히 살아 있으나, 현실에서는 잊힌 첫사랑. 이야기의 빛나는 환영성을 지켜내려는 소년 감독과 그 환영에서 밀려나서 지금 그 환영에 얼룩처럼 달라붙어 있는, 한때는 주인공이었으나 이제는 남루한 현실의 소녀. 그날 밤 초희는 다시 남산타워가 보이는 그 골목길을 홀로 걸어가고 영화는 그녀의 뒷모습을 물끄러미 바라본다.

이 장면들에서 시간이 흘러도 변함없이 늘 그 자리에 보이는 남산타워와 소년과 소녀의 되돌릴 수 없는 관계, 혹은 그들 사이를 가르는 '이야기'라는 저 투명하지만 거대한 장벽, 저 가파른 계단의 거리는 서글프다. 초희는 더 이상 이야기 안으로 들어가지 못하며, '로맨스 조'라는 허구 속에서만 기억되는 자신을 구경할 수 있을 뿐이다. 이야기의 환영성은 그녀의 삶의 조건을 투과하지 못한다. 그러나 어린 로맨스 조는 자신이 감당할 수 없었던 앙상한 첫사랑으로부터, 삭막한 서울의 밤거리로부터, 죄의식으로부터 과거의 부서지지 않은 순정, 깨끗한 마음, 그러니까 이야기-소망으로 도망친 것은 아닐까. 이야기의 환영성만이 그의 비겁함과 상처를 망각하게 해줄 것이다. 영화 속 다방 여종업원과 어린 초희, 그리고 어른 로맨스 조의 손목에 그어진 죽음충동의 선, 죽음에 실패한 그 표지도 결국은 이야기에 대한 욕망 안에서 읽힌다. 여자들에게 그것은 다시는 이야기의 세계에 진입할 수 없음을 보여주는 징표이자 시간을 돌이킬 수 없음을 보여주는, 이제는 모두 아물고 닫혀버린 시간의 흔적이다. 하지만 이제 막 여관에서 손목을 그은 어른 로맨스 조에게 그것은 이야기 속에 머무르려는, 현실의 시간으로 깨어 나오지 않으려는 안간힘이자 두려움의 표지이다. 그것은 아직도 여전히 아물기를 거부하며 이야기를 작동시킨다. 〈로맨스 조〉는 이야기라는 환영을 현실로 착각하려 애써야 버틸 수 있는 어떤 남자들의 유약한 절실함과 그것을 환영으로 인정해야만 살아갈 수 있는 어떤 여자들의 강인한 쓸쓸함으로 의외의 감정적 조응을 이루어낸다.

그리하여 영화의 마지막에 이르러 어른 로맨스 조에게 "어디서 튀어나오신 분이세요? 현실을 이렇게 돌아다니면 안 돼요. 어서 돌아가세요"라는 말이 던져져도 놀랄 일은 아니다. 이야기가 닫히는 순간을 필사적으로 미루는 남자들이 이야기를 지속시키기 위해서는 단 하나의 선택을 할 수 있을 따름인데, 그것은 스스로 이야기로 도망가는 것뿐일 테니 말이다. 달리 말해, 자신을 거짓말로 만드는 것이다. 경찰관의 마지막 말을 듣고 로맨스 조가 짓던 그 마지막 표정은 '내가 누구인지 모르게 된 나'를 대면한 자의 당황스러움이다. 그러나 이윽고 안도이다. 과거와 현재, 미래라는 시간의 연속성 속에서 어쩔 수 없이 선택하고 분열하고 쇠락하는 '나'가 아니라, 그런 나의 연속성을 지워주는 허구의 문을 열어 '내가 누구인지 알기를 원하지 않는 나'를 보존하려는 남자들이 여기 있다. 그러니 그들의 이야기에 대한 욕망은 사실, 이야기의 멋진 설계가 아니라, 그 복잡한 구조를 추동해서 여기저기, 구석구석에 '나'를 흩어놓고 숨겨서 결국엔 '나'가 사라진, 이야기 자체가 되고자 하는 욕망이 아닐까. 오직 이야기를 통해서만 자신으로부터 벗어날 수 있(다고 믿)는, 그렇게 자신으로부터 벗어나야만 숨 쉬며 살 수 있는 겁 많은 남자 앨리스들. 그들은 오늘도 여인이 아니라, 토끼를 따라 환각의 동굴을 찾을 것이다.

(『씨네21』 2012. 3)

부러진 화살

정치적이지 않은
정치 영화

김명호 전 성균관대학교 수학과 교수의 석궁 사건을 토대로 재판 과정을 재현한 〈부러진 화살〉이 사실인지 거짓인지에 대한 논쟁이 뜨겁다. 정지영 감독은 여러 매체를 통해 이 영화의 90퍼센트가 사실이고 10퍼센트가 허구라고 밝혔으며, 당사자인 박훈 변호사는 재판 과정만큼은 사실이라고 말하고, 김명호 교수 또한 "맥락상" 100퍼센트 일치한다고 주장한다. 사실, 〈부러진 화살〉은 김명호가 정말 화살을 쏘았는가, 아닌가, 만일 그렇다 해도 그것은 의도인가, 우발인가를 궁금해하는 영화가 아니다. 대신 '대한민국 사법부는 이에 대해 왜 궁금해하지 않는가, 어떤 방식으로 이 궁금증을 묵살하고 있는가'에 분노의 화살을 돌리는 영화다. 당연히 이 영화에 대한 대중의 뜨거운 호응은 사법부에 대한 오랜 불신에 근거한다. 이 영화가 주는 쾌감은 말하자면, 영화 그 자체에서 오는 것이 아니라, 영화 밖 현실의 사회적 불쾌와 맞닿은 결과다. 애초 그런 현실을 겨냥하고 만든 영화이니 이를 문제 삼을 필요는 없을 것이다.

다만, 이 영화의 재판 과정이 얼마나 사실에 가까운지에 논쟁이 소모되는 동안, 즉 이 영화가 현실과 맺는 접점에만 관심이 쏟아지는 동안, 정작 영화 자체에 대한 비평은 중요하게 다루어진 적이 없었던 것 같다.

모든 영화는 일단 영화로 만들어진 이상, 감독이 영화의 얼마가 사실이고 허구라고 말하든, 그것이 그 영화를 판단하거나 정당화하는 기준이 될 수 없다. 하나마나한 말이지만, 극영화는 그것이 얼마나 사실주의적인 입장을 고수하건 결국은 허구다. 그러니 초점은 좀 다른 곳으로 맞춰져야 한다. 슬라보예지젝은 『진짜 눈물의 공포』라는 책에서 말했다. "영화 예술이 궁극적으로 성취하는 것은 내러티브 허구 속에 현실을 재창조하는 것, 허구를 현실로 이해하도록 우리를 유인하는 게 아니라, 우리가 현실의 허구적 측면을 분별하게 만드는 것"이라고 말이다. 리얼리즘 영화가 '사실임직함'을 내세워 할 수 있는 최선은 이것이 현실이다, 라고 주장하는 게 아니라, 우리의 현실을 지탱하는 환상, 그리고 그 아래의 균열, 틈을 사유하게 하는 일이다. 좋은 정치 영화는 그 일을 한다. 물론 〈부러진 화살〉을 옹호하는 입장에서라면 '이 영화는 스스로를 사실로 이해하도록 촉구하지만, 이를 통해 사법부의 공명정대함이라는 환상을 까발리지 않느냐'고 반박할 수 있을 것이다. 표면적으로 틀린 주장은 아니지만 뭔가 더 해야만 할 말이 남아 있다. 나의 질문은 이것이다. 우리는 〈부러진 화살〉에서 진정 현실을 유지하는 환상을 목도한 것일까. 아니, 영화가 적시하는 사법부의 폐해가 정녕 우리가 대면해야 하는 환상의 틈일까. 이 물음을 생각해보기 위해서는 우선 영화가 지칭하고, 기대고 있는 현실을 괄호에 묶어두고 오직 〈부러진 화살〉이라는 영화 안으로 돌아갈 필요가 있다. 하나의 메시지가 아닌, 한 편의 완결된 영화로 〈부러진 화살〉을 들여다볼 필요가 있다.

알려졌듯 이 영화에 대한 논쟁들은 온통 재판 장면에 국한되어 있다. 그러나 이 영화에서 의외로 중요한 건 법정을 벗어난 그 밖의 영역이다. 김경호(안성기)와 박준(박원상)의 가정사, 과거, 일상, 나아가 인물들의 성격을 보여주는 법정 밖의 이야기는 이상하리만큼 장면들의 온도나 서사적 짜임새의 측면에서 법정 안의 이야기와 잘 붙지 않는다. 재판 장면에 비해 현저히 밀도가 떨어지고 상투와 신파적 상황, 정서에 기대는 데 거리낌이 없다. 이 영화의 법정 장면이 내세우는 건 (몇몇 법조인들의 주장처럼 거기 법적 모순이 종종 개입된다 해도) 합리적이고 이성적인 논리다. 절차의 적법성이 얼마나 지켜지는지를 관찰하고 고발하는 이 장면들에서 박준과 김경호는 정도의 차이는 있지만 그런 원칙의 대변자다. 그런데 영화가 법정 밖으로 나오기만 하면 이야기는, 혹은 이들의 대사나 행동, 상황은 급변한다. 법정 밖 두 남자의 일상이나 성격이 법정 안에서와 동일해야 한다는 주장을 하는 게 아니다. 영화가 이들의 성격이나 내면을 보여주려고 하거나, 플래시백으로 과거를 제시할 때, 영화의 논조가 매번 급격하게 감상을 허락하고 거기에 호소하고 있다는 걸 지적하려는 것이다. 그때 문제는 법정 안과 밖의 차이가 어떤 식으로든 영화적으로 충돌을 일으키며 무언가를 생성하고 있다기보다는 둘 사이의 간극이 아무 설명 없이 그저 텅 빈 채 놓여 있다는 느낌을 안긴다는 데 있다. 과거와 현재, 법정 안과 밖, 공적 영역과 개인사 사이의 이 텅 빈 간극은 영화의 의도일까, 서사적인 실패일 따름일까.

이에 대해 보다 깊게 생각해보기 위해 박준, 김경호와 관련된 몇몇 장면을 예로 들어보려고 한다. 김경호가 화살을 쏘지 않았다는 김경호와 박준의 주장이 한편에 있지만, 영화는 사건 당시를 보여주는 플래시백에서 김경호가 판사와 나뒹구는 모습만을 보여줄 뿐, 사실관계를 명확히 제시하지 않는다. 그 부분을 영화적 공백으로 남겨둠으로써 영화는 자신이 김경호의 편을 들고자 하는 게 아니라, 그의 사건이 다루어지는 방식, 그 절차의 공정성에 중점을 두고 있음을 알린다. 인간 김경호는 특이한 캐릭터이긴 하지만, 영화가 그에 대한 관심을 가질수록, 그러니까 그의 내면과 성정에 매혹될수록, 그만큼 영화는 자신이 초점을 맞추는 재판 과정 자체에 대한 객관적인 판단으로부터 멀어질 위험에 처한다. 말하자면 김경호는 다른 무엇도 아닌 오직 재판 과정 안에서만, 무색무취한 논리를 통해서만 영화적 정당성을 입증받는 인물이 되어야 한다. 그런데 영화는 좀 이상한 선택을 한다. 그가 학교에서 쫓겨나고 복직투쟁을 벌이는 과정, 판사의 집 앞에 석궁을 들고 가기까지의 분노의 과정은 최소한으로 압축하면서도 교도소에서의 일과만큼은 상대적으로 구체적인 에피소드들로 공들여 묘사하고 있다.

교도소에서도 한 점 흔들림 없이 원칙을 고수하고 심지어 억울한 동료 재소자들에게 도움을 주는 그의 모습은 김경호라는 인물에 대한 영화적 거리를 일순간 좁힌다. 우리는 그의 인간적인 면모를 보게 되는 것이며, 그 모습은 결과적으로 법정에서의 그의 진술에 신뢰를 더해준다. 교도소 내의 에피소드들 중에서도 김경호가 독방에서 쫓겨나 다른 재소자에게 성폭행을 당하는 장면에 이르면 영화의 의도에 대해 진지하게 생각하지 않을 수 없다. 물론 그런 상황은 충분히 벌어질 수 있다. 그런데 영화가 이 장면을 처리하는 방식, 즉 이 장면이 기입되는 위치와 이 장면이 서사적으로 마무리되는 방식에는 문제가 있다. 김경호가 성적 폭행을 당했다는 사실을 영화가 제시하는 순간은 가족들이 일주일 만에 가까스로 면회에 성공한 뒤 김경호의 초췌해진 모습을 대면할 때다. 그러니까 시간적으로 이미 상황이 벌어지고 난 다음 플래시백으로 그 사실을 이미지화한다. 하지만 영화는 이 부분에 대해 어떤 식으로든 더 설명하거나 개입할 의지가 없어 보이며 그 꼼꼼한 재판 장면 묘사에 비해, 성의 없이 지나쳐버린다. 그렇다면 그저 인물들 사이의 대화로 처리되거나 성폭력을 암시하는 수준에서 그칠 수도 있을 사건을 일이 발생한 다음, 플래시백의 이미지로

군이 기입한 이유는 무엇일까. 선정성의 함정을 피해 가지 못하는 이 장면은 김경호를 무고한 희생자의 이미지로 전환시키고, 무엇보다 그에 대한 감정이입의 계기를 마련한다. 법정 안, 그의 진술의 논리에 기대던, 그러니까 김경호라는 인간이 아니라, 그의 언어와 논리가 대표하던 비인칭적인 합법성에 호소하던 영화가 교도소 내부의 장면들, 특히 이 장면을 거치며 김경호라는 인간에 호소를 하고 있는 것이다. 이제 그는 무고한 희생자-영웅의 이미지에 가까워진다.

　박준의 경우에도 의아한 장면은 있다. 아무리 생각해도 영화상 그는 말과 행동이 요란하기만 하지, 영화 안에서도 사건과 관련해서도 딱히 이렇다 할 역할을 하는 것처럼 보이지 않는다. 현재의 양아치 변호사라는 이미지는 어떤 서사적 필연성을 가진다기보다는 코미디적 효과를 위해 소모되고 있다는 인상이 더 크며, 무엇보다 김경호에 비해 그의 캐릭터는 확연히 상투적이고 전형적이다. 그런데 그가 이렇게 될 수밖에 없었던 이유에 대해 영화가 딱 한 번 직접적으로 설명해주는 순간이 있다. 박준의 변호사 사무실의 사무장이 기자에게 박준의 과거 트라우마에 대해 들려주는 장면이다. 그에 따르면 몇 년 전, 부평 대우자동차 파업 현장에서 시위를 주도하던 박준은 함께 싸우던 노동자들이 공권력의 폭력에 희생되며 끌려가는 모습을 본 뒤로 심한 자괴감과 죄책감에 시달리고 있다는 것이다. 이제 우리는 박준의 내밀한 과거에 대해 알게 되었고, 그의 현재를 이해할 근거를 얻었으며, 여기까지만으로도 충분하다. 하지만 영화는 그 기자가 회사로 돌아와 당시를 기록한 영상을 다시 보게 하고, 그 영상을 프레임 전체로 확대해서 우리로 하여금 이 영화의 일부로서 대면할 수밖에 없게 만든다. 노동자들의 맨몸이 피투성이가 되고 그들의 울부짖음이 곳곳에서 들리며 그들이 끌려가고 난 자리 한가운데에서 망연자실한 표정으로 서 있는 박준에게 영화의 시선은 한참을 머무른다. 아무리 이 영화가 허구라고는 하지만, 우리는 이 사태가 영화 밖에서 실제로 일어난 일임을 알고 있다. 그 당시를 기록한 다큐멘터리는 아니지만, 마치 다큐처럼 찍은 이 재연 영상 속, 느닷없이 현재로 소환된 피 흘리는 노동자들의 육체 이미지는, 이 영화에 대해 무엇을 말해주고 있는 걸까. 한 가지 분명한 건, 이 재연 영상의 이미지들이 엄밀히 말해 노동자들에 대한 기록물이 아니라, 박준에 대한, 박준을 위한, 양아치 변호사의 '진짜'를 증거하는 기록물로 기능한다는 것이다.

여기서 우리는 두 가지 결론을 낼 수 있을 것이다. 일단 큰 틀로 보자면, 앞서 언급한 법정 안과 밖의 영화적 온도 차이, 지향점의 간극은 충돌하는 것도 서사적 실패도 아니라, 영화의 의도라고 보는 게 맞을 것 같다. 일면 과도하게 감정적인 법정 밖의 영역은 법정 안의 이성적인 영역과 배치되거나 한쪽을 해하기보다는 실은 서로를 보충해주는 효과를 내고 있다. 인물로 보자면 이성적인 원칙주의자 김경호와 감정적이고 다혈질적인 박준의 관계도 그러하다. 과거(과연 김경호는 화살을 쏘았을까, 안 쏘았을까. 말하자면 석궁의 진실)가 아니라 현재(그는 얼마나 합법적이고 논리적으로 주장을 전개하고 있는가, 말하자면 절차적 적법함)로 그 존재가 정당화되는 김경호와 현재(박준은 지금 이슈를 몰고 다니지만, 때때로 겉만 요란하거나 무기력하다)가 아니라 과거(그럼에도 불구하고 그에게는 '정치적으로 올바른' 트라우마가 있다)로 정당화되는 박준. 그들은 표면적으로는 어울리지 않는 다른 부류의 사람들이고 종종 충돌하는 것처럼 보이지만, 영화가 진행될수록 점점 더 서로 다른 두 사람, 분리된 개체들로 읽히지 않는다. 게다가 아버지로서, 가장으로서 두 남자가 공유하는 위상이 환기될 때, 김경호와 박준은 서로를 보충하며 어떤 이상적인 하나의 상으로 구현되는 것처럼 보인다.

그렇다면, 이처럼 법정 안과 밖이, 공적 영역과 개인사가, 과거와 현재가, 나아가 김경호와 박준이 각자의 결핍된 구멍을 서로 메워주면서 형성하는 이 이상적인 상의 정체는 무엇일까. 정의? 민주주의? 혹은 반MB 전선? 그 정체가 무엇이든 영화가 이상적인 상을 구축하는 동안, 한편에서는 그것이 맞서는 적이 선명해진다. 앞서 말했듯 어딘지 불균형한 이 영화의 구조, 이 영화의 인물들은 결국 그렇게 상정된 적 앞에서 서로의 결핍을 비추는 거울이 되는 대신, 그 결핍을 봉합하며 그야말로 대동단결한다. 여기서 영화의 적이 법을 '올바르게' 집행하지 않는 대한민국의 오만한 사법 권력이라는 사실은 누구나 아는 사실이다. 그런데 이 명징한 주장 앞에서 우리가 피해 가서는 안 되는 물음이 있다. 이때, 김경호와 박준의 적은 사법부지만, 영화와 우리의 적 역시 그렇다고 간단하게, 쉽게 말할 수 있을까.

법이라는 객관적인 실체를 상정해두고 영화는 지금 그걸 악용하거나 위반하는 사법부와 그걸 최대한 원칙대로, 결국은 정의롭게 지키려는 김경호를 구별하지만, 실은 이 둘 모두 법이라는 초자아의 환상을 공유하는, 그 환상에 맹목적인 양극일 따름이라면 어쩌겠는가. 좋은 보수와 나쁜 보수, 혹은 진보와 보수, 혹은 정의와 폭력을 가르는 객관적인 경계란 없고 양진영이 하나의 틀 안에서 언제나 서로를 품고 있다면 어쩌겠는가. 오해가 없길 바란다. 나는 지금 사법부나 김경호나 결국 똑같다고 말하는 게 아니다. 〈부러진 화살〉이 화살을 사법부에 겨냥하며 적을 외재화시키는 동안, 영화 자신은 지금 어떤 환상을 생산하며 거기 기대고 있는지에 대해서도 우리는 생각해보아야 한다. 영화 속에서 김경호는 "법은 그 자체로는 아름다운 겁니다. 수학처럼 문제가 정확하면 답도 정확하지요"라고 말한다. 영화가 법에 관한 한, 그의 이런 논리에 동의를 표하고 있다고 보기는 어려우나, 그 논리를 차용해서 이렇게 말하고 있는 건 아닌지 묻고 싶다. 적을 명확히 겨냥하면 정의도 실체화되지요. 혹은 정의가 실체화되면 적이 명확하게 보이지요. 궤변이라고? 그럴 수도 있다. 하지만 한 가지 분명한 건, 위대한 정치 영화는 올바른 문제가 올바른 답을 내는 과정의 명쾌함이나 올바른 문제가 옳지 않은 답을 낼 때의 분노를 좇지 않는다. 대신 우리의 삶 안에서 문제와 답이 어긋날 때, 그 구조의 취약함, 모순과 분열을 대면하며 그 자신도 위태롭게 흔들린다. 정치(영화)는 결국 해결될수 없는 질문이어야 하며, 내 편을 찾아 믿는 것이 아니라 끊임없이 어둠을 헤매며 의심을 거두지 못하는 것이다.

〈부러진 화살〉은 사실적인 제스처를 취하면서 실은 은밀하게 환상의 막을 가동시켜 그 환상으로 지탱되는 영화다. 그 환상은 불행한 시대를 견뎌온 우리들에게 카타르시스를 준다. 그 카타르시스만으로도 이 영화를 기꺼이 지지하는 견해도, 이 영화의 시의적절함을 옹호하는 주장도 있을 것이다. 그러나나는 어쩌면 같은 이유로 이 영화에 동의하기 망설여진다. 〈부러진 화살〉은 정치적인 지향점은 더없이 확고하지만, 충분히 정치적이라고 말하기는 어려운 (정치) 영화다.

(『씨네21』 2012. 2)

슬픔이 깃든
어른-아이의 놀이

김수현 감독의 〈창피해〉를 보았다. 내심 우려하던 일이 벌어졌다. 자꾸 생각이 감독의 전작인 〈귀여워〉로 돌아가고 있었다. 오해가 없길 바란다. 그 우려는 영화에 대한 우려가 아니라, 나에 대한 우려다. 〈귀여워〉를 다시 생각해봐야 하나. 아니, 〈귀여워〉에 대한 과거 나의 견해를 철회해야 하나. 7년 전 겨울, 평론가라는 이름을 단지 6개월이 된 나는 〈귀여워〉에 대한 짧은 비판론을 썼다. 『씨네21』은 그 글에 '〈귀여워〉 속에 드러난 가부장제를 비판한다'(482호)는 제목을 달았다. 이 영화는 그저 아버지와 아들 사이에서 교환되는, 남자의 욕망의 대상으로서의 여성에 대한 가부장적 판타지, 그뿐이라는 단정적인 요지였던 것 같다. 그때는 분명 확신으로 썼을 그 글을 대단히 낯 뜨거운 심정으로 다시 찾아본 다음, 〈귀여워〉를 다시 볼 때가 되었음을 알게 되었다. 왜 2011년의 〈창피해〉를 본 다음 새삼스럽게 2004년의 〈귀여워〉를 이제야 이해하게 될 것 같은, 전에 없는 마음이 든 것일까. 그러니 조금은 자기 고백적이며, 〈창피해〉를 경유하여 결국은 〈귀여워〉로 돌아가려는 '퇴행적인' 이상한 방향의 글을 나는 지금 쓰려고 한다.

인터넷을 찾아보니, 〈창피해〉에 대한 호평은 '여성들의 관계와 내면에 대한 섬세한 묘사' 정도로 모이는 것 같다. 그리고 여기서 중요한 건 동성애가 아니라, 그러니까 상대가 누구인지의 문제가 아니라, 여자 관객인 '나'는 정지우(김상현)이기도 하고 윤지우(김효진)이기도 하며 강지우(김꽃비)이기도 하다는, 보다 '보편적인' 공감의 맥락인 것 같다. 그것은 레즈비언 퀴어물에 대한 관객의 방어기제일 수도 있고, 실제로 이 영화가 동성애를 통해 말하고자 하는 의도일 수도 있다. 혹은 여자들에게 동성과의 사랑은 남자들의 그것과 달리, 굳이 동성애라는 말로 범주화하지 않아도 이미 지극히 자연스럽게 밀착 가능한 것이라는 의미로 받아들일 수도 있다. 이화정 기자는 기획기사에서 "그걸 레즈비언이라고 불러도 좋고, 동성애를 다룬 영화라고 불러도 좋다. 그건 이야기의 시작일 뿐, 진짜 이야기는 따로 있기 때문"(「창피해도 괜찮아. 사랑은 다 괜찮아」, 『씨네21』 832호)이라고 했고, 김수현 감독은 인터뷰에서 "여성성에 대한 탐구"라고 답했다. 어쨌든 〈창피해〉가 여자의, 혹은 여성성에 대한 이야기라는 견해는 일치한다. 아버지와 아들 사이에서 '교환되는'(지난 나의 비평을 따른다면) 여자에 대한 남자들의 이야기를 하던 김수현이 지금은 전혀 다른 자리에 서 있는 걸까. 물론 그는 〈귀여워〉를 남자들의 이야기로 생각하지 않는다고 말했다. 이에 대한 내 심경의 변화에 대해서는 차차 밝히도록 하고, 우선은 〈창피해〉가 여자들이 주인공인 영화는 맞지만, 과연 여성성에 대한 도전적이고 내밀한 이야기인지에 대한 의문부터 말하려고 한다.

정지우-윤지우-강지우와 희진이 서로에 대한 기억과 시선 속에 얽히며 과거와 현재, 환상과 현실, 마음과 육체를 오가는 과정에, 아니, 나와 세계, 나와 타자의 경계를 경쾌하게 무화하는 혼돈의 상태에 김수현 특유의 화법은 잘 들어맞는다. 산만한 과잉이지만 그 과잉이 가볍게 들고나고 엮인다는 것이 이 형식의 장점이다. 그런데 정작 문제는 이런 형식의 활력이 이 영화의 에피소드들과 인물들의 대사로 인해 종종 멈춰진다는 것이다. 말하자면 형식의 활기는 이미 인물들의 관계와 내면을 형상화하고 있는데, 내용은 여전히 진부한 자리에서 그 형식에 뒤처져 물끄러미 쳐다보고 있는 느낌. 요컨대, 윤지우가 거듭 "과거는 끝나지 않은 채 불쑥불쑥 나타나 계속된다"고 말할 때나, 강지우가 "니가 내 불안을 알아?"라고 항변할 때, 혹은 이들이 어린 시절과 관련된 자신들의 트라우마를 늘어놓을 때, 다른 영화나 소설에서도 무수히 들어본 이런 말들이 마치 이들 관계의 결정적인 국면, 혹은 이 영화의 극적인 순간과 관계되는 것처럼 작용할 때, 이 여자들의 감정은 지루해진다. 옥상에서 떨어지는 마네킹 에피소드나 윤지우와 강지우를 잇는 수갑의 알레고리의 경우도 아무리 김수현이 어른의 세계보다는 아이의 심정에, 현실보다는 판타지에 더 가까운 감독이라 하더라도, 지나치게 직접적이고, 그 직접성은 오히려 이들의 내면을 어떤 편견(이를테면, 진부하고 감상적인 의미로서의 '소녀 취향')에 가둔다. 정지우와 윤지우가 예술적 퍼포먼스 안에서 엄마와 자궁 속 태아로 연결되는 설정과 거기서 나오는 원초적인 이미지 또한, 아무리 정치적인 맥락을 안고 있다고 해도, 뭔가 새로운 설명 불가능한 에너지로 전환된다고 말하기는 어렵다. 〈귀여워〉에서는 인물들의 캐릭터도, 그들의 관계도, 그들이 세상을 바라보는 시선도, 그리하여 〈귀여워〉라는 세계 자체도 아이 같았다면, 〈창피해〉는 세계는 그대로 두고, 캐릭터에게만 유아적인 성질을 부여한 것 같다는 인상을 종종 준다. 이 영화는 특수한 상황을 보편적인 감정으로 호소하고, 특별한 형식으로 보편적인 내용을 담고 있다. 그게 의도인지 실패인지는 모르겠으나 여기서 보편은 상투의 다른 이름이다. 이런 이유들로 나는 이 영화가 보여주는 여성성 혹은 여자들의 관계에서 별 감흥을 발견하지 못한다.

그런데 정말 하고 싶은 말은 여기부터다. 여러 면에서 영화 속 여자들에게 공감하지 못하는 나는, 그럼에도 불구하고 단 두 장면 때문에 이 영화가 이상하게도 흥미롭다. 흥미롭다는 말보다는 좋아할 수 있다는 말이 더 적절할지도 모르겠다. 그 두 장면 중 하나는 영화의 마지막이다. 희진이 윤지우에게 "그 사람을 가장 사랑한다고 느꼈을 때가 언제냐"고 묻자, 윤지우는 (아마도 강지우를 떠올리며) "혼자 밥 먹을 때"라고 대답하고 영화는 허름한 기사식당에 혼자 앉아 있는 그녀의 모습으로 돌아간다. 그 질문과 대답 자체에 특별할 건 없다. 그러나 이 대답이 이 영화에 들어올 때, 게다가 영화의 마지막에 놓일 때, 의아해진다. 영화상으로 우리는 정작 윤지우가 강지우와 단둘이 밥을 먹는 장면, 즉 그들의 사랑이 일상성 속에서 설명되는 장면을 본 기억이 없는 것 같다. 그런데 왜 하필이면 어떤 판타지도 끼어들 틈이 없는, 지극히 현실적인 밥집 장면이 윤지우에게, 그리고 영화에 중요해진 걸까?

윤지우는 지금 혼자 밥을 먹기 위해 순두부를 주문하고 잔뜩 움츠리고 주변을 의식하는 표정으로 식당에 앉아 있다. 주위에는 그녀처럼 혼자 온 아저씨들이 밥을 먹고 있다. 한 남자가 주문을 받는 조선족 여자에게 술 한잔 먹자고 칭얼거리고, 또 다른 남자가 일부러 밥집 메뉴에 있지도 않을 짜장면을 시킨다. 하층민 남자들의 위협적이지는 않지만 어쨌든 질펀하고 짓궂은 희롱, 혹은 일상적인 장난을 여자는 익숙하게 웃어넘기는데, 그걸 지켜보는 윤지우는 불안하고 불편해 보인다. 그때, 창밖에서 한 남자가 갑자기 폴짝폴짝 뛰며 가게 안의 조선족 여인을 향해 신나게 손을 흔든다. 수줍지만 반가운 얼굴로 남자에게 나갔다 온 여인에게 맘씨 좋아 보이는 주인 여자가 말한다. "밥이라도 먹고 가게 하지." 상황을 훔쳐보던 윤지우는 그 남자가 조선족 여인의 남편이며, 그가 뭔가 기분 좋은 일이 생겨 아내를 만나러 왔다는 걸 알게 되고, 곧 이 여인이 부끄럽게 내뱉는 말을 듣는다. "누가 다 본 것 같은데, 창피해서." "창피해"라는 그 말이 일순간 긴장감이 돌던 윤지우의 표정과 밥집의 공기에 일렁이자, 비로소 윤지우는 웃으며 홀로 씩씩하게 밥을 먹기 시작한다.

　이 장면은 영화 전반에 걸쳐 여자들이 직조해낸 감정의 순간들, 어딘지 판타지적인 이미지, 현실에서 한발 떠 있는 언어들과 좀 다른 내용물로 구성된다. 현실의 때가 잔뜩 낀 세계에 직설적인 욕망과 행동과 감정 표현이 단순하고 단단하게 뭉쳐져 있고, 그 노골적인 공기는 어울리지 않게 '창피해'라는 수줍은 단어의 정서로 수렴되고 있다. 내용적으로든 미학적으로든 꾸미지 않은, 아니, 꾸밈이 불가능한, 부끄러움이라고는 없을 것 같은 날것 그대로의 일상적 순간의 등장, 그리고 그 일상적 순간에서만 고개를 내미는, 보려는 사람에게만 보이는 수줍음의 정서. 이것은 창피를 모르는 마초적인 세계에 툭 던져진 '창피해'라는 단어의 울림인가. 그 단어는 영화가 생각하는 여성성의 표현인가. 그럴 수도 있지만, 그런 의미 부여가 별로 중요한 것 같지는 않다. 왜냐하면 여기서 '창피해'라는 단어는 수치심의 표현이 아니며, 여기에는 왠지 그 밥집의 세속적인 공기를 긍정하는 것 같은 느낌이 있기 때문이다. 다만 이에 대해서는 좀 진부한 묘사를 할 수 있을 따름인데, 나는 이 장면에서 마치 시궁창에 핀 꽃을 본 것 같은 기분이 든다. 그리고 그건 김수현이 시궁창과 거기 핀 꽃을 동등하게 소중히 다룬 덕분이다. 앞의 장면들이 캐릭터에 의존해서 흘러갔다면, 이 장면만큼은 캐릭터와 상관없이 상황의 정서에 기대고 있다. 독특한 캐릭터들이 아니라, 상투적이고 누추한 일상적 순간들을 모아놓으니, 희한하게도 거칠지만 수줍고, 외롭지만 단단하고, 허름하지만 따뜻한 정서가 감돈다. 젠체하는 대사도, 몽상하는 이미지도, 흐릿한 기억 조각도 개입하지 않는 이 명징하고 단순한 마지막 장면에 마음을 빼앗기면서, 문득 나는 〈귀여워〉에서도 이와 유사한 순간의 호흡을 놓친 건 아닐까, 새삼 기억을 더듬어보게 되었다.

또 하나의 장면은 강지우와 승려가 된 그녀의 아버지에 대한 것이다. 우리는 어린 강지우가 죽은 엄마의 재를 들고 절에 찾아가 어느 승려에게 "자유로워진다고 집 나가더니 겨우 스님 된 거냐?"고 비아냥거리는 장면을 통해 이 남자가 그녀의 아버지일 거라고 짐작한다. 그런데 좀 이상한 장면이 있다. 윤지우를 떠나 절로 돌아와 백팔배를 하는 딸을 향해, 이 남자는 "사랑은 아무나 하나, 그 누가 쉽다고 했나"며 유행가를 염불처럼 왼다. 그러더니 쓰러진 딸의 젖은 옷을 벗겨 재우려고 하다가 문득 딸의 맨몸을 쓰다듬어본다. 그때 딸이 눈을 뜨더니 씩 웃고 만다. 그러고는 이 장면에 대한 어떤 설명도 영화적으로 주어지지 않는다. 굳이 없어도 될, 여자들의 이야기에 얼룩이 될 장면. 여성성의 세계에 느닷없이 등장한 음탕한 아버지의 욕망. 아니, 아버지를 욕망하는 딸의 욕망인가. 아니, 이들이 부녀지간이 맞기는 한가? 말하자면 이 장면에서 영화는 금기를 슬쩍 툭 치고 그냥 지나가버리는데, 나는 이 위태로운 순간이 이상하게도 애처롭고 영화 전체를 통틀어 어딘지 가장 솔직하다는 느낌이 들어 호기심이 생겼다. 그런 순간들은 〈귀여워〉에서 늘 보던 것이다. 도덕적 맥락에서 만나서는 안 되는 기의를 서로에게로 유혹한 뒤 그걸 기표의 놀이로 시침 뚝 떼고 바꾼 다음, 거기서 어떤 영화적인 활동이 퍼져나가게 하는 것. 그런데 〈창피해〉의 이 장면은 호기심을 자극하지만, 여러 면에서 영화에 고립된 느낌이지, 여자들의 이야기 안으로 들어가 활동하는 데까지 이르지 못한다. 이 장면은 어떤 무의식의 표출일까.

어쨌든 두 장면에 대한 애정이 〈귀여워〉를 다시 보도록 이끌었다. 기억을 더듬어보면, 영화 속에서 순이가 소비되는 방식만큼 불편했던 건 성인 여자를 노골적으로 흉내 내는 어린 소녀의 외설적인 이미지였던 것 같다. 말하자면, 금기를 전복하는 것처럼 보이지만, 실은 금기를 즐기고 있다는 사실. 그런데 놀랍게도 영화를 다시 보면서 지금의 나는 바로 그런 지점들에서 감흥을 느끼고 있다는 걸 알게 되었다. 요컨대, 한 남자를 두고 싸우던 순이와 어린 소녀가 포장마차에서 소주를 마시며 함께 취하자, 소주잔이 둥실 떠오르고 소녀는 요술공주 밍키가 되고, 밍키는 다시 관능적인 순이의 이미지로 바뀌는 장면의 활기. 7년 전 나는 이 영화가 어린 소녀의 이미지마저 착취한다고 여겼으나 지금의 나는 그 소녀가 아이를 성적으로 대하면 안 된다는, 그런 이미지로 착취해서는 안 된다는 어른 세계의 이중적인 도덕적 금기를 건드려보고 있는 건지 모른다고 생각한다. 그리고 이 소녀의 등장은 순희를 포함한 황학동 철거촌의 모든 인물들을 아이의 세계로, 상징계 밖의 세계로 즐겁게 낮추기 위한 것이라는 생각도 한다. 이쯤에 이르면 궁금해지는 것이 있다. 김수현의 영화에는 왜 어른 여자, 그러니까 엄마가 없을까?

어쩌면 너무 당연한 대답. 엄마가 있다면, 아버지는 가족 제도 안에 위치하게 될 것이며, 그때 아버지가 딸을, 혹은 딸뻘 되는 여자를 욕망하는 건 금기를 넘어 범죄가 된다. 엄마는 용납하지 않을 것이다. 그리하여 김수현은 엄마는 없애고, 이 아버지는 성장하지 못한 채로 놔두거나 제도 밖으로 밀어두며 그 욕망을 좀 치졸하지만 그래도 폭력적이지 않게, 오히려 영화적으로 순수하게 보이도록 만들고 싶어한다. 그래서일까. 여기저기 씨를 뿌리고 다녀서 여러 명의 아들을 둔 아버지(장선우)가 순이에게 프러포즈하며, "난 결혼을 한 번도 안해봤거든"이라고 고백하는 장면은 차라리 투명하고 짠하다. 그것은 뻔뻔하지만 소심하고, 극단적이지만 수줍은, 김수현 세계 속 남자들의 욕망과 판타지다. 그러니 〈귀여워〉가 남성 판타지의 세계라는 사실은 여전히 맞다. 하지만 이제는 영화 속 그 판타지와 놀고 싶은 마음이 더 크며, 무엇보다 순이와 소녀가 철거촌을 떠나며 그 판타지에 안녕을 고하는 방식도 유쾌하게 인정할 수 있다. 영화의 마지막, 모든 계획에 실패한 셋째 아들이 낡은 아파트를 무너뜨리려고 건물에 온몸을 부딪쳐도, 물론, 건물은 부서지지 않는다. 그때,

가벼운 발걸음으로 철거촌을 빠져나오던 두 여자가 뒤돌아보며 돌을 던지자, 가차 없이 건물이 허물어진다. 나도 안다. 이 영화의 공간성을, 철거촌을, 청계천의 슬픔에 대한 알레고리로 읽을 수도 있다는 것을. 그러나 내게는 이곳이 자신의 부실함을 모른 체하며 안간힘 쓰고 버티는 남성 욕망의 세계로 보일 때가, 그러니까 판타지 대상으로서의 여자가 그 세계를 벗어나는 순간 스스로도 사라져버리고 마는 세계로 보일 때가 더 흥미롭다. 어쩌면 그 세계의 안간힘은 김수현의 영화적 안간힘이며, 슬픔이 깃든 어른-아이의 놀이다.

다시 거리로 나간 순이가 "난 세상 모든 남자들이 날 좋아하면 좋겠어!"라고 천진하게 외칠 때, 물론이다, 이 문맥에는 숨겨진 말이 있다. '기꺼이 그런 욕망의 대상이 된 후, 언제든지 조약돌 하나 가볍게 던지고 나오겠어.' 건달도 부수지 못하는 세계를 이 여자는 산뜻하게 놀고 나서 조약돌 하나로 공중분해할 수 있다. 그리하여 나는 순이는 물론이고 이 불쌍한 남자들도, 영화 〈귀여워〉도 뒤늦게 끌어안기로 한다. "영화가 남성적이거나 여성적일 수 있는가?" 감독 클레어 드니는 언젠가 질문했다. 〈창피해〉를 경유해 〈귀여워〉로 돌아와 나도 그 질문에 대해 생각해본다. 너무 심오한가? 실은 이렇게 되묻고 있다. 7년 전보다, 나는 과연 좀더 괜찮은 여자가 된 것일까.

(『씨네21』 2011. 12)

보라

보라,
이 병든
노동의 시간을

"내게는 일반적인 의미에서 다큐멘터리스트로서의 정체성이 없는 것 같다. 나는 대상 안의 무언가를 알아내는 걸 잘하지 못한다. 다큐멘터리스트가 그 일을 하지 못하는 건 결함이 아닐까. 이 질문에 변명을 하다보니, 그게 내 방법론이 된 것 같다." 대상의 표면 앞에서 돌연 멈춰버리는 다큐멘터리를 우리는 정녕 다큐멘터리라고 부를 수 있을까. 그 이면에 대한 이해를 불가능의 영역에 가두고 연신 표면만을 만지는 카메라의 응시를 무력한 체념이 아닌 적극적인 태도로 볼 수 있을까. 감독 이강현은 〈파산의 기술〉에서 〈보라〉로 이어지는 자신의 방법론에 대해 참으로 겸손하게 고백했지만, 실은 이 말에 담긴 뼈를 우리는 짐작해볼 수 있다.

　그는 대상 안에 진실이 있다는 것을 쉽게 믿으려 하지 않는다. 설사 그렇다 해도, 진실을 끄집어내기 위해서는 대상을 해칠 수밖에 없으며, 그렇게 되는 순간, 진실은 이미 변질된다고 생각한다. 물론 자신의 작업을 진지하게 생각하는 다큐멘터리스트들이라면 누구나 이런 고민을 모르지는 않을 것이다. 그만큼 근본적이며, 그만큼 쉽게 풀리지 않는 문제다. 다큐야말로 형식이 태도 그 자체인 장르다. 하지만 많은 경우, 감독들은 보다 중요한 메시지를 위해 어쩔 수 없이 타협한다. 혹은 이 윤리적 궁지에 갇혀버리면, 결국 그 무엇에 대해서도 보여줄 수 없고, 말할 수 없다고 인정하게 된다. 그런 타협과 인정 속에서도 어떤 방식으로든 그 고민을 영화 끝까지 잊지 않고 안고 가는 다큐를 우리는 좋은 다큐멘터리라고 부를 것이다. 그러니 이강현의 고민이 그 자체로 혁신적이라고 말하기는 어렵다. 하지만 그가 메시지를 전달하기 위한 과정에서 그런 고민에 빠진 게 아니라, 그 고민 자체가 그의 메시지라는 점이 중요한 차이다. 더욱이 그 고민을 현실의 언어가 아니라, 현실 밖으로 빠져나가는 영화적 언어로 생경하게 구상하고 질문할 때, 〈보라〉에 '새로운 다큐멘터리'라는 수식어가 가능해진다. 달리 말해, 현실의 은폐된 한 조각, 그 빈자리를 찾고 채우는 대신, 현실의 여러 표면들을 끌어다가 영화적 실재를 만드는 다큐가, 아니 영화가 지금 이강현을 사로잡고 있다.

〈보라〉는 산업안전보건법에 의거해, 산업의학 전문의들에게 정기적으로 보건 관리를 받아야 하는 사업장들의 보건 관리 실태를 기록한 영화다. 피아노 공장, 마네킹 공장, 채석장 등지에서 온갖 유해물질과 소음들에 둘러싸인 노동자들은 호흡기, 청각, 관절 질환과 같은 질병에 시달리고 있다. 공장에 상주하거나 파견된 의사들은 작업장의 환경을 둘러보고 개별 상담으로 노동자들의 건강 상태를 체크하는데, 그 절차는 상황에 대한 변화로 도약하지 못한다. 법은 노동자들의 질병에 적극적으로 개입할 의지도 능력도 없어 보이고, 노동자들의 생생한 육체적 고통과 의사들의 일차원적인 진단은 해결책 없이 반복될 뿐이다. 이 두 집단은 서로 다른 입장에서 피로와 체념을 공유하는 것처럼 보인다. 그러니 〈보라〉가 제 역할을 다하지 않는 보건 관리의 부실함에 분노하며 고발하는 영화라고 말할 수도 있다. 이 영화가 노동자의 육체적 개별성에 주목했다면, 그럴 것이다. 하지만 고발이 아니라, 최대한의 감정적 개입을 차단하는 기록이 되기로 하면서, 영화 속 병든 신체의 개별성보다 중요해진 건, 그것이 보건 관리라는 시스템 안에서 맥락화되는 과정이다. 그때, 이들의 무력한 대화 장면들을 내내 지켜보는 영화는 노동자의 신체를 데이터화하고 감시하는 생체권력의 그림자를 본다. 부실한 보건 관리는 말하자면 이 메커니즘의 결함이 아니라 핵이다. 〈보라〉는 그렇게 그 어떤 가능성의 틈도 없는 무력한 결론에 도달하고 마는 걸까.

이 영화가 흥미로워지는 건 공장 내의 노동자와 작업 환경을 관찰하던 영화가 그 무력감을 안고 갑자기 다른 공간, 집단, 화두로 건너뛰면서부터다. 영화는 공장 노동자들로부터 나이 든 여자들이 농사일을 하는 곳으로, 밤새 하드 디스크와 인터넷 서버를 관리하는 남자들에게로, 급기야는 취미로 사진을 찍는 이들에게로 옮겨간다. 겉으로 드러나기에 이들을 꿰뚫는 하나의 인물도, 집단도, 혹은 문제제기도 없기 때문에 다소 예기치 않은 이러한 이행은 〈보라〉의 중요한 쟁점 중 하나다. 이 비균질적으로 보이는 대상들 사이에 영화는 어떤 고리를 마련해두고 있는가. 가장 쉬운 해석은 이 영화가 펼쳐놓은 정황들을 다음과 같은 대립쌍으로 추리는 것이다. 기계의 스펙터클과 자연의 풍경, 물질 노동과 비물질 노동, 노동과 여가. 하나를 다른 하나의 발전된, 혹은 지향되어야 할 형태, 혹은 구원이나 대안 등으로 보며 분리시키는 것이다. 하지만 이런 직선적인 시간관과 이분화된 가치는 전반부에서 〈보라〉가 지나온 미학적 결단, 지켜온 윤리적 태도와는 거리가 멀다. 대신 우리는 이 항들을 떠올리며 이런 질문들을 할 수는 있다. 공장에서 육체적인 노동을 하는 남자와 비닐하우스에서 농사일을 하는 노인 여성, 24시간 서버 관리를 하는 청년 파트타이머와 교외에서 사진 찍기로 여가를 보내는 이들은 서로 다른 계급의 집단들인가. 이들의 노동은, 활동은 서로 얼마나 멀리 떨어져 있는가, 혹은 어떻게 얽혀 있는가. 간단한 예를 들어보자. 영화에서 낮에는 자기 사업을 하고 밤에는 서버 관리를 하는 청년은 밤새 시스템을 지키면서, 그 시스템에 의해 가능해지는 여러 놀이들을 즐기며 시간을 보내고 있다. 그때 그는 노동을 하는 것일까, 쉬고 있는 것일까. 혹은 그의 노동은 육체적인 것인가, 아닌가.

이에 대해서는 여러 고찰들이 필요하겠지만, 여기서는 무려 50여 년 전, 기 드보르가 『스펙터클의 사회』에서 이미 지적한 내용에 기대려고 한다. "비활동은 생산 활동에 의존하고 있으며 그것은 생산의 필수품들과 결과물에 대한 어색하면서도 감탄 섞인 굴복이다. 다시 말해, 비활동 자체가 생산의 합리성의 산물이다. (……) 현재의 '노동으로부터의 해방', 즉 여가의 증대는 결코 노동 내에서 이루어지는 해방이 아닐 뿐만 아니라, 이 같은 노동이 창조하는 세계로부터의 해방도 아니다. 노동 속에서 상실된 활동이 노동의 결과에 대한 굴복 속에서 회복될 수는 없다." 이 암울한 진단은 〈보라〉에도 여전히 적용된다. 위에서 언급한 각각의 항들은 분리될 수 없는 채로 교차와 이행과 변모를 거듭하며 시스템의 시간을 지속시키고 있다. 그러니까 한 공간에 귀속되지 않고 서버 관리를 하는 청년, 호흡기 질환에 시달리면서도 공장을 그만두지 못하는 노동자, 그리고 여가 활동을 하는 다른 누군가는 모두 결국 자본의 수행자라는 점에서, 쉽게 그들의 활동을 질적 가치로 위계화하거나 그들의 계급을 규정하기는 어렵다. 노동으로부터 완전히 자유로운 여가 활동은 없으며, 차라리 그것은 노동의 시간을 지탱하는 환상이다. 그러므로 추상적으로는 자본, 정서적으로는 무기력이 이들을 연결하는 고리로 보인다. 평론가 변성찬이 "후반부에 나타나는 갑작스러운 '비약'과 그것의 긴 지속 또는 확장은, (전반부의) 이 무기력으로부터 벗어나고자 하는 회피이자 동시에 그 무기력의 확인"이라고 설명하는 건 그런 맥락에서일 것이다. 하지만 바로 이 지점에서 중요한 질문이 고개를 든다. 결국 그게 다인가.

이강현은 기계들을 찍을 때는 카메라의 움직임을 허락하면서 인물들을 찍을 때만큼은 카메라를 세워두었다. 혹은 기계라는 자본의 무심한 스펙터클을 영화적으로 스펙터클화하면서, 그 기계를 만지는 인간은 신체의 부분들로 조각내어 포착할 때가 많았다. 존재가 온전히 드러나는 순간, 즉 그 인간을 이루는 기관들이 모여 유기적 존재로 등장하는 순간은 그가 질병을 진단받을 때, 그 유기체가 병들었을 때이다. 반복되는 자본의 시간 안에서 개별 역사를 누적하지 못한 파편화된 기관으로서의 존재. 흥미로운 것은 이 냉철한 영화가 이 강건한 스펙터클에 대한 저항의 가능성을, 저항이 아니라면 짧은 단절의 가능성을 다소 감정적인 순간들로부터 찾고 있다는 점이다. 석면방직공장에서 일한 탓에 오랜 시간 각종 질병에 시달려온 나이 든 노동자를 인터뷰하며, 영화는 그에게 처음으로 사적인 기억에 대한 질문들을 던진다. 노동 이외에 별다른 기억을 꺼내지 못해 머뭇거리던 그가 동료들과 함께했던 야유회의 기억을 말한다. 영화는 그 지점에 "아름다운 시절을 기억하며"라는 글귀의 오래된 흑백 단체사진을 넣는다. 남자의 노쇠한 육신에 여전히 남아서 흐르는 병든 노동의 시간과 그 자리에 멈췄으나 여전히 빛나는 유일한 추억의 순간. 신기하게도 둘이 충돌하는 그때, 노동의 시간은 추억의 시간을 잡아먹지 못한다. 그것은 이 냉철한 영화도 빠져들고 마는 위로의 울림이며, 통속의 위대함이다. 고매한 학자들이 여가의 영역을 얼마나 날카롭게 해부하건 간에, 〈보라〉에서 연신 카메라의 셔터를 눌러대는 이들은 그 울림을 기다리는 자들이다. 단 일초라도 노동으로 환원되지 않는 순간을 자신의 프레임 안에서 찾아 영원히 멈춰 세우려는 몸부림이 이 병적이고 경박한 취미 활동에 숨겨진 슬픔이다.

그렇다면 〈보라〉 자신은 고도로 교묘해지는 자본을 응시하며 권태와 질병으로 찌든 우리의 무기력을 지나 어디서 스스로를 멈추는가. 끝에 이르러 영화가 멈춘 자리에는 다정한 연인들이 어둠 속에서 서로를 껴안고 기이한 얼굴로 카메라를 보고 있다. 그렇다, 놀랍게도 이 엄격한 영화가 노동의 시간에 새기는 것은 강렬한 사랑의 이미지다. 사랑이라는 활동. 그것은 노동의 시간을 균열하고 병든 육체를 견디게 해주는, 우리의 유일한 행위가 될 수 있을까. 〈보라〉는 비로소 그 질문을 던져두었고 우리는 그 사랑의 활동을 믿고 싶다. 이제 〈보라〉 앞에는 또 다른 질문이 도착했다. 타자의 '안'을 만지거나 궁금해하지 않으면서, 타자의 표면만을 집요하게 응시하면서도 사랑이라는 활동은 가능할까. 그의 다음 영화가 답할 차례다.

（『씨네21』 2011. 11）

안개가 걷히고
우리는 무엇을 보아야 하나

김태용의 〈만추〉에 대한 조금은 이상한 느낌을 언급하는 것으로 이 글을 시작해야 할 것 같다. 영화를 두 번 보고 나서도 여전히 이 영화의 결이 잡히지 않는다. 보는 동안 마음이 흔들리는 순간들이 없지는 않았던 것 같은데, 그 막연한 잔상으로 이 영화에 대해 평가하는 것이 온당한가, 망설여진다. 이를테면, 이런 것이다. 『씨네21』에 실린 〈만추〉에 대한 별점을 보며 필자들의 20자평에는 대강 고개를 끄덕이면서도, 그들이 그 결과로 준 별점에 대해서는 의문이 든다. 아마도 그 간극에 이 영화에 대한 나의 현재 상태가 있을 것이다. 두 배우와 영화 속 사랑에 대한 논평들이 작품성에 대한 고른 지지의 별점으로 이행할 때, 둘 사이에 어떤 비평의 계단이 그걸 가능하게 하는지가 궁금하다. 여러 비평문들을 읽어보았지만, 거의 비슷한 이야기들(배우의 얼굴, 시애틀의 안개 등), 달리 말해 영화가 우리에게 노골적으로 보라고 요구하는 것들에 대한 감흥 이외의 것들을 통해 영화를 옹호하는 평은 찾기 어려웠다. 그렇다고 해서 이 글이 영화에 대한 확신에 찬 판단을 전제하거나 그 확신을 풀어내는 비평이 되지는 못할 것이다. 다만 영화를 완전히 끌어안지도, 완전히 버리지도 못하는 지금의 내 마음을, 혹은 그 마음의 근원을 생각이 흘러가는 대로 써 볼 요량이다.

시나리오로만 알고 있는 이만희의 〈만추〉, 혹은 김기영의 〈육체의 약속〉이나 김수용의 〈만추〉를 김태용의 〈만추〉와 비교할 생각은 없다. 다만, 원작과 완전히 분리된 상태로 존재할 수만은 없는 리메이크작의 운명, 딱 그 정도만큼만 기존의 작품들을 상기하게 될 것이다. 이야기의 기본 뼈대를 제외하고 과거의 리메이크작들을 본 후 잊기 어려웠던 유일한 공통점은, 영화 전반에 흐르는 이물감이다. 이 영화들의 물질성 혹은 촉각성이라고 표현해도 될 것 같다. 그건 단지 여기에 남녀의 지독한 육체적 욕망이 꿈틀댄다는 사실에 국한된 인상만은 아니다. 등장인물들 각각에 대한, 그리고 두 남녀 사이에 느껴지는 밀착의 강도와 관련된 인상, 말하자면 제한된 시공간의 한계 속에 꾹꾹 눌러 담겨지다 결국 해결되지 못하고 넘쳐 맴도는 과잉된 정념과도 관련된 문제다. 그러나 김태용의 〈만추〉에는 위의 불편하고 지독한 정념들이 부재한다. 부족한 게 아니라, 부재한다는 게 나의 인상이므로, 이것은 차라리 영화의 의도로 보는 게 적당하다.

사실, 배경을 한국이 아닌 미국으로 옮겨갈 때, 중국계 미국인인 애나는 이방인 죄수고, 훈은 이방인 접대부다. 글로벌한 설정에 의해 둘은 백인 중심 사회에서 이중으로 타자화된 위상을 갖게 된다. 애나의 가족들이 경제적으로는 미국에 어느 정도 안착한 중산층처럼 보이고, 훈이 상류층 한국 여인들에게 빌붙어 연명하며 경제적으로 딱히 어려움을 겪지 않는 것처럼 보여도, 둘은 인종적으로, 사회적 위상으로 어쨌든 미국 사회의 주변부에 존재한다. 그래서 영화를 보기 전까지, 이 글로벌한 테두리가 한국에서 만들어진 〈만추〉 리메이크작들을 넘어서는 이야기의 이물감을 자아내지 않을까 예상했다. 두 남녀뿐만 아니라, 인물들과 그들이 놓인 장소 사이에서 벌어지는 어떤 충돌과 균열 같은 것 말이다. 하지만 예상과 달리, 김태용의 〈만추〉는 매끄럽다. 그건 우선 두 남녀의 밀착도가 생각만큼 강하지 않다는 인상에 기반하지만, 그들의 육체가 성적으로 거칠게 부딪치지 않아서 그렇게 느낀 건 아니다. 서로가 서로에게 거의 그 순간만큼은 유일무이해 보였던 전작들에 비한다면, 애나와 훈은 충분히 서로를 보고 있지 않다. 이미 설정부터가 그렇다. 훈은 아예 직업적으로 여자들을 상대하는 남자고, 애나는 여전히 마음에 품고 내려두지 못하는 다른 남자가 있다. 이 둘을 보다보면, 둘의 이야기가 아니라, 마치 각자의 이야기들이 이들의 어딘가에서 마치 따로따로 계속 활동하고 있는 것처럼 느껴진다. 애나와 훈의 감정을 보여주는 얼굴 클로즈업이 많지만, 이들의 시선이 인상적일 때는 서로의 눈이 아닌, 틈틈이 다른 곳 혹은 자기 자신을 보는 순간이다. 요컨대, 훈이 거울 앞에서 나르시시즘에 빠지거나, 애나가 환상을 완전히 제거한 초라한 형상으로 거울을 물끄러미 들여다보는 장면이 그렇다.

어쨌든 이 영화를 보며 느낀 일종의 (개인적인) 분열을 간단하게 정리하면 이러하다. 이 영화가 애나와 훈의 사랑보다는 애나에게 무게를 기울인 이야기라고 하더라도, 종종 애나가 부여잡거나 들키는 그녀의 내면은 이해가 가는데, 결과적으로 그 내면의 파장에 근원이 되는 훈과의 찰나에는 마음이 그다지 움직이지 않는다는 것이다. 혹은 이 영화는 시각적으로는 감성적인 것 같은데, 그 세계를 이루는 감정의 물질성이 느껴지지 않는다는 것이다. 이 간극을 두고 연출의 성공과 실패에 대해 말할 수도 있겠지만, 이번만큼은 그런 방향이 아니라, 영화의 선택에 대해 생각해보고 싶다. 이미 우리가 시작과 끝을 모두 알고 있는 이야기 자체가 중요한 게 아니라, 그 이야기를 품고 있는 영화적 공기가 중요할 때, 그 공기를 잡아내기 위한 김태용의 선택에서 무엇을 보아야 할까.

　이 영화에서 시애틀은 약간의 글로벌한 관심을 가진 눈썰미가 좋은 사람들이라면, 지난 리메이크작들에서 속초 바다나 서울역의 풍경을 한눈에 알아볼 수 있는 것처럼 그곳이 시애틀임을 금세 알 수 있게 찍혔다. 김태용은 인터뷰에서 시애틀을 영화의 "제3의 주인공"이나 마찬가지라고 말했다. 하지만 앞서 잠깐 말했듯이, 시애틀이라는 특정 장소와 두 인물들 사이에는, 그것이 향수든, 회한이든, 낯섦이든 긴장감이 잘 느껴지지 않는다. 영화는 이곳이 애나가 한때 행복했던 시절을 보냈고, 추억이 깃든 놀이공원이 위치한 곳이라고 알려주지만, 솔직히 이곳은 안개만 낀다면 미국 어디라도 상관없을 공간처럼 보인다. 한 장소가 누군가의 고향이거나 도피처일 때의 정서, 이를테면 인물을 한없이 끌어당기거나 한없이 밀쳐내는 장소 자체의 호흡이 없다. 그걸 시애틀 고유의 안개가 해내고 있다고 보는 사람들도 있겠지만, 나는 좀 다르게 생각하며 그건 뒤에서 다시 말할 것이다. 여행자에게만 가능한 사랑, 완전히 낯선 시공간이 인간에게 안기는 매듭에서 비롯된 절절한 멜로의 목록을 우리는 알고 있다. 자기 몸의 일부처럼, 존재와 분리할 수 없는 기억의 장소를 주인공으로 삼은 영화들의 목록 또한 알고 있다. 〈만추〉는 그 둘 사이 어딘가에서 떠돈다. 그건 애나와 훈이 충분히 관광객처럼도, 충분히 현지인처럼도 찍히지 않았다는 의미며, 그게 어떤 독특한 제3의 느낌을 자아낸다기보다는 장소의 얼굴은 있는데, 거기 새겨진 주름이 없다는 인상을 준다. 지난 리메이크작들이 두 남녀의 상황과 행위를 통해서 어떤 식으로든 한국 근대의 풍경으로 확장된 것과 달리, 이 영화는 이야기의 토대가 되는 물적 조건, 글로벌의 풍경을 둘의 형상 속으로 개인화하고 축소시키는 것 같다. 애나와 훈이 어색한 영어로 대화하고, 이들 주변을 외국인들이 스쳐지나간다는 점 등을 제외하고는 딱히 미국은 이국적 풍광 이상의 의미로 다가오지 않는다. 그런 맥락에서 영화 후반, 훈에게 아내를 빼앗긴 남자가 훈에게 누명을 씌우는 무시무시한 장면은 실은 이 영화에서 거의 유일하게 이야기가 벌어지고 있는 세상의 단면을 보여주는 지점이다. 상류층 백인 남자, (아마도 백인들의 주류 사회에 편입되지 못하고) 바람이 난 동양인 여자, 그리고 자신의 성적 매력을 자본으로 생존하는 젊은 동양인 남자. 상투적인 설정이기는 해도, 평면적이던 이야기에 조금 과장되게 말해, 정치경제적 층이 생길 수도 있는 순간이다. 하지만 영화는 이 장면을 마치 소설 속의 어떤 인물이 극적 효과를 위해 튀어나온 것처럼, 이에 대해 더 깊이 생각하는 것이 우습게 보이게끔 허구적인 기운으로 찍었다.

장소의 물질성이 부재하는 것 같다는 느낌은 영화에서 두 남녀가 공간을 이동하는 방식과도 관련이 있다. 이만희, 김수용의 〈만추〉, 김기영의 〈육체의 약속〉은 기차의 영화라고 불러도 과언이 아니다. 그때 기차는 이 영화들의 육체나 마찬가지다. 그것은 장소와 장소를 잇는 수단이 아니라, 그 자체로 하나의 장소다. 연결되고 열려 있으나 곳곳에 그만큼의 고립과 비밀을 품을 공간을 마련해둔 곳. 이 이동하는 기계 안에서는 존재의 이야기 또한 마음만 먹으면 이동할 수 있다. 이들 작품 속에서 감옥 문을 나서자마자 기차의 공기로 사회의 공기를 맡는 여죄수들은 그곳에서 담배를 피우거나, 죽음을 결심하거나, 남자를 훔쳐보거나, 키스를 하고 섹스를 하며 감옥의 일상에서는 불가능한 욕망을 끄집어낸다. 한번 지나가면 후진해서 돌아갈 수 없는, 오직 지나감만 있는 열차의 일회적인 순간은 그래서 영화 속에서 거의 언제나 절대적이다. 이 영화들에서 기차는 속도와 시간이 절묘하게 얽힌 관능적이고 세속적인 리듬의 장소다. 그런데 김태용의 〈만추〉에서 애나와 훈이 타는 건 버스다. 물론 미국에서는 기차보다는 자동차, 비행기, 그리고 버스가 훨씬 더 애용되는 교통수단이기는 하다. 하지만 실제로 이 영화의 이동 경로인 캘리포니아 중남부 프레스노에서 시애틀까지 가는 방법으로 기차 노선이 아예 없는 건 아니다.

기차가 아닌 버스, 극적인 이야기의 층위가 아닌 그저 심심한 이동수단. 무드가 곧 사건과 다름없는 〈만추〉에서 무드를 발산하는 핵으로서 기차는 감독에게 포기하기 쉬운 수단은 아니었을 것 같다. 그러니 이것이 제작조건상의 선택일지라도, 어쨌든 영화가 기차를 버렸다는 건 영화가 〈만추〉의 그 무드를 기차가 아닌 다른 어딘가에서 진행시키고 있다는 의미로 받아들여도 될 것이다.

그때 김태용의 선택은 계절, 아니, 날씨다. 물론 지난 작품들에서도 분명 늦가을이 주는 정념이 있다. 푸른 여름을 배경으로 삼은 '만추'를 상상할 수는 없다. 김태용 역시 시애틀의 초겨울 안개와 부슬비의 정취에 기댄다. 그런데 문득 의문이 생긴다. 영화가 계절 혹은 날씨에 의존한다는 건 어떤 의미일까. 영화는 날씨에, 혹은 날씨는 영화에 어떻게 개입해야 하는가. 그건 영화의 운명적 조건 같은 것인가, 아니면 정반대로 일종의 반칙인가. 우리는 둘을 어떻게 구분해야 하는가. 당장 떠오르는 영화들의 몇 가지 예가 있다. 〈만추〉처럼 제목부터 계절을 지칭하는 오즈 야스지로의 〈만춘〉에서 오즈는 계절의 풍광에 관심을 두지 않는다. 혹은 계절은 인물의 심리를 매개하는 무엇이 아니다. 우리는 아버지와 딸의 마음에서, 보내야 하는 자와 떠나야 하는 자에게서 계절의 마음, 설명하기 어려운 그 추상을 매우 구체적인 형태로 본다. 오즈의 예가 적절하지 않다면, 〈옥희의 영화〉에서 홍상수의 눈은 어떤가. 그가 "날씨는 감정"이라고 말할 때, 우리는 그것이 날씨의 상징성, 상투성에 기댄다는 뜻이 아님을 알고 있다. 눈이 오지 않았다면 그 이야기는 그 자리에서 성립되지 않았겠지만, 그 눈은 자체로는 아무것도 지칭하지 않는다. 다시 말해, 우리가 이미 알고 있는 날씨의 뉘앙스로부터 벗어나게 만들어주는 것이 홍상수 영화에서의 날씨다. 그건 서사의 (빈약한) 정서를 고양시켜주는 날씨의 기능과 완전히 다른 것인데, 이를테면 박찬욱의 〈파주〉를 비판하는 자들의 논지 중 하나가 그와 관련이 있었다. 삶의 모호함과 서사의 모호함과 안개의 모호함이 너무 쉽게 서로를 용인하며 수용되었던 건 아닌가, 와 같은 논지들.

그렇다면 김태용의 〈만추〉를 시종일관 적시는 안개는 어느 쪽일까. 그는 이 영화에 대해 "대사의 전과 후, 사건의 전과 후 등 영화적으로 볼 때는 죽어 있는 시간에 핵심이 있는 것 같았다"고 말했다. 그의 말대로 〈만추〉에서 그 죽어 있는 시간의 영화적 물질성을 구현하는 일은 가장 중요해 보인다. 김태용은 어려운 선택을 하지 않는다. 애나의 무표정한 시선과 도시에 무겁게 내려앉은 시애틀의 안개를 말 그대로 보여주는 것이다. 마치 여기에 어떤 인공적인 개입도 없다는 듯이, 우리가 이미 알고 있고 기대하는 안개의 정조와 그만큼 예상 가능한 여인의 상처 입은 시선을 겹쳐둔다. 그때, 그 인상은 탕웨이라는 아름다운 배우의 연기와 시애틀의 안개를 빼고 나면 이 영화에 무엇이 여전히 남아 꿈틀거릴까, 하는 다소 억지일지도 모를 질문과 가까운 자리에 있게 된다. 하지만 이 질문을 김태용의 〈만추〉는 얼굴과 풍경의 전시성에 몰두하고 있는 영화, 라는 단정으로 쉽게 동일시하고 싶지는 않다. 그녀의 시선이 안개 속에서 아주 작은 차이로 보이는 변화와 그 얼굴이 전해주는 미약한 이야기의 매혹을, 그것이 환영이고 착각이라 해도 아직은 쉽게 거두지 못하겠기 때문이다. 그것이 세상에 던지는 그녀의 시선이 아니라 관객의 감정적 동요를 위해 거기 준비된 시선일지 모른다는 의심을 떠나지 못하면서도 말이다.

인물의 내면으로 들어가 함께 요동치는 방식은 김태용의 것이 아니므로 그걸 바랄 수는 없을 것이다. 그는 안개와 무표정한 시선이 아니라면, 가능한 어색하고 우회적인 언어와 상황으로 슬픔을 표현할 수 있다고 믿는다. 애나는 무대의 무용수를 빌려, 혹은 언어가 통하지 않는 남자 앞에서, 혹은 장례식장의 이상하게 코믹한 상황에서만 자신의 마음을 고백하고 폭발한다. 그건 자신이 상황의 주인이 아닐 때에만, 그것도 진짜가 아닌 듯한 연기의 제스처를 취하면서 비로소 스스로를 표현하는 자의 모습이다. 김태용의 〈만추〉는 애초 물질적인 육화가 아니라 거리 두고 망설이며 형상을 에둘러 그려가는 성정의 영화다. 이 멜로는 어떻게든 인물과 장소로 들어가 그 속의 두터움을 헤매는 길보다 그들이 스크린 표면으로 나오는 순간을 기다려 포착할 수 있다고 믿는다. 엔딩은 그런 의미일 것이다. 하지만 그 수많은 표면들에서 정말 우리는 무언가를 포착한 걸까. 순간의 충만이 필연적이어야 할 짧은 이틀의 이야기가 매 순간 미래로 밀려가면서 그저 카메라의 시간을 견디는 것처럼 보일 때, 정작 지나온 과거와 현재는 비어 있다. 시간이 흐르고 인물들이 인생을 꿋꿋이 나아가도 여전히 어딘가에 웅덩이처럼 파였을 지난 장면의 조각들, 보는 이를 쓰러뜨리고 마는 돌기들을 나는 이 영화에서 결국 찾지 못했다. 여기, 때때로 애처로움은 깃드나 비통함은 없다.

(『씨네21』 2011. 2)

카페 느와르

가혹하고도
가혹하구나

〈카페 느와르〉가 괴테의 『젊은 베르테르의 슬픔』(이하 베르테르)을 원작으로 한 1부와 도스토예프스키의 『백야』를 바탕으로 삼은 2부로 이루어졌다는 사실은 이미 여러 차례 언급되었다. 그런데 이 설명은 뭔가 미진하거나 엄밀히 말해 틀렸다. 내용적으로는 두 소설을 전제로 하고 있는 게 맞지만, 구조적으로 이들이 1, 2부로, 순차적으로 나뉜다고 볼 수 없다. 꼬투리를 잡는 것처럼 보일 수도 있으나 실은 중요한 문제다. 우선 〈카페 느와르〉의 전체 구조를 상기할 필요가 있다. 큰 덩어리들로 생각보다 단단하게 묶여 있는 구조는 이 영화를 들여다보는 하나의 길이 될 것이다. 1, 2부의 앞과 뒤에 더해진 이야기를 프롤로그와 에필로그로 불러도 된다면, 그 각각의 자리에는 두 문학 작품과 관계없는 현실의 소녀가 등장한다. 이름이 나오지 않는 이 소녀(정인선)는 프롤로그에서는 어떤 사연에서인지 햄버거를 목구멍으로 밀어넣고 있고(정성일은 그것이 자살 기도라고 알려주었다), 에필로그에서는 임신한 상태로 다시 등장해서 삶을 다짐한다. 그 사이에 자리잡은 『베르테르』와 『백야』는 1, 2부로 연결되어 있는 게 아니라, 『베르테르』의 죽음 '안'에 『백야』가 위치한 상태로 존재한다. 달리 말해, 유부녀를 사랑한 영수(신하균)의 첫번째 죽음 뒤 『백야』의 세계가 펼쳐지고 다시 그의 죽음으로 돌아온다. 혹은 그는 다시 죽는다. 어쨌든 두번째 죽음. 도스토예프스키의 『백야』에서 나스첸카를 사랑한 남자는 끝내 사랑이 이루어지지 못해도 죽지 않았다. 영수의 두번째 죽음이 (나는) 정성일의 선택이라고 생각하지만 정성일은 그것은 어찌할 수 없는 괴테의 선택이라고 말한 바 있다(이에 대해서는 뒤에서 다시 논의할 것이다). 그러니까 〈카페 느와르〉의 구조를 좀 쉽게 도식화한다면, '햄버거를 먹는 소녀-베르테르-백야-베르테르-임신한 소녀'쯤으로 정리할 수 있을 것이다.

관객마다 다르겠지만, 내게 이 영화는 프롤로그와 에필로그의 소녀를 '위한' 이야기다. 나는 소녀'의' 이야기라고 말하지 않았다. 영화의 시작에 스스로를 죽음으로 내몰던 소녀가 끝에 이르러 임신한 몸을 끌어안고 "나는 매일같이 아침이 오길 기다릴 거야"라고 말하기까지, 그 사이에 어떤 시간과 어떤 세계가 그녀를 지나갔을까. 영수가 강으로 뛰어내리던 배에 소녀가 있었다는 사실 이외에 우리는 그녀에 대해 아무것도 알지 못한다. 그녀의 변화의 과정은 생략되어 있다. 이 영화의 시작과 끝을 그저 일종의 첨언처럼 생각한다면, 별문제가 없을지 모르지만, 그 양쪽 끝에 영화의 무게를 온전히 싣는다면, 영수의 이야기, 혹은 미연들이나 선화의 이야기는 결국 소녀를 가로지르는, 어떤 식으로든 그녀를 위한 이야기가 된다. 즉, 영화의 몸통은 소녀가 스스로를 죽음으로부터 어떻게 견뎌내는가에 대한 지극히 영화적인 고찰이고, 정성일은 그 질문의 자리에 이 시대에 자신의 영화가 어떻게 스스로를 버틸 수 있는가라는 물음을 겹쳐두는 것 같다. 그때, 그가 손을 뻗은 것은 용감하게도 문학이다. 말하자면 영화라는 시간이 포괄할 수 없는 문학(이라는 거대한 역사). 그중에서도 하필이면 『베르테르』와 『백야』를 선택한 이유에 대해서는 그가 이미 여러 차례 밝혔다(『씨네21』 722호, 785호의 인터뷰). 몇 세기 전 서구의 시대정신, 그의 말대로라면 "혁명 전의 가능성과 후의 가능성"이 21세기 남한 사회 안으로 불러들여질 수밖에 없었던 영화적 필연성에 대해 질문할 수도 있지만, 지금으로서는 내가 이에 답할 위치에 있지 않다. 혹은 그 논의는 영화 밖으로 너무 나갈 것이다. 다만 〈카페 느와르〉가 문학을 참조한 영화라고 할 때, 영화를 본 누구나 다 한 번씩 꺼내는 영화 속 인물들의 문어체 대사에 대해서라면 조금은 할 말이 있다.

단순히 인물들이 책의 대사를 그대로 암송해서만이 아니라, 실제로 책을 보듯 읽어야 하는 하얀 화면의 글귀들, 편지를 읽듯 거기 덧입혀지는 배우들의 또 다른 목소리 때문에 사람들은 너무 쉽게 이 영화를 문학적인 영화, 심하게는 문학의 영상화라고 판단하는 듯하다. 하지만 문학을 바탕으로 했다는 사실, 이를테면 대사나 내용 같은 영화의 표면이 문학에 빚지고 있다는 사실이 무언가에 '문학적'이라는 수사를 붙일 충분한 이유가 될까. 게다가 이 영화가 문학적이라는 말은 얼마간 이 영화가 현학적이거나 우리에게 익숙한 영화 문법이 아니라는 의미로 쓰일 따름이어서, 여기에는 양쪽 모두에 대한 오해가 있다고 생각하고 그런 범주화는 되도록이면 피하고 싶다. 문어체 대사에 대한 지적에 대해 아주 간단하게, 문자가 배우의 육신을 통과하는 걸 보고 싶었다고 반복해서 말할 뿐인 정성일의 언급을 토대로 생각해보면, 그는 문자의 내용 전달이 아니라, 전혀 다른 방식으로 문자가 인간과 세상을 통과할 때, 혹은 영화라는 세상의 하얀 스크린과 빛을 통과할 때 어떤 일이 벌어지는지 보고 싶었을 것이다. 영화의 내레이션까지도 외워야 했다고 고충을 털어놓던 배우 김혜나의 말을 기억하면, 정성일은 책이 영상에 찍혔을 때의 형상이 아니라, 책이 영상을 통과하며 바로 그 시간의 공기로 움직일 때의 기운을 생각했던 것 같다.

그건 결국 무엇에 대한 열망일까. 문득 떠오르는 건 고다르의 말이다. 고다르는『필름 코멘트』와의 인터뷰에서 "매체의 문법의 순수한 긍정을 보는 것이야말로 영화의 시작이다. 문학에서는 문장과 문법이 너무 밀접하게 연결되어 있어서 가능하지 않고, 오직 영화에서만 가능하다"고 말한 적 있다. 〈카페 느와르〉에서 문학은 내용뿐만 아니라 형식적으로도 영화를 통과하며 우리가 생각하는 영화와 문학 각각의 메커니즘과는 다른 방식으로 서로에게 작동하고 있고, 중요한 건 그런 과정 속에서도 동시대성을 붙잡고 추상으로 빠지지 않기 위해, 그리하여 무엇보다 문학이 아닌 '영화'가 되기 위해, 영화가 자신의 몸을 서울이라는 장소성에 밀착하고 있다는 사실이다. 서울의 장소들은 〈카페 느와르〉에서 상징적인 만큼 가장 구체적이고 물질적인 무엇이다. 남산타워와 청계천. 말하자면 서울의 수직선과 수평선.

다시 이 영화의 구조에 대한 물음으로 돌아가야겠다. 사실 나는 이 영화가『베르테르』와『백야』를 끌어온 이유보다,『백야』에서 끝내지 않고 기어이 다시『베르테르』의 죽음으로 돌아온 이유가 궁금하다. 즉, 영수의 두번째 죽음의 필연성에 대한 질문. 앞서도 잠깐 말했지만, 이것이 위대한 작가 괴테의 선택이라는 정성일의 말을 순진하게 그대로 믿어야 할까. 그렇다면 반대로 이렇게 질문할 수도 있을 것이다. 왜 정성일은 괴테의 선택을 부수지 않는가. 감독은 왜 한 번의 죽음만으로는 충분하지 않다고 생각했던 걸까. 영수를 다시 죽이는 건, 결국 감독 자신이다. 그는 수차례 그 죽음을 도스토예프스키의 힘을 빌려 단지, 최선을 다해 미룰 수밖에 없다고 밝혔는데, 그 미루어진 시간 동안 벌어지는 일들은 어쩌면 우리가 이 영화에서 보아야 할 거의 모든 것이다. 하지만『백야』의 세계에서 영수가 또다시 사랑에 실패하고 절망에 빠져 죽음에 이르게 될 때, 결과적으로 그 미루어진 시간은 영수를 위한 것이라고 보기는 힘들다. 그렇다면 〈카페 느와르〉의 '백야'는 무엇을 위해 사흘 밤 동안 거기서 되살아나서 우리에게 무엇을 보여주고 있는가. 그의 두번째 죽음이 실연한 남자의 상투적인 죽음, 이미 한 차례 행해진 그 죽음이 아니라면, 이제 무엇의 죽음일까.

영화 속 '백야'의 세계에서 어떤 일이 일어나고 있는지를 보기 전에 영수의 첫번째 죽음에 대해 생각해볼 필요가 있을 것이다. 그가 사랑에 실패한 '베르테르'이고 죽을 수밖에 없는 운명이라는 전제를 잠시 거두어보자. 그는 왜 죽는가? 내 생각에 영화는 그 답을 이미 명징하게 우리에게 제시하고 있는 것 같다. 영수가 죽는 이유는, 아니 죽어야 하는 이유는 그가 폭력적인 아버지의 잠재성을 내재한 무력한 아들이기 때문이다. 영화의 전반부에 포진한 동시대 한국 영화들, 〈올드보이〉, 〈숨〉, 〈괴물〉 등의 인용은 정확히 말하면 이들 영화 속 남자들과 그들이 만든 세계에 대한 인용이며, 폭력의 담지자들이거나 체념과 냉소에 빠져든 그들과 영수 사이의 거리는 멀지 않다. 영수의 죽음은 어쩌면 그런 남자들의 전형 혹은 육신에 대한 〈카페 느와르〉의 환멸의 표출, 단죄, 혹은 그들을 다루는 유일한 해결책인지 모른다. 아버지가 죽어버리길 기다리는 정윤은 자신의 생일파티에 망치를 들고 찾아와 아버지와 대면한 영수에게 귓속말로, "저는 빨리 어른이 돼서 이 집에서 나가고 싶어요"라고 말한다. 내게 그 말은 아버지를 죽여달라는 간절한 부탁으로 들린다. 그러나 영수는 그 커다란 망치로 아무것도 이루지 못한다. 그가 "이제 코미디는 모두 끝났습니다"라고 말하며 그 집을 나올 때, 여기에는 오직 자포자기의 심정만 어른거린다. 그 코미디는 온전히 영수 자신의 것이다. 그러니 묻고 싶다. 〈카페 느와르〉가 우리는 죽음에 저항하고 살아야만 한다고 호소할 때, 그 외침은 과연 세상 모든 이들에게 공평하게 적용되는 외침일까. 위험한 발언일 수도 있지만, 아닌 것 같다. 이 영화는 끈질기게도 죽지 않는, 죽음을 망각한 아버지에 대한 분노를 안고 있다. 그들은 너무 강력하다. 나는 영수가 미연의 남편 앞에서 망치를 꺼내드는 그 순간에 영화의 조롱이 담겨 있다면, 그건 〈올드보이〉의 특정 장면 혹은 오대수를 향한 것이 아니라, '아버지'를 죽이지 못하는 영수를 향해 있다고 느낀다. 만약 그가 가여운 정윤의 소원을 들어주었다면, 그가 그 '아버지'와의 단절을 스스로 성취했다면, 그에게는 죽음이 아닌 다른 선택이 있었을지 모른다. 그러나 그는 그렇게 하지 못했고, 한강에 뛰어들지 않고 살아남았다 해도 그의 미래는 기껏해야 이후 '백야'에 등장하는 무기력한 예언자의 모습일 것이다.

이 지점에서 영수와 함께 말해야 하는 인물은 또 다른 미연(김혜나)의 존재다. 그녀는 시종일관 영화의 어느 지점에도 붙지 못하고 떠도는 듯한 인상을 준다. 그녀와 영수가 언젠가 사랑했던 사이인지는 모르겠지만, 그녀는 마치 단 한 번도 가져본 적 없는 것의 상실을 슬퍼하는 여인처럼 보인다. 무엇이 들어 있는지 알 수 없는 선물 꾸러미를 들고, 어디서 날아왔는지 알 수 없는 빨간 풍선을 쥐고 있는 이 아름다운 여인은 그러나, 자신이 사랑하는 남자의 불륜 현장을 폭로하는 편지를 보내는 자이기도 하다. 그런 그녀가 가장 이상하게 등장하는 신은 홍상수의 〈극장전〉과 함께이다. 다른 한국 영화들의 인용과 달리, 〈극장전〉은 다른 배우들에 의해 흉내 내어지는 게 아니라, 영화의 장면 전체가 그대로 삽입된다. 하나는 여관 앞에서 여자가 신발 끈을 고쳐 묶는 〈극장전〉의 장면을 보면서 미연과 영수가 오럴섹스를 하는 모습이고, 또 하나는 이후 미연이 홀로 〈극장전〉의 엔딩, 김상경이 "생각을 더 해야 해"라고 말하는 그 장면을 보며 울면서 자위하는 모습이다. 〈극장전〉의 특정 장면, 그리고 그걸 보며 하는 섹스, 이때 디브이디 방의 어둠 속에 웅크린 이들의 몸 위로 빛처럼 새겨지는 그 장면들의 형상의 조합은 어딘지 그로테스크하다. 이 장면들 각각 이전에는 자신을 사랑하지 않는 남자 영수에 대한 미연의 비틀린 사랑이, 이후에는 다른 미연(문정희)과의 사랑을 선언하는 영수의 글귀가 따라온다. 말하자면 〈극장전〉의 이 특정한 장면들의 삽입은 〈카페 느와르〉에서 사랑하면 안 될 이를 사랑하는 자들의 몸부림과 관련이 있는 것 같다. 솔직히 나는 〈카페 느와르〉의 이 장면들을 대할 때마다 왠지 모르게 외면하고 싶은 마음이 생기는데, 이 감정을 설명하기 위해서 어쩔 수 없이 〈극장전〉 속 위의 특정 장면들에 대한 정성일의 평에 기대려고 한다. 그는 그 두 장면이 결국은 "나를 살리기 위해서, (그 누구도 좋아하지 않고) 오래 살 수 있도록 생각하겠다고 다짐"하는 것이라고 생각한다. 정성일에게 〈극장전〉은 죽음을 말한 다음, 죽음 대신 존재를 선택하고 있으며, 죽지 않기 위해 누군가를 좋아하는 행위를 중단하기로 결심하는 "희극적 냉소"의 영화다(『씨네21』 507호). 그런데 〈카페 느와르〉의 두 인물이 〈극장전〉을 보며 그런 행위를 할 때에는 좀 다른 의미가 생기는 것 같다. 그들은 사랑의 포기가 죽음에 이르지 않고는 가능하지 않다고 여긴다. 더욱이 미연은 살기 위해 사랑을 중단하는 대신, 사랑을 실패시켜 지연시킴으로써(자신이 사랑하는 영수의 사랑을 실패시켜 그에 대한 자신의 사랑을 연장시킴으로써)만 죽지 않을 수 있다고 생각한다. 중단이 아닌 실패. 쾌락을 포기함으로써 고통도 끊어내는 것이 아니라, 욕망을 끝내 놓지 않음으로써 고통도 안고 가는 것. 적어도 영화의 이 지점에서는 그렇다. 이는 홍상수의 인물들이 내린 그 결단에 비해 존재의 긍정에 더 가깝나? 혹은 더 비관적인가? 혹은 어떤 식으로든 더 나아간 것인가? 잘 모르겠다. 하지만 미연과 영수는 〈극장전〉의 인물들에 비해 사랑과 삶에 대해 더 근본적이고 순정적인 것 같고, 그래서 그만큼 더 위악적인 느낌을 주며, 그 위악을 보는 것이 때때로 힘겹다.

　마침내 영수가 한강에 뛰어든 다음, 젖은 채로 살아나와 청계천을 거니는 '백야'의 세계를 말해야 할 차례다. 만약 이 영화를 '장소의 영화'라고 부를 수 있다면, 그 말의 의미를 온전히 감당하는 장면들이 이 죽음과 죽음 사이의 세계에 있다. 흑백으로 찍혔다고 해서 이 세계를 죽음으로 단정하는 것은 적절하지 않으며, 오히려 사건이라고 할 만한 것이 없는 이 영화에서 무언가 벌어지고 있고, 진행되거나 움직이고 있다는 걸 보는 이의 몸으로 전달해주는 순간이 여기 있다. 무엇보다 세 지점을 눈여겨보아야 할 것이다. 전체적으로 흑백인 이 세계는 선화(정유미)와 영수의 첫 만남 직후, 갑자기 이야기를 중단하고 '백야'의 세계 밖으로 나온 것처럼 현재의 청계천 위를 트래블링 숏으로 길게 따라간다. 그리고 그 장면은 컬러로 찍혔다. 청계천의 속도를 따라잡지 못하고 시체가 되어버린 건물들, 이미 폐허가 된 과거, 그러나 사라지지 못하고 잘못된 자리로 돌아온 듯한 것들. 더없이 낯설고 중층적인 정서로 가득한 풍경을 관망하며 끔찍함과 동시에 괴이한 향수에 젖게 된다. 이 뒤틀린 향수의 정체는 대체 무엇에 대한 그리움일까. 그런 감흥에 빠지는 찰나, 다시 흑백의 세계로 전환한 장면에서 영수는 선화를 대신해서 선화의 애인에게 보내는 편지를 써주고, 선화는 그걸 읽는다. 그때 화면은 청계천 다리 아래 한구석에 위치한 카메라가 하루 종일 그곳을 지나가는 실제 시민들을 찍은 컬러의 장면으로 바뀌고 그 위로 선화의 음성이 들린다. 이 장면은 압축적으로 빠르게 아침에서 밤의 시간으로 단숨에 흘러가는데, 거기 흑백의 세계에서 날아온 선화의 고요한 음성, 그 기다림의 정서가 이상한 충돌을 일으킨다. 다시 흑백이 된 장면에서 영수와 함께 연인을 기다리던 선화는 한 소녀에게 건네받은 등불을 들고, 청계천 다리 아래를 무언가에 이끌리듯 한참 동안 걸어간다. 마침내 그녀의 발길이 끝나는 곳인 여관 앞에서 세 노인이 앉아 하늘의 별을 보며 믿음을 이야기한다. 미래를 기다리는 과거의 출현 같다. 그런 다음 과거 언젠가 그 자리에 있었을 청계천의 진짜 오두막들을 찍은 사진이 삽입된다. 허구와 실재가, 시간과 속도가 충돌하고, 시간의 층위가 한데 충돌하는 장소, 청계천. 진짜와 가짜가 뒤섞이는 순간 우리는 가짜가 진짜처럼 믿어지는 게 아니라, 그 진짜가 의심스러워지는 순간을 경험하게 된다.

위의 세 지점은 각자의 순간만으로도 충만하지만, 이들이 한 세계 안에서 이루어내는 조응은 더없이 경이롭다. 특히 초반의 청계천 트래블링 숏과 이후 등불을 들고 청계천을 걸어가는 선화를 따라가는 장면은 어딘지 서로 대응하거나 대치되는 느낌을 준다. 청계천 트래블링 숏이 스크린의 오른쪽에서 왼쪽으로, 그러니까 청계천 9가에서 1가 쪽으로 움직이고, 이후 등장한 선화의 걸음이 화면상 왼편에서 오른편으로, 그러니까 (내 기억이 맞는다면) 실제로도 위와 반대 방향으로 움직일 때, 두 방향의 부딪침에서 비롯되는 감흥의 꿈틀거림에 대해 말하지 않을 수 없다. 둘 중 어느 하나를, 현재와 과거로 단정 짓고 싶지는 않지만, 앞선 숏에서 청계천의 쇠락한 풍경을 따라 내려오던 카메라의 반대 방향으로 선화가 총총히 걸어가는 동안 마치 영화는 죽은 신화가 된 청계천의 시간을 기어이 거슬러 올라가는 천사의 발자국처럼 느껴진다. 깃털처럼 가볍지만 이보다 더 결의에 차 있을 수는 없을 것이다. 이 두 장면은 말하자면 〈카페 느와르〉가 생각하는 청계천, 혹은 이 인공천이 상징하는 자본의 도시에 대한 숏과 역숏이다. 그 둘은 하나의 신화를 완성하는 몽타주가 아니라, 그 숏과 역숏 사이에 우리가 망각한 시간과 역사와 이야기를 숨겨둔 어긋나는 몽타주다. 그러니 이 영화에서 '백야'의 세계가 꿈인지, 또 다른 현실인지 따위의 문제는 더 이상 중요하지 않을 것이다. 영화 속 칼라와 흑백의 전환도 단지 삶과 죽음의 경계가 아니다. 요컨대 영화가 서울의 장소를 컬러로 보여줄 때, 그 색채의 다양성에서 우리가 보는 건 거기 새겨진 자본의 다양성 혹은 그것의 결과다. 컬러는 장소에 켜켜이 배인 시간이 아니라 공간의 속도를 보여줄 수 있을 따름이다. 적어도 이 영화에서만큼은 흑백은 동질성의 세계 혹은 죽음의 색채이기보다는 속도에 훼손되지 않는 빛을 보기 위한 필연적인 어둠처럼 보인다. 딱히 과거라고도 현재라고도 미래라고도 할 수 없는, 아니 그 모두라고 말하고 싶은 이 시간에는 이야기가 있다. 이 영화를 통틀어서 그 누구도 과거를 기억하려는 자는 없었다. 그들 모두에게 트라우마가 있다는 사실만 짐작될 뿐, 그리고 그들은 징후로만 자신을 드러낼 뿐, 자신의 이야기를 말하지 않았다. 오직 선화만이 기억을 품고 약속을 믿는데, 그녀의 긴 독백은 그 내용 혹은 그것의 연기 때문이 아니라, 그녀가 잊지 않고 기다린다는 그 사실을 온몸으로 보여준다는 점 때문에 잊기 어려운 것이다.

그렇게 '백야'의 경이로움을 지나서도 나는 여전히 영수의 두번째 죽음을 진심으로 긍정할 이유를 확신하지 못한다. 그것은 희생의 죽음일까, 새 삶의 시작을 알리는 죽음일까, 아니면 그저 또 다른 죽음일 뿐일까. 어쨌든 삶이 아니라면, 이 죽음들에 가치의 위계가 있을까. 영화의 마지막, 성모 마리아를 닮은 임신한 소녀는 자신을 버린 남자 친구를 안아주고 나서 남산으로 올라가는 케이블카를 탄다. 오른다는 것은 내려다보기 위함이다. 그 자리에서 아버지가 날 내려다보게 하지 않고 내가 내려다보겠다는 딸들의 선언. 무책임한 말인지 모르겠지만, 영수의 죽음의 의미를 관념이 아닌 육화된 현실 속에서 찾는 건 어쩌면 내 몫이 아니라 '죽어도 죽지 않겠다'고 다짐하는 이 소녀의 몫일 것이다. 그렇게 살아야 할 것이다. 하지만 소녀의 어깨가 너무 무겁다. 그래도 견뎌야 한다고 끝까지 내달리길 포기하지 않으려는 〈카페 느와르〉는 연약한 우리들에게 너무도 가혹한 영화다.

(『씨네21』 2011. 1)

김복남 살인사건의 전말

그 쾌감이
의심스럽다

평단의 반응으로 짐작하건대, 앞으로 별 이변이 없다면 장철수의 〈김복남 살인사건의 전말〉은 올해의 강렬한 데뷔작으로 꼽힐 확률이 크다.『씨네21』에서만도 김도훈(769호), 장병원(770호), 안시환, 황진미(771호)가 이 영화의 장점에 대해 길게 썼고, 20자평은 호의로 가득하며, 국내외 영화제에서의 잇따른 수상은 지금도 진행 중이다. 많이 늦은 감은 있지만, 그런 평들을 상기하며 〈김복남 살인사건의 전말〉(이하 〈김복남〉)을 보았다. 그러나 영화를 보고 나니 이 영화를 둘러싼 호평과 그 근거에 과장된 구석이 있다는 생각을 지울 수 없다. 조금씩의 차이는 있으나 〈김복남〉의 불균질함이 주는 매혹, 장르적 쾌감, 그 바탕에 전제된 정치성의 조합이 카타르시스를 제공한다는 게 그간의 공통된 견해들이었다고 정리해도 될 것이다. 물론 이런 장르일수록 작품에 대한 호불호에 취향의 문제가 개입되는 경우가 많으므로 그런 반응은 얼마든지 가능할 수 있다. 하지만 두드러진 영화적 결함마저도 장점으로 치환하는 너그러움을 보일지언정, 비평적으로 그 어떤 이견도 없다는 사실은 아무래도 의아하다. 이상하게도 〈김복남〉의 장점이라고 지적된 위의 근거들이 실은 영화에 없거나, 충분하지 않거나 오히려 단점으로 작용하고 있는 것 같다. 이 영화의 옹호자들은 여기서 영화적 에너지든, 메시지든, 사건이든 뭔가 전복적인 일들이 벌어지고 있다고 여기는 것 같은데, 동의하기 어렵다.

특히 〈김복남〉을 김기덕 영화의 자장 안에 두려는 피상적인 견해들은 김기덕의 세계를 오해하고 있거나 〈김복남〉을 오해하거나, 그러니까 둘 중 하나라는 게 내 생각이다. 둘을 비교하는 자리가 아닌 만큼, 간단하게나마 추상적으로 정리하면 이렇다. 김기덕 영화가 동물적이라면 그건 이성적 규범이 제어하고 포괄할 수 없는 잉여의 영화적 현시로 이성적 규범 안에서 정당성을 획득하지 못하거나, 그럴 필요를 요구하지 않거나 넘어서는 것이다. 그러나 〈김복남〉의 세계가 동물적이라면 그건 이성적 세계의 괴물적 반복이나 결과에 가까우며, 결국 그 세계의 질서 안에서 읽히고 그 안에서 정당성을 획득하는 것이다. 김기덕 영화의 폭력과 육체성을 보면서 쾌감을 논하는 사람은 없다. 바꿔 말해, 사람들이 열광하는 〈김복남〉의 영화적 쾌감은 사실, 그 파괴성이 결국 정돈되고 설명 가능하므로 쾌가 되는 감흥이다. 어쨌든 지금 나는 이 영화에 대한 수많은 호평들에 늦게나마 이견을 덧붙여야 할 필요를 느낀다.

〈김복남〉은 영화 내적 원리의 치밀한 구성으로 이야기를 쌓아올리는 영화가 아니라 이미 상정된 기본적인 뼈대를 매 순간 가장 드라마틱한 방식으로 표현해서 붙여놓은 영화에 가깝다. 하지만 아무리 그렇다 해도 후반부의 어떤 지점들은 영화 맥락상 유독 납득하기 어려운데, 이 영화에 대한 논의를 거기서부터 시작해도 될 것이다. 무도의 가해자와 방관자들을 모두 죽이고 섬을 떠나는 배에 오른 복남은 비밀스러운 가방을 들고 해원의 신발을 신고 있다. 육지에 내린 후, 그녀는 해원이 타고 도망쳤던 배를 목격한다. 영화는 복남이 부둣가에 벗어둔 신발을 비춘다. 그런 다음 플래시백(복남이 자신의 딸이 죽는 순간을 해원이 목격하는 걸 보는 장면)이 삽입되고, 경찰서에서 벌어지는 복남과 해원의 혈투 장면이 붙는다. 복남이 육지에 도착해서 해원과 마주하기까지의 후반부 신들은 친절하게 연결되어 있지 않다. 육지에 도착한 복남이 해원이 잠들어 있는 경찰서로 어떻게 찾아갈 수 있었는지, 어떻게 그녀를 감금했는지에 대해서는 내용적 측면이나, 스릴러적 구성의 측면에서도 정교함이 떨어지고 갑작스럽다. 그 부분은 분명 영화적으로 방만한 연결이다. 혹은 복남이 무도의 가해자들을 모두 살해하고 영화적 클라이맥스가 이미 지나간 뒤, 또다시 등장한 피의 향연은 보는 이의 감정을 짜내거나 무언가를 억지로 지연시키는 무리하고 불필요한 설정처럼 보이기도 한다. 그럼에도 불구하고 이 경찰서 시퀀스에 영화가 무게를 둔 것처럼 느껴질 때, 우리가 해야 할 질문의 연쇄는 다음과 같다. 왜 영화는 무도를 떠나는 복남에서 끝내지 않고 복남과 해원을 적대적인 관계로 다시 마주하게 했을까. 앞선 플래시백으로 짐작건대, 복남이 해원에게 복수할 기회를 주기 위해서? 하지만 결과적으로 죽는 사람은 복남이다. 그렇다면 복남이 영화가 끝나기 전에 어찌되었든 죽어야 하기 때문에 이 장면이 필요했을까? 그렇다면 영화는 왜 복남을 죽이는가? 복남을 희생시킨 다른 인물들은 모두 살해하면서 해원만은 살려두는 이유가 무엇일까?

　나는 이 시퀀스가 영화 내부의 시공간적 맥락을 타지 못하고 어딘지 부자연스럽고 급작스럽게 느껴져서 한동안은 누군가의 꿈이라고 생각했다. 인터뷰들을 보니 감독은 그걸 꿈으로 의도한 건 아닌 것 같지만, 이 부분은 해원의 죄의식이 만들어낸 꿈으로 보고 싶게 만드는 구석이 있다. 이와 관련해 영화 속 두 개의 플래시백—복남의 시동생에게 강간당할 위기에 처한 해원을 복남이 구해준 후 유사한 상황의 어린 시절 기억의 삽입, 복남이 해원에게 복수하기 전 딸의 억울한 죽음을 해원이 목격한 사실을 상기하는 장면의 삽입—도

복남의 복수가 정당함을 설파하기 위해 거기 있는 것처럼 보이지만(충분히 영화 내적으로 예상 가능하거나 인물들을 통해 말해진 사실이므로 굳이 다시 강조할 필요가 없는 장면들로서) 오히려 방관자 해원의 죄의식이 투영된, 해원의 것으로 여겨진다. 그렇게 볼 때, 결국 해원이 복남을 죽이는 경찰서 시퀀스는 해원의 죄의식의 결과이자 죄의식 그 자체의 형상화로 읽힌다. 말하자면 앞서 몇 차례 타자의 죽음을 방관했던 해원이 그 죄의식의 불안과 공포에 대응하는 방식은 실제로든 환상에서든 타자를 살해하는 것이다. 죄의식의 근원을 삼켜버리는 동시에 더 큰 죄의식에 휩싸이는 것. 해석의 비약이라는 반론을 감수하고서라도 이런 생각을 하는 이유는 이 영화의 결말을 방관자의 각성, 혹은 그에 대한 요구로 이해하는 일련의 반응들에 의문이 들어서다. 정말 그런가? 우선 이 물음은 해원의 현실에서 무도로, 다시 해원의 현실로 돌아오는 영화의 구조와 관련된 문제이며, 무엇보다도 이 영화가 충분히 장르적이지 않다는 사실, 즉 영화가 장르를 흡수하는 방식과도 함께 말해야 하는 문제이다.

무도는 해원 혹은 여자들이 남성 중심적 사회에서 일반적으로 겪는 폭력의 현실을 극대화한 장소다. 현실에서는 그런 일들이 일어나지 않는다는 의미가 아니라, 한 여자에 대한 학대가 이미 예정된 운명 안에서 특정한 목적을 향해 하나씩 자행된다는 의미에서 그렇다. 작위적인 설정들, 이를테면 불행이 다가오는 타이밍은 결코 우연처럼 보이지 않고, 복남의 고통을 의도적으로 지속시키는 장면은 내적 필연성이 없을 때가 많다. 무도를 탈출하려는 복남의 돈을 받아든 남자가 배를 출발시키지 않고 이유 없이 꾸물댈 때나 복남의 남편 만종이 자신이 딸을 죽이지 않았다는 거짓말을 동네 노인들과 공모해 필요 이상으로 늘어놓을 때, 그건 관객의 두뇌와 게임을 벌이려는 목적을 갖지 않는다. 거기에는 오직 복남에 대한 영화적 가학이 있다. 그녀의 복수심을 차근차근 쌓아올려 무참한 복수로 분출하려는 영화적 계산이 복남의 삶에 대한 연민을 훨씬 앞선다. 영화 속에서 여성에게 가해지는 폭력은 결국 그 폭력에 대한 복수의 정당성 안에서 사후적으로 용인될 수 있을까. 영화가 여성 잔혹극을 전면화할 때, 이 질문을 쉽게 여겨서는 안 된다고 생각하지만, 무도를 현실의 법이 아닌 장르의 문법으로 움직이는 철저히 장르적인 공간으로 본다면, 이런 작위적인 상황과 폭력은 싫어할 수는 있어도 수용하지 못할 이유는 없다. 가혹한 원인과 그에 대한 잔혹한 복수라는 이분화된 구도도 장르의 드라마 안에서라면 충분히 그렇게 이해할 수 있다. 하지만 문제는 바로 위에서 언급한 복남과 해원의 혈투 시퀀스가 영화 말미에 붙으면서다. 더 정확히 말하면, 복남이 무도를 빠져나오자마자 해원에게 살해되고 살아남은 해원이 집으로 돌아오는 현실의 결말을 마주하면서다.

복남과 해원의 혈투 시퀀스가 중요한 이유는 무도라는 장소 밖에서, 그러니까 현실의 규범으로 지배되는 장르 밖에서 해원과 복남이 대면하는 첫 순간이기 때문이다. 하지만 화려한 복수의 주체는 장르 밖으로 나온 순간, 살아남지 못한다. 그 죽음은 복수의 완결로서 택한 자살이 아니라 마지막 복수의 실패를 알리는 타살이다. 복남의 복수는 현실의 법 안으로 개입하지 못한다. 그녀의 복수는 오직 장르 안에서만 기능한다. 이 영화가 해원의 현실로 무도라는 다분히 비현실적인 장소를 감싸 안는 구조를 취할 때, 그걸 다소 거칠게 도식화해서 현실-장르-현실의 구조로 볼 수 있다면, 장르적 관습에 따른 쾌감을 지향하던 영화는 무도를 빠져나오는 순간, 망설임 없이 그 장르적 성취를 거두어버린다. 여기서 장르는 현실과 충돌하거나 섞이지 않고 스스로 퇴거하는 것처럼 보인다. 복남이 죽음을 맞이한 뒤에 무도에서 살해된 자들의 무덤들을 차례로 보여주는 인서트는 그곳에서 벌어진 앞선 사건들의 소란함에 비해 지나치게 고요하고 평화롭다. 복남의 죽음과 함께 마침표를 찍은 무도의 역사. 여기서 무도의 비극적인 역사는 유령으로든 트라우마로든 무도 밖 현실 세계로 침입하지 못하고 죽음으로 망각의 다리를 건너는 것 같다. 영화 속 복남과 함께 존재했을 장르의 전복적인 잠재성이 현실의 시간 앞에서 맥없이 멈추고 물러나는 순간이다.

물론 복남이 죽었어도 방관자이자 이 모든 사건의 목격자인 해원의 변화를 기대할 수 있지 않겠냐고, 혹은 영화가 복남의 역할을 이제 해원에게 넘기지 않았느냐고 반문할 수도 있을 것이다. 실제로 해원이 경찰서에 자진 출두해서 자신이 영화의 도입부에 모른 체했던 성폭행범들을 직접 지목하는 장면도 있다. 하지만 이 장면은 해원의 변화를 영화가 강박적으로 의식한 결과 같고, 오히려 여기서 보이는 건 살아남은 자의 자기 합리화나 변명 같은 것이다. 영화에서 유일하게 살아남은 여자 해원은 시스템과 싸우는 자가 아니라 여전히 죄의식과 싸우는 자의 모습에 훨씬 가깝다. 결정적으로 이 후반부에 의해 영화의 추는 무법한 세상에 온몸으로 저항하는 여인이 아니라 그런 여인을 바라보며 죄의식과 내적 분열에 사로잡힌 또 다른 여인의 이야기 쪽으로 기울어진다. 특히 마지막 장면에서 해원을 바라보는 영화의 시선에는 우리도 별반 다를 바 없다는 공감이 있는데, 거기에는 어쩐지 반성보다는 연민에 가까운 감정이 스며 있다. 학대받는 타자인 복남을 딱하게 바라보거나 그녀의 복수 행각을 호기심으로 쳐다보던 시선과는 다른 것이다. 영화의, 혹은 해원의 그런 태도를 탓할 수는 없겠지만, 그걸 전복적이라고 말할 수는 없다. 때때로 죄의식이 펼쳐낸 복수의 환상이라고 표현하고 싶게 만드는 이 영화에서 복남과 해원의 영화적 위상(이들의 계급적 조건의 차이를 의미하지 않는다)은 동등하지 않다. 더욱이 영화에서 복남은 엄밀히 말하자면, 구체적인 삶을 사는 사람이기보다는 복수의 잔혹함을 설득하기 위해 원인을 전시하는 기능처럼 보인다. 대다수의 관객들이 해원에게 동일시를 하고 그 위치에 서는 것이 영화가 우리에게 요구하는 사유의 지점이라고 하자. 그렇더라도 거기 도달하기 위해 영화 안팎,

장르 안팎으로 이루어지는 복남에 대한 타자화의 과정을 묵인해야 한다는 사실만큼은 부정할 수 없을 것이다. 위의 여러 이유들로 나는 〈김복남〉을 여성주의적인 영화로 평가하는 일련의 견해들에 수긍하기가 망설여진다.

감독은 복남의 복수 행렬을 의미화하기 위해서는 해원의 현실과 그 안에서 그녀가 이루어낼 변화에 대한 기대가 필수적이라고 답할지 모른다. 하지만 나는 이 영화가 무도에서 현실로 나간 것, 그러니까 장르의 테두리를 믿지 못하고 그 안에서 멈추지 못한 것이 좋은 선택이었다고 생각하지 않는다. 복남의 복수를 한갓 장르적 기능으로 소진하지 않고 사회적으로 인정 가능한 것으로 만들려는 영화의 야심은 되레 복수의 파괴력을 앗아갔다. 장르의 에너지는 자신의 힘에만 의존해서 자신의 질서를 갱신할 때 생기거나, 현실과 장렬히 부딪치는 과정에서 일어날 텐데, 〈김복남〉의 선택은 전자도 후자도 아니다. 이는 장르와 현실의 접점을 찾으려는 시도와도 구별되는 것으로 어딘지 둘을 끼워 맞춘 것 같다는 인상을 준다. 복수를 의미화하려는 영화의 그런 의도, 그리고 거기 담긴 메시지에 감흥을 얻는 자들에게 나는 동조하지 못하겠다. 그 의미가 틀려서가 아니라, 그렇게 의미를 부여하는 과정 속에서 오히려 복수의 내재적 에너지가 어떤 식으로든 재단되는 과정이 동시에 진행되고 있기 때문이다. 쉽게 말해 저항하는 복남, 아니, 그런 복남으로 대변되는 세계가 컬트로 박제되거나 물질성을 상실하기 때문이다. 결국 복남의 복수가 설명 불가능한 불쾌감이나 이물감을 남기지 않고 현실 사회의 질서 속에서 해소되는 것, '정당한' 복수에 대한 가치판단이 가능한 데서 오는 쾌감, 아마도 이것이 사람들이 만족하는 카타르시스의 정체라는 생각이 든다. 그런 점에서 〈김복남〉이 물질과 육체적으로 먼저 다가오는 영화라는 감상에는 어느 정도 오해가 있다. 제어할 수 없는 불균질함의 에너지가 영화 도처에 숨 쉬고 있다는 평도 어딘지 의심스럽다. 〈김복남〉은 기본적으로 몸이 아니라 머리를 먼저 믿는 영화다.

그리고 이 영화에서 정작 중요한 건 복수의 정당성, 혹은 복수를 불러온 원인의 사회적 맥락이나 원인을 둘러싼 가해자와 방관자의 태도에 대한 논의가 아니다. 복수를 장르 안에 가두고서 현실을 흘깃거리는 〈김복남〉은 그 복수를, 혹은 장르를 영화적으로 어떤 방식으로 취해서 소비하고 있는가. 그 방식 안에서 발생하고 작동하는 우리의 쾌감이라는 것의 정체는 무엇인가. 우리는 여기에 동의할 수 있을까. 〈김복남〉에 대한 올바른 판단의 방향은 이제 다시 이 질문들을 경유해야 한다.

(『씨네21』 2011. 2)

| 김복남 살인사건의 전말 | 249 |

<h1>북한이라는
타자에 대한
분열증</h1>

〈의형제〉를 보고 나서 할 수 있는 가장 호의적인 평은 (내 생각에) 송효정이 썼다(『씨네21』 741호). 다른 비평들이나 관객들의 반응을 보아도 조금씩 차이는 있지만 대체로 공감하는 분위기다. 요약하자면 이 영화에는 분단 상황을 배경으로 하는 기존의 한국 영화들과 다른 무언가가 있다는 것이다. 이미 많이 말해졌으므로 여기서 다시 설명할 필요는 없을 것 같다. 물론 이 영화를 보고 누구나 지적할 수 있는 비판의 지점들, 이를테면 시스템을 건드리지 않고 문제를 낭만적으로 개인화시켰다거나 이주민들의 현실을 강동원과 송강호의 캐릭터를 설명하기 위해 도구화시켰다는 의심에 대해 구구절절 늘어놓고 싶지는 않다. 이 지적의 내용을 거꾸로 뒤집은 게 이 영화에 대한 호평의 근거가 된다는 점이 마음에 걸리지만, 바로 그런 이유 때문에 오히려 위의 불편함에 대해 더 말하는 것이 소모적으로 느껴진다. 두 견해는 양극의 해석처럼 보이지만, 결국 동전의 양면이라는 게 내 생각이다. 거기에는 동일한 환상의 막이

작용한다. 〈의형제〉의 환상, 그리고 그걸 보는 우리의 환상.

영화를 본 후, 몇몇 장면들이 풀리지 않은 채 맴돌았다. 서사를 진행하는 데 불필요해 보이는 장면들, 심지어 서사의 완성도를 방해하는 것처럼 보이는 세 지점이 있다. 두번째 볼 때서야 이들의 연결고리를 찾았고 그걸 말하는 것이 다른 무엇보다 중요하다는 생각이 들었다. 달리 말해, 사람들은 〈의형제〉를 어쨌든 고운 심성의 영화로 보는 것 같은데, 위의 장면들은 이 영화가 좀 이상한 자기 부정, 혹은 자기 분열에 시달리고 있다는 걸 은밀히 보여준다. '시달리고 있다.' 그러니까 나는 그런 자기 부정(분열)이 영화의 의도적 선택이라고 생각하지는 않는다. 이제 언급하게 될 세 장면도 감독이 특별한 의미를 부여했다기보다는 장르적 긴장감, 혹은 상업적 고려에 의한 첨가였을 가능성이 크다. 하지만 강동원을 보거나 송강호를 보는 게 아니라, 〈의형제〉를 똑바로 보기 위해서는 그걸 말해야만 한다.

우선 영화의 도입부, 그림자는 남한에 정착한 김정학의 아내와 장모를 잔인하게 살해하고 송지원(강동원)은 그 방식에 동의하지 않지만 말리지 못한다. 그의 망설임을 눈치챈 그림자는 "남조선의 낭만적인 놈들은 다 병신"이라고 내뱉는다. 일단 이 말을 기억해두기 바란다. 그러고 나서 김정학이 어린 아들과 함께 집에 돌아오고 아이가 보는 앞에서 아이의 아버지는 잔인하게 구타당한다. 그 옆에는 아이의 엄마와 할머니가 피를 흘린 채 죽어 있다. 그때 송지원이 아이의 눈을 가린다. 이상한 건 모든 사건이 벌어진 후, 복도에서 안기부 요원들과 송지원, 그림자의 총격전이 벌어질 때에도 아이는 스스로 눈을 가리고 있고, 영화가 그걸 의식적으로 몇 번 더 보여준다는 점이다. 이미 엄마와 할머니의 시체를 보았을 것이고, 아버지의 비참한 죽음을 본 것과 다름없는 그때에, 즉 눈을 감기에는 이미 늦은 그 시점에 눈을 가리게 만드는 것. 눈을 가린 아이를 관객들에게 보여주는 것. 이미 본 사실을 못 본 듯이 처리하는 제스처. 무엇을 위해서일까. 영화는 무엇으로부터 아이를 보호하고 싶은 것일까. 혹은 영화는 무엇으로부터 스스로를 방어하고 있는가. 나는 이 장면이 이후의 본격적인 이야기를 '이렇게 받아들여야 한다'는 영화의 선언, 관객의 관람을 위한 일종의 가이드가 아닐까도 생각해본다. 탈북한 남자와 남한 여자 사이에서 태어난 2세, 영화 속에서 남과 북의 화합 혹은 화해의 상징일 이 아이는 그러나 그 결합의 결과로 처참한 죽음들, 그 화해의 불가능성을 목격했다. 남한에서 홀로 살아남은, 아니 버려진 아이의 미래는 아마도 비극일 것이다. 자, 이제 우리는 무언가를 보지 않아야만 이 영화를 즐길 수 있는가.

두번째 장면은 그림자가 최후를 맞이하며 송지원과 이한규 쪽을 향해 마지막으로 "감상적인 새끼들"이라고 말할 때다. 비슷한 말을 우리는 이미 위의 시퀀스에서 들었다. 한 치의 감정변화도 없는 살인마 그림자를 극적으로 표현하기 위해 덧붙여진 대사겠지만, 영화 후반부의 이 대사는 도입부에서 눈을 가리고 있던 아이를 떠올리게 한다. 아이의 행동의 의미가 영화 밖과 안 모두를 지시하듯이, 그림자의 "감상적인 새끼들"이라는 말 역시 영화 안과 밖으로 돌아오거나 투사된다. 반복하지만, 본 걸 못 봤다고 하는 제스처, 환상 안에 있으려는 몸부림, 어쩌면 불가능한 걸 가능하다고 믿는 것, 결국 감상에 매몰되는 것. 이한규와 송지원의 인간적인 관계가 이념을 초월할 수 있다고 열심히 보여주기 직전에 '앞으로 볼 건 환상이야'(아이의 장면)라고 선언하고, 직후에 '그렇게 믿다니 감상적인 것들'(그림자의 장면)이라고 말하는 두 장면을 넣은 건 아무리 생각해도 영화의 자기 부정이다. 앞에서도 말했지만 영화의 의도라고 보기는 어렵고, 서사적 결함이라고 말할 문제도 아닌 것 같다. 그걸 판단하는 게 이 글의 결론이 될 텐데, 그전에 마지막으로 한 지점을 더 이야기하려 한다.

에필로그의 봉합에 대해 사람들은 이 영화의 현실감을 떨어뜨린다고 불평하지만, 내가 보기에 그 장면은 현실감을 망치는 갑작스러운 판타지적 해결이 아니라 그 자리에 올 수밖에 없는 판타지다. 영화 안에서 그 이유를 찾을 필요를 느낀다. 일단 나는 이 영화의 진짜 엔딩은 그림자가 죽고 송지원이 병원으로 실려가는 순간이라고 본다. 그때 송지원의 상상 속에 아내와 아이의 평화로운 모습이 나타나는데, 대개의 영화에서 이런 경우는 주인공이 결코 되찾을 수 없는 순간이며 죽음을 암시한다. 송지원은 죽을 것이고 이한규는 표창은커녕 처벌을 받고 죄책감을 안은 채 더 보잘것없는 인간으로 살 확률이 크다. 이 부서진 현실의 엔딩을 감당하기 위해서는 영화도 부서질 각오를 해야 한다. 하지만 현실 해체가 아닌 가치의 복구를 추구하는 영화의 서사는 그걸 견딜 마음이 없다. 그러니 엄밀히 말해, 마지막 판타지가 두 시간 가까이 밀고 나간 영화의 성취를 갉아먹는 영화적 실수가 아니라, 바로 그 성취(영화의 성취이기도 하고, 송강호-강동원의 성취이기도 하며, 남한 안기부 요원-북한 간첩의 성취이기도 한데, 그건 결국 모든 게 탈색되고도 남는 '인간'의 전면화)를 지키기 위해 택할 수 있는 영화의 유일한 방법이라는 것이다.

송지원이 옥상에서 떨어진 후, "나는 아무도 배신하지 않았다"고 절실하게 말할 때, 아무도 배신하지 않은 중립적인 사내, 그 어떤 이념색도 없는 '인간'으로 남고자 할 때, 그리고 영화가 틈틈이 그의 인간적인 면을 부각시켜왔으므로 그의 선의에 우리가 설득될 때, 여기에는 그를 간첩이 아닌 인간으로 보자는 영화와 우리의 요구가 개입된다. 남북정상회담과 북한 핵실험 사이에 존재하는 송지원은 북한이라는 타자에 대한 우리의 환상의 대상이다. 악의 축으로 믿었으나 알고 보니 힘없고 칭얼대는 타자, 끌어안을 수도 밀쳐낼 수도 없는 타자에 대한 이 시대 남한 사람들의 분열, 불안, 죄의식의 징후 말이다. 그림자의 경우도 마찬가지다. 피상적으로 그는 송지원과 달라 보이지만, 영화는 느닷없이 그의 행동이 누구의 지시에 의한 것도 아님을 밝힌다. 북한의 실체, 혹은 이데올로기의 실체란 없고, 결국 이런 식으로밖에 드러나지 않는다는 걸 보여주는 영화의 선택이 분명 과거의 영화들보다는 세련된 것일지라도 한편으로 여기에는 뭔가 피하는 느낌이 있다. 송지원의 인간성과 그림자의 괴물성이 오직 개인적 수준에서 강조될수록 나는 영화가 애써 어떤 불안을 감추고 있다는 느낌을 받는다. 두 남자는 점점 손에 잡히지 않는 관념에 가까워진다. 그들은 북한이 아니라 북한에 대한 지금 우리의 분열증의 형상화다. 북한은 여전히 외부에 있다.

결국 〈의형제〉의 이런 자기 분열(부정)은 영화의 '무의식의 무의식적' 표출인 것 같다. 두 남자의 이념을 초월한 우정의 메인 서사, 즉 이 영화의 지향이 있고, 영화가 위치한 토대, 즉 지금 남한 사회의 실재가 있다. 둘 사이에 틈이 벌어진다. 틈의 현상이 바로 영화에서 불현듯 돌출되는 위의 세 지점들이며 그건 영화가 억압하거나 모른 체하는 무의식일 것이다. 그런데 문제는 이런 자기 분열이 영화적 지향(판타지)으로 현실(real)을 끌어안은 결과물이 아니라, 지향으로 현실을 지우려고 하다가 실패한 지점으로, 일종의 자기기만처럼 느껴질 때다. 〈의형제〉를 지지하기 망설여지는 이유다.

(『씨네21』 2010. 2)

침묵의 화답

시종일관 영화를 감싸는 안개 때문일까. 〈파주〉의 울림은 명확한 사실관계가 아니라 모호함에서 퍼져 나왔다. 어떤 사람들은 그 점을 불평하는 것 같은데, 영화를 보고 나오면서 그 모호함을 투명하게 들여다보고 싶다는 생각이 들었다. 지금 우리가 사는 세상은 점점 더 납득할 수 없는 방향으로 흘러가고 있는데, 영화만은 익숙한 감정, 익숙한 인과관계에 기댈 때 설득력이 있다는 저들의 강고한 믿음을 어떻게 받아들여야 할지 모르겠다. 여름의 대작들이 그렇게 성공을 거둔 뒤, 이 가을에 찾아온, 박찬옥 감독의 7년 만의 작품인 〈파주〉를 치밀하고 노련하게 만들어진 영화라고 말하기는 어려울 것 같다. 하지만 영화가 그 모호함을 끌어안고 대면하며 세상 안에 존재할 수 있다는 사실을 보여준다는 점에 〈파주〉의 힘이 있고, 나는 그 점에 위로를 받는다. 그 모호함이 영화 서사상의 모호함이 아니라 세상의 모호함을 대하는 이 영화의 태도라고 믿고 싶어진다.

영화에서 가장 마음이 쓰인 장면 중의 하나는 영화 초반, 공부방 선생님인 중식(이선균)에게 은모(서우)를 비롯한 학생들이 스승의 날 깜짝쇼를 벌이고 나서부터다. 어두운 방, 커튼이 열리고 빛이 들어오기 시작하면, 단체로 하얀 옷을 입고 머리를 풀어헤친 소녀들이 중식을 돌아보며 서늘한 목소리로 합창한다. "사랑해요, 중식 씨." 의아할 정도로 당황하는 중식은 밤이 되어야 교실에 돌아오는데, 은모는 언니(심이영)의 명령에 따라 사과를 하러 중식을 찾아온다. 중식은 또다시 의아할 정도의 심각한 표정으로 "왜 그랬니?"라고 묻는다. 그러자 은모는 난데없이 "우리 언니 건드리지 마"라고 외치며 뛰쳐나간다. 그때 언니가 들어와 중식을 품에 안는다. 이 장면, 동문서답처럼 들리고 여러 감정의 단계와 설명을 건너뛴 듯한 이 대화는 좀 이상하다. 아무리 중식의 상처 입은 첫사랑을 떠올리는 장난이었다 해도 한낮 아이들의 놀이었을 뿐인데, 그 이유를 정색하고 묻는 자나, 그걸 전혀 다른 방향에서 답하는 자나 낯설게 느껴진다.

그런데 얼마 후, 영화의 시점이 현재로 돌아와 중식과 은모가 3년 만에 재회하는 장면에서도 그런 대화가 반복된다. "3년 전에 왜 그랬니?"라고 묻는 중식에게 "두려워서요, 혼자 못 살아간다는 게요"라고 은모는 대답한다. 이 두 대화 사이에는 7년이라는 시간이 있다. 그동안 중식과 언니는 결국 결혼했고, 은모가 집을 나간 사이 언니가 가스 폭발로 죽었고, 돌아온 은모가 중식과 같은 집에 살았고, 어느 날 갑자기 은모가 떠나버렸다는 사실은 그다음에야 플래시백으로 제시된다. 하지만 여전히, 이들의 반복되는 질문과 답이 무언가 핵심을 피하고 부유하고 있다는 인상을 지울 수 없다. 거기에는 어쩌면 너무 명확해서 아무도 진지하게 말하지 않거나 피하려는 억압된 욕망이 자리하고 있다.

나는 이 영화가 끝나가는 지점에서, 중식이 은모에게 사랑을 고백하고 은모가 중식을 보험 사기로 고소한 후, 영화에 존재하지는 않지만 이전과 유사한 대화가 반복되는 장면을 상상해보았다. 중식은 "왜 그랬니?"라고 다시 물을 것이고, 은모는 아마도 이렇게 대답했을 것이다. "두려워서요, 내 욕망이 현실화되는 게요." 그러니까 중식의 질문에 대한 은모의 대답들은 처음부터 하나의 욕망과 그에 따른 죄의식을 지칭하고 있었던 건 아닐까. 언니와 중식의 결혼사진에서 중식의 얼굴을 잘라내던 가위가 결국 언니의 죽음의 근원이 되었다는 사실을 새삼 지적할 필요는 없을 것이다. 중식의 "왜 그랬니?"라는 모호한 질문도 마찬가지다. 여기에 '왜 언니를 죽여야만 했니'라는 물음이 전제되어 있을 것 같고, 그 물음은 사실 은모에 대한 중식 자신의 무의식적 욕망을 거꾸로 반영하는 것처럼 보인다. 그런 점에서, 앞에서 말한 스승의 날 중식과 은모 사이에 이루어진 첫 대화는 너무 일찍 도착한, 혹은 이미 거기에 있었던, 그러나 끝을 예견하는 미래의 질문과 대답이다. 이 장면이 이유를 알지 못한 채 기이한 슬픔을 자아낸다면 그 때문이라는 생각이 든다.

은모가 중식과의 사랑을 확인하는 장면에서 거듭 진실을 알아야겠다고 할 때, 나는 그녀가 무의식적으로 이미 그 진실을 알고 있지만 모른 체하고 있는 것이라고 생각했다. 그녀는 중식에게 보험금과 관련된 언니의 죽음에 얽힌 비밀을 묻는 것처럼 보이나, 그건 핑계처럼 보일 뿐이다. 그녀는 언니의 죽음의 비밀이 실은 중식과 자신의 서로에 대한 욕망 위에서 작동하고 있다는 것을 끝까지 피해보고 싶은 것이다. 은모는 죄의식의 두려움에 떠는 가련한 새다. 그녀는 몇 번 집을 떠나거나, 언니의 죽음에 대한 물증(보험금)에 매달리면서 그 두려움을 방어하지만, 그녀가 진실을 모르지 않음을 암시하는 장면들이 있다. 영화 속에서 소방차의 사이렌 소리가 들리는 곳을 따라 은모의 시선이 한참 머무르는 장면이 두 번 등장한다. 한번은 은모의 현재에서 과거로 넘어가는 시점, 다른 한번은 언니가 폭발 사고로 죽은 직후다. 영화상으로 은모는 그 사이렌의 실체를 모르는 것처럼 나오지만, 이상하게도 영화는 그 소리를 따라가는 은모의 시선과 표정을 신중하게 지켜본다. 그 소리는 징후적이다. 거기에는 마치 무언가를 알고 있는 자의 꿈틀거리는 표정이 있고, 불현듯 돌출된 욕망과 두려움의 얼굴이 있다.

하지만 영화를 본 후 다시 떠올려보아도, 〈파주〉는 은모와 중식의 불가능한 사랑에서 감정을 자아내는 영화는 아닌 것 같다. 적어도 나에게는 그렇게 느껴진다. 중식과 은모의 사랑이, 중식이 은모에게 "너를 사랑하지 않은 적이 단 한 번도 없었어"라고 고백하는 장면이 갑작스럽다고 말하는 이들의 불만도 수긍할 만하다. 둘의 사랑을 중심으로 감정선을 따라갈 때, 종종 영화에는 미진한 구석들이 보인다. 그러나 〈파주〉는 은모와 중식의 관계가 아니라, 온전히 홀로 떨어져 존재하는 영화 속의 인물들 각각을 쳐다볼 때 울림을 갖는 영화다. 이런 경험이 흔하지 않았던 것 같은데, 나는 영화 속 모든 인물들에게 깊은 연민을 느낀다. 그중에서도 특히 중식이라는 가여운 남자에게 자꾸만 마음이 흔들린다. 영화는 왜 그에게만 모든 짐을 떠안기는 것일까. 그리고 그는 왜 단 한 차례도 그 삶에 반항하지 않는 것일까.

이 남자에게는 씻을 수 없는 외상적 사건이 있고 그 외상은 끈질기게도, 점점 나빠지는 상태로 반복된다. 수배 중이던 그는 감옥에 간 선배의 아내와 섹스를 하고, 그때 그녀의 어린 아들이 끓는 물에 화상을 입는다. 영화는 과연 그래야만 했을까 싶을 정도로 독하게 그 과정을 다 보여준다. 그는 도망치듯 파주에 온다. 수배는 풀렸지만 서울로 돌아가지 않는다. 그리고 여기서 한 여자를 만나 결혼을 하지만, 그녀와 섹스하기를 두려워한다. 어느 날 새벽 술에 취한 그가 아내와 관계를 맺을 때, 그는 누군가에게 "용서해주세요"라고 슬프게 말하고, 우리는 아내의 등에 화상 자국이 있는 걸 알게 된다. 얼마 후, 그녀는 가스 폭발로 죽는다. 재를 뒤집어쓰고 타버린 시체를 남자만 본다. 시간이 흐르고 옛 선배의 아내가 찾아와 화상을 입고 손가락이 잘린 그때 그 아이의 사진을 보여주자 그는 흐느낀다. 그는 매번 보지 말아야 할 것을 보아야만 한다. 철거민 대책위원회에서 사람들을 이끌던 그는 화염병을 쓰자고 제안하고 그 결과는 모두 자신이 책임지겠다고 말한다.

영화는 불과 관련된 그의 외상을 매번 가장 잔인한 방식으로 돌아오게 하고 그로 하여금 응시하게 만든다. 불만큼 자주 등장하는 이미지가 비와 안개지만, 이 수분은 불을 꺼뜨리지 못하고 오히려 그 불의 상처를 영화와 인물 안으로 축축하게 퍼뜨리고 젖어들게 하는 것 같다. 중식이 파주로 도망 온 후, 어느 시점부터 나는 그가 그 외상을 피하려고도, 극복하려고도, 망각하려고도 하지 않는다는 인상을 받았다. 다만 그는 홀로 그 외상을 다시 산다. 그건 죄의식이나 책임감이나 체념 혹은 결기로도 설명이 안 되는 무엇인데, 오직 그것밖에 길이 없어 보인다. 은모가 그에게 직접적인 관계도 없으면서 철거민 투쟁을 왜 하는지 묻자, 그는 "처음에는 내가 갚아야 할 게 많은 사람이라서. 지금은 잘 모르겠어. 그냥 할 일이 너무 많네. 끝이 안 나"라고 대답한다. 끝이 나지 않는 할 일. 선배의 집에서 그의 아내와 섹스를 하고, 사랑하지 않는 여자와 결혼을 하고, 폭파된 신혼집을 목격하고, 처제와 단둘이 한집에서 살고, 다른 이들의 집을 지키기 위해 철거민 대책위에서 활동을 하는 이 남자. 이 애처로운 남자의 고통은 그가 자기 자리가 아닌 곳에서 그 자리에 있길 선택할 때 시작된다. 아니, 선택한다기보다 자신의 장소가 없는 이 남자는 역설적으로 그런 자리들에 있을 수밖에 없어 보이고 어디서도 주인이 되지 못한다. 그는 거기서 고된 노동을 하듯 삶에 돌아온 외상을 다시 산다.

물론 우리는 영화가 단지 장소를 갖지 못하는 어느 개인의 지독한 운명을 관찰하고 있는 게 아니라, 그것과 분리될 수 없는 사회의 상처를 붙들고 있음을 보아야 할 것이다. 영화 속에서 장소가 허락된 자들은 귀농을 결심한 목사

(이대연. 중식에게 파주의 공간을 마련해준 친한 형)거나 재개발을 추진하는 조직의 보스(이경영)뿐이라는 점도 눈여겨볼 필요가 있다. 영화에 전면화되지는 않지만 중식은 아마도 국가보안법 위반으로 수배당했을 것이고, 탈북자와 관련된 문제에 개입해서 연행되고, 철거민 대책위원회를 주도했다. 그러나 허망하게도 그가 마지막으로 감옥에 가게 되는 계기는 보험 사기의 누명이다. 단 한 번도 투사처럼 보이지 않는 이 남자가 매번 그 싸움의 길 위로 돌아가 피로하게 서 있다는 것, 그런 그의 행적 자체가 이 천박한 땅의 외상을 보여준 다는 건 굳이 설명하지 않아도 될 것이다. 장소를 잃는다는 것의 사회적 층위를 끌어안고서 우리의 삶에 과연 장소라는 것이 있는가라는 실존적인 물음으로 근심이 확장될 때, 분노와 고독은 한 몸이 되고, 쓸쓸함을 참기 어렵다.

영화의 마지막 중식은 마치 그곳밖에는 이제 자신에게 남은 장소가 없다는 듯이 감옥에 들어간다. 철거민들은 얼마 않아 건물 밖으로 내쫓기고 말 것이다. 그리고 우리는 은모가 부모가 물려준 집으로 돌아가지 않을 것임을 안다. 그녀는 다시 길 위로 나서는데, 영화가 시작할 때와 마찬가지로 그 길 위에서 그녀는 유흥업소 사장(이경영)과 마주친다. 은모는 달리는 오토바이에 앉아서, 사장은 차 안에서 서로의 눈을 응시하고 불현듯 영화가 끝나버린다. 이 장면을, 이 영화의 끝을 어떻게 이해해야 할지 난감하다. 은모의 마지막 응시자가 중식이 아니라는 사실, 그녀를 끝까지 보호하다가 감옥에 간 중식 대신, 영화상 중식과 정반대편에 존재하는 남자가 그 자리에 있다는 사실이 당혹스럽다. 파주를 부수고 거기에 자본의 꿈을 심는 장본인이 다시 모든 걸 버리고 파주를 떠나는 어린 새의 두려운 눈빛에 화답할 때, 그러니까 그와 은모의 마주침으로 영화의 시작과 끝을 채울 때, 나는 세상에 대한 이 영화의 비관을 읽는다. 파주에는 어떤 희망도 남아 있지 않다. 그런데 이 남자를 연기한 이경영의 어떤 힘 때문인지(그는 영화에 손에 꼽힐 정도로 적게 출연하며 대사가 없는데도,

압도적인 존재감을 갖는다), 그의 침묵의 화답은 묘한 울림을 갖는다. 그는 중식과 철거민들의 반대 지점에서 누군가의 장소를 빼앗는 영화 속 공공의 적이 분명하나, 그의 짧은 등장들이 주는 인상은 그 역시 장소를 잃고 떠도는 사내 같고 그 모습이 어딘지 외롭고 처연하다는 것이다. 중식도, 은모도, 철거민들도, 심지어 이 사내도 어딘가로 향하고, 어딘가에 스스로를 묶어두려 하지만, 그 어느 곳도 집은 아니다.

뿔뿔이 흩어진 이들은 이제 어디로 가야 할까. 그들은 어디에선가 다시 만날 수 있을까. 그렇게 영화는 이들이 온몸으로 이 시대를, 자신의 마음을 앓고 있지만 아무것도 되찾을 수 없다는 것에 대해, 아니, 애초 되찾을 그 무엇도 소유해본 적 없다는 것에 대해, 그리고 세상은 더욱 병들어가고 있다는 것에 대해 물끄러미 바라본다. 그 응시에 따뜻하게 대답하고 싶은데, 차마 그럴 수가 없어서 마음이 아프다.

(『씨네21』 2009. 10)

고갈

그 근심에
몸서리가 쳐진다

김곡은 〈고갈〉이 "불안의 이미지를 캐스팅한 영화"라고 했다. 그와 인터뷰를 한 정한석은 곡사의 영화가 "이야기를 짜는 것이 아니라 개념에 어울리는 판을 짠 다음 각각의 자리에 인물을 끼워 넣는다"고 썼다(『씨네21』718호). 둘의 말을 종합해봐도 알겠지만, 곡사의 영화에서 우선적인 건 개념이나 이미지이고 이야기와 인물은 부차적이다. 물론 여기서 개념과 이미지가 같은 의미인지에 대해서는 더 생각해봐야겠지만, 일단 그것들이 눈에 보이는 무언가이거나 현실의 언어로 명확하게 설명 가능한 무언가는 아니라는 점에서 같은 맥락에 있는 것 같다. 그러니 곡사의 영화에 대한 가장 흔한 비판, 즉 지나치게 지적이고 명징한 관념을 설명하기 위해 나머지 요소들을 동원한다는 견해에 대해서라면 오해라고 말해도 정당하다. 하지만 그보다 더 복잡한 문제가 남는다. '말로는 불가능한 것을 표현'하고자 할 때, 영화의 시작점으로서의 모호하지만 강력한 어떤 전체 이미지(개념)가 어떤 수단과 과정을 거쳐 형상화되는지의 문제 말이다. 그러니까 언어 불가능성을 어떤 방식으로든 야심차게 언어화한 결과물을 당면할 때의 난감함. 물론 이는 단지 곡사만의 문제가 아니라 유사한 욕망을 지닌 모든 창작자들에게도 해당되는 문제이긴 하나, 특히나 곡사의 영화가 보는 이에게 던지는 고민은 흔히들 예상하듯 충격적인 이미지 자체가 아니라 바로 이 지점에서 비롯된다고 생각된다. 〈고갈〉에서도 사정은 비슷하다.

〈고갈〉을 만든 후 어느 인터뷰에서 김곡, 김선은 곡사의 영화가 지나치게 폭력적이고 특히 여자를 대상화한다는 그간의 비판에 대해 그건 창작자의 무의식의 반영이 아닌, 세계의 반영일 따름이라고 반박한 적 있다. 상투적이고 단순한 비판과 반박 같아 보이고 양쪽의 입장 모두 딱히 틀렸다고 말하기는 어렵지만, 중요한 건 둘의 견해 차이가 아니라, 이 문제의식이 서 있는 틀이다. 예컨대 이 세계를 지배하는 불안의 이미지를 표현하기 위해 창녀의 이미지 혹은 상황을 택했다고 가정하자. 그때 〈고갈〉에서 창녀가 얼마나 폭력적인 이미지로 등장하고 있는지의 문제는 보는 이를 불쾌하게 만들 수는 있어도 이 영화를 말할 때 핵심은 아닌 것 같다. 우선 나는 이 영화 속 수많은 이미지들이 감독의 의도야 어쨌건 상투적이라고 보는 편이다. 이미지가 충격적이라고 해서 상투적이지 않은 건 아니며, 오히려 그 충격이 상투성에서 비롯되는 경우가 더 많다. 하지만 나는 또한 영화가 표피적으로 상투적인 이미지를 취하는 것 자체가 비난받을 일은 아니라고 생각하는 쪽이다.

이렇게 의심해볼 수는 있다. 영화가 그것을 현실에서 소비되는 맥락 그대로 다시 소비하고 있는가, 아니면 어떤 방식으로라도 한 차원 더 나아갔는가. 말하자면 현실의 상투화된 이미지가 영화 속에 들어올 때, 현실에서 소비되는 맥락의 상투성까지 그대로 가져오고 있지는 않은가의 문제. 착취의 세상을 보여주기 위해 착취의 대상을 이미지화하는 과정에서 영화가 그 대상을 또다시 착취하고 있지는 않은가의 문제. 이걸 가려내는 게 조심스럽고 애매하기는 하다. 그러나 적어도 분명한 건 이 영화의 수많은 정황, 인물, 순간 등을 알레고리로 읽는다면(곡사의 영화들을 읽을 때 제일 먼저 드는 유혹), 영화 속 상투적 이미지들은 명징한 의미를 얻게 되고, 그럴수록 상투적 맥락으로 돌아가게 될 위험이 크다는 점이다.

그러므로 중요해지는 것은 이 영화 속 구체적인 이미지들이 어떤 상징이나 은유 없이, 그 자체의 배열만으로 감독이 말하는 그 "불안의 이미지"라는 것을 표현하고 있는지의 문제다. 〈고갈〉이 그 점에서 성공하고 있는지에 대해서는 아직까지 확신하지 못하겠다. 다만 영화가 숏들을 붙이는 방식이나 인물들에게 특정 제스처를 요구하는 시점 등은 사운드 등이 자아내는 모호함의 효과와는 달리 비교적 명확한 의도를 생산하는 데 주저함이 없고 그 점이 좀 의아하다. 이를테면 영화 전체 맥락에서 수간 장면이 인서트된 위치나 미친 여자가 토악질을 하고 분노를 표출하거나 굴뚝을 응시하는 시점 등이 그러하다. 세계의 불명확한 어떤 분위기를 표현하려는 영화가 일면 관습적인 재현의 틀 혹은 관습화된 재현적 이미지로 그걸 시도할 때, 좀 이상한 말인지는 모르겠으나 종종 표현과 재현이 충돌한다는 느낌이 들었다. 하지만 유독 몇몇 장면에서는 이미지가 아무런 지시 체계 없이 그 자체의 지글거리는 육체만으로 무언가를 끊임없이 표현하고 있다는 인상을 받았다. 그리고 그렇게 표현된 이미지가 다른 장면들이 쌓아올린 의미, 혹은 상투성을 균열시키고 있다는 걸 알게 되었는데, 그걸 말하려고 한다.

몸을 파는 미친 여자와 그걸 시키는 남자가 굴착기 소리가 들리는 벌판에서 몸싸움을 하는 장면이 있다. 유사한 장면들이 몇 번이나 반복되는데, 한 사람이 다른 사람을 쫓기도 하고 서로를 때리다가 뒹구는 모습이다. 영화는 이들의 몸싸움을 보여주는 데 비교적 긴 시간을 할애한다. 이상한 건, 처음에는 이들의 육체적인 뒤엉킴이 당연히 남자가 주도권을 쥔 싸움으로 보이지만, 시간이 흐를수록 그게 싸움처럼 보이지 않는다는 사실이다. 본능만 남은 이들의 행동이 기이하게 다정해 보이는 순간이 이내 찾아오는데, 지배종속의 틀을 벗어난 인간 대 인간의 관계가 서로 부딪치는 육체의 평등함으로부터 살짝 묻어나는 것이다. 나는 전체적으로 지옥도 같은 이 영화에서 이 장면들에서만은 약간의 위로를 얻었고, 그건 여기에 표현된 어떤 심연 때문인 것 같다. 남자와 여자가 엉켜 있는 이 동물적 시간이 흐를수록 마치 주체와 대상, 나와 타자, 착취와 피착취의 경계가 사라지고 오직 (인간의 것이라고 말하기는 힘든) 육체성만 남아 있다가 그마저 공기 속으로 흩어져서 궁극에는 그 세계 속으로 흡수되는 느낌이 있다. 좀 뻔한 말 같지만, 여자가 그토록 올려다보았고 영화가 자주 보여주곤 하던 굴뚝의 연기가 땅 위의 이미지로 연출된 느낌이랄까. 굴착기의 소리와 〈고갈〉 특유의 화면 질감은 영화 전체 중, 바로 여기서 가장 큰 정서적 파장을 일으키는 것 같다. 아무튼 감독이라면 이를 '소멸'의 순간이라고 부를 것이다.

그런데 한편으로 이 소멸의 순간을 두고 섣불리 아름답다고 말하지 못하겠는 건, 그것이 영화 속에서 가장 비인간적인 순간처럼, 정확히 표현하면 모든 가치판단이 중지된 순간처럼 보이기 때문이다. 기계적이지도 인간적이지도 않은, 아무런 위계도 없고 국적과 시간성이 탈색된, 무(無)도 아니고 유(有)도 아니며, 아무런 한계도 없지만, 무한하다고 말할 수는 없는 세계. 여자가 몸을 파는 모텔의 방이 적어도 시간을 환기하는 호루라기 소리로 지배되고, 그 안에서 죽음과 (죽은) 탄생이 일어난다는 사실을 떠올리면, 충격적이지만 낯익은 그 방에 비해 이 세계의 낯설음은 쉽게 설명되지 않는다. 다만, 소멸의 순간이라고 부를 만한 이 세계의 이미지에서 소멸되는 것이 무엇인지에 대해 의문을 던져볼 만하다. 〈고갈〉이 세상의 극단적 풍경을 보여주고 그 참혹함의 제거 불가능성을 끈질기게 응시하는 방식으로 세상과 싸우겠다고 결심한 영화일 때, 위의 괴이한 이미지들의 순간에서 소멸되는 것은 타락 자체가 아니라, 타락을 타락으로 의미화하는 체계나 질서가 아닐까. 그곳에 분명 타락이 존재하지만, 거기에 어떤 의미도 판단도 부여되지 않는 세계. 이 영화가 고통스럽다면, 현실의 폭력을 극단적이고 충격적인 이미지로 제시한 부분, 달리 말해 타락의 형상화 때문이 아니라 영화가 그런 충격적인 이미지 다음에 위와 같은 소멸의 이미지로 반복 이행하기 때문일 것이다. 저항과 구원이 사라져서가 아니라, 그것들이 의미를 상실해서 끔찍해진 세계의 순간. 〈고갈〉의 근심에 몸서리가 쳐진다.

(『씨네21』 2009. 9)

똥파리

성난 얼굴로
상처를 돌아보다

〈똥파리〉의 뜨겁고 정직한 에너지가 상투적일 수 있을 이야기마저 진짜 삶의 일부로 끌어안았다고 평가하는 사람들이 많다. 그런가? 〈똥파리〉를 다시 보며 나는 처음 봤을 때에는 단순히 지나쳤던 문제들에 주목하게 되면서, 좀 이상한 말이지만, 이 영화의 상투성을 상투적으로 생각해서는 안 된다고 믿게 되었다. 그리고 그걸 '〈똥파리〉의 상투성에는 삶 혹은 진정성이 있다'는 모호한, 그러나 우리가 너무 쉽게 취하는 수사로 설명하는 방식도 적절하지 않다고 생각하게 되었다.

폭력의 사실적인 재현이나 폭력의 악순환에 대한 성찰 등과 같은 영화의 큰 그림은 사실, 이 영화에서 정작 사소한 부분일지도 모른다. 그보다 양익준이 그 상투적인 그림에 자신의 인장을 새기기 위해 연민의 감정 대신 가차 없이 단단한 무언가를 붙들고 있음을 보는 게 중요하다. 이 영화가 고통스럽다면, 그건 (흔히 생각하듯) 영화가 정서적으로 강력하기 때문이 아니라, 그런 정서적 과잉의 끝에 내려치는, 때로 지나치게 공평무사하다고 표현하고 싶을 만큼의 냉정함 때문인 것 같다. 양익준은 생각보다 독한 감독이고 〈똥파리〉는 생각보다 단순한 영화가 아니다.

이야기의 구조는 폐쇄된 회로를 연상시킨다. 하지만 영화 속 악행이 쌓일수록 가해자와 피해자의 경계가 점점 흐릿해지고 오로지 폭력에 복수하는 폭력만 남는다는 사실을 목격하는 건 영화 속 인물들이 아니라 영화 밖 관객들이다. 다시 말해, 영화 속 인물들은 이런 구조나 타자의 본질에 대해 무지한 편이며, 그 무지에 의해 짐승 같은 인물들에게도 최소한의 인간적인 유대가 가능해진다. 연희(김꽃비)는 상훈(양익준)이 건달이라는 사실은 알지만 그 건달이 엄마의 포장마차를 때려 부순 그런 깡패라는 건 모르고, 상훈은 결국 자신을 죽음으로 몰고 가는 영재가 연희의 동생인 걸 모른다. 상훈의 누나는 상훈이 어떤 일을 하는지 잘 모르고, 만식의 고깃집이 수많은 사람들의 삶을 짓밟은 결과물이라는 걸 모른다. 무엇보다 연희와 상훈은 연애 비슷한 걸 하기 시작하면서도 각자의 가족사나 상처를 숨긴다.

이 지점에서 나는 인물들의 이런 무지함이 영화적 비극을 배가시키기 위한 의도가 아니라, 영화가 인물들을 보호하기 위해 끝내 포기하지 못한 최소한의 장치라는 생각이 들었다. 즉, 영화는 인물들이 알면서도 모른 척하고 있는 게 아니라 정말 모르고 있다는 점을 강조하고 싶은 건 아닐까. 전자의 방식이 냉소주의로 흐를 위험만큼, 후자의 방식이 시스템의 구조를 외면하는 환상으로 비판받을 여지는 있다. 하지만 양익준은 같은 현상 앞에서 '결국은 모두가 공모자'라고 말하는 사람이 아니라, '그래도 그들에게 기회는 줘야 한다'고 말하고 싶어하는 사람처럼 보인다. 연희와 상훈이 구질거리는 가족사를 끝내 서로에게만은 표출하지 않을 때, 그건 거짓말이기보다 밑바닥 인생이 지키고픈 마지막 자존감, 괜찮은 인간으로 보이고 싶다는 서투른 욕망 같은 것이다. 그리고 영화가 그런 기회를 말할 때, 순진한 휴머니즘으로부터 매몰차게 스스로를 분리시키려고 애쓰고 있다는 점을 지적하는 게 무엇보다 중요하다. 상훈의 갑작스러운 죽음은 그런 맥락에서 좀더 신중하게 읽어야 한다.

폭력을 전면화하는 영화들의 관습적인 선택처럼 〈똥파리〉의 결말도 주인공의 죽음이지만, 이 죽음은 왠지 다르다. 적어도 내게는 이 죽음이 단호한 결단처럼 보이며, 그것의 수수께끼를 푸는 게 영화를 이해하는 거의 유일한 길처럼 보일 정도다. 영화가 명확히 제시한 대로 상훈이 죽는 날은 그가 그간의 과거로부터 단절하기로 결심한 날이다. 말하자면 앞서 언급했던 인생의 기회가 그에게도 주어질 찰나 그는 어이없게도 동료에게 살해된다. 우선 이 죽음의 순간을 중심으로 앞뒤의 두 장면을 살펴볼 필요가 있다. 하나는 상훈 아버지의 자살 기도다. 죽기 하루나 이틀 전, 상훈은 자살을 기도하고 쓰러져 있는 아버지를 발견해서 병원에 데려간다. 그는 결국 아버지를 죽이지 못했다. 다른 하나는 상훈의 죽음 뒤, 연희와 누나, 조카, 만식이 고깃집에서 가족처럼 모였을 때, 상훈이 차지하고 있었을 자리에 아버지가 앉아 있다는 점이다. 만약 상훈이 살아 있었다면, 그 자리에 아버지는 없었을 것이다. 거꾸로 말해 아버지가 살아 있는 한, 상훈은 그 자리의 주인이 되지 못한다.

왜냐하면 아내(엄마)와 딸(동생)에게 폭력을 가한 자(아버지)와 그걸 방관하고 폭력으로 체념할 수밖에 없었던 자(아들)가 평화롭게 공존하는 일을 영화는 불가능하다고 생각할뿐더러, 화해로 포장해서도 안 된다고 생각하기 때문이다. 그걸 극단적으로 보여주는 장면이 있다. 피를 흘리며 쓰러진 상훈의 얼굴 위로 과거의 기억인지 환영인지는 분명치 않으나, 엄마와 여동생이 평화롭게 뛰어노는 모습이 스쳐지나간다. 죽어가는 짐승이 오랫동안 꿈꿔온 가족의 형상이 삽입되는 순간인데, 이상하게도 여기에는 아버지는 물론, 상훈의 모습이 없다. 나는 영화 속에서 가장 평온한 이 장면이 무척 무시무시하게 느껴진다. 아버지와 아들의 연쇄가 아예 부재할 때만 복원될 온전한 가족의 이미지.

　그러니 부서진 가족이 다시 시작하기 위해서는 죄의식의 단순한 공유나 용서가 아니라, 과거와의 완전한 단절이 필요하며, 그런 단절은 서로를 거울처럼 비추는 아버지와 아들의 관계가 어떤 식으로든 정지될 때만 가능하다는 영화의 암묵적인 믿음을 이해할 만하다. 이때 영화가 그런 단절을 위해 끝까지 견디다 선택하는 최후의 길이 죽음이다. 나는 이 죽음이 자살이 아니라는 점에 안도한다. 나약한 아버지는 자살을 시도했지만 영화는 그를 기어이 살아 돌아오게 만들었다. 죄 많은 남자들이 자신의 악행을 씻기 위해 스스로 목숨을 끊는 걸 영화는 너무 쉬운 선택이라고 보는 것 같다. 평온한 죽음을 원했던 아버지는 살아남아서 죗값을 치러야 하고 제대로 된 삶을 원했던 아들은 죽음으로써 죗값을 치르는데, 이때 죄는 끝내 사해질 수 없고 끌어안고 갈 수밖에 없는 것이다.

　아무리 그렇더라도 영화가 결국 아버지와 만식에게는 기회를 주고 정작 영화의 분신이라고 할 상훈에게만은 그런 기회를 박탈한 이유를 더 알고 싶다. 상훈이 죽은 뒤, 나머지 인물들이 단란한 가족의 모습으로 재등장할 때, 그저 개죽음 같았던 상훈의 죽음에 의미가 생기는 건 사실이다. 타자를 구원하는 희생적인 죽음인가? 그럴 수도 있다. 어쩌면 15년 전에 죽었어야 할 아버지의 끈질긴 죄를 자신이 모두 끌어안고 비로소 끊어냄으로써 조카 형인이 그 피를 반복하지 않게 하는 죽음인가? 그렇게 보이기도 한다. 어떤 쪽의 죽음이라도 상관없다. 나는 이상하게도 상훈의 죽음을 숭고하다고 말하기 망설여진다. 대신, 영화가 그의 죽음을 완전한 고립 속에 두고 그의 자리를 그 어디에도 마련하지 않았다는(그가 죽어가며 떠올리는 엄마와 여동생의 행복한 장면에 그의 자리는 없으며, 이후 고깃집 장면에서도 그의 빈자리가 느껴지기보다는 누군가—아버지 혹은 만식—에 의해, 아무 일 없던 듯 채워진 것처럼 보인다) 사실에 마음이 쓰인다. 다시 말해, 그의 죽음은 영화 안에서 누군가를 위한 죽음이기 이전에, 짐승처럼 살았던 인간 상훈만의, 온전히 그 홀로 감내해야 하고 그 안에서만 의미를 가지는 죽음처럼 보인다. 처절하고 가혹하며 외로운 죽음이다.

정한석은 양익준을 "순수주의자, 근본에 대한 혈맹주의자, 더러는 순정주의자"인 것 같다고 말하며 그를 박진표에 비교했다(『씨네21』 699호). 절반만 동의한다. 나는 양익준이 박진표와는 반대의 지점에서 비로소 순수주의자이고 근본에 대한 혈맹주의자의 모습을 취한다고 생각한다. 이런 구분이 가능하다면, 순정(純情)주의자보다 순정(純正)주의자에 가깝다고 말할 수도 있겠다. 그는 여느 감독보다 감정이 영화를 만들고 연기를 하는 데 가장 소중한 가치라고 여긴다. 하지만 개인적으로 그의 영화가 마음을 울리는 순간은 파토스가 흘러넘칠 때이기보다는, 그걸 해체해서 파토스로 부풀려진 저 밑바닥의 본질, 육체, 상처를 냉정하게 분별하고 바로 거기서 자신을 들여다보아야만 한다고 고집할 때다. 양익준이 올해의 무서운 신인이라면, 그런 이유 때문일 것이다. 그도 그 사실을 모를 리 없다.

(『씨네21』 2009. 4)

낮술

중산층
피터팬을 부탁해

〈낮술〉을 지지하는 자들은 대개 두 가지 견해를 나눈다. 하나는 서사적 흡인력이 영화적 결함을 충분히 보상하고도 남을 만큼 뛰어나다는 것이고, 다른 하나는 이 영화가 초저예산으로 만들어졌음에도 '독립영화 같지 않다'는 것이다. 감독 혼자서 각본, 연출, 편집, 음악, 미술을 다 해냈으며, 조명이 없어서 낮에만 촬영을 했고 심지어 기술적 미숙함으로 포커스조차 맞추지 못했다는 고백은 〈낮술〉의 영화적 취약성에 대한 비판으로 이어지는 대신, 호기로운 감독의 호기로운 서사를 강조하는 데 오히려 효과적인 요소로 받아들여지고 있다. 아무튼 위의 두 논지가 흥미로운 건 이들이 최근 한국 영화의 경향에 대한 전반적인 불신의 지점을 거꾸로 지시하고 있기 때문인데, 〈낮술〉에 대한 관심의 급증은 이 영화가 그 양쪽의 불만들을 적절한 수준에서 충족시켜주는 데서 기인하는 것처럼 보인다. 이를테면 전자의 견해는 자본으로 무장하고 기술력으로 승부하는 일련의 상업영화들이 서사적으로 실패해온 데 대한 반감을 반영하는 것이고, 후자의 견해는 이제는 식상해진 '독립영화식' 화법을 고수하며 관객과의 소통을 등한시하는 독립영화들에 대한 전형적인 반감을 골조로 한다. 나는 앞의 반응에는 수긍하는 편이지만, 〈낮술〉의 미덕을 기존의 독립영화들에 대한 부정의 방식 속에 위치시키는 평가에는 동의할 수 없다. 물론 이 글은 그걸 논하는 자리가 아니다. 하지만 간단히 말해, 후자의 반응은 독립영화를 하나의 경향으로 낙인찍고 분리시키는, 독립영화에 대한 몰이해를 전제하며, 그런 식의 평은 정작 〈낮술〉의 성취를 얼버무리는 무의미한 수사라고 생각한다.

이 영화를 본 많은 사람들은 홍상수의 영화 중에서도 〈생활의 발견〉을 떠올린다. 두 영화 모두 무언가에 실패를 겪은 남자가 서울을 떠나 충동적으로 이어가는 여정 속에서 여자를 만나고 술을 마시고 우연하지만 반복되는 상황을 맞닥뜨리며 실소를 자아내는 이야기라는 점에서 그런 것 같다. 그러나 엄밀하게 보면, 외관상의 유사점만을 가지고 두 영화를 닮았다고 표현하기에는 무리가 있다. 〈생활의 발견〉이 여행지에서 벌어지는 일들로 이루어져 있는 건 맞지만, 이때 여행 혹은 여행지가 현실로부터 차단되어 있다고 보기는 어렵다. 오히려 상투적이고 우연한 순간들의 반복을 통해 현실의 덧없는 본질을 적나라하고 뼈저리게 드러내고 있다고 보는 편이 옳다. 하지만 〈낮술〉에서 내가 보는 건 여행을 끝내지 않으려는 안간힘, 달리 표현하면 어떤 식으로든 현실로의 귀환을 좌절 혹은 실패시키려는 은밀한 시도들이다. 종종 평자들은 이 영화가 술과 여자를 좋아하는 모든 남자들의 판타지를 반영한다고 말하는데, 나는 이들과는 다른 의미에서 〈낮술〉의 세상을 판타지라고 말하고 싶다. 그것이 어떤 세상이기에 영화는 여행에서 돌아가길 이토록 망설이는가?

이 여행의 동인은 말할 것도 없이 오인의 구조에 따른 충족의 끊임없는 지연이다. A인 줄 알았던 누군가가 A가 아니라는 설정(서로 다른 두 인물을 동일 인물로 착각하는 상황은 물론, 외면만 보고 판단한 누군가의 꺼림칙한 이면을 알게 된 상황도 포함된다), 즉 주인공을 불만족의 상태에 머무르게 함으로써 여행의 시간을 지속시킨다. 기대는 번번이 좌절되고, 호의는 종종 배신당하고, 후회가 밀려들지만, 바로 그렇기 때문에 여행은 원점에서 다시 계속할 명분을 얻는다. 사실, 이런 상황들의 연속은 작위적인 구석이 있는데, 영화는 끝까지 반복되는 이 모든 상황을 우연이라고 말하고 싶어한다. 하지만 누구도 이 서사를 억지라고 말하지 않는 건, 영화가 그걸 가능하게 만들기 위해서, 혹은 한 상황에서 다음 상황으로 넘어가기 위해 매 순간 알코올의 힘에 의존하기 때문이다. 술에 취했을 때만큼 이성적인 판단의 기준이 마비되고 우연한 욕망들이 대담하게 투명해지는 때가 있겠는가. 게다가 욕망은 어차피 실패를 전제로 살아남는 속성을 가지고 있지 않은가. 아마도 영화는 필연 같은 우연의 연속에 대해 이렇게 대답할 것이다. 따라서 이런 상황이 실제 현실에서 벌어질 수 있겠느냐고 지적하는 건 타당한 질문이 아니며, 〈낮술〉의 세상은 우리가 술에 취할 때 상상하는, 혹은 가능할 법한 최선과 최악의 순간들을 모은, 술의 환상에 대한 이야기로 보아도 무방하다. 기술적인 미숙함 때문이라지만, 포커스가 나간 화면들이 종종 이런 판타지의 재현처럼 느껴지는 것도 무리는 아니다.

그런데 술만큼 이 영화에서 주목할 것은 (여자가 아니라) 영화가 이 여행에 돈을 개입시키는 방식이다. 여행을 하기 위해서는 아무리 최소한일지라도 돈이라는 물질적인 조건이 전제되지만, 대부분의 로드무비는 그 사실을 하찮게 취급한다. 반면 〈낮술〉에는 하루를 더 머물기 위해, 술을 더 마시기 위해, 여자를 유혹하기 위해 지불되어야 하는 돈의 액수가 구체적으로 언급된다. 뿐만 아니라, 여행지에서 일어나는 낯선 이와의 낭만적인 만남이라는 것도 때로는 노골적이고 때로는 은밀하게 돈을 기반으로 한 교환 관계에 놓여 있다는 사실을 유머러스하게 보여준다. 흥미로운 건 혁진이 여행의 기반이 되었던 지갑을 빼앗긴 후, 이제는 쾌락의 문제가 아닌 그야말로 경제적인 이유 때문에 여전히 여행을 멈출 수 없다는 점이다. 돈이 없으니 자의로 귀환할 수 없다는 당연한 상황으로 치부할 수도 있지만, 그가 카드가 남겨진 자신의 지갑을 우연히 되찾고 터미널에서 또 다른 여자를 만나 또 다른 여행을 꿈꾸는 마지막까지 보고 나면 앞서 말했듯, 어떤 확신이 든다. 영화는 어떻게 해서든 서울로 돌아갈 순간을 미루고 있다. 이 지점에서 처음의 질문에 또 다른 질문이 덧붙여질 수 있다. 아마도 1박 정도로 예상되었던 여정이 5박으로, 아니, 더 늘어날 것을 암시할 때, 이 찌질한 청춘의 여행을 가능하게 하는 물적 토대에 대해 의아해할 필요가 있지 않은가?

노영석은 인터뷰에서 이 영화가 88만 원 세대의 방황과 좌절을 반영한다고 본 관객들의 견해에 대해 말한 적이 있다(『씨네21』 660호). 나는 그들의 견해에 동의하지 않지만, 등장인물들의 사회적 정체성이 이 영화를 읽는 데 하나의 방향을 제공한다고 생각한다. 조금 지엽적인 지적으로 느껴지기는 해도, 예상치 못한 여행지에서, 예상치 못한 소비가 이루어질 때, 그러니까 산골 펜션에서 이틀을 묵고 여인에게 양주와 자연산 회를 사주고, 모든 유흥비를 낼 때 혁진은 단 한 차례도 머뭇거리지 않는데, 전혀 부티 나게 보이지 않는 이 남자의 정체는 대체 뭔가. 그는 자기 입으로, 대학을 졸업하고 사업하는 아버지를 도와주고 있다고 딱 한 번 말한 적이 있다. 한마디로 경제적으로 다급하지 않고 취업 준비에 골몰하지 않아도 되는, 그러나 삶이 무료하기 짝이 없는 중산층 20대 백수라는 말이다. 주인공뿐만 아니라 그의 친구 역시 딱히 직장을 다니는 것처럼 보이지 않지만 아마도 자기 소유인 것 같은 근사한 차가 있으며, 혁진을 감쪽같이 속이며 사업 파트너로 자신들을 소개하는 커플 역시, 사기꾼이지만 경제적 궁핍함과는 사뭇 거리가 멀어 보인다. 즉, 이들이 정신적으로 찌질하다고 해서, 그것이 경제적인 삶의 조건에서 비롯된 것은 아니다.

그러니 〈낮술〉의 세상을 가난한 청춘의 절박한 방황과 좌절로 보는 건 어울리지 않는다. 오히려 〈낮술〉의 세상이란 숙취에 괴로워도 막상 취기에서 벗어나길 두려워하는 자들의 세상이며, 우리가 '정상적인' 어른의 삶이라 일컫는 세상, 즉 제도 안에서 노동을 하고 돈을 벌고 가정을 꾸리는 '생산적'인 삶으로 돌아가길 망설이는 피터팬들의 세상이라고 부를 만하다(실은 이 두 세상이 서로 분리될 수 없지만, 여행과 술은 그런 판타지를 주지 않는가!). 이를테면 '형'으로 불리는 펜션 주인은 혼자만의 세계에 취해서 현실로부터 동떨어진 느낌을 주는 노쇠한 아이처럼 그려지는데, 아마도 〈낮술〉이 꿈꾸는 세상에 가장 근접할 듯하다. 특히 남자 셋이 추운 강가에서 물고기를 안주 삼아 궁상맞게 술에 취해가는 장면은 기이하게 평화롭다. 감독이 직접 만든 기괴한 음악을 배경으로 술 취한 형이 춤을 추고 그 뒤로 혁진과 친구가 동명이인 여자를 두고 서로에게 덤벼드는 모습을 멀리서 바라보는 장면은 〈낮술〉이 끝까지 품고 싶어하는 세상이자, 찌질함도 찬란할 수 있다고 주장하는 아름다운 순간이다.

이렇게 본다면, 〈낮술〉에서 가장 이상한 인물인 란희누나는 단순히 유머를 위해 배치된 자가 아니라, 낮술의 판타지에 얼음장처럼 차가운 현실을 끼얹는 존재다. 그녀는 생각보다 복합적인 캐릭터다. 호감을 처절한 무시로 돌려받은 뒤, 그녀는 혁진 앞에 꿈까지 포함해 세 번이나 더 등장해서 세심한 복수를 감행한다. 그녀는 낮술의 세상과 거의 동의어라고 할 만한 철들길 거부하는 성기를 조롱하고 위협하며 그것의 초라함을 일깨우는 침입자와 다름없다. 혁진의 유일한 꿈 장면에서 그녀가 혁진의 목을 조르며 즐거워하는 모습을 보라. 조금 과장해서, 그녀는 혁진이 끝내 돌아가길 미루는 어른 세계의 표상이다. 아니, 어느 피터팬의 눈에 비친 어른 세계의 무시무시한 형상이다. 그녀는 펜션의 남자들이 술을 권할 때에도 내일은 회사를 가야 한다며 유일하게 현실의 시계를 환기시킨다. 하지만 취기에 빠져 추억과 이상을 되새김질하는 남자들 틈에서 그녀가 읊는 "이 미친 세상에서 미치지 않으려다 미쳐버렸네", "이 숲도 한때는 흰 눈이 얹힌 나무였겠지"와 같은 시는 이상하게도 그들을 향한 연민의 노래처럼 들린다. 혹은 그들과 달리 현실의 질서에 한발 담구고 있어도 여전히 종종 그들과 같아지고 마는 자신의 처지를 우스꽝스러운 방식으로 슬프게 쳐다보는 것이다.

그러므로 나는 영화의 마지막, 혁진이 돌아가는 시간을 또다시 미루기로 결심할 때, 란희누나 같은 방식으로 그를 비웃으면서도 연민하고 싶다. 그가 이 시대 청춘들의 목을 죄는 궁핍함과 싸우지 않고 비루한 중산층 피터팬으로 망설이는 체하다 결국 유희와 소모의 여정을 택하더라도 비겁하다고 말하고 싶지 않다.

(『씨네21』 2009. 9)

3부

영화의 육체, 시간을 살기

클라우즈 오브 실스마리아

소멸 중인
흘러넘침

젊고 재능 있는 감독 클라우스는 작고한 감독 빌렘이 20여 년 전에 썼던 〈말로야 스네이크〉를 다시 무대에 올리려고 한다. 그가 중년의 여주인공 헬레나 역으로 점찍어둔 배우는 과거에 헬레나의 상대역 소녀인 시그리드로 분해서 스타덤에 올랐던 마리아(줄리엣 비노쉬)다. 마리아의 비서인 발렌틴(크리스틴 스튜어트)은 마리아가 클라우스의 제안을 적극적으로 수용하길 바라지만, 마리아는 망설인다. 심지어 캐스팅을 수락한 뒤에도 싱그러운 시그리드가 아닌 시그리드의 사랑을 갈구하다 자살을 감행하는 헬레나에게 동화되지 못해 내내 갈등한다. 마리아에게 헬레나는 초라하고 비굴하며 무엇보다 늙어버린 여인이다. 그러나 마리아를 헬레나의 적역이라고 믿는 클라우스의 생각은 다르다. 그는 시그리드와 헬레나는 같은 상처를 지닌 두 인물, 달리 말해 결국은 동일 인물이며, "시그리드의 20년 후가 헬레나"이므로 마리아에게는 더할 나위 없이 좋은 기회라고 설득한다.

그의 논리를 확장하면 〈말로야 스네이크〉, 나아가 〈클라우즈 오브 실스마리아〉는 발렌틴과 마리아, 시그리드와 헬레나, 그리고 젊음과 늙음의 관계가 분신의 테마 안에서 어느 여배우의 내적 성장담으로 귀결되는 이야기이며, 네 여인이 서로에 대한 거울 이미지로서 상대로부터 낯설거나 망각되었거나 잠재된 '나'를 보는 이야기가 된다. 무언가를 끊임없이 재현해야 하는 것이 배우의 숙명이며, 재현이란 무언가와의 닮음, 무언가와의 유사성을 가장 기본적인 전제로 삼으므로, 이 영화를 분신의 테마 안에서 읽어내는 건 자연스럽다. 시그리드와 헬레나를 시간적 연속성 안에서 받아들이는 감독 클라우스와 비서 발렌틴에게 마리아가 헬레나라는 역 앞에서 느끼는 지독한 감정들은 그저 젊음에 대한 질투 혹은 나이 듦에 대한 두려움 정도로 수렴된다. 실제로 대다수의 관객들에게 〈클라우즈 오브 실스마리아〉는 마리아가 혼돈 속에서 자기 안의 시그리드, 헬레나, 발렌틴을 발견하고 세월을 받아들여가는 과정에 대한 영화로 이해되는 것 같다.

위의 도식이 〈클라우즈 오브 실스마리아〉의 중층적인 서사를 읽어내는 가장 안정된 길이라는 점에는 동의하나, 그 길이 이 영화의 감흥을 설명하는 데는 오히려 실패하고 있다는 생각이 든다. 헬레나에 대한 마리아의 고통과 불만족은 나이 든 여배우의 젊음에 대한 우울증적 갈망에 불과한 것인가? 이 물음에 대해 다시 생각해볼 필요가 있을 것 같다. 그러기 위해서는 〈클라우즈 오브 실스마리아〉의 굽이치는 협곡을 흐르는 저 기괴하고 신비로운 구름으로 먼저 시선을 돌려봐야 할 것이다. 이 영화 속 산과 구름의 풍경은 의외로 잘 말해지지 않거나 영화 속 인물들의 심리와 시간에 대한 상징이나 은유 정도로 설명되어왔다. 하지만 실스마리아의 협곡을 뱀처럼 가로지르는 '말로야 스네이크'에 대해서만큼은 주의 깊게 더 말해야 할 것이 남아 있다. 더없이 아름답고 청명하면서도 모든 것을 집어삼킬 듯 귀기 어리며, 한없이 고요하지만 지속적으로 움직이는 이 풍경의 장면들에는 서사적으로 설명되지 않는 이상한 점들이 있다. 그 점들을 들여다보지 않고서 〈클라우즈 오브 실스마리아〉의 영화적 성취를 논하기는 어려울 것이다.

영화의 도입부, 마리아는 비서 발렌틴과 스위스로 가던 도중 감독 빌렘의 부고를 듣는다. 지난날 자신을 스타로 만들어주었던 감독을 대신해 상을 받으러 가는 길이었기 때문에 그녀는 더 큰 실의에 빠지고, 발렌틴은 빌렘이 집 밖에서 쓰러진 채 발견되었으며 사인은 심장마비로 추정된다고 알려준다. 이어지는 장면에서 우리는 실스마리아의 눈 덮인 산에서 구조대에 의해 빌렘의 시신이 옮겨지는 모습을 보게 된다. 이 장면이 다소 갑작스럽고 섬뜩한 이유는 이미 시간적으로 지나간 사건을 영화 속에 등장하는 그 누구의 것도 아닌 시선으로 무심하게 다시 보여주고 있기 때문이다. 우리가 실스마리아의 언덕, 그러니까 언젠가 '말로야 스네이크'가 지나갔을 그곳을 죽음의 자리로 처음 대면했다는 사실을 기억해둘 필요가 있을 것이다. 빌렘의 아내를 통해 그가 오랜 기간 병을 앓았고 그의 마지막이 심장마비가 아닌 자살임을 알게 된 뒤, 마리아는 빌렘의 아내와 산을 올라 감독이 스스로 생을 마친 그 자리에서 말로야 언덕과 호수를 내려다본다. 지금 그곳은 아무 일도 벌어진 적 없다는 듯 투명하고 고요하며 쾌청하다. 그때 영화는 죽은 감독의 아내의 목소리를 따라 빌렘이 평생 매료되었던 '말로야 스네이크'를 흑백의 기록 영상으로 담은 〈말로야의 구름 현상〉(산악 영화 전문가인 아르놀트 팡크가 1924년에 찍은 작품)으로 이행한다. 90여 년이란 시간적 간극 사이의 문이 열리듯 산의 비밀이 밝혀지는 그 이행은 영화적으로 과감하며 우아하고, 흑백 영상 속 산과 구름과 바람이 각자의 자율적인 리듬만으로 어울려 빚어내는 운동은 경이롭기 그지없다. 그 경이로움의 근원은 무엇일까. 예술가로서의 일생을 말로야의 구름 곁에서 맴돌았던 빌렘은 그 언덕에서 목숨을 내려놓기 직전, 〈말로야의 구름 현상〉에서 보았던 그 유일무이한 순간을 마침내 직접 경험했던 것일까.

〈클라우즈 오브 실스마리아〉에는 위의 기록 영상만큼 우리의 숨을 멎게 하는 '말로야 스네이크' 장면들이 몇 차례 더 등장한다. 그런데 마리아와 빌렘의 아내가 함께 보던 〈말로야의 구름 현상〉이 그 영상의 독립적인 아름다움과는 별개로 영화 내에서 최소의 서사적인 역할을 수행하는 데 비해, 이 장면들은 서사 내의 위치나 기능상으로 모호하다. 컬러의 화면 속에서 설산 주위로 넘쳐흐르는 구름의 광경은 다른 무엇을 상상할 수 없을 만큼 영화 속 어떤 이미지들보다도 그 자체로 명징한데, 그 광경의 기능이 더없이 모호하다는 점, 나는 여기에 〈클라우즈 오브 실스마리아〉의 신비가 있다고 느낀다. 이와 관련해서 두 지점의 장면들을 살펴볼 필요가 있다.

헬레나 역에 여전히 회의를 느끼는 마리아는 발렌틴과 산속 호수로 수영을 하러 나온다. 발렌틴에게 남자 친구가 생겼음을 알게 된 마리아의 묘한 반응에 발렌틴은 그 감정이 질투냐고 되묻지만, 그들 사이에 그 이상의 이야기는 오가지 않는다. 대신 그들은 벌거벗은 채 아이들처럼 물속으로 뛰어든다. 다음 장면에서 발렌틴은 아침에 돌아오겠다는 말을 남기고 집을 나서고 무심한 척 굴던 마리아는 계단을 뛰어올라 발렌틴이 떠나는 모습을 지켜본다. 뒤이어 이 영화에서 가장 이질적이고 이상한 장면이 등장한다. 남자 친구에게 가는 길인지 돌아오는 길인지 정확히 알 수는 없지만, 발렌틴은 굽이굽이 펼쳐진 산길을 운전하는 중이고 그녀의 얼굴은 일그러져 있다. 클래식으로 일관되던 영화의 음악은 이 순간, 신경질적인 전자음으로 채워지고 구름인지 안개인지 알 수 없는 뿌연 연기가 그 장면을 질식시킬 듯 메운다. 어지러운 산길과 뿌연 연기와 흔들리는 차가 제각기 움직이며 서로 겹쳐지고 뒤흔드는 이 장면의 끝에 이르면 발렌틴은 차에서 내려 구토를 한다.

인과 관계를 잃어버린 채 방황하듯 거기 덩그러니 놓인 이 장면은 영화 전체에서 가장 인공적인 순간이다. 그런데 더 당혹스러운 건 이어지는 장면이다. 마침내 우리는 말로야 협곡을 거슬러 올라 마치 폭포수처럼, 파도처럼 설산 주변으로 쏟아지며 피어오르는 '말로야 스네이크'를 보게 된다. 말하자면 같은 산을 배경으로, 같은 음악 위에서 영화적으로 대담하게 매만져진 장면과 자연의 위엄을 그대로 전시하는 풍경의 장면이 여기 충돌한다. 이 두 장면들은 과연 누구를 위한, 누구의 것이라고 할 수 있을까. 김수는 이 영화에 대한 평문(『씨네21』987호)에서 이 장면을 글의 화두로 삼으며, "올리비에 아사야스는 몽환적 연출을 통해 '실스마리아의 구름'을 '말로야의 뱀'으로 승화할 만한 여유와 상상력이 결여되어 있는 마리아의 내면을 효과적으로 표면화했다"고 분석한다. 하지만 내게 발렌틴이 등장하는 위의 장면은 다른 무언가로 환원되지 않기 위해, 스스로 길을 잃기 위해 마련된 인공적인 미로처럼 느껴진다. 그 뒤에 펼쳐지는 '말로야 스네이크'의 저 광활한, 자체의 충만한 결들로 움직이는 자연의 압도적인 풍경은 앞선 장면의 혼돈과 인공성에 기묘한 해방감을 안기는 것 같다. 무엇보다 상이한 방식으로 치열하게 존재하는 두 풍경이 부딪치듯 이어질 때, 인물들(의 서사)에 귀속되지 않으려는 영화적 안간힘과 우아함이 동시에 작동하며 이 영화의 지평을 인물들의 감정들로 팽배한 폐쇄된 무대로부터 좀 다른 차원으로 확장하고 있는 것 같다.

　'말로야 스네이크'의 풍경이 기적처럼 다시 등장하는 건 마리아와 발렌틴의 마지막 산행에서다. 마리아를 참아내던 발렌틴이 마리아와의 말다툼 끝에 홀연히 사라져버린 뒤, 그 사실을 아직 모르는 마리아는 '말로야 스네이크'를 볼 수 있다는 그 언덕에 올라 희미하게 움직이는 무언가를 보고 홀로 중얼거린다. "저것 봐! 저게 말로야의 뱀일까? 아니 그냥 안개인가? 이미 걷혀가고 있는 건가?" 뒤늦게 발렌틴의 부재를 알게 된 마리아는 어린아이처럼 애타게 발렌틴을 부르며 당황해하는데, 그 장면 뒤로 영화는 '말로야 스네이크'의 장관에 온전히 할애된 장면들을 다시 펼쳐낸다. 이번에는 전자음이 아닌 '헨델의 라르고' 선율이 그 위를 흐른다. 여전히 인물 없이 오직 산과 구름과 바람으로만 흘러가는 그 풍경의 시간은 강렬하고도 점잖게 움직임을 멈추지 않는다. 이제 우리는 물어야 한다. 우리가 경험한 이 대단한 광경을 과연 마리아는, 영화 속 인물들은 보았을까? 이 풍경의 시간은 대체 어디 위치한다고 말해야 할까?

빌렘이 한평생 말로야의 구름에서 예술적 영감을 찾을 때, 그를 매혹시킨 것이 무엇인지 정확히 알 수는 없지만, 그것이 현실의 언어로 만질 수 없는 실재의 지평, 즉 끝내 완전히 포착하거나 도달할 수 없는 지평이었음은 짐작할 수 있다. 그런 그가 그곳을 죽음의 장소로 택한 후, 죽음 직전에 그 찰나를 경험했을지 또한 알 길은 없다. 우리가 본 것은 그 실재의 자리에 차갑게 굳어 누워 있는 죽은 육신이었을 따름이다. 마치 환각에 취한 것처럼 비틀거리며 산길을 오르는 발렌틴의 장면 다음에 마치 마법처럼 말로야의 생생한 자연의 풍광이 등장할 때, 우리는 그 눈부신 실재의 광경에 발렌틴이나 마리아가 포함되지 않는다는 사실을 새삼 상기해야 할 것이다. 말하자면 실스마리아의 인물들은 산과 구름과 바람이 고유하고 귀기 어린 리듬을 만들어내는 저 숭고한 순간을 죽음에 이르지 않고서는 닿을 수 없다. 혹은 그 실재의 빛나고 무서운 아름다움은 구토와 현기증과 혼돈의 악몽으로만 경험할 수 있을 뿐이다.

90여 년 전의 〈말로야의 구름 현상〉과 지금 우리 눈앞에 펼쳐지는 말로야의 구름 장면이 변함없이 감동적이라면 그건 그 아름다움과 기괴함이 시간적 연속성 안에서 변화나 보존 같은 말로 설명될 수 있는 성질의 것이 아니기 때문이다. 거기 명백하게 일회적으로 존재하는 시간의 운동, 그 운동의 물질성, 어떤 찬란한 단절, 그러니까 산과 구름과 바다의 리듬이 만나 이루는 '소멸 중인 흘러넘침'이 우리를 감화시킨다. 그것은 재현으로 포괄되지 않는 실재의 영역이며 좀 상투적인 표현이기는 해도 파멸(악천후) 직전의 타오름이다. 우리는 마리아가 젊음에 대한 질투로 헬레나를 거부하고 영원히 시그리드로 남고 싶어한다고 여겨왔다. 하지만 어쩌면 그녀는 헬레나를 시간적 연속성 안에서, 유사성의 맥락에서 시그리드의 거울 이미지 혹은 분신으로서, 혹은 나이 든 시그리드로서 재현하는 것에 저항하고 있었던 것인지도 모른다. 일찍이 롤랑 바르트는 명백하지만 증명할 수 없으며, 단순한 유사성도 아니고, "어떤 위세도 제거된 채 무상하게" 주어지며 "마침내 그 자신과 일치"하는 것으로 "모든 언어의 끝에 있는 바로 이것!"을 "분위기"라는 말로 표현한 적이 있다(『밝은 방』). 그 말을 마리아에게도 쓰고 싶다. 마리아는 헬레나에게서 무언가에 대한 유사성이 아니라 절대적인 차이로서 존재를 증명하는 어떤 분위기를 찾지 못해, 아니 찾아내기 위해 그토록 고통스러워한 건지도 모른다. '말로야 스네이크'의 움직임을 보는 우리가 모든 도식이나 관념을 뒤로하고 무력하게, 그러나 벅차오르게 느꼈던 그 감흥의 근원 또한 그 "분위기"의 경험과 조금은 관련이 있을 것이다.

그렇다면 "바로 이것!", 마리아가 말로야 스네이크에서, 그리고 헬레나에게서 찾고자 했던 그것을 현실의 시간을 초월하고자 하는 열망 같은 것이라고 말해도 될까. 〈말로야 스네이크〉 공연을 앞두고 마리아의 대기실에 찾아온 젊은 감독은 23세기를 배경으로 하는 작품의 여주인공으로 마리아를 염두에 두고 시나리오를 썼다고 고백한다. 그는 자신이 창조한 그 인물이 나이를 초월한 존재임을 강조하며, 모든 것에 발 빠르게 반응하는 인터넷 시대는 자신의 관심사가 아니라고 잘라 말한다. 그리고 마리아에게 묻는다. 당신도 나와 같은 부류의 사람이 아닌가? 영화는 마리아의 대답을 기다리지 않고 마지막 장면에 이른다. 무대로 돌아온 그녀는 극중 헬레나의 사무실에 앉아 쉽게 짐작하기 어려운, 그러나 깊은 잔상을 머금은 표정을 짓고 있다. 지금 그 자리에서 마리아가 무엇을 생각하고 있는지 알 수 없으나, 젊은 감독의 패기 넘치던 단언은 틀렸다. 존재의 초시간성은 마리아가 찾아 헤매던 그 '분위기'와 오히려 가장 먼 거리에 있다. 과거의 거울도 미래의 거울도 아닌, 지금 여기서 '소멸 중인 흘러넘침'을 육화하고자 하는 갈망은 시간의 초월이 아니라 오히려 시간의 깊숙한 흐름 속에 육신을 힘껏 맡기고자 하는 욕망에 더 가까울 것이기 때문이다.

그러니 다시 물어보자. 빌렘과 마리아와 발렌틴, 아니 시그리드와 헬레나는 '말로야의 스네이크'를 보았는가? 우리는 보았지만 그들은 보지 못했을 것이라고 나는 말하려고 한다. 영화의 끝에 이르러 카메라가 멈춰 선 마리아의 마지막 표정은 결국 그 실패를 깨달은 얼굴이다. 그 실패는 필연적인 것이다. 예술가는 신기루와 환영과 싸우며 그 '분위기'를, 설산의 찰나를 뒤덮는 '말로야 스네이크'를, 어딘가, 언젠가 나타날 실재를 영원히 찾아 헤매는 이들이기 때문이다. 평범한 우리들이 그 신기루와 환영을 실재라고 믿으며 도취되고 감동하는 동안, 그들은 자신들의 소멸 중인 육체로, 궁극엔 죽음으로 그 실패와 대면할 수밖에 없는 이들이기 때문이다. 〈클라우즈 오브 실스마리아〉는 젊음에 눈이 먼 어느 나이 든 여배우의 뒤늦은 깨달음의 이야기가 아니라, 어찌할 도리 없이 그 실패를 껴안는 과정으로 존재할 수밖에 없는 예술가들에게 바치는 잔인하고 애잔한 영화적 헌사이자, 스스로도 그 대열에 서고 싶은 욕망을 숨기지 못하는 야심찬, 그러나 가련한 고백이다. 그리고 그들에 비해 더없이 평범한 나는 내가 본 그 산과 구름과 바람의 움직임이 실재의 찰나였다고 착각하며 그 황홀함에서 깨어나지 못한다.

(『씨네21』 2015. 1)

보이후드

시간은 정말
안온하게 흘렀을까

12년간 동일한 배우들을 데리고 매해 일정한 시간 동안 촬영을 해서 그 인물들의 세월을 함께 살아낸 〈보이후드〉는 관객들로 하여금 마치 영화 속으로 걸어 들어가 그 인물들의 시간을 내내 공유했다는 행복한 착각에 빠져들게 한다. 12년이라는 긴 시간, 여러 인물들의 각기 다른 세계, 그리고 그 세계들의 작지만 지속적인 움직임들을 지켜보며 그중 단 한순간과도 공명하지 못했다고 말할 이가 과연 있을까. 이미 여러 평자들이 이 영화의 무엇이 자신들을 감화시켰는지 각기 다른 아름다운 감상기를 제출했다. 아무래도 〈보이후드〉는 영화비평이 아니라, 보는 이 각자의 기억, 감정, 인상을 더욱 환대할 영화인 것 같고 나 또한 그 손짓에 소박하게 응해보려고 한다. 많은 이들이 시간의 냉정한 흐름과 대면하는 이 영화의 온기에 충분한 감응을 표현했으니 영화를 보는 동안 나를 멈칫하게 만들었고 여전히 얼룩처럼 남겨진 잔상들, 따스함과는 거리가 먼 그 느낌에 관해 말해볼 생각이다.

자상하고 친절했던 올리비아의 두번째 남편, 그러니까 사만다와 메이슨의 첫번째 양부는 어느새 폭력을 일삼는 알코올 중독 결벽증자가 되어 있다. 올리비아는 그 사실을 진작 눈치챘음에 틀림없는데도 또 한번의 결혼 실패를 모면하기 위해 모른 체하는 것 같다. 그사이 사만다와 메이슨, 그리고 이들의 새로운 가족이자 가장 친한 친구가 되는 의붓남매는 아버지의 병적인 잔소리와 폭력에 노출된다. 남자의 행동은 점점 과격해지고 급기야 가족들이 모여 밥을 먹는 자리에서 아이들에 대한 심각한 위협이 가해지지만, 올리비아는 겁에 질려 저항하지 못하고 아이들을 두고 사라진다. 그러자 남자는 아이들을 집합시켜 강압적이고 비열하게 올리비아의 행방을 캐묻는다. 영화는 이 숨 막히게 무서운 순간들을 별다른 동요 없이 담담하게 찍는다. 하지만 아무리 영화가 그렇게 찍을 수 있다 해도, 일련의 폭력들을 경험하는 과정에서 아이들이 유지하는 대체로 무덤덤해 보이는 표정은 당혹스럽다. 그들은 분노도 두려움도 내지르지 않고, 남자의 거친 요구를 거부하지도 않으며 누구도 원망하지 않는다. 심지어 사만다와 메이슨은 친아버지에게 도움을 구하지도 않는다. 그들은 그저 넷이 모여 앉아 방금 전까지 그들을 짓누르던 그 긴장된 공기를 말없이 공유한다. 어른 세계의 소란함에 고요하고 무관심하게 대응하는 아이들의 모습은 자꾸만 그 속내를 생각하게 만든다. 그들이 그새 폭력에 익숙해진 거라고, 혹은 그렇게 해서라도 가정이 또다시 깨지는 걸 막고 싶어하는 거라고 말하면 될 일인가. 정말 의아한 상황은 이후에 벌어진다. 도망갔던 엄마가 다급히 집 앞에 찾아온다. 그녀는 사만다와 메이슨에게 당장 나오라고 외치며 이 지긋지긋한 남편의 집을 떠나려 한다. 아이들은 영문을 모르는 얼굴로 급하게 맨몸으로 집을 나오는데, 그때 계단 위에서 이들의 의붓남매가 이 상황을 물끄러미 지켜보고 있다.

더없이 사이좋은 가족이었던 네 아이의 이별이 이토록 급작스럽게 이루어지는 점도 가혹하지만, 어찌되었든 한때는 엄마였던 여자가 자신의 혈육만을 챙기며 나머지 아이들을 폭력의 위협 속에 방치한 채 떠나는 단호함, 그걸 울지도 않고 바라보는 남겨진 아이들의 미묘한 시선, 엄마에게 서운함을 토로하고 두고 온 남매를 잠시 걱정하지만 금세 다음 일상에 적응하는 사만다와 메이슨의 모습은 이 영화의 가장 차갑고 섬뜩한 면이다. 나는 영화가 끝날 때까지 링클레이터가 폭력적인 아버지에게 버려진 그 남매를 영화적으로도 버렸을 리 없다고 믿고 있었다. 말하자면 사만다와 메이슨이 그들과의 행복했던 기억을 잊었을 리 없고, 영화는 어떤 식으로든 그들을 재회하게 할 거라는 기대, 혹은 그들이 불쑥 나타나 당시의 상황을 원망할 것이라는 걱정, 혹은 사만다와 제이슨이 당시에 대한 죄의식을 내내 품고 있었을 것이며 어떤 식으로든 그 트라우마가 시간이 흘러 드러날 것이라는 예감을 내내 하고 있었다. 하지만 적어도 표면적으로 그런 일은 없었다. 마치 아무 일도 없었던 것처럼 그해의 일은 지나갔고 다시 돌아오지 않았으며 망각 속에 묻혔다. 그날 우리가 본 그들의 모습은 어른들의 선택을 수긍하고 받아들일 수밖에 없는 아이들의 생존본능일까, 점점 더 말이 없어지는 제이슨의 변화는 그에 대한 반응일까 내심 짐작해보지만, 그렇게 이해하려 애써보다가도 그해, 인물들의 선택, 아니 영화의 선택에 대한 위로가 될 만한 설명을 듣고 싶은 심정은 변하지 않는다. 링클레이터는 영화 속 인물들, 특히 제이슨의 불안과 상처가 가시화되기 직전에 다음 해로 건너뛰고, 그때가 오기까지 인물들이 살아내어야 했을 시간을 짐작 속에 묻어두거나 삭제하는 방식으로 그들의 시간 조각을 잇는다. 그걸 깨달은 순간, 나는 이들에게 다음 해에 무슨 일이 벌어질까 기대하는 마음보다는 지금 이들을 감싸는 불안과 상처가 또 어떤 식으로 견뎌지고 망각되며 지나갈까에 마음이 쓰이기 시작했다. 이 영화는 미래로 나아가고 있지만 자꾸만 과거로 고개를 돌리게 만들며 저 시간은 정말 지나간 것일까 묻게 만드는 것이다.

이와 관련해서 말할 수 있는 또 하나의 장면이 있다. 또다시 엄마의 결정에 따라 새로운 마을로 이사를 온 제이슨은 어느덧 목소리가 굵어지고 제법 청년 태가 난다. 그는 지금 동네 형들과 친구들이 모여 있는 낡은 창고에서 맥주를 홀짝거리며 이야기를 나누고 있다. 유독 왜소한 몸짓으로 아직 소년의 티를 벗지 못한 한 친구가 그 자리의 놀림감이 된다. 딱히 폭력적인 상황은 아니지만, 좀 우습고 불량해 보이는 제스처로 무용담을 늘어놓는 동네 형들의 모습, 이들이 그 와중에 자신의 남성성을 과시하기 위해 합판을 깨고 날카로운 톱니를 벽에 던지는 행동은 어쩐지 불길한 결과를 암시하는 것 같다. 마침내 제이슨을 둘러싼 오랜 불안감이 비극적 사건으로 폭발할 것인가? 십대의 철없는 작은 일탈 행위로 넘어가기에 이 장면의 공기가 예상치 못한 사태를 어디엔가 숨기고 있는 것처럼 위태로워서, 보는 이를 내내 불안하게 만든다. 그러나 이번에도 역시 영화는 그 기대(?)를 다행스럽게 좌절시키며 평온한 다음 장면으로 아무렇지 않게 넘어간다. 마치 당신은 십대 소년들을 다룬 장르물을 너무 많이 봤군, 하고 조롱을 던지듯이 말이다.

말하자면 링클레이터는 제이슨을 위태로운 순간들에 던져두고 우리로 하여금 그의 심신이 행여나 다치거나 망가질까봐 전전긍긍하게 만든 다음, 별다른 사태 없이 다음해에 이른다. 그리고 다음해의 제이슨은 육체적으로 조금씩 달라져 있지만, 적어도 그의 영혼은 훼손되지 않고 그대로라는 안도를 안긴다. 그의 삶에는 세 명의 아버지가 있었고, 그는 그중 두 명의 양부가 처음의 선한 인상을 손상해가는 과정을 목격했으며, 그런 남자들을 선택한 엄마 때문에 늘 한곳에 머무르지 못했지만, 링클레이터는 그가 사춘기의 반항을 내지르는 단 한 장면에도 영화를 할애하지 않는다. 그런 시간을 보여주는 대신, 그는 성장 했으나 변질되지 않았다는 믿음을 주는 순간들을 선택한다. 이 영화가 촬영된

12년 동안, 인물들의 삶의 조건을 변화시킬 만한 미국 사회의 정치, 경제적인 급박한 상황들을 굳이 연루시키지 않더라도 제이슨의 사적인 환경은 늘 변화에 직면했고 그는 매번 그 변화를 받아들여야 하는 자리에 서 있었다. 그때 영화는 특정 시간을 건너뛰고 특정 시간을 취하며 자신이 만들어낸 타임라인 안에서 이 소년을 보호하려 애쓴다는 인상을 준다(좀 다른 맥락에서 말해졌지만, 김혜리 역시 그의 영화가 "오염되지 않은 소년의 시야를 필사적으로 수호"한다고 표현했다. 『씨네21』 979호). 수염이 거뭇거뭇 나고 외형적으로 달라졌어도 그의 본질은 12년 전 우리가 처음 만난 어린 제이슨으로부터 조금도 달라지지 않았다는 사실. 아니, 부서지지 않을 수 있다는 믿음. 환상이건 신뢰건 이 영화는 그걸 지켜내는 방식으로 시간을 살아간다. 아니, 구축한다. 조금의 비약이 허락된다면, 이것은 링클레이터식의 21세기, 희망이 희미해져가는 그 땅에서 그가 소년들에게 바라고픈 새로운 아메리칸 드림이라고 해도 되지 않을까?

〈비포 선라이즈〉와 〈비포 선셋〉을 지나 마침내 〈비포 미드나잇〉에 이르러 당황스러웠던 건 하룻밤에만 꿈처럼 가능할 법한 그 사랑이 시간이 흘러 망각이 아니라 더 강렬한 현실로 재회하고 마지막에 이르러 결혼 제도로 들어와 있다는 믿고 싶지 않은 사실 때문이었다. 겉으로 보기에 둘은 나이가 들었을 뿐 여전히 다정한 연인 같지만, 영화가 진행될수록 그들의 뜨거웠던 관계도 어김없이 시간의 보호를 받지 못하고 있다는 걸 보여주고 있었다. 여행지에서 만난 타인들 앞에서 다정함을 증명해 보이던 그들이 둘만의 호텔방에서 그간 쌓였던 불만과 상처를 터뜨리는 장면, 특히 세월의 흔적이 고스란히 드러나는 맨가슴을 내놓고도 개의치 않고 몇 분간 격렬하게 싸우던 셀린느, 그 모습을 무감각하게 바라보며 대응하던 제시의 모습, 무엇보다 그걸 끈질기게 응시하던 카메라는 내 두 눈을 감고 싶어질 만큼 날것 그대로의 충격이었다. 앞선 두 영화가 품고 있던 환상이 처참히 날아가버리는 그 장면을 대면하며 링클레이터가 이 시리즈를 마감하는(적어도 나는 마감하기를 바라고 있다) 태도에 울컥 흔들렸다. 그 어떤 온기와 믿음으로 해결되거나 환상으로 가려질 수 없는 시간의 이물감을 그는 결국 방어하지 못했다고 인정하는 것처럼 보였기 때문이다.

하지만 〈보이후드〉에서 링클레이터는 다시 기대한다. 어느 인터뷰에서 그는 이 영화를 통해 "카메라 앞에서 커가는 것"을 보는 기쁨에 대해 말한 적이 있다. 시간의 흐름을 적극적으로 받아들이며 미래로 나아가는 것을 무서워하지 않으려는 이 영화는 실은 앞서 말한 것처럼 불안의 제어와 망각의 작동을 전제로 한다. 이 영화는 제이슨과 그의 주변인들이 겪어낸 12년의 시간을 따뜻한 온기로 품고 그 시간의 가치를 보여주기 위해 종종 인물들, 특히 제이슨이 당면한 일련의 순간들에 냉정히 컷을 외치고, 어쩌면 그의 속내를 충분히 읽지 않았을지도 모른다. 그러니 제이슨에게도 분명 할 말이 있을 것이다. 지난 12년간 액션보다는 리액션에 익숙한, 그래야만 살아갈 수 있음을 일찍이 알았던 소년이 거의 처음으로 액션을 취한 순간은 그가 카메라를 들기 시작하면서부터다. 우리는 그의 말 대신 그가 카메라를 들고 사진을 찍는 광경을 점점 더 많이 보게 된다. 영화 안과 밖의 시간이 경계 없이 서로에게 스며들고, 현실 속 배우들과 영화 속 인물들이 뒤섞이는 경험에 이르면서, 이 소년이 거쳐온 시간의 흐름에만 눈길을 빼앗긴 채 정작 내가 놓쳐버렸을지 모르는, 매해 컷이 된 그 자리마다 여전히 맴돌고 있을 소년의 내면이 비로소 궁금해지는 것이다. 링클레이터가 "카메라 앞에서 커가는" 그의 변화를 감지하며 그 시간의 운동을 즐기는 동안, 제이슨은 그 운동에 빨려 들어가지 않기 위해 사진을 찍으며 순간을 정지시키고 싶었던 건 아닐까. 아직 아무것도 잊지 못하고 아무것도 제대로 떠나보내지 못했는데, 그 감정들을 속으로 누르고 해소하지 못한 채 시간의 전환을 받아들여야 하는 자신의 영화적 운명에 그는 그렇게 고요하게 저항하고 있었던 건 아닐까. 이 글을 마무리하는 지금, 나는 그날 폭력적인 양부에게서 도망치듯 떠나며 의붓남매를 가차 없이 버려둘 수밖에 없었던 그 순간의 마음에 대해서부터 우선 묻고 싶어진다. 십여 년의 시간이 흘러 청년이 되었지만, 그날 그 소년의 마음으로부터 당신은 몇 발자국 더 내디뎠을까.

(『씨네21』 2014. 11)

이야기의 욕망에
봉사하는 색정증

님포매니악

음침하고 적막한 골목의 차가운 바닥에 한 여인(조)이 상처를 입은 채 쓰러져 있다. 노년의 남자(샐리그먼)가 우연히 그녀를 발견하고 자신의 집으로 데려온다. 여자는 모든 것이 자신의 잘못이라고 탓하며 어디서부터 말해야 할지 모르겠다고 잠시 망설이다가 벽에 꽂힌 낚싯바늘로 시선을 돌린다. 남자가 플라이 낚시의 원리에 대해 설명하며 아이작 월튼의 책 『조어대전』을 언급한다. 그러자 여자가 말한다. "이제 어디서 시작해야 할지 알겠어요. 대신 내 이야기 전부를 해야 할 거예요. 길고 비도덕적인." 그리하여 여자의 과거가 열리며 '조어대전'이라고 이름 붙여진 첫 장이 시작된다.

〈님포매니악〉(이 글에서는 1부와 2부 모두를 포함한 제목으로 쓸 것이다)은 조와 샐리그먼이 대화를 나누는 한정된 공간의 현재와 조의 성욕 넘치는 과거를 오가며 진행된다. 조의 내레이션으로 과거가 제시되고, 현재로 돌아오면 샐리그먼은 자신의 방대한 지식을 경유해서 그 과거를 해석한다. 샐리그먼의 방에 있는 사물들, 이를테면 그림이나, 책, 성화, 거울, 심지어 벽에 생긴 얼룩 등이 조의 특정 기억을 끌어내는 매개로 작용한다. 그런 식으로 조의 색정광 연대기는 총 여덟 개의 장으로 나뉘어 구술된다. 이 영화를 도식화하는 일은 어렵지 않다. 샐리그먼을 분석자의 위치에, 조를 피분석자의 위치에 둔 다음, 전자를 이성, 질서, 지식욕, 해석, 남성성 등의 상징으로, 후자를 육체, 혼돈, 성욕, 고백, 여성성 등의 상징으로 읽어내는 것이다. 물론 라스 폰 트리에는 관계의 권력과 우월성을 샐리그먼에게 부여하지는 않는다. 그는 샐리그먼의 진지하고 심오한 언어와 논리를 종종 우스꽝스럽게 만들고 이 영화의 유머는 대개 그런 순간에서 온다. 말하자면 〈님포매니악〉에서 두 인물의 구도는 정신분석의 실패기로 자주 인용되어 온 프로이트의 '도라의 사례'를 연상시킨다. 분석가 프로이트가 히스테리 증세를 보이는 도라를 분석하는 데 끝내 실패한 이유는 그가 도라의 파편적인 무의식에 인과론적인 틀을 부여하고 자신의 욕망을 그녀에게 투여했으며, 무엇보다 도라가 분석자를 꿰뚫고 조롱하는 피분석자였기 때문이다. 조와 샐리그먼이 나누는 대화와 관계는 표면적으로 이 구도를 의식한 것처럼 보인다. 〈님포매니악〉을 '하드코어 포르노'라고 명명하는 감독의 선언에도 불구하고 이 영화가 대다수의 관객들에게 의미화되는 방식도 그런 구도 위에서 이루어지는 것 같다.

영화를 본 뒤 인터넷에서 접한 후기들 중에, 이 영화가 생각보다 덜 충격적이었다고 말하는 감상들이 충격적이었다고 말하는 감상만큼 눈에 띄었는데, 이미지들이 충분히 극단적이지 않았다는 의미이기보다는, 그 이미지들의 외설스러움을 해소해줄 만한 무언가가 영화에 있다는 표현처럼 들렸다. 그런 감상은 아마도 이 영화가 위에서 언급한 이항대립적인 구도로 비교적 명징하게 분석된다는 점과 관련이 있을 것이다. 한 편의 영화가 우리에게 충격을 주었다고 말할 때, 그 충격은 낯설고 불명료하며 기이하고 불쾌하지만 매혹적인,

그러니까 언어화하기 어려운 감각에서 기인한다. 그런 맥락에서라면 이 영화가 충격적이지 않다는 데 동의한다. 다만 그 이유에 대해서라면, 위의 견해들과 생각이 좀 다르다. 〈님포매니악〉은 색정증에 대한 영화지만, 성욕이 아닌 다른 욕망으로 지탱되는 영화처럼 보이며 그 다른 욕망은 위의 구도나 분석으로 설명되지 않는다. 그리고 '덜 충격적'이라는 말이 위의 관객들에게는 이 영화를 긍정적으로 수용하는 표현이었다면, 내게 그 말은 선정적으로 활기 넘치는 이미지들에도 불구하고 이 영화에서 종종 느껴진 경직된 인상과 관련된 표현이다. 정한석은 〈님포매니악〉에 대한 기사에서 "놀랍고 충격적인 이미지만으로도 주술을 걸 줄 아는 폰트리에입니다만, 이번에는 이야기에도 적잖이 방점을 두고 있습니다"(『씨네21』 959호)라고 지적했는데, 바로 그 '이야기'라는 단어가 이 영화를 설명하는 데 색정증보다 중요한 용어로 보인다.

"내 모든 구멍을 채워줘(Fill all my holes)." 조가 섹스를 하면서 절박하게 내뱉던 이 말은 자신의 애인 P를 빼앗은 낯선 남자에게 폭행을 당한 뒤, 비참하게 쓰러진 자리에서도 반복된다. 처음에는 만족을 모르는 조의 성적인 욕망을 드러내는 표현으로 이해되지만, 이 후반의 장면에서 그 문장은 성욕만으로 설명될 수 없는 더 복잡한 심연의 결핍을 향하고 있다. 결국 남자로도, 여자로도, 채찍으로도, 아이로도, 그 무엇으로도 채워지지 않는 구멍 앞에서 실패의 처참한 끝에 도달한 여자. 지금 조는 그 실패의 끝에서 샐리그먼의 작은 방에 와 있다. 그녀는 그럼에도 불구하고 저 실현 불가능한 문장을 끝내 포기하지 못하는 여자처럼 보이는데, 그렇다면 어떤 상대로도 결국 채워지지 못하는 그녀의 욕망은 이제 어디를 향해야 하는가.

샐리그먼의 방에서 그의 사물들이 불러일으키는 연상작용으로 과거에 대한 조의 고백이 이어지고, 그 고백 이후에 샐리그먼의 분석이 따라오지만, 이 색정증의 연대기를 범주화하고 나열하는 자는 조 자신이다. 마치 샐리그먼이 이

끌어준 방향 안에서 조의 파편적인 기억들이 되살아나는 것처럼 보여도, 실은 이 파편들을 일관된 줄기로 엮어가는 사람은 조인 것이다. 그녀는 수많은 색정증의 일화들 중에서 자신이 들려줄 이야기를 선택하고 각 장 안에서 하나의 덩어리로 구성해낸다. 아이러니한 것은 자신의 의지로 조절할 수 없는 성욕의 일대기를 말하는 방식이 그녀의 의지에 의해 작동한다는 점이다. 성적 욕망이 실패한 자리에서 그녀의 서사적 욕망이 시작된다. 아니, 영화가 진행될수록 서사적 욕망이 성적 욕망을 압도한다. 물론 파란만장한 성 경험을 자신의 언어로 풀어내는 여자들의 이야기가 그리 특수하다고 말할 수는 없다. 이를테면 『카트린 M의 성생활』이라는 책에서 카트린 밀레는 십대 때부터 이어진 자신의 자유롭고 남다른 성생활에 대해 이야기한다. 자신의 성욕을 능동적인 삶의 권리로 인식하는 그녀는 "1인칭으로 글을 쓰는 것은 나로 하여금 나 자신을 떠나 3인칭의 시점을 갖게 한다. 내 몸과 행위들을 자세하게 묘사하면 할수록 나는 나 자신으로부터 멀어진다"고 말한다. 카트린 밀레에게 자신의 성 경험에 대해 말한다는 것은 스스로를 객관화해서 바라보는 방식으로서 결국은 자신을 이해하기 위한, 자신을 향한 행위다. 하지만 조의 경우, 그녀가 자신의 과거를 이야기하는 방식에는 좀 다른 구석이 있다. 자신의 성욕을 긍정하느냐 부정하느냐의 표피적인 차이를 넘어서, 카트린 밀레가 그 욕망을 긍정하기 위해 글을 쓴 것처럼 보인다면, 조는 이야기를 하기 위해 그 욕망을 병적인 것으로 가두는 것 같다. 그것은 단순한 자기고백이기보다는 청자를 염두에 둔 이야기 자체에 대한 욕망에 더 가까워 보인다.

이에 대해 더 말하기 전에, 생각해볼 질문이 있다. 조는 왜 그토록 성에 집착하게 되었을까. 정신분석학적으로 너무 상투적인 질문이라고 생각해서인지, 영화가 깊이 제시하지 않아서인지, 잘 제기되지 않는 물음인 것 같다. 물론 그 원인을 명징하게 규명하는 것은 불가능하지만, 영화상으로 드러난 몇몇 순간들을 통해 우리는 조의 서사적 욕망이 어디서 비롯된 것인지 어렴풋하게나마 가정해볼 수 있다. 조의 엄마는 그 사연은 알 수 없으나 차갑고 냉정한 여자로 기억되고 조는 종종 엄마를 원망하는 것처럼 보인다. 대신 조의 기억 속에 등장하는 아버지는 애정과 동경의 대상이다. 인상적인 장면이 있다. 어린 조가 의사였던 아버지의 책상에서 의학 서적을 보며 여성의 성기를 지칭하는 이름들을 읽는다. 아버지는 딸의 그런 모습을 흐뭇하게 지켜보고 있고, 조는 고개를 들어 묘한 표정으로 아버지와 시선을 교환한다. 소녀가 사로잡힌 성적 호기심, 의사 아버지의 엄숙한 책상, 의학 서적의 차가운 신체 그림, 소녀의 입으로 발음되는 여성 성기, 그리고 아버지와 딸이 나누는 시선의 공기. 애정으로 가득하지만 어딘지 기괴하고 부적절한 이 장면에서 근친상간적 욕망의 그림자를 읽기란 어려운 일이 아니다.

아버지에 대한 조의 욕망은 이후 '섬망'이라고 이름 붙여진 장에서 더 분명하게 느껴진다. 애드거 앨런 포의 문구로 시작되는 이 장은 유일하게 흑백의 화면으로 삽입된다. 아버지는 죽음을 앞두고 있으며, 포가 삶의 끝에서 경험한 섬망의 고통을 겪고 있다. 이전까지 감정을 연기하거나 드러내지 않았던 소녀는 죽음에 가까운 아버지 곁에서 슬픔을 참지 못하고 눈물을 흘리며, 그때마다 병원 직원과 섹스를 한다. 그러나 막상 아버지의 죽음 앞에서는 아무 느낌도 없어서 수치스러웠다고 고백한다. 그녀의 눈에서 눈물이 흐르는 대신, 그녀의 성기에서 물이 떨어진다. 말하자면 아버지의 죽음에 대한 애도는 제대로 이루어지지 않는다. 이후 조가 불감증에 걸려 고통에 빠져드는 계기를 영화는 제롬과의 재회와 사랑의 감정이라고 말하고 있지만, 실은 아버지의 상실과 그에 대한 애도가 실패한 탓으로 보는 편이 더 적절하다. 조에게 아버지의 세계는 텅 빈 상태로, 혹은 수수께끼인 채로 남는다. 아버지가 겪은 섬망의 정체를 그녀는 끝내 알지 못한다.

이 영화에서 유일하게 평화로운 이미지가 있다면, 조가 아버지와 함께했던 숲에 대한 기억이다. 아버지는 어린 조를 데리고 숲에 가서 나무에 대한 이야기들을 들려주곤 했다. 바람결에 흔들리는 초록빛 나뭇잎들의 물결, 그 아래 누워 아버지가 들려주는 이야기를 듣는 어린 딸의 이미지는 육욕에 휘청대는 조의 기억에서 가장 이질적이며 향수에 젖어 있다. 겨울이 되어 잎이 모두 떨어진 뒤에도 특유의 검은 봉오리로 존재의 특이성을 잃지 않는 물푸레나무의 이야기는 이후 자괴감에 빠진 조를 잠시나마 깨어나게 하는 색정증 이전의 맑음 같은 것이다. 그녀에게 나무의 이야기는 욕정에 지배되지 않는 식물의 청명함과 벌거벗은 뒤에도 자신의 뼈대를 잃지 않는 꼿꼿한 기품에 대한 것이다. 피폐한 색정증의 삶 안에서 그녀가 자신의 나무를 찾고자 할 때, 그것은 일종의 초자아를 찾아 헤매는 갈망처럼 보인다. 색정증, 나무, 아버지, 그리고 이야기. 이들을 명확한 인과관계로 연결할 수는 없지만, 영화 안에서 이들은 어떤 식으로든 서로에게 작용하고 있으며, 조의 성욕과 서사적 욕망은 그 요소들 안에서 모종의 관련을 맺고 있는 것 같다. 영화의 후반, 모든 것을 버리고 떠나려는 조의 눈앞에 비틀어져 기울어진 형상으로 산꼭대기에 홀로 서 있는 나무가 보인다. 우리는 그 순간 두 존재가 서로를 바라보고 있다는 느낌을 받는다. 왜곡된 성욕(왜곡된 형상)을 부정하지 않으면서도 하나의 뿌리로 지탱되는 이야기(나무)로 존재하는 것이 가능한가? 그 나무는 그 가능성을 보여주고 있고 조는 그 가능성에 대해 생각하고 있는 것 같다.

조가 성욕의 인간이기 전에 서사의 욕망에 사로잡힌 인간이며, 어쩌면 둘은 분리될 수 없다는 사실을 알려주는 수많은 예들이 이 영화에는 있다. 1. 어린 조가 친구 B와 기차에서 누가 더 많은 남자들과 섹스를 하는지 내기를 벌이는 장면에서, 마지막 타깃은 일등석 칸의 세련되고 점잖은 남자를 향한다. B는 그를 유혹하는 데 실패하지만 조는 성공한다. B가 그저 육체로 승부를 보려 했다면, 조는 남자로부터 그 자신의 이야기를 끌어내는 데 성공하며 그의 빈틈을 파악한다. 즉, B에게는 없으나 조에게 있는 것은 (좀 과장을 보태 표현해서) 섹스를 서사로 풀어내는 능력이다. 2.과거의 경험을 들려주던 현재의 조가 다른 남자들과 달리 자신의 이야기에 그 어떤 흥분도 하지 않는 샐리그먼에게 섹스의 경험이 없다는 사실을 밝혀낼 때, 그녀는 어쩐지 불만족스러워 보인다. 샐리그먼은 자신의 그런 점이 그녀의 이야기를 편견 없이 객관적으로 듣게 만든다고 말하지만, 그녀는 그 거리감을 딱히 고마워하는 것처럼 보이지 않는다. 이야기꾼은 자신의 이야기에 연루되지 않는 청자를 반가워하지 않는 법이다. 3.색정증에 대한 주변의 시선 때문에 직장을 그만둔 조가 사채 수금 일로 성공을 하는데, 그 방식이 독특하다. 그녀는 성욕에 대한 상상적인 스토리를 고안해서 상대의 수치심을 자극하고 건달들의 무식한 위협 없이도 효과적이고 우아하게 돈을 받아낸다. 4.조의 이야기를 듣던 샐리그먼은 제롬이라는 남자가 조의 결정적인 삶의 국면마다 등장하는 것에 대해 지나친 우연이라고 믿지 못하지만, 그의 의문은 바보 같다. 이야기의 성립을 위해 가장 중요한 것은 필연적인 우연이다.

조가 자신의 이야기 밖으로 나와, 샐리그먼에게 자신의 과거에 대해 수치심과 죄의식을 말하는 순간들을 환자의 자기반성적 고백으로 받아들이는 이들도 있을 것이다. 하지만 수치심은 단순한 후회나 자기부정이 아니라, 언제나 환상과 더 깊은 관련이 있다. 달리 말해, 수치심은 내가 무언가를 부정하지만 실은 내가 그것을 은밀히 즐기고 있을 때 생기는 감정에 가깝다. 조는 지금 성욕에 지배된 자신의 지난 행위가 나쁘다고 여기고 있는지는 모르지만, 그것을 말하는 행위는 즐기고 있는 것 같다. 그리고 그녀가 끊임없이 수치심과 죄의식을 (우리를 대신해서) 말해줌으로써 이야기 밖의 우리 혹은 샐리그먼은 그 색정광의 연대기를 불편함 없이 즐기는 자리에 앉게 된다. 이 영화에서 수치심이란 이야기를 추동하는 일종의 전략 같은 것이다.

그러므로 〈님포매니악〉이 실은 조의 성적 욕망이 아니라 성적 욕망을 경유한 서사적 욕망과 더 깊은 관계를 가진 영화라면, 찬찬히 쌓아올린 이야기를 단번에 허무하게 만드는 엔딩을 어떻게 받아들일 것인지의 문제가 남는다. 동이 터오고, 이야기의 모든 비밀은 풀렸다. 조는 이제는 무성(asexuality)의 인간으로 살기 위해 애쓰겠다는 결심을 말한다. 이 마지막 장면에 등장하는 깨달음의 말들은 모두 가짜 같지만, 특히 이 결심은 새삼스럽고 어느 정도 거짓말이다. 샐리그먼의 방에서 자신의 과거를 풀어놓던 그녀는 그 시간만큼은 자신의 색정증에 지배되지 않는 전능한 이야기꾼이었기 때문이다. 그러니 샐리그먼의 비참한 결말은 그의 무지에서 비롯된다. 이야기 안과 밖의 경계를 인지하지 못하고 이야기의 끝을 알아채지 못한 무지, 감히 이야기 속의 인물과 몸을 섞으려 한 무지, 청자의 위치를 망각한 무지. 그러고 보면, 적어도 이 영화의 현재에서 육체적인 인물은 조가 아니라 샐리그먼이다.

결국 조는 섹스를 통한 파괴적인 소모의 욕망과 그 욕망을 이야기로 질서화하려는 회복의 욕망을 동시에 지닌 인물이다. 이상한 표현인지 모르겠지만, 그녀는 균형 잡힌 색정광이다. 그녀의 색정증은 그녀의 이야기를 넘어서는 어둠의 활력이나 파열의 에너지를 발산하는 대신, 이야기의 욕망에 봉사하는 것 같다. 그게 이 영화의 결함이라고 말할 수는 없겠지만, 이 영화의 의외의 점잖음에 대해 설명할 수 있는 힌트 정도는 될 수 있을 것이다. 비정상을 말하지만 정상의 얼룩, 정상의 균열지점으로서의 비정상이 아니라, 정상의 저 반대편에 뚝 떨어져 존재하는 비정상의 극단적인 그림들. 극단적인 이미지들은 넘치지만 왜상이 지워진 해명 가능한 이야기. 라스 폰 트리에의 영화가 내게는 대부분 그렇게 다가왔고, 〈님포매니악〉 역시 그러하다. 조의 색정증은 매혹적이지만, 그녀의 이야기는 종종 지루하다. (『씨네21』 2014. 7)

투 러버스

필연의 심연

한 남자가 사랑하는 여인에게 주려고 산 반지를 저 멀리 바닷가로 던진다. 모든 걸 걸고 함께 도망치기로 약속했던 그녀가 헤어진 애인이 다시 돌아왔다며 남자를 배신한 것이다. 바다를 바라보며 남자가 운다. 그때 그의 주머니에서 장갑 한 짝이 젖은 모래 위로 떨어진다. 자기 남자가 다른 여자와 사랑에 빠졌다는 사실을 짐작조차 못하는 남자의 착한 애인이 언젠가 준 선물이다. 남자는 눈물을 그치고 장갑을 줍는다. 모래 위에 처박힌 반지 상자도 다시 집어 든다. 그리고 송년파티가 벌어지고 있을 집으로 발걸음을 돌린다. 다급하게 집으로 돌아와 앉은 자리에서 남자의 시선이 누군가에게로 향한다. 남자의 이 짧은 부재와 돌아옴에 담긴 의미를 알지 못하는 그의 애인이 해맑은 표정으로 거기 앉아 있다. 남자는 그녀에게 반지를 끼워주며 흐느낀다. 둘은 포옹을 하고 남자가 잠시 카메라를, 아니, 우리를 쳐다본다. 〈투 러버스〉의 마지막 장면이다.

바다를 바라보며 그가 홀로 견뎌야 했을 감정은 무엇이었을까. 무엇이 그를 다시 돌아오게 한 것일까. 돌아와 애인을 쳐다보는 그의 시선과 표정에서 우리가 본 것은 무엇일까. 그가 겪은 실연보다 그의 귀환이 더 슬프다. 그가 바닷가에서 깊은 아픔을 토해낸 뒤, 성큼성큼 집으로 돌아와 자신의 자리에 앉을 때, 그 귀환이, 그 자리가 단순한 타협이나 포기의 결론이 아니라, 그보다 무겁고 설명 불가능하고 반문할 수 없으며, 끌어안아야만 하는 필연에 더 닿아 있음을 우리는 느낀다. 그 짧은 시간, 그를 뒤흔들었을 감정과 그가 내려야 했을 결단의 의미, 파티를 즐기는 행복한 사람들 틈에서 그가 애써 붙잡고 있는 마음에 대해 우리가 다 알기는 어렵다. 그럼에도 이 마지막을 보며 눈물을 참기 힘들다면, 우리가 이 필연의 행로를 부정할 수 있는 길을 알지 못하기 때문일 것이다. 그가 그 자리에 있어야만 한다는 사실을 받아들일 수밖에 없으면서도 그가 왜 돌아와야 했는지에 대한 생각을 도저히 멈출 수 없는 것. 그 비통한 간극이 이 글을 쓰게 한다.

레오나드(호아킨 피닉스)가 만나는 두 여자는 모든 면에서 대립되는 것처럼 보인다. 산드라(비네사 쇼)는 감정을 잘 다스리며 배려심이 깊고 단단한 성정의 여자다. 그녀는 레오나드가 말없이 약속을 깨거나 속내를 말하지 않아도 불평하지 않는다. 레오나드와 산드라는 이들의 가족들이 비즈니스를 도모하기 위해 모인 자리에서 처음 만났고, 이후 이어지는 둘의 만남도 거의 언제나 가족 행사와 관련이 있다. 이들의 부모들은 둘의 결혼을 적극적으로 추진한다. 말하자면 레오나드에게 산드라는 가족과 분리될 수 없는 여자다. 그녀가 가장 좋아하는 영화는 〈사운드 오브 뮤직〉이며, 그녀는 그 이유가 가족들이 함께 볼 수 있는 영화이기 때문이라고 말한다. 무엇보다 산드라는 레오나드의 불안과 결핍을 채워주고 싶어한다. 반면 미셸(기네스 펠트로)은 산드라와 정반대의 지점에 있다. 그녀는 감정 기복이 심하고 의존적이며 심약하다.

그녀는 유부남과의 연애로 고통스러워한다. 레오나드가 자신을 좋아한다는 사실을 알고 있음에도, 그에게 주저 없이 기대며 그를 혼란스럽게 한다. 미셸은 레오나드만큼, 혹은 그보다 더 불안정하고 상처투성이다.

물론 표면적으로 레오나드와 연인 관계를 유지하는 여자는 산드라지만, 레오나드가 진정 욕망하는 자는 미셸처럼 보인다. 산드라에 대한 감정이 가족에 대한 의무나 현실적인 선택과 관련이 있고, 미셸과의 만남이 그의 진짜 욕망이나 환상과 연관된다고 간단하게 말해버릴 수도 있을 것이다. 하지만 그런 도식적인 규정은 레오나드라는 인물은 물론 이 영화의 마지막 장면에 드리워진 필연의 심연을 상투적 의미로 덧씌운다. 그러니 다소 뻔해 보여도 다시 물을 필요가 있을 것 같다. 두 여자에 대한 레오나드의 감정은 무엇인가. 그는 왜 두 여자에 대한 감정을 동시에 지속하는가. 정한석은 한국에서는 아직 개봉하지 않은 〈이민자〉에 대한 감상을 전하면서 허문영의 표현을 인용해 제임스 그레이의 영화에는 "물먹은 솜" 같은 감정적 밀도와 피로함이 있다고 쓴 적 있다(『씨네21』 907호). 동의한다. 그런데 〈투 러버스〉를 보는 우리의 감흥이 종종 "물 먹은 솜"의 상태에 이른다면, 그건 레오나드가 서로 다른 기질의 두 여자를 오간다는 사실, 즉 그의 감정적 흐름이 두 갈래로 나뉜다는 사실 자체에서 비롯되는 것은 아닌 것 같다. 그보다는 그 감정들이 명확히 정리되어 분리되지 않고 어딘지 모호하게 달라붙거나 이어져 있다는 인상이 우리를 그런 감정적 포화 상태로 이끈다.

몇몇 장면들이 있다. 레오나드가 미셸과의 우연한 만남을 가장해 그녀의 출근길에 동행하면서 둘 사이에 친밀하고 사적인 대화가 오간 후 레오나드는 미셸의 전화번호를 알게 된다. 그는 지금 산드라와의 약속을 잊고 있다. 집으로 돌아온 그는 여전히 들뜬 표정으로 산드라에게 사과 전화를 걸고 영화 데이트 약속을 잡는다. 그러면서 건너편 미셸의 방 창문을 쳐다본다. 상대는 미셸에게서 산드라로 옮겨지지만 이 장면을 채우는 감정의 흐름에는 단절이 없다. 레오나드는 지금 산드라에게 마음에도 없는 소리를 하는 것일까? 그렇게 보이지만은 않는다는 사실이 이 순간을 복잡하게 만든다. 또 다른 장면. 레오나드가 미셸의 유부남 애인과 저녁을 먹는다. 미셸과 애인은 오페라를 보러 가고 그 뒷모습을 묘한 감정으로 쳐다보던 레오나드는 집으로 돌아와 오페라 시디를 듣는다. 그때 산드라가 찾아온다. 산드라는 레오나드에게 부담 갖지 않아도 된다며 자기와 사귀지 않아도 괜찮다고 말한다. 오페라의 선율 속에서 레오나드는 "나도 당신을 좋아한다"고 답하고 산드라에게 키스를 한다. 그날, 둘은 첫 섹스를 한다. 처음에 이 장면을 흐르는 오페라 음악에는 미셸과 유부남 애인에 대한 레오나드의 복잡한 심정이 실려 있다. 질투, 선망, 분노, 슬픔, 위화감 등이 뒤섞인 감정일 것이다. 그런데 그 웅장하고 서글픈 음악 속에서 레오나드와 산드라가 몸과 마음을 나눌 때, 그 선율은 어느새 이들을 위한 노래처럼 들린다.

한 남자가 두 여자를 좋아하는 이야기에서 우리가 예상하는 감정적 충돌이나 단절 같은 것을 이 영화에서 찾기는 어렵다. 대신 일련의 장면들이 보여주듯, 이상하고 자연스러운 감정적 전환, 혹은 맞물림과 겹침이라고 부를 만한 움직임이 여기 지속적으로 일어나고 있다. 레오나드의 위와 같은 감정적 이동은 위악적이거나 기만적으로 느껴지지 않는다. 그렇다고 레오나드가 아녜스 바르다의 〈행복〉에 등장하는 남자처럼 두 여자에게서 각기 다른 충만감을 느끼며 감정적 평행을 유지한다고 자신하는 자는 아닐 것이다. 그는 지금 미셸이라는 도달 불가능한 이상에 대한 좌절과 결핍을 산드라를 통해 해소하고 있는 것일까? 그렇게 간단하게 말할 수 있다면 〈투 러버스〉의 마지막이 그토록 우리의 마음을 흔들지는 못할 것이다. 레오나드의 감정이 미셸에게 더 사로잡혀 있는 것은 사실이지만, 영화상에서 산드라에 대한 그의 감정이 거짓이라거나 덜 진실하다고 단언할 근거는 없다. 비즈니스를 둘러싼 양가의 관계 때문이 아니더라도, 그가 산드라와 맺는 관계에는 미셸에 대한 감정과는 다른 종류의 간절함이 있다고 나는 느낀다.

레오나드에게는 사랑의 실패에 관한 트라우마가 있다. 그가 고백한 바에 따르면, 약혼녀와 그는 아이를 낳을 수 없었고 그 이유로 약혼녀가 그를 떠났다. 그녀를 찾아 헤매며 그는 깊은 우울증에 시달리다가 부모와 함께 살게 된 것이다. 무능력한 자신과 그런 자신을 무참히 버리는 여자. 여전히 과거를 벗어나지 못하는 그에게 산드라는 그 트라우마로부터 '정상'의 궤도로 도약할 수 있는 건강함과 투명함이다. 반면 미셸은 레오나드처럼 우울의 세계에 침잠한 자이며 결여 그 자체이고, 레오나드의 거울이다. 레오나드가 산드라의 끈을 놓지 못하면서도 미셸에게 이입할 수밖에 없는 건 이 때문이다. 산드라가 레오나드의 트라우마를 극복하게 해줄 수 있는 상대라면, 미셸은 그 트라우마를 반복하게 하는 존재다. 우리는 진정한 사랑이란 우리의 과거와 상처를 넘어서게 하는 힘이라고 여기지만, 우리를 정작 두려운 매혹에 빠뜨리고 뿌리칠 수 없게 하는 사랑은 그 트라우마를 반복하고 실패를 예견하는 자기 파괴적인 것이다. 그에게 미셸이 병든 자신 자체라면, 산드라는 그런 병든 자신을 보게 하는 눈이다. 그 병든 상태는 그가 생에 대한 감각을 포기하지 않는 절박한 방식이고, 그 상태를 보게 하는 눈은 그 병이 생을 넘어서고자 하는 충동을 붙잡아준다. 두 여자 사이에서 그는 그렇게 스스로를 환멸하고 연민한다. 레오나드와 산드라의 첫 섹스 장면에서 얼룩처럼 느껴지는 단 한 가지는 이 장면이 미셸의 불 꺼진 방 창문을 보는 카메라의 응시에서 시작한다는 점이다. 그 장면에는 마치 병든 내가 '정상적인' 나를 바라보는 것 같은, 혹은 내 밖에서 나를 지켜보는 것 같은 거리감이 있다. 그 거리감은 다소 지루하지만, 안정적이고 아늑하다. 하지만 레오나드가 매섭고 황량한 바람이 부는 뻥 뚫린 옥상에서 미셸과 사랑을 나눌 때, 지독히 밀착되어 서로 엉겨붙은 둘의 모습은 공격적이고 불안정하며 위태롭다.

이렇게 말할 수도 있을 것 같다. 레오나드는 미셸이라는 결여를 유지하기 위해 산드라와의 관계를 지속한다. 미셸을 사랑하기 위해 산드라를 사랑한다. 우울하고 병든 이웃에 대한 사랑을 지속하기 위해서는 친밀한 이웃의 지반을 가꿔야 한다. 이러한 구분이 산드라에 대한 레오나드의 감정을 도구적으로, 혹은 열등한 것으로 만든다고 생각하지 않는다. 레오나드의 산드라에 대한 감정과 미셸에 대한 감정 중 어느 쪽이 더 치열하다고 말하기보다 그 두 감정의 관계가 치열하다고 말하고 싶다. 〈투 러버스〉는 그 치열함에 도덕적인 판단이 들어설 자리를 마련해두지 않는다.

물론 우리 중 누구도 그 두 감정을, 두 개의 나를 완벽한 균형감각 속에서 유지할 수는 없다. 레오나드는 미셸의 손을 잡는다. 그는 결국 우울하고 병든 심연으로 뛰어드는 길을 선택한다. 레오나드와 미셸이 벼랑 끝에서 서로의 마음을 확인한 뒤, 창문을 사이에 두고 전화로 나누는 대화는 의미심장하다. "나는 당신을 (제대로) 본 적이 없었어. 하지만 당신을 느낄 수 있어." 병든 자들은 서로를 거리를 두고 보지 못한다. 상대의 결여를 보는 대신, 그것을 내 것으로 느낀다. 만약 영화가 그 자리에서 끝났다면, 우리는 또 다른 파국을 예견하지만 그 순간만큼은 어둠으로 승리한 로맨스의 쾌감을 맛보았을 것이다. 하지만 미셸은 레오나드를 배신하고 이제 레오나드에게 남은 선택지는 얼마 없다. 죽거나 홀로 떠나거나 집으로 다시 돌아가는 것. 그는 귀환을 선택한다. 놀랍게도 집으로 돌아가는 그의 발걸음에는 망설임보다는 서두른다는 인상이 있다. 미셸과 도망치기 위해, 미래를 향해 그토록 조심스럽게 몰래 집을 빠져나왔던 남자가 단 몇 시간 만에 아무 일도 없었던 것처럼 집으로 다급하게 돌아가고 있다. 생각해보면 제임스 그레이의 지난 영화들에서 귀환은 언제나 파국으로 이어졌다. 집으로 돌아온 자는 환영받지 못하거나, 가까운 사람들, 특히 가족들의 죽음을 불러오곤 했다. 돌아오지 말았어야 하거나, 너무 늦게 돌아와서 누군가의 희생을 대가로 치렀다. 그에 비하면 〈투 러버스〉에서 레오나드의 귀환은 그런 표면적인 변화를 불러오지 않는다. 그 귀환은 지극히 사적인 것이며 명확한 내적인 동기를 우리는 알 수 없다. 다만 이 장면에서 우리는 그를 집으로 끌어당기는 설명할 수 없는 힘의 강렬함을 무섭게 체감한다. 그래서일까. 그의 귀환은 그레이의 영화들이 보여준 그 어떤 돌아옴의 행위보다 체념적으로 느껴진다. 아니, 단순히 체념을 내버려두는 게 아니라, 그 체념을 어떤식으로든 필사적으로 끌어안으려는 안간힘이 여기 작동하는 것 같다.

레오나드가 집을 떠나던 그 밤, 천진한 미소로 행복하다고 말하는 아들을 엄마는 붙잡지 못했다. 그 아들이 다시 돌아왔을 때, 엄마만이 그의 귀환을 응시한다. 바닷가에 버려질 뻔했던 반지를 산드라의 손에 끼워주는 레오나드가 눈물을 훔치며 말한다. "그냥 행복해서 그래." 몇 시간 전 그가 엄마에게 고백하던 행복과 지금 그가 산드라에게 말하는 행복은 같은 것일까. 우리는 그가 미셸과의 행복을 말할 때 의심하지 않았듯, 산드라를 향해 중얼거리는 행복이 거짓이라고 생각할 수 없다. 다만 그 두 행복이 같지 않다는 사실만큼은 알 수 있다. 지금 그의 육체는 그 간극을 인정해야만 하는 자리에 와 있다.

영화가 시작하자마자 우리가 본 것은 갑자기 물에 뛰어든 레오나드의 모습이다. 물속에서 그는 과거에 그를 떠나버려서 긴 우울에 잠기게 한 약혼녀의 환영을 본다. 그녀의 목소리가 들린다. "난 당신을 사랑해, 하지만 나는 떠날수밖에 없어." 그때 레오나드가 허우적거리며 물 위로 올라와 도와달라고 외친다. 그를 구하러 온 사람들 틈에서 누군가가 그가 뛰어내리는 걸 보았다고 말하자, 레오나드는 말한다. "난 빠진 거야." 물에 뛰어든 게 아니라 물에 빠졌다는 말에는 물에서 나와야 한다는, 나오고 싶다는 의지 혹은 본능이 숨겨져 있다. 첫 장면에서 우리가 잠시 경험한 이 물속의 세계는 더없이 몽환적이고 아름답다. 그러나 이 세계는 죽음에 너무 가까이 있다. 레오나드는 자기도 모르는 사이 물속으로 이끌렸지만 숨이 멎기 전에 물 밖으로 손을 뻗는다. 영화의 마지막은 이 도입부를 떠오르게 한다. 레오나드는 이제 물 밖으로 완전히 나온 것인가. 레오나드의 작은 방에는 수족관이 있다. 그가 방 안에서 산드라와 이야기를 나눌 때, 창문 건너편의 미셸을 바라볼 때, 수족관의 물소리가 언제나 이 방을 가득 채웠다. 그 소리는 만지고 싶지만 만져지지 않고, 부서지기 쉽지만 쉽게 증발하지 않는 우울과 관능과 슬픔의 소우주였다. 영화의 마지막, 돌아온 레오나드가 파티의 소란함 속에서 산드라를 포옹하는 그 순간, 환청처럼 그의 몸에서, 그의 눈물에서 그 물소리가 들리는 것 같다. 그 어떤 잔혹한 파국의 끝보다 두렵고 울적하며 애처롭고 아픈 결말이 여기 있다.

(『씨네21』 2014. 1)

그래비티

카메라여,
당신은 어디까지
갈 수 있습니까

〈아바타〉를 3D로 처음 보았을 때, 대체 무엇을 새롭다고 느껴야 할지 난감했다. 많은 사람들이 실감을 이야기했지만, 그 실감의 정체도 모호했다. 영화는 등장인물에 대한 동일시 혹은 나비족의 판타지적 세계에 대한 동화를 의도했을 것이다. 하지만 3D 안경이 주는 멀미를 제외하고는 지속적으로 튀어나오거나 창공을 가로지르는 이미지들이 나의 육체를 건드렸던 기억은 없다. 어느 정도는 이 영화의 서사적인 결함 때문이라고 생각하면서도 이런 의문을 가졌던 것 같다. 영화가 나의 육체를 통과하는 경험과 나의 육체가 영화 속 세계에 말초적으로 동화되는 경험의 차이는 어디서 비롯되는 것인가. 3D 영화의 목적, 아니 효능은 결국 관객이 영화 속 세계 '안'에 있다는 완벽한 환영을 주는 데 있는 것일까. 과연 그것이 우리가 원하는 궁극의 영화적 경험일까. 영화를 본다는 행위와 그 안에 들어가길 희망하는 욕망은 얼마나 맞닿아 있을까.

하지만 〈라이프 오브 파이〉를 3D로 보았을 때, 〈아바타〉를 보며 3D 영화에 내렸던 단정을 수정해야 했다. 물론 〈라이프 오브 파이〉의 서사적인 우월함 때문이기도 하지만, 그 이유가 전부는 아니다. 이 영화를 이야기 구조 혹은 진위로 설명하는 것은 영화의 감흥으로부터 멀어지는 길이다. 이를테면, 이 영화에서 바다와 하늘과 세찬 빗줄기와 거대한 숲이 3D로 펼쳐질 때, 나는 이전까지는 한 번도 느껴보지 못한 기이하고 신비로운 경험에 숨이 막혔다. 말로는 표현이 어렵지만, 분명한 건 그 감흥이 단순한 실감과는 다른 차원의 것이었다는 점이다. 이미지들이 돌출된다는 인상보다 중요했던 건 거대한 이미지의 덩어리가 수만 개의 층위로 갈라져 움직이고 있다는 느낌이었다. 세계에 잠재되어 있던 어떤 결들이 영화적으로 살아나고 있었다. 요컨대, 현실에서 식탁 위에 놓인 사과 몇 개는 그저 먹는 열매다. 그 사과가 2D 영화의 프레임 안으로 들어오면 그것은 더 이상 먹는 열매에 그치지 않고 그 자체로 살아서 우리를 감흥하게 하는 대상이 될 수 있다는 걸 우리는 경험적으로 알고 있다. 그때, 그 감흥의 근원은 생경함이다. 〈라이프 오브 파이〉의 3D는 말하자면 그 사과의 생경함에 우리가 알지 못했던 수많은 층위의 생경함을 더 구축한다. 이 영화의 3D는 관객이 영화 속 세계 안에 존재한다는 판타지를 구축하는 데 별 관심이 없어 보인다. 세계의 무한한 확장. 나는 〈라이프 오브 파이〉의 3D에서 그 가능성을 보았다.

그리고 〈그래비티〉를 보았다. 어느 여인의 고독하고 치열한 우주 탈출기로 읽을 때, 이 영화는 지루해진다. 개인적으로는 그녀의 개인사가 제시되고, 지구로 귀환하기 위한 그녀의 사투가 본격화되기 이전이 영화적으로 더 흥미롭다. 그러니 이 글은 이 영화의 서사가 아니라, 흥미로움을 안겨준 다른 무엇에 대해 말하려고 한다. 〈라이프 오브 파이〉의 3D가 세계의 확장을 경험하게 한다면, 〈그래비티〉의 3D를 통해서 나는 시선의 자유, 시야의 확장에 대해 이야기할 수 있다고 생각한다. 그건 영화 속 인물의 행위가 아니라, 카메라의 움직임과 더 관련이 있으며, 조금은 농담을 섞어 다음과 같은 질문으로 이어질 수 있을 것 같다. (우주를 떠도는) 카메라여, 당신은 어디까지 갈 수 있습니까?

지난주 『씨네21』에 실린 〈그래비티〉에 대한 평론가 허문영의 비평을 읽었다(「무중력의 카메라, 외설적 카메라」). 이 영화의 "서사적 기획"과 "시각적 기획"의 어긋남을 예리하게 분석한 그의 비평에서 가장 재미있는 부분은 이 영화를 "은밀한 에로스"로 읽은 것이다. 비록 주관적인 반응이라는 전제를 달았지만, 특정 장면으로부터 시작된 그 가설은 도발적이고 기발하다. 나 또한 그 장면의 카메라 움직임이 이 영화에서 가장 인상적이었으며, 그 장면을 말하지 않고 3D 영화로서 〈그래비티〉의 흥미로움에 대해 말하기 어렵다고 생각한다. 이 글이 그의 비평에 대한 보론 정도로 읽히면 좋겠다.

우주허블망원경을 고치던 라이언 스톤과 일행은 갑작스러운 위성 파편들의 공격을 받는다. 파편과 부딪혀 탐사선으로부터 떨어져나간 스톤은 360도를 돌며 저 멀리로 추락한다. 동료 코왈스키와의 통신도 두절된다. 우리는 빙글빙글 돌며 어딘가로 향하는 그녀의 몸을 보며 헬멧 안에서 들려오는 그녀의 신음 소리를 듣는다. 카메라는 그녀와 함께 유영하며 그녀의 움직임을 본다. 그런데 어느 순간, 카메라가 그녀의 헬멧 안으로 들어온 것처럼 그녀의 시선이 되어 방금 자신이 있던 자리를 쳐다본다. 카메라가 다시 헬멧 밖으로 빠져나와 그녀를 볼 때, 그녀는 이전보다 더 먼 곳으로 빨려들어가고 있고, 그녀의 신음 소리는 다시 헬멧 안에 갇혀 더 작게 들린다. 간단히 말해 여기서 시점은 컷 없이 헬멧 밖에서 안을 거쳐 밖으로, 그러니까 카메라의 시점에서 주인공의 시점을 거쳐 다시 카메라의 시점으로 이동한다. 허문영은 이 신기한 움직임에 대해 "관통"이라는 표현을 쓰며 카메라의 외설성과 연결짓는다. 나는 좀 다른 견해를 말하고 싶다.

일단 지극히 사적인 인상에서부터 시작해보려고 한다. 컷 없이 시점이 이동하는 이 장면이 내게 강렬하게 남은 이유가 어렴풋하게나마 꿈과 관련된 어떤 욕망을 건드렸기 때문은 아닐까 생각해보았다. 이 장면의 인상이 몽환적이라고 말하려는 게 아니다. 다소 과잉된 해석이라고 생각하지만, 직감에 기대자면, 나의 꿈을 내가 지켜보고 있는 것 같은 느낌처럼, 불가능한 순간에 닿으려는 욕망이 여기 스며 있다고 말하고 싶은 것이다. 우리는 꿈을 꾸는 동안, 혹은 꿈에서 깨어나는 순간, 꿈을 꾸는 나(꿈 밖의 나)와 꿈속에서 움직이는 나(꿈 안의 나), 이렇게 두 개의 '나'가 서로 다른 계에서 작동하고 있다는 걸 불현듯 의식할 때가 있다. 요컨대, 악몽을 꾸는 중에 '이건 혹시 꿈이 아닐까' 하고 바라다가 정말 꿈에서 깨어 안도한 경험이 누구에게나 한 번쯤은 있을 것이다. 혹은 꿈에서 깨어 방금 전까지 또렷했던 꿈속의 세계를 복기해내기 위해 애쓰지만 결국 실패한 경험 또한 있을 것이다. 말하자면 꿈의 안과 밖을 나누는 경계, 두 개의 나 사이의 경계가 현실의 우리를 안도하게 하지만, 실은 그 경계를 단절 없이 넘나들고 싶다는 위태로운 욕망 또한 우리에게는 있다. 개인적으로 위의 장면은 이 월경의 욕망을 불가해한 시점의 전환을 통해 영화적으로 실현시켜주는 것 같다. 생각해보니 꿈이 아니라 결국은 월경의 욕망을 말하고 싶었던 것 같다. 하나의 계에서 같지만 다른 두 개의 '나'가 서로를 마주하고, 안과 밖이 서로 접합하고 있는 것 같은 기이하고 두려우며 매혹적인 공기가 이 장면을 흐른다.

이 주관적인 느낌을 조금이나마 영화적인 언어로 바꿔본다면 다음과 같을 것이다. 카메라의 시점에서 인물의 시점으로 전환되는 이 장면을 보며 우리는 두 가지 경험에 대해 말할 수 있다. 스톤의 입장에서라면, 그것은 나를 바라보던 저 카메라의, 미지의, 나아가 우주의 눈이 내 눈이 되는 경험이다. 카메라의 입장에서라면, 내가 쳐다보고 지배하던 저 미물의 눈이 어느 순간 내 눈이 되어버리는 경험이다. 바라보이던 내가 그 시선을 끌어당겨서 바라봄을 획득하는 순간, 혹은 나의 시선이 바라보던 대상에게 빨아들여져서 내가 바라보이게 되는 순간. 말하자면 타자의 눈과 내 눈이 일치하는 순간, 좀 부풀려, 내가 우주가 되는 순간이 여기 있다. 하나의 숏에서 어떤 충돌도, 균열도, 단절도 없이 타자와 나의 시선이 이처럼 유려하게 이어지며 하나로 통합되는 순간을 목도한 적이 있었던가. 〈그래비티〉의 3D는 그걸 해낸다. 무중력의 공간에서 이루어진 이 완벽한 환영은 황홀하다. 그런데 영화는 여기서 끝내지 않는다. 카메라는 다시 인물의 헬멧을 망설임 없이 빠져나간다. 그리고 저 깊은 심연으로 무력하게 빨려들어가는 인물을 본다. 내동댕이쳐지는 여인의 몸과 비명은 마치 시선의 향유에 대한 처벌 같기도 하다. 하지만 이 순간에도 황홀함의 감흥은 훼손되지 않는다. 더 이상 나와 너의 구분이 무력하고 오직 시선의 우아한 자리바꿈의 운동만으로 지탱되는 우주의 신비가 여기 있다.

물론 가장 중요한 건 카메라의 움직임일 것이다. 마치 물속을 자유롭게 헤엄치듯 카메라가 인물들과 함께 움직이는 도입부 시퀀스의 롱테이크가 대표적이다. 인물들이, 혹은 그 인물들 곁을 유영하는 카메라가 스크린 앞으로 다가와 밀접하게 닿으려는 순간마다 방향을 틀어 저 안으로 더 깊숙이 들어가길 반복할 때, 그 움직임의 선들이 우주의 깊이를 체현한다. 스크린 앞에 닿는 순간 뒤로 튕겨져 사방을 휘젓는 그 투명한 곡선의 행로가 이 영화를, 아니, 이 우주를 무한대로 확장되는 구체(具體)와 구체(球體)로 만들어준다. 지속적으로 인물들을 공격하는 우주의 파편들이 쏟아짐에도 불구하고, 나는 직선으로 돌진하며 스크린 앞으로 돌출되려는 이미지들로부터 접촉의 감흥을 그다지 받지 못했다. 그보다는 연결된 무언가가 분리되는 순간, 분리되어 스크린으로부터 멀어지는 순간에 마음이 동했다. 요컨대 망원경을 수리하던 스톤이 지지대로부터 떨어져나와 어둠 속으로 하염없이 추락할 때, 코왈스키가 스톤을 살리기 위해 스스로 연결선을 끊고 저 멀리로 사라져갈 때, 그토록 자유롭게 유영하던 카메라는 이상하게도 그 자리에서 멀어지는 이들의 형상을 쳐다본다. 혹은 가까스로 도킹 해제에 성공한 기체가 연료 부족으로 움직이지 않자, 스톤은 좌절과 분노를 참지 못하는데, 그 순간 카메라가 창밖으로 쭉 빠져나와 우주에 무력하게 떠 있는 기체와 그 안의 스톤을 가만히 지켜본다.

　곡선으로 자유롭게 움직이는 카메라와 일순간 물끄러미 멈춰서 쳐다보는 카메라는 〈그래비티〉가 우주라는 심연에 반응하는 두 가지 방식이다. 〈그래비티〉에게 우주는 뒤로만 열려 있는 세계다. 끊임없이 더 안으로, 더 뒤로 파고 들어가며 우리에게 우주의 경이로운 깊이를 느끼게 하는 카메라의 움직임은 '우주의 심연에 얼마나 더 닿을 수 있을까'에 대한 이 영화의 호기심이며 3D의 성취다(이 영화가 2D 카메라로 찍고 3D로 컨버팅한 사실을 들어 이 영화의 3D 효과가 미약하다고 보는 견해들을 종종 접한다. 하지만 나는 이 영화를 2D로 보는 건 완전히 다른 영화를 보는 것과 마찬가지라고 생각한다). 이와 반대로, 멀어지는 대상을 그저 쳐다보며 일순간이나마 침묵하는 카메라의 시선은 그 광활한 심연에 결코 이르지 못한다는 사실에 대한 체념이며 3D로도 닿을 수 없는 좌절이다. 이때 3D는 카메라가 아니라 저 멀리 희미해지는 대상들을 위한 것이다. 그 양극단의 반응 사이에서, 스크린 앞이 아닌 안을 건드리는 카메라와 안으로 사라져가는 대상들을 통해 우리는 이 우주를 경험한다. 무언가 내 피부에 접촉한다는 실감보다 무언가 내게 잡히지 않는다는 비실감이, 무언가 스크린을 뚫고 나온다는 환영보다 무언가 스크린 속으로 들어간다는 환영이 우리를 감흥하게 한다. 허문영은 3D영화로서 〈라이프 오브 파이〉의 매혹이 "내 시선으로부터 빠져나가려" 하며 "나로부터 멀어지는 후방 확장 이미지"에 기인한다고 말한 적이 있다(『씨네21』 892호). 〈그래비티〉를 보며 나는 그의 지적에 동감한다. 라이언 스톤은 이 영화의 카메라가 그토록 간절하게 감응하는 우주의 심연에 빠지지 않기 위해 개인사를 붙들고 사투하는,

달리 말해 스크린 앞에 붙기 위해 애쓰는 인물이다. 그러니 그녀의 사적인 서사가 이 영화에서 가장 덜 흥미로운 요소이며 종종 이 영화의 활기를 억압한다는 건 어쩌면 당연한 일인지도 모른다.

물론 이 영화에서도 앞으로 투사되는 이미지들 중에 인상적인 장면이 있다. 연료가 떨어진 기체에서 죽음을 예감하는 스톤이 두려움 속에서 눈물을 흘린다. 그때, 그녀의 눈물방울이 얼굴에서 떨어져나와 스크린 앞으로 다가온다. 어느새 눈물방울은 유리구슬처럼 커지고 거기에 스톤의 얼굴이 작게 비친다. 명확하게 투명한 눈물방울 뒤로 보이는 스톤의 모습은 포커스 아웃된 상태다. 이 장면의 울림은 사투를 벌이다 결국 죽음을 맞이하게 될 여인의 슬픈 운명에서 오는 게 아니라, 실은 눈물 그 자체에서 오는 것 같다. 한갓 인간의 감정을 표현하는 도구가 아니라, 그 자체로 슬픔의 현현인 눈물. 모든 것을 빨아들이고 뒤로 물러나게 하는 한없이 고독하고 두려운 어둠의 우주 속에서 스크린에 닿으려 애쓰는 한없이 투명하고 맑은 물질로서의 감정. 스크린으로 돌진하는 공격하는 이미지가 아니라, 스크린에 매달려 소멸되지 않으려는 이미지. 〈그래비티〉는 한 인간의 지독한 생의 의지를 뼈대로 진행되지만, 역설적이게도 그 인간의 존재감이 흐려지고 사소해질 때 아름다워진다.

내게 〈그래비티〉는 3D 영화에서도 여전히 오감의 만족이 아닌, 본다는 행위가 중요하다는 사실에 대해 생각하게 하는 영화다. 우주라는 무중력의 공간과 CG와 3D가 만난 이 영화에서 나는 롤러코스터의 짜릿한 긴장감이 아니라, 종종 어떤 해방감을 느꼈다. 카메라가 인물에게 귀속되지 않고 그 자체로 생명이 되어 우주를 부유할 때, 상상선, 프레임 등을 비롯한 영화의 오랜 한계선이 부서지고 열리는 것 같은 느낌. 경계를 가로지르는 카메라의 움직임을 통해 그간 존재할 수 없었던 자리를 점유하고 이동하며 무언가를 더 보고 있다는 느낌. 그 느낌이 착각이라 해도 괜찮다. 하지만 그 해방감으로도 결코 닿을 수 없고 볼 수 없는 지평의 어떤 순간 또한 느꼈다. 그 희열과 무기력, 그 성취와 좌절의 간극에 〈그래비티〉라는 우주가 숨 쉬고 있다. 이 영화의 어떤 순간에서 내가 느낀 것처럼, 시야가 확장된다는 건 결국 우리가 볼 수 있는 것만큼 볼 수 없는 것도 늘어난다는 의미일 것이다. 그때, 3D 영화는 볼 수 있는 지평뿐만 아니라 볼 수 없는 지평을 어떻게 영화적으로 대면하고 감각할 수 있을까. 완전히 만족스럽지는 않아도, 〈그래비티〉는 적어도 그 질문에 대해 생각하게 한다.

(『씨네21』 2013. 11)

코스모폴리스

출구를 마련하지 않은
악몽

〈코스모폴리스〉에 대한 꼼꼼한 통찰들(김효선, 「지금 여기는 지옥입니다」; 허문영, 「미학적인 자본가」; 김지미, 「구원은 없어라」)을 『씨네21』의 지면에서 읽었다. 그 통찰들을 능가하는 정치경제학적인 분석을 할 자신은 없지만, 하나의 질문만은 덧붙여야 할 필요를 느낀다. 이 영화를 감상하는 당신의 시선은 지금 영화 속 어느 자리에서 어느 곳을 향해 있는가? 영화를 보는 동안 이걸 묻지 않은 채, 관객인 우리가 마치 객관적인 자리에서 자본의 추상성, 권능, 환상을 보고 있다고 말해도 될 것인가. 혹은 이 영화를 자본주의에 대한 근심으로 읽어내는 것만으로 충분할 것인가. 위의 질문을 경유하지 않고 이 영화가 형상화하는 자본주의에 대해 말하는 것은 초월적인 자리에서 그 자본의 메커니즘을 포착할 수 있다고 믿는 것과 유사한 착각일 수 있지 않은가.

허문영만이 이 영화에 대한 섬세한 비평의 결론에 이르러 '우리의 자리'를 의식하며 이렇게 말했다. "크로넨버그는 한 자본가의 미학적 승리를 묘사하며,

저항자들의 상상력과 성 기능과 비미학을 비웃는다. 당신이 스스로 패배자 혹은 저항자라고 생각한다면, 이 비웃음을 반박할 수 있는가." 그가 글의 말미에 던진 이 비관적이고 잔혹한 질문으로부터 나는 다시 시작해서 영화를 들여다보려고 한다. 그러니까 우리가 〈코스모폴리스〉를 보며 자본의 무시무시함을 경험하고 있다고 느낀다면, 그건 우리가 단지 그 시스템에 대응하지 못하는 무력한 희생자, 실패한 저항자이기 때문인가. 이 무시무시함에는 보다 복잡하게 얽힌 무언가가 있지 않은가. 영화는 지금 우리를 어디에 위치시키며 지켜보고 있는가.

영화를 보고 난 뒤, 〈코스모폴리스〉가 시종일관 자아내는 불안감과 불쾌감과 기묘함은 영화를 지배하는 두 개의 이상한 불균형과 관련된다는 생각이 들었다. 하나는 인물들의 등장과 퇴장에 대한 것이다. 에릭 패커(로버트 패틴슨)의 필요에 따라 리무진에 들어오는 인물들에게는 하나같이 퇴장의 과정이 삭제되어 있다. 이들은 한순간 등장하고 다음 순간 사라져버렸거나 다른 인물들로 교체되어 있다. 이는 리무진에 국한된 이야기만은 아니다. 영화 속 대부분의 신, 이를테면 리무진 밖의 호텔이나 식당, 서점, 나이트클럽 등지에서 패커가 누군가를 만날 때, 어김없이 그(와 사람들)는 그 공간 안에 이미 존재한다. 함께 공간을 나오거나 이동을 하고 리무진으로 돌아오는 과정은 생략되어 있다. 동선이 사라진 이행. 이 영화는 매 순간 입구는 있으나 출구는 없다는 느낌을 강하게 준다. 그래서 이 여정은 분절적으로 경험되고 패커를 비롯해 그 앞에 나타났다 사라지는 인물들은 때때로 환영처럼 느껴질 수밖에 없다. 패커를 중심으로 리무진 안팎을 오가며 등장과 입구만 존재하는 이 여정이 기이한 꿈의 세계를 연상시킨다는 건 그리 이상한 일이 아닐 것이다. 다만 여기서 꿈같다는 인상보다 중요한 건, 이것이 과연 누구의 꿈처럼 보이는지를 묻는 일인 것 같다. 이것은 단추 하나만 누르면 언제든 원하는 걸 불러올 수 있는 패커의 만족 모르는 욕망이 형상화된 그의 꿈인가? 가장 쉬운 답은 이렇겠지만, 상황은 그렇게 간단하지 않다.

이에 대답하기 전에 또 다른 불균형에 대해 먼저 말해야 할 것이다. 우리는 줄곧 리무진 밖에서 안을 들여다보는 게 아니라 안에서 밖을 본다. 우리가 패커의 시점에 동일시한다는 의미에서가 아니라, 대부분의 경우 우리가 그 창을 통과하지 않고 밖을 대면할 수 있는 순간은 많지 않다는 것이다. 이때, 주목할 건 리무진 안과 밖의 속도 차이다. 밖의 소란함과 급박함에 대비되며 거기 섞이지 않는 안의 여유로움과 고요함에 대해 언급할 수도 있겠지만, 더 중요한 건 리무진 안에서 본 밖의 풍경이 마치 고속 촬영으로 트래블링하듯이 천천히 펼쳐진다는 사실이다. 물론 시위대와 장례 행렬, 그리고 미국 대통령의 등장으로 리무진이 속력을 낼 수 없다는 표면적인 이유가 제시되지만, 문제는 차가 느리게 움직인다는 사실 자체가 아니라, 안에서 감지하는 밖의 속도가 실제의 물리적인 급박함에 비해 느린 파노라마처럼 체험된다는 점이다. 리무진 안에서 벌어지는 일들은 앞서 언급했듯 여유롭게 보이지만, 그 여유로움은 실은 자본의 초국적인 속도에 지배된다. 그 속도는 대부분의 평범한 사람들이 따라잡을 수 없는 미래의 속도라고 해도 될 것이다. 영화의 끝에서 베노 레빈도 자신의 추락에 대해 패커에게 말하지 않았던가? "너의 속도를 따라잡을 수가 없었어." 반면, 그 미래의 속도 속에서 바라본 리무진 밖의 현실의 속도는 구체성을 잃고 층위를 상실한 채 느리게 평면화되고 있으며 안과는 만나지 못하고 병렬되는 시간대로 느껴진다. 차 안에 있는 우리는 마치 미래의 속도로 과거를 구경하는 것 같다. 그리고 이 차이와 간극, 즉, 미래의 속도와 과거의 속도 사이에 사라진 것은 현재성이다. 원하는 모든 것을 가질 수 있지만, 거기서 어떤 만족도 느끼지 못하며 우울증에 시달리는 듯한 자본가 패커가 그토록 섹스에 집착하고 고통에 매혹될 때, 그가 집요하게 찾아 헤매는 것은 현재성의 감각이다. 혹은 정신병에 시달리는 듯한 실업자 베노 레빈(폴 지아매티)이 가짜 이름으로 자신을 부르며 불안과 피해망상에서 벗어나지 못할 때, 그는 스스로를 의미의 주체로 위치 지을 수 있는 현재성을 갖지 못한다.

리무진에 탄 냉소적인 인문학자는 "과거의 파괴가 미래를 만든다"고 말했다. 그 말에는 '현재'라는 단어가 없으며, 파괴와 재건만 있을 뿐, 누적된 시간의 서사가 없다. 우리는 현재성이란 과거가 미래로 돌아와 미래의 망각과 환상을 균열하는 바로 그 순간 존재할 수 있다는 것을 역사와 기억을 다룬 수많은 위대한 영화들에서 경험해왔다. 〈코스모폴리스〉라는 세계의 가장 끔찍한 점은 여기, 과거와 미래가 분리되어 존재하며 현재에 대한 판단을 내릴 순간은 찾을 수 없다는 사실에 있다. 우리가 이 영화에서 리무진 안의 미래의 속도로, 그러니까 미래의 시점으로, 다시 말해 대부분의 평범한 우리가 가져본 적 없는 그 속도로 리무진 밖의 현실을 쳐다볼 때, 우리는 지금 우리의 현실을 과거로, 나아가 완료된 과거로 보고 있는 것이다. 거대한 쥐 모형, 불에 타고 있는 사람, 더러움과 소음, 심지어 리무진 창 앞에서 양손에 쥐를 들고 괴이한 표정으로 안을 들여다보고 있는(실은 선팅된 창에 비치는 건 자신의 얼굴이었을 것이다) 여인 등등은 미래에 결코 틈을 내지 못하는 미학적 스펙터클로서의 과거-이미지처럼 보인다. 그것은 패커의 입을 통해, 현재의 구체적인 행위가 아니라 고통, 새로움 따위의 추상적이고 보편적인 단어로 인식된다. 리무진 안에서 밖을 감각하는 그 우아한 숏들을 보면서 나는 "트래블링은 도덕의 문제"라고 말했던 고다르의 말을 비틀어 이렇게 말하고 싶은 유혹을 느낀다. 〈코스모폴리스〉에서 트래블링은 자본의 문제다. 이 영화가 자본가의 저택이 아닌 리무진을 전면화한 이유 중 하나도 리무진의 운동성이 바로 그 자본이 벌려놓은 시간적 간극, 현재적 감각이 거세된 시간성을 보여줄 수 있기 때문일 것이다.

그러니 앞의 질문으로 다시 돌아가서 리무진 안과 밖을 오가는 패커의 여정, 입구와 등장만 있는 그 꿈같은 여정이 그의 꿈이 아니라면, 누구의 것인가? 그것은 패커로 상징되는 무한한 자본의 욕망이 아니라, 실은 그 욕망의 대상이 되기를 원하고 그 욕망을 욕망하는 우리의 두려운 꿈이라고 해야 할 것이다. 퇴장을 원하지 않고, 출구를 찾지 않으며, 그 안에 머물고자 하는 우리의 욕망을 마주하는 꿈. 이 영화가 불쾌하다면, 그건 영화가 자본의 초월적인 힘을 새삼 깨닫게 해줘서가 아니다. 우리의 현실은 리무진 밖에 가깝고 우리가 있어야 할 '올바른' 자리도 거기라고 믿는 우리를 영화는 리무진 안의 안락한 인공성 안에 앉혀놓고, 그 밖을 물끄러미 보게 만들면서 안이 아닌, 그 밖을 지배하는 욕망과 마주하게 만들기 때문일 것이다. 솔직하게 말해, 우리는 패커의 욕망이 불쾌한 것이 아니라, 우리 자신의 욕망이 불쾌하다. 슬라보예 지젝은 평등한 것을 정의로운 것으로 보는 발상의 전제에는 내가 갖지 못한 것을 향유하는 타자에 대한 부러움이 있고, 이때의 평등이란 타자의 향유에 대한 파괴를 의미한다고 지적한 적 있다(『폭력이란 무엇인가』). 인정하기는 싫지만 적어도 이 경우에 그의 지적은 우리의 불쾌한 욕망의 밑바닥을 설명해준다. 우리가 리무진 밖의 사람들에게 무력함을 느끼는 이유도 그들의 저항 방식이 자본에 대항하기에는 낡고 충분히 공격적이지 않기 때문만은 아닐 것이다. 우리는 그들이 표면적으로는 리무진(으로 상징되는 시스템)에 반대하는 것처럼 보이지만, 실은 자신들이 그 안에 포함되지 못한다는 열패감으로 분노에 사로잡혀 있다는 것을 알고 있다.

이를테면 무정부주의자, 혹은 반체제 과격인사로 소개되는 앙드레 페트레스쿠(매티유 아멜릭)는 스스로를 권력과 부에 정면 대응하는 자라고 외친다. 패커의 얼굴에 파이를 던지면서 그는 패커를 파이로 공격하기 위해 3년을 기다려왔으며, 심지어 이 순간을 위해 대통령에 대한 공격도 미뤘다고 자랑스럽게 말한다. 패커의 경호원에게 제압당하는 동안에도, 자신이 파이로 '정면 대응'한 인사들의 목록들을 열거한다. 도시락 폭탄도 아니고 가소로운 크림 파이 하나 던지면서 장광설을 내뱉으며 스스로에게 도취된 이 남자의 행위는 우스꽝스럽기 그지없다. 게다가 그가 파이를 던지는 순간 모습을 드러내는 카메라 플래시 세례를 보건대, 그가 이 사진들을 황색 저널에 팔아 돈을 챙긴다는 사실을 예상하기는 어렵지 않다. 패커와 그의 아내가 점심을 먹던 식당에 출현한 두 남자들도 크게 다르지 않아 보인다. 양손에 거대한 쥐를 들고서 "이 세상을 망령이 사로잡고 있다"고 소리치며 식당 한가운데로 쥐를 던지고 도망가는(내 눈엔 그렇게 보였다) 이들의 퍼포먼스는 대체 누구를, 혹은 어디를 향해 있는 것일까. 심지어 그 식당은 한눈에도 상층 계급을 위한 고급 레스토랑이 아니라, 이민자가 운영하고 서민들이 즐겨 찾는 식당처럼 보인다. 내내 무표정하던 패커의 얼굴에 묘한 호기심과 생기가 도는 몇 안 되는 순간이 여기 있다. 말하자면 이 영화에서 저항의 제스처를 취하는 대표적인 두 경우 모두 시스템에 최소의 위협을 가하기는커녕, 마치 그 지루한 시스템에 즐거움을 주고 있다는 인상을 지우기 어렵다. 이들이 등장하는 장면들은 코스모폴리스라는 장엄한 비극을 간질이는 작은 희극처럼 보인다. 영화 속에서 이들의 존재가 노골적으로 단순하고 뻔하게 그려진 탓에 분석을 한다는 것 자체가 민망하지만, 어쨌든 이들은 자본과 적대적인 존재들이 아니라, 거기 기생하며 스스로를 가시화하고픈 욕망에 시달리는 이들에 가깝다.

이 영화에서 가장 예외적인 인물은 현실 안에서 구체적인 노동을 하는 리무진의 운전사다. 후반부에 존재를 드러내는 그의 얼굴에는 패커가 그토록 동경하는 고통(고문)의 흔적이 있고, 그에게는 패커에게는 없는 삶의 역사가 있으며, 무엇보다도 표면적으로는 위의 활동가들에 비해 패커의 부를 동경하지 않는 것처럼 보인다. 말하자면 이 영화에서 그만이 패커의 가장 반대편에 있는 인물이라고 할 수 있지만, 그 역시 백인 중심 사회에 정착해야 하는 제3세계 출신의 충직하고 선한 피고용인 이상으로 묘사되지 않는다.

마지막으로 베노 레빈에 대해 말해야 할 것이다. 패커의 자기 파괴적 욕망에 대해 허문영은 "자본가의 미학적 승리"라고 지적했는데, 이 흥미로운 지적 앞에서 궁금해지는 것이 있다. 그렇다면 베노 레빈은 왜 그토록 패커를 살해하려고 애쓰는 것일까. "널 죽여야 내가 살아"라고 그는 여러 차례 이야기한다. 그리고 총구를 패커의 머리에 대며 "시시하게 죽으면 영웅도 못 돼"라고 말한다. 이것은 그저 자신의 보잘것없는 처지를 감당하지 못하는 소심한 남자의 그저 병적인 복수심, 혹은 보상심리의 결과일 따름일까. 영화는 이 가련한 남자를 마지막까지도 시스템 승리자의 미학적 승리를 위한 도구로 사용하며 저항의 완전한 실패를 말하고 있는 걸까. 우리는 알고 있다. 몰락한 자본가 하나를 이제 와서 죽인다고 해서 해결되는 건 아무것도 없다. 그가 패커를 죽인다고 해도 베노 레빈의 삶의 조건은 나아지지 않을 것이며 그에게는 범죄자의 신분 하나가 더 추가될 뿐이다. 그런데 레빈의 행위가 어쨌든 억압된 복수심의 발현이냐, 결국 시스템에 조종당한 무력한 실패냐를 논하기 전에 눈여겨보아야 하는 이 영화의 모호한 선택이 있다. 영화는 레빈이 패커를 쏘기 직전에 끝내며 죽음의 장면을 생략한다. 패커의 죽음은 다만 우리의 짐작일 뿐이다. 레빈은 온갖 거창한 이유들과 발가락 무좀의 목소리를 들으면서까지 살해를 합리화하고 있는 것처럼 보이지만, 실은 그 우스운 핑계를 대면서까지 살해의 순간을 지연하고 있다고 읽는 편이 더 타당해 보인다. "널 죽여야 내가 살아"라는 그의 말을 나는 액면 그대로 믿을 수 없다. 직장도, 가족도, 돈도, 성 기능도, 최소의 인간적 존엄성도 상실한 그가 지금껏 버텨올 수 있었던 건 아마도 모든 원인을 패커에게 돌리며 그를 죽이는 상상의 쾌감 때문이었을 것이다. 만약 그가 패커를 진짜 죽인다면, 그의 실존의 이유는 사라질 것이며, 아마도 다음 죽음의 차례는 별 도리 없이 그 자신일 것이다. 패커가 죽으면 레빈도 죽는다.

죽음을 보여주지 않는 이 모호한 결말에서도 한 가지 분명한 것이 있다. 앞서도 말했듯 패커의 여정이 어디로 가는지 알 수 없는 끝이 나지 않는 꿈이라면, 패커의 죽음은 이 꿈의 출구가 될 것이다. 우리는 이 꿈이 우리의 의지를 벗어나 스스로 증식하는 악몽이라고 생각하지만, 거기서 깨어나면, 그리고 패커의 '자리'가 사라지면 우리를 기다리고 있는 것이 소음과 증오와 쓰레기가 뒹구는 진짜 혼돈의 악몽이라는 걸 모르지 않는다. 나는 이 마지막 장면을 열린 결말이라고 생각하는 세간의 평에 동의하지 않는다. 이것은 출구를 끝내 마련하지 않는 닫힌 결말이다. 〈코스모폴리스〉는 그 꿈의 막다른 곳에 불현듯 멈춰서 묻는다. 당신은 정말 이 꿈에서 퇴장하기를 원한다고 말할 수 있는가?

(『씨네21』 2013. 7)

내가 만질 수 없는,
그러나 나를 만져주는

돌고래 쇼 중, 사고로 두 다리를 잃은 조련사 여인이 한 남자를 만나 육체적 감각을 되찾은 날, 그녀는 의족을 차고 어색한 걸음으로 사고 현장을 찾는다. 대형 수족관 앞에 선 그녀가 수족관 창을 손으로 두드리자, 마법처럼 어딘가에서 거대한 고래가 나타난다. 마치 고래를 쓰다듬듯 창을 쓰다듬던 여인이 손과 팔을 움직여 동작을 시작하자, 고래가 그에 따라 움직인다. 우리는 여인의 표정을 볼 수 없는 대신, 고래의 표정을 보고 있다는 느낌을 받는다. 혹은 의족을 찬 다리로 어색하고 꼿꼿하게 서서 우아하고 능숙하게 팔을 움직이는 여인의 뒷모습이 그녀의 얼굴 표정 그 자체라고 느낀다. 둘 사이에 가로막힌 창. 이제는 서로 섞일 수 없는 두 세계. 그 창을 사이에 두고 고래와 여인은 서로를 만지고 있는 것 같다. 그러니까 이 창이 우리에게 감동을 준다. 이 창은 불가능성을 가능성으로, 한계를 리듬으로 전환한다. 여인의 손짓에 고래는 어디론가 다시 사라져버리고 창 앞에 여인 홀로, 하지만 뭔가 달라진 뒷모습으로서 있다.

〈러스트 앤 본〉에서 내가 받은 감흥은 이 장면이 준 감동의 근원과 통하는 것 같다. 이 장면에서 여인과 고래는 몸으로 직접 접촉할 수 없어도(실제로 접촉했을 때, 여인의 다리는 절단되었다), 아니, 그렇기 때문에 그보다 더 큰 접촉의 충만감을 전해준다. 영화를 보는 동안 나는 종종, 좀 이상한 표현이지만, '이 영화가 나를 만지고 있다, 나는 이 영화를 만져주고 싶다'는 느낌을 받았다. 그건 영화의 서사와 실은 별 관계가 없는 어떤 순간들에 기인하는 것인데, 순전히 그 감흥에 근거한 질문들을 통해 그간 나를 사로잡았던 영화들의 어떤 기질에 대해 생각해보려고 한다.

'영화를 만지고 싶다, 영화가 나를 만지고 있다'는 느낌을 좀 유식한 말로 바꾸면 '영화의 육체성'이라는 표현 정도가 될까. 영화가 육체적이라는 건 무엇을 뜻하는 걸까. 아니, 영화는 육체적일 수 있을까. 물론 몸을 서사의 중심으로 두고 몸의 효과로 진행되는 영화들을 찾는 건 어렵지 않다. 그런데 그런 영화들을 보고도 나는 똑같은 감흥을 느꼈던가? 당장 떠오른 대로 예를 들자면, 미키 루크가 퇴물 레슬러로 분한 〈더 레슬러〉에서 그의 쇠락한 육신을 대면하는 경험은 그 몸에 새겨진 영화 밖의 곡절 많은 역사 때문에 슬픈 것이지, 〈더 레슬러〉라는 세계 자체의 공기 때문은 아니다. 묶어서 말하기는 좀 애매하고 좀 낡은 예이기는 하지만, 오시마 나기사의 〈감각의 제국〉이나 베르나르도 베르톨루치의 〈파리에서의 마지막 탱고〉 같은 영화는? 외설과 예술의 경계에 대한 논란을 불러일으킨 섹스신을 통해 무언가의(대개의 경우, 정치의) 불가능성을 보여주는 이런 유의 영화들은 신기하게도 그 섹스가 독해질수록 육체로부터 멀어진다는 인상을 준다. 이창동의 〈오아시스〉 속 카메라가 뇌성마비 장애를 가진 여인을 뚫어지게 바라볼 때 우리의 몸이 아프다면, 그건 엄밀히 말해 문소리라는 비장애인 배우가 온몸을 비틀어서 하는 연기의 과정 때문이지, 공주라는 캐릭터의 몸에 기인하는 건 아니다. 그렇다면 최근 개봉했던 〈홀리 모터스〉는 어떤가? 드니 라방의 기가 막힌 변신술 때문에 많은 사람들은 이 영화를 육체와 연관해서 생각하는 것 같은데, 내게 이 영화는 머리로 기술한 몸에 '대한' 영화에 더 가깝다.

그러니까 스포츠 장면이건, 섹스신이건, 몸으로 서사를 작동시킨다는 사실만으로 한 편의 영화를 육체적이라고 말하는 건 무언가 충분하지 않은 것 같다. 〈러스트 앤 본〉에서 느낀 이 다른 육체성에 국한해서 말하자면, 스크린 속 몸의 어떤 순간들을 내 몸이 동시에 경험했고 그걸 '육체적 전이'라고 부를 수 있다면, 무엇이 이런 감흥을 가능하게 한 것인지 물을 필요가 있을 것이다. 앞의 예에서도 말했지만, 육체가 나온다고 해서 언제나 그런 경험을 하는 건 아니기 때문이다. 우리는 육체의 가장 극단적인 형상화인 포르노그래피나 각종 하드코어물을 보며 육체적 전이를 느끼지는 않는다. 그럼, 포르노를 보고 흥분하는 수많은 사람들은 대체 뭐냐고 반문할 수도 있겠지만, 그 흥분은 오히려 시각적 쾌감과 더 관련이 있다. 그 쾌감은 그들의 섹스를 훔쳐보는 일방적 시선이 작동한 결과이며, 그 몸의 일부분에 과잉된 의미를 부여해서 유기체로서의 육체로부터 소외시키는 것이며 우리는 그런 과정을 물신화라고 부른다. 말하자면 포르노는 육체의 구체적인 현현인 것 같지만, 실은 추상적인 것이며, 신음과 행위로 가득하지만, 실은 살아 있는 전체를 살아 있지 않은 부분으로 만드는 것이다. 보는 이의 말초신경을 자극하는 것과 내가 말하려고 하는 육체적 전이는 다른 맥락에 있다.

그렇다면, 이 육체적 전이의 경험이 결국 관객이 영화를 수용하는 방식의 문제와 연관될 때, 영화 이론에서 일반적으로 논의되는 동일시 작용의 선상에서 설명할 수 있을까. 그 차이를 말하기 위해서는 아주 긴 지면과 세밀한 분석이 필요할 것이다. 다만 한 가지 분명한 건, 〈러스트 앤 본〉이 준 그 경험이 카메라 시선과의 동일시, 혹은 등장인물과의 동일시로 쉽게 설명될 수 없다는 것이다. 정신분석학을 기반에 둔 1970년대의 관객성 이론이 영화에 대한 관객의 상상적 동일시를 말하고, 관객의 수동성과 그 과정의 이데올로기적 효과를 논의했다면, 육체적 전이의 경험은 그와 정반대의 자리에 두어야 한다. 이데올로기를 무화하는 무의식적인 능동적 반응이라고 할까. 그 경험은 토마스 앨새서가 『영화 이론: 영화는 육체와 어떤 관계인가?』에서 스크린에서 전개되는 것과 관객 육체의 생리학적, 감성적 반응 사이의 연속성에 대해 언급하는 맥락에 가장 가까이 있을 것이다. 그의 논의에서 관객이 스크린 속의 무언가와 접촉한다는 느낌은 스크린에 몸이 등장해야만 가능한 것이 아니며, 나 역시 그 느낌은 인물, 몸, 섹스와 같은 구체적인 대상 혹은 이미지가 아니라 영화적 리듬, 영화적 표면의 활기와 더 관련이 있다고 생각한다. 다만, 〈러스트 앤 본〉에서만큼은 이 영화에 대한 나의 육체적 경험을 영화에 등장하는 몸에 대한 언급 없이 말하기 어렵다.

이 영화의 육체성에 대한 가장 쉬운 설명은 이런 것이다. '불의의 사고로 다리를 절단한 여자와 몸으로 먹고사는 거친 남자가 세상의 끝에서 만나 서로를 구한다. 여기서 잘린 신체와 부서진 몸의 접촉은 가장 위대한 소통이다.' 이 설명은 뻔하다. 무엇보다 나는 이 영화에서 육체가 맡은 역할, 그것의 서사적 기능에서 감흥을 얻은 게 아니기 때문이다. 그보다는 이 영화의 좀 이상한 지점에 대해 말하는 것이 좋을 것 같다. 대개의 사랑 영화에서 상대에 대한 시선의 작동과 육체적 반응은 같이 간다. 상대를 탐색하고 욕망하는 시선의 동요를 전제하지 않은 육체의 접촉은 거의 불가능하다. 극적 긴장감을 위해서도, 욕망을 표현하는 방법을 위해서도 시선의 동요는 중요하다. 그런데 이 영화에서는 그 부분이 부재한다. 물론 남자가 나이트클럽 앞에 쓰러진 여자를 부축해서 집에 데려다주는 자동차 장면에서 그녀의 다리를 흘낏 훔쳐보는 순간이

나 야수처럼 싸우고 차로 돌아온 남자의 상반신에 여자가 시선을 두는 순간이 잠깐 스쳐가기는 하지만, 그 이상의 장면들은 기억나지 않는다. 이들이 서로를 쳐다보지 않는다는 의미가 아니라, 이들의 서로에 대한 응시가 흔들리지 않는다는 것이다. 특히나 이들의 몸에 새겨진 어떤 격렬함의 흔적들과 이와 비교해서 놀라울 정도로 차분하고 무표정한 이들의 응시 사이의 간극, 혹은 충돌은 이 멜로가 응시와 육체의 분리로 진행되는 것 같다는 인상마저 준다. 요컨대, 남자가 휠체어에 앉아 있는 여자를 처음 대면할 때나 해변에서 그녀의 잘린 맨다리를 볼 때, 그의 시선에는 한 치의 동요도 없다. 하지만 원래부터 그가 그런 인간이 아니라는 건 그가 다른 여자들과 섹스를 하기 위해 그녀들을 훔쳐볼 때 알 수 있다. 여자도 마찬가지다. 그녀는 남자가 피를 흘리고 여기저기 얻어터지며 싸우는 광경, 그 몸을 흔들림 없는 시선으로 쳐다본다. 오히려 영화가 이 싸움 장면의 견딜 수 없는 긴장감을 느린 화면과 음악으로 해소하려고 하지, 여자의 시선은 고요하고 서늘하기 그지없다.

이렇게 표현하고 싶다. 건조한 응시와 뜨거운 육체가 이 영화를 지배한다. 이 영화는 시선을 믿고 싶어하지 않는 것 같다고 말하고 싶기도 하다(좀 다른 맥락이기는 하지만, 몸으로 먹고사는 남자가 마트 고용인들을 감시하는 카메라를 설치하는 일을 하다가 걸려 결국 누나를 해고시키는 데 일조한 건 단순히 우연한 설정만은 아닐 것이다). 알다시피 관음증은 이와 반대로 육체가 없는 뜨거운 시선과 관련이 있다. 토마스 앨새서도 "관음주의란 자기 육체의 존재에 대해서 특정한 장소와 특정한 시간 속에서는 아무런 책임도 질 필요가 없다는 생각"이라고 쓰고 있다. 말하자면 이와 정반대의 지점에 선 〈러스트 앤 본〉에서 이들의 몸은 서로에게 단 한순간도 관음의 대상이 아니며, 이는 이들의 생경한 몸을 관음하려는 우리의 욕망도 차단한다. 또한 이들의 건조한 응시는 그들의 고통에 동화되고 이입하라고 우리에게 요구하지도 않는 것 같다.

그 내면의 고통을 서사적으로 설명하는 데 영화는 의외로 골몰하지 않는다.

　이들의 몸이 일깨우는 고통의 서사도, 이들의 몸을 훔쳐보고 싶은 욕망도 아니라면, 대체 내 몸은 이 영화의 무엇에 반응하고 있었던 것일까. 둘의 섹스 신보다 인상적인 두 장면이 있다. 하나는 해변 신이다. 남자를 따라 해변으로 나온 여자가 수영을 하기 위해 바지를 벗는다. 마치 고래의 피부처럼 매끈해 진 잘린 다리의 표면이 생생하게 드러나고 남자는 그녀를 한번은 안고, 한번 은 업고 바다를 오간다. 남자의 맨몸과 여자의 맨다리가 마치 한 몸처럼 밀착 해 있다. 또 다른 하나는 화장실 신이다. 남자와 잠을 자던 여자가 새벽녘 침 대 아래에서 침대를 등지고 앉아 있다. 그녀는 화장실에 가고 싶고, 잠에서 깬 남자가 조금 수치스러워하는 여자를 안고 화장실에 데려다준다. 여자를 변기 에 앉히고 남자가 벌거벗은 몸으로 망설임 없이 맞은편에 앉는데, 소변을 보 던 여자가 문득 무슨 생각이 들었는지 킥킥대고 그걸 남자가 바라본다. 침대 로 돌아온 그들의 몸이 포개어져 있다. 실은 무척 애처로운 장면들이지만, 이 상하게도 여기에는 그 슬픔을 누르려는, 아니, 그렇게 누르다가 결국은 넘어 서는 기운이 있다. 이 장면들에서 이들의 부서진 몸이 민낯으로 접촉할 때, 내 몸은 그것을 성적인 욕망으로는 설명되지 않는, 혹은 그 욕망보다 더 바닥에 자리한 원초적인 차원의 접촉처럼 느낀 것 같고, 그 기운은 이와 관련이 있는 것 같다. 여자의 다리 양쪽에 오른쪽, 왼쪽이라고 새겨진 문신처럼 그 이상 자 명할 수 없을 정도로 완전한 표면의 접촉. 시선의, 달리 말해 욕망의 지시를 받지 않는 것 같은 표면의 접촉. 그건 섹스를 통한 합일 따위의 상투적인 문구 로 이해될 수 없는, 그와는 다른 무엇이다. 지금으로서는 이 장면들과 나 사이 의 육체적 전이를 이런 식으로밖에는 표현하지 못하겠다. 영화의 육체성이란 거의 언제나 과잉과 연관된다고 여겨왔는데, 여기서의 강렬하지만 요란함이 제거된 육체성은 신기하게도 과잉에 근거한다고 말하기 망설여진다.

그러니 여자의 절단된 다리, 의족을 입은 다리의 어색한 이미지와 걸음걸이, 남자의 피 흘리는 몸, 부서진 주먹, 그리고 이들의 접촉이 보는 이에게 안기는 생경함은 단지 고통의 전이에서 비롯된 것이 아니다. 내 몸이 느낀 그 생경한 전율은 잘린 육체가 죽음을 암시하기 때문이 아니라, 그것이 죽음 근처에서 여전히 살아 있음을 증명하기 때문에 생기는 것이다. 토막 난 시체의 파편을 보고 우리는 그렇게 전율하지 않는다. 이 영화 속의 잘린 다리, 부서진 주먹이 (영화의 마지막 내레이션처럼) 완전히 회복될 수는 없지만 재생된다는 사실, 그 생의 의지가 끔찍함과 두려움, 생생함과 경외감이 뒤섞인, 하나로 규정할 수 없는 정념으로 보는 이의 몸을 건드리는 것이다. 그 장면들에 대한 내 육체의 반응은 타자의 고통을 내 것으로 받아들여 그를 이해하려는 어떤 윤리적 차원에 있지 않다. 영화와 나 사이에 완전히 내 몸의 것도, 완전히 영화 속 타자의 것도 아닌 육체적인 뭔가가 오는 느낌, 그것은 우리의 육체 저 밑바닥 어딘가에 잠자고 있는 몸의 기억, 어쩌면 우리가 현실에서 한 번도 경험해보지 못했으나 몸은 기억하는 무언가를 반응하게 하는 것 같다. 이 영화에서 지중해의 그 빛이 인상적인 이유는 시각적인 효과 때문이 아니라, 그런 몸의 기억을 살아나게 비춰주고 어루만져주는 것 같은 촉각적인 감흥 때문일 것이다.

자크 오디아르가 인간의 몸을 즐겨 다루는 감독인 건 맞다. 〈내 심장이 건너뛴 박동〉에서 중요했던 건 실은 음악이 아니라 그 음악을 만들어내는 손이었다. 피아노에 조심스럽게 내려앉는 그 손이 그와 양립하기 어려운 치졸하고 비루한 행위를 한다는 사실, 즉 이 영화가 보여주고자 했던 건 손의 그 간극이었다. 〈예언자〉에서 감옥 안에서 상처 입고 찢긴 남자의 몸에 대해 정성일은 "자크 오디아르는 카메라 앞에 던져진 육신을 온통 남의 이야기를 채우는 데 '써먹기' 시작한다"고 썼다. 덧붙여 이 남자를 그 자체로는 "텅 빈 기호가 되어버린 인물"이라고 묘사했다(『씨네21』 746호). 그 지적에 동의하는 나는 그의 말을 이렇게 바꿔도 된다고 생각한다. 여기서 인물의 육신은 그 자신의 고유한 의미로서가 아니라, 장르를 채우기 위해 거기 존재한다. 말하자면 두 영화에서 육체는 무언가를 전달하기 위한 도구로, 혹은 무언가에 대한 표지로 결국 장르에 안착하고 있다는 인상을 준다.

〈러스트 앤 본〉은 다르다. 이 영화의 몸은 통속의 한가운데를 버티고 서 있지만, 장르에 귀속되지 않는다. 수치심과 관능미가 제거된, 서로를 유혹하려 애쓰지 않으나 서로에게 기댄 몸, 그 몸의 접촉은 거기 덧붙여질 수 있는 모든 수사와 의미를 납작하게 눌러서 반드시 만나야만 하는 것이 된다. 이 글의 끝에 이르러서도 여전히 나의 언어는 만질 수 없으나, 나의 몸 어딘가를 만져주고 있는 영화 속 저 몸들의 정직함을 나는 믿고 싶다. 그 감각을 일깨운 것만으로도 이 영화는 사랑받을 만한 자격이 있다.

(『씨네21』 2013. 5)

제로 다크 서티

이런
무력함이라니

9.11 테러 이후 빈 라덴을 사살하기까지 CIA의 비밀 활동을 다루며, 여전히 첨예한 정치적 쟁점을 건드린 탓에 〈제로 다크 서티〉는 비교적 고른 지지를 얻은 〈허트 로커〉와 달리 논란의 중심에 있다. 실제 사건을 기반으로 하는 영화들에 따라오기 마련인 불평들, 이를테면 실제로 일어난 일을 왜곡했다며 온갖 증거들을 나열하는, 대개의 경우 영화 자체와 별 관계가 없는 비평들은 열외로 두자. 〈제로 다크 서티〉에 대한 대부분의 비평들이 문제를 삼는 지점은 영화 속에 등장하는 고문 장면에 대한 영화의 태도이다. 빈 라덴에 대한 정보를 얻는 과정에서 수감자들에 대한 고문이 결정적인 역할을 한 것처럼 보여주고 있으므로, 결국은 고문을 옹호하는 것이라는 비판적 견해가 한편에, 오히려 현실의 고문을 폭로하는 것이라는 견해가 다른 한편에 있다(장영엽, 「악은 어디에 있는가?」, 『씨네21』 894호). 캐스린 비글로는 이런 논쟁에 대해, 〈제로 다크 서티〉는 판단을 내리는 영화가 아니라 현장감을 중시하

는 영화라는 식으로 에둘러 방어하고 있지만, 고문이 어떻게 도덕적으로 중립적인 사안일 수 있느냐는 비판을 피해 가지 못하고 있다. 혹은 영화적 입장 앞에서의 지나친 신중함이 오히려 영화를 오해하기 쉽게 만들었거나 고문의 도덕성과 유효성에 대한 보다 심도 깊은 논의들을 가리고 있다는 지적도 있다 (JonathanRosenbaum.com, 2013. 2. 13).

그런데 정작 내게 흥미로웠던 건 정치적으로 뜨거운 감자에 어쩔 줄 몰라하며 어떤 식으로든 하나의 입장을 선택한 다음, 영화 안과 밖을 혼란스럽게 오가며 결국 논리를 단순화하는 미국 평단의 반응이 아니라, 이 영화가 한국에서 받아들여지는 방식이다. 이 영화를 보고 쓴 비평가들의 평이나 일반 관객들의 단상은 대체로 '이 영화의 이데올로기에는 동의할 수 없지만'이라는 단서를 달고서 그럼에도 불구하고 전쟁 장르로서 영화가 주는 쾌감, 특히 그 현장감에는 매혹될 수밖에 없다는 견해를 공유한다. 말하자면 캐스린 비글로가 성취한 영화적 야심을 즐기면서 그 영화에 내재된 이데올로기는 불편해한다는 것이다. 그 태도를 문제삼고 싶은 건 아니다. 어쩌면 이 간극은 모든 전쟁 '영화'들을 보면서 관객인 우리가 언제나 느낄 수밖에 없는 모순일 수도 있다고 생각한다. 다만 고문을 옹호하는가, 아닌가에 대한 질문으로 〈제로 다크 서티〉를 판단하는 것이 적절한지에 대해서라면, 나는 망설인다. 이 영화에는 그보다 복잡한 쟁점들이 있거나, 질문의 방향이 잘못되었다는 생각이 들기 때문이다. 영화 안에서 고문을 방관하거나 자행했던 요원들이 텔레비전 화면으로 오바마 대통령의 대담을 보는 장면이 있다. 그는 미국은 그 어떤 고문도 도덕적으로 용인하지 않는다고 말하고 있는데, 영화상 이미 수많은 고문 장면들이 지나간 뒤이며, 요원들은 그 단호한 주장을 무감한 응시로 쳐다보고 일순간 정적이 감돈다. 매우 짧게 스쳐가지만, 이 순간의 모호함이 이 영화가 머뭇거리는 지점이 아닐까 생각한다. 이 영화를 비판하는 이들이 지적하듯, 그 모호함이 결국 영화의 위험한 태도라고 하더라도, 나는 위와 같은 이분화된 입장 중 하나를 택하는 것보다 이 위태로운 지점에 머무르며 영화를 보려고 한다.

이 영화가 결국 고문을 정당화하고 말았다고 비판하는 견해들이 문제를 제기하는 지점은 고문 장면 자체가 재현되는 방식의 윤리는 아닌 것 같다. 비판의 초점은 빈 라덴 사살작전을 위해서 고문이 어쩔 수 없는 필요악인 것처럼 그려지고 있으며, 고문 관련자들이 처벌을 받지 않는 상황에 맞춰진다. 말하자면 이들은 고문이 등장하는 시점이 아니라, 빈 라덴 사살작전이 완료되는 장면들이 지난 후, 즉 이 영화의 현장감이 클라이맥스에 달한 장면들을 즐긴 다음, 영화가 이 지점에 이르는 데 고문이 동력으로 작용했다는 점을 문제삼는다. 여기에는 암묵적인 동의가 있는데, 그건 빈 라덴 사살 장면의 영화 내외적인 함의를 일단 정당하다고 받아들이는 것이다. 좀 거칠게 말해, 이들의 질문은 선한 목적(악의 축을 제거하는 것)을 위해 악한 방법(고문)을 동원해도 되는가, 에 있지, 그것은 과연 선한 목적인가, 그 목적이 은폐하고 있는 것은 무엇인가, 에 있지 않다. 9.11 테러 이후 나돌던 음모론을 새삼 꺼내려는 것은 물론 아니다. 다만 나는 영화 속 고문의 쓰임새에 대한 문제 제기 이전에 먼저 말해져야 할 것들이 있다고 생각한다. 이를테면 이 전투 장면에서 영화가 취하는 입장의 층위 혹은 정치성을 따지지 않고서, 이 영화의 고문에 대한 태도를 단정 짓기는 어렵다. 그리고 전투 장면의 목적이 많은 사람들의 지적처럼 생생한 현장감에 있다면, 전쟁 영화에서 현장감이란 관객인 우리로 하여금 무엇에 반응하도록 하는 것인지, 그때 우리의 위치는 어디에 있는지에 대해서도 물을 필요가 있을 것이다.

후반부의 전투 장면에 대해 말하기 위해서는 그와 일종의 짝을 이루는 영화의 도입부를 경유해야 한다. 암전된 화면 위로 9.11 테러 현장에서 실제로 녹음된 다급한 목소리와 아수라장이 된 상황의 노이즈가 파편적으로 흩어진다.

그러니까 이 영화의 서사를 불러일으킨 현실의 결정적 사태가 초반의 검은 화면에 압축되어 있다. 십여 년이 지난 일이지만, 여전히 우리에게 이미지로 생생하게 각인된, 우리가 이미 여러 차례 반복적으로 시청한 현실의 그 순간을 영화는 스펙터클화하지 않는다. 재난 영화의 한 장면처럼 믿을 수 없을 정도로 비현실적이어서 우리를 섬뜩하게 끌어당겼던 현실의 그 이미지가 정작 영화 안에는 지워져 있고 대신 그것이 실제로 일어났음을 보증하는 현실의 목소리만이 거기 있다. 이와 달리, 빈 라덴의 사살작전이 펼쳐지는 후반의 전투 장면에서 우리는 특수 제작된 야간 투시경이 잡아낸 이미지와 개별 군인들의 숨소리 안에 포위된다. 현실에서 빈 라덴의 죽음을 직접 목격하지 못한 우리는 영화가 현장감의 구축을 위해 과잉되게 배치한 이미지와 사운드(실은 우리의 자연적인 눈으로는 접근하지 못하고 기계의 눈으로 접근되는 '과도한' 현실)에 밀착되어 마치 그곳에 있는 것 같은 느낌에 사로잡힌다.

말하자면 도입부와 후반의 전투 장면은 어떤 식으로든 대응하는 것 같다. 영화가 현실에서 우리가 본 것을 이미지의 공백으로 만들고 우리가 보지 못한 것을 이미지의 과잉으로 살려내며 그 둘을 한 줄로 엮어 마주보게 할 때, 우리에게는 몇 개의 질문이 가능하다. 둘의 관계는 시각적 체험의 무기력한 자리로부터 최전선에서의 신체적 체험으로의 전환인가? 관객인 우리가 매혹되고 감독이 의도한 현장감이란 그 전환의 쾌감인가? 가상처럼 현실을 찢고 들어온 테러의 충격에 대한 영화적 대답이 후반부의 전투 장면, 즉 현장감에 몰두하는 가상일까? 9.11 테러가 우리에게 안긴 무력감과 두려움, 그럼에도 불구하고 거부할 수 없었던 시각적 쾌감, 즉 현실의 언어로 설명 불가능한 사태의 구멍, 영화에서 암전된 화면으로만 접근된 그 심연을 빈 라덴 사살작전에 돌입한 후반의 시퀀스, 실은 우리로서는 허구로만 접근 가능한 과정들이 (정치적으로든, 장르적으로든) 메워주고 있는가? 이 질문에 간단히 대답하고 말기에는 빈 라덴의 은신처에 잠입하는 후반의 전투 장면에는 좀더 들여다봐야 할 것들이 있다.

전쟁 영화가 현장감을 강조할 때, 그 효과는 대개의 경우 시점의 문제와 분리될 수 없다. 영화가 우리를 양 진영 중 어느 쪽의 시점에 더 동일시하게 만드는지, 혹은 어느 개별 인간의 시선으로 상황을 겪게 하는지에 따라 우리가 느끼는 현장감의 쾌감은 달라질 것이다. 그렇다면 이 영화는 어떠한가? "요원들이 야간 습격 당시 투시경을 끼고 봤던 그 모습 그대로, 야간 투시 렌즈를 카메라에 장착해 화면 전체를 녹색 빛으로 채운"(장영엽) 이 장면을 통해 캐스린 비글로는 관객들에게 "당신이 거기 있다"는 느낌을 주고 싶었다고 말했다. 여기서 캐스린 비글로가 말하지 않은 건 '당신이 있는 그 자리'에서 당신이 점유하는 시선은 미군의 것이라는 점이다. 그리고 영화 안에서 그 시선은 일방적이다. 실제 현실에서는 어떤 식으로 빈 라덴이 제압되었는지 모르지만, 영화에서 우리는 빈 라덴 쪽 사람들의 시선을 감지하지 못하고, 저항의 움직임조차 제대로 보지 못한다.

〈허트 로커〉에서 폭발물 처리반뿐만 아니라 관객을 불안하게 하는 건 미군을 쳐다보던 저항군의 시점 숏, 혹은 파편적으로 흩어진 그들의 끈질긴 응시다. 아니, 영화는 그 시선의 주인이 저항군인지 민간인인지 분명하게 밝히지 않은 채 그 자리에 존재하게 두었고, 심지어는 폭발물이 터진 다음에도 이것이 그들의 소행인지 정확히 알려주지 않는다. 다시 말해, 누군가 미군을 숨어서, 혹은 드러내놓고 응시하고 있는데, 영화가 그 시선을 테러 행위와 직접적으로 연결시키지 않아서 그 간극에서 종종 불길함과 두려움이 양산된다. 누군가에게 바라보인다는 사실, 타인의 시선에 노출된다는 사실 자체가 공격받을 가능성을 전제한다는 이 간단한 논리로 영화는 총과 폭탄에 의한 신체의 절단이 주는 공포보다 더 지독하게 인간의 심리를 괴롭히는 불안을 보여준다. 그러나 〈제로 다크 서티〉에서 요원들이 상대 진영의 시선에 노출되어 있다는 느낌을 주는 장면은 거의 없다. 물론 마야가 집 앞에서 공격을 받는 장면이 있고, 요원들의 신원이 노출된 위험에 대해 말하는 장면들이 있지만, 〈허트 로커〉에 비한다면, 상대 조직의 시점은 거의 제거되어 있거나 무력하다. 특히 빈 라덴의 은신처를 습격하는 장면에서는 더욱 그러하다. 〈제로 다크 서티〉는 폭발물 처리반의 이야기가 아니니, 영화가 시선을 운용하는 방식이 다를 수밖에 없겠지만, 시선과 관련해서 다음과 같은 질문이 가능하다.

마지막 전투 장면에서 우리가 느낀 현장감이란 관객의 시선과 미군의 시선, 그리고 카메라의 시선이 동일시된 결과로 받아들여도 될 것인가? 이 전투 장면의 대부분이 미군이 긴 투시경의 녹색 빛 시야 안에서 진행되고 있으므로 표면적으로는 그렇다고 볼 수도 있다. 그런데 이상한 건 관객인 내가 영화 속 요원들의 시점으로 그 시공간을 따라가고는 있지만, 무언가에 의해 그 시선과의 동일시에 실패하고 있다는 느낌을 받을 때다. 나의 시선과 현장에 투입된 미군의 시선과 카메라의 시선이 하나로 통합된 이 완벽한 환영 속에서 빈 라덴을 찾아 사살하기까지의 스릴, 긴장, 해소의 쾌감에 완전히 몰입할 수 없게 하는 무언가가 여기 작동하고 있는 것 같다.

영화 이론가 피터 월렌은 「응시 이론에 대하여」라는 논문에서 카메라와 등장인물, 그리고 관객의 삼중적 동일화는 관객으로 하여금 인물과의 동일시를 유도하는 게 아니라, 오히려 불편한 거리감을 만들어낸다고 말한 적이 있다. 관객인 우리가 등장인물의 생각, 동기 같은 것들을 공유하지 않으면서 단지 그의 지각만 공유할 때, 동일시는 실패할 수밖에 없다는 것이다. 우리는 "등장인물에 대한 외부 시선을 통해서만, 라캉이 '타동성'이라고 부른 것을 통해서만 심리학적으로 동일시할 수 있는 것"이다. 물론 그의 논리를 전적으로 이 영화에 적용하기에는 무리가 따를 것이다. 하지만 위의 장면이 주는 이상한 느낌에 대해 중요한 힌트 하나를 얻을 수는 있다. 상대의 시점이 무력화되거나 아예 삭제되고 모든 상황이 투시경 속 '우리의' 시선으로 봉합되고 있음에도 불구하고 내가 그 '우리' 안에 심리적으로 완전히 동화될 수 없는 이유는 놀랍게도 거기 '우리'를 응시하는 상대의 시점이 없기 때문이다. 〈허트 로커〉에서 여기저기 잠복한 타자의 응시가 우리의 불안을 자아냈다면, 여기서는 반대로 우리의 시선이 투시경의 시야를 벗어나 상대의 응시에 닿지 않는다는 사실에서 우리의 불안이 나온다. 그러므로 누군가가 〈제로 다크 서티〉의 전투 장면이 미군의 시선으로만 진행된 데 대해, 마치 과거 할리우드의 베트남전 영화들이 서구 중심적인 시선으로 전쟁을 바라본 것과 무엇이 다르냐고 비판한다면, 그 비판은 틀렸다. 그 영화들이 타자를 편견 어린 시선 속에 가두고 자신의 시선에 우월성을 부여한다면, 캐스린 비글로는 적어도 이 장면에서만큼은 타자의 시점이 삭제된 상태에서 내가 점유한 시선이 실은 얼마나 불안에 시달리고 있는지를 느끼게 한다. 그것이 캐스린 비글로의 의도는 아닐지라도, 이 녹색빛의 세상은 〈허트 로커〉에서 마약에 취한 듯 전쟁에 중독된 군인들처럼 병적으로 흔들린다.

그러므로 내게 〈제로 다크 서티〉의 클라이맥스인 전투 장면은 마침내 빈 라덴을 사살하여 이 길고 지난한 서사를 끝내는 장면, 혹은 우리에게 그 현장에 입회하게 해서 쾌감을 선사하는 장면으로 보이지 않는다. 여기에는 뭔가 마무리되지 않았다는 느낌이 강하게 스며 있다. 그건 앞서 말한 것처럼 장면 내의 일방적인 응시가 주는 불안에 기인한 것이기도 하지만, 영화가 9.11 테러에서 시작된 이 긴 서사의 종결 앞에서 머뭇거리거나 두려워하고 있다는 인상으로부터 비롯된 것이기도 하다. 2011년 5월, 우리는 미군 특수부대에 의해 오사마 빈 라덴이 사살되었으며, 오바마 대통령이 그 과정을 지켜보았다는 사실을 알고 있다. 빈 라덴의 시신이 공개되지 않은 까닭에 그의 죽음에 대한 의견이 분분했지만, 결국 알카에다의 인정으로 그의 죽음은 받아들여졌다. 그러니까 현실의 우리는 빈 라덴의 시신을, 실은 직접 본 적이 없다. 영화 속에서 군인들은 빈 라덴으로 추정되는 남자를 쏴 죽이고 나서 얼마간 그의 신원을 확인하지 못한다. 그들의 카메라 렌즈에 잡힌 시신은 얼굴이 뭉개지고 흐릿한 형체로 보일 뿐인데, 그때 한 군인이 가족으로 추정되는 소녀에게 죽은 자가 누구인지 묻는다. 그러나 소녀는 대답하지 않고, 더는 아무도 묻지 않으며, 그 숏은 이상하게도 그냥 지나가버린다. 이후 마야가 시신의 신원을 확인하고 빈 라덴의 죽음을 공식화하는 장면에서도 영화는 시신의 정면을 찍지 않는다. 우리는 마야가 본 것을 보지 못한다. 아니, 마야는 자신이 본 것이 무엇인지 알고 있을까. 영화는 그 시신이 빈 라덴이라고 확언을 할 수 있는 몇몇 순간들을 이처럼 의도적으로 모호하게 지나쳐버리고 만다. 빈 라덴의 은신처에 대해 백 퍼센트 확신을 말했던 마야지만, 영화의 마지막에 남겨진 그녀의 얼굴은 확신의 희열이 아니라 불확신의 피로로 뒤덮인다.

그러니 〈제로 다크 서티〉가 고문을 필요악으로 인정하거나 고문으로 이룬 성취를 옹호하는 영화라고 단정하는 것은 온당하지 않다. 이것은 고문과 복수라는 행위로도, 인간의 눈을 넘어서는 지각 체계로도 더 이상 다가갈 수 없는 이 세계의 어떤 지옥 앞에서 공허와 불안에 시달리는 영화에 가깝다. 이것은 적확한 행위에 대한 영화가 아니라, 차라리 그 모든 것을 늪에 빠뜨리는 무력한 시선에 대한 영화다.

(『씨네21』 2013. 3)

불가능한 질문

클린트 이스트우드의 〈J.에드가〉가 국내에서 정식 개봉을 하지 못한 채, 디브이디로 직행했다는 소식이다. 지난 몇 년간 그의 영화들(〈그랜토리노〉, 〈우리가 꿈꾸는 기적: 인빅터스〉, 〈체인질링〉, 〈히어애프터〉)이 연이어 극장 개봉을 통해 우리와 만났다는 사실을 떠올리면 이해하기 어려운 일이다. 미국 내 흥행 성적이 저조했고, 비평적으로도 그리 환대받지 못했기 때문일까. 그 속사정이야 어떠하든, 이 영화를 극장에서 볼 기회를 갖지 못하는 현실은 다급한 마음으로 노장의 영화를 기다려온 우리들에게 안타까운 일이 아닐 수 없다. 더없이 유려하고 깊었으나 다소 온건했던 이스트우드의 최근작들과 비교해서, 〈J.에드가〉는 폭력과 범죄로 지속된 미국 현대사의 중심부에서 무려 반세기가량 권력의 핵심이었던 한 남자의 삶을 치열하게 따라가는 전기 영화다. 첨예한 정치 영화이면서 고독한 전기 영화이고, 영화적으로 과감하게 접근하면서도 불현듯 멈춰서 응시하며 경이로운 리듬을 잃지 않는 〈J.에드가〉는 당연히 더 주목받아야 마땅한 작품이다.

제목 그대로 이 영화는 1920년대 초부터 48년간 FBI(미국연방수사국)의 국장으로 재직하며 공안정보 수집과 범죄 수사로 FBI의 체계를 오늘날에 이르게 한 J. 에드가 후버(레오나르도 디카프리오)에 대한 이야기다. 루즈벨트부터 닉슨까지 총 여덟 명의 대통령이 재임하는 동안, 에드가는 무도덕, 무법에 대한 강경한 처단을 선포하며 수많은 범죄자들뿐만 아니라 공산주의자, 아나키스트, 외국인들을 가차 없이 추방하며 실적을 올렸다. 무엇보다 그는 수단을 가리지 않고 수집한 정치 스캔들 정보를 이용해 말년에는 대통령과 직접 거래를 하며 권력을 놓지 않은, 미국 역사의 결정적 국면 뒤의 보이지 않는 손이다. 영화는 이 극단적 우익의 행보를 미국의 현대사와 겹쳐두면서, 그의 업적 뒤에 가려진 인간 에드가의 취약함에 시선을 돌린다. 영화 속에서 그는, 실은 불법적이고 폭력적인 방식으로 권력을 욕망하는 자이며, 거짓말쟁이자 허풍쟁이이며, 자신을 포장할 줄 아는 영민한 미디어 전략가이다. 에드가에 대한 공공연한 소문 중 하나는 그가 동성애자이자 복장 도착자였으며, 부국장 클라이드 톨슨과 죽기 전까지 연인 관계를 유지했다는 것인데, 영화는 바로 이 부분에 상당한 무게를 둔다. 말하자면 그것은 그저 은폐된 사생활로서가 아니라, 에드가의 공적 행보와 종종 분리 불가능한 기질의 근원으로 여겨지며, 이 영화의 기이함은 대체로 거기서 비롯된다. 이스트우드는 에드가의 사생활을 스캔들로 다루지 않는다.

물론 J. 에드가와 클라이드 톨슨의 실제 관계가 어떠했는지, 과연 그가 동성애자였는지, 영화 속 이야기의 어느 정도가 사실에 닿아 있는지 나는 잘 모르겠다. 그 사실관계가 영화를 평가하는 기준이 된다고 생각하지도 않는다. 다만 이 논쟁적인 사안에 대해 불만을 표출하는 사람들은 더러 있는 것 같다. 이를테면 미국 저예산 B급 무비의 대표적 감독이자 각본가이고, 1977년에 에드가 후버에 대한 영화(〈에드가 후버의 개인적 파일〉)를 만든 적 있는 래리 코헨은 장문의 글로 이 영화를 비판한다. 요지는 이스트우드와 각본가 더스틴 랜스 블랙(게이 인권운동가 하비 밀크의 생을 영화화한 〈밀크〉의 각본가이기도 하다)이 에드가의 성정체성에 대한 소문을 역사적 진실로 호도하고 정작 그의 정치적 행적들은 충분히 다루지 않았다는 것이다. 여러 악행들에도 불구하고 미국 사회를 위해 독특한 역할을 수행한 에드가에 대해 왜곡된 사실을 밝힐 의무가 있다는 게 코헨의 입장이다. 영화 자체에 대한 비판이 아니라, 사실관계에 대한 소모적인 이 비판은 30여 년 전 미국 내에서 저평가 받고 잊혀진 코헨 자신의 영화에 대한 환기를 목적으로 한 건 아닌지 종종 의심스럽다. 이 지면에서 길게 말할 문제는 아니지만, 정작 재미있는 건, 그런 에드가에 대한 루머와 거리를 둔 코헨의 영화가 아이러니하게도 다음 해 런던 게이 크리틱 어워드에서 상을 탔다는 사실 정도다.

그다지 설득력 없는 코헨의 비판에서도 알 수 있듯, 〈J.에드가〉에 대한 오해들은 에드가 후버에 대한 클린트 이스트우드의 명징한 입장을 요구하거나 찾으려고 하는 데서 나오는 것 같다. 말하자면, 이스트우드는 에드가를 옹호하는가 비판하는가. 혹은 에드가의 이데올로기를 옹호하는가 비판하는가. 좀 더 구체적으로는, 동성애자로서 에드가의 애틋한 사생활을 부각한 건, 에드가를 옹호하기 위함인가 비판하기 위함인가. 영화의 구체적인 장면으로 들어가기도 전에 이미 던져지는 이런 물음들은 이스트우드가 오랜 공화당원이라는 사실, 그럼에도 동성애를 철저히 자율적인 선택의 문제로 여긴다는 점, 배우로서 그가 연기해온 인물들이 줄곧 경찰, 제도, 국가를 믿지 않고 차라리 무법자로 돌아와 복수하는 자들이라는 점 등, 실은 영화와 관련이 없는 사실들이 복합적으로 작용한 결과일 것이다. 당연히 이스트우드의 영화가 이에 하나의 답을 내놓을 리는 없다. 오히려 〈J. 에드가〉의 봉인은 그 답이 불가능해지고 다음과 같은 위태로운 질문이 던져질 때 열린다. 더없이 정치적으로 논쟁적인 인물에 대한 전기 영화가 인간의 이념, 신념에 대해 반응하거나 판단하지 않고서도 그 인간을 보여줄 수 있는가. 물론 이데올로기를 초월한 인간의 순수하고 중립적인 영역에 대한 믿음이 종종 위험한 결과를 초래하며 그 믿음이야말로 가장 정치적이라는 것을 모르지 않는다. 하지만 이념이 제거된 무결점의 영역을 겨냥하지 않고서도 이 질문이 성립할 수 있다는 것, 그 질문이 기존의 가치나 정치적 맥락에 의해 답해지는 게 아니라, 오직 영화적인 활동을 통해 끝까지 지속될 수 있다는 것을 〈J. 에드가〉는 보여준다. 여기, 한 편의 전기 영화로서 이 영화의 위엄이 있다.

영화 속에서 에드가가 괴로울 때마다 가장 많이 내뱉는 말은 이것이다. "내가 누구를 믿을 수 있을지 모르겠어요." 이 완고하고 거침없어 보이는 남자는 실은 늘 타자의 공백을 불안해하며 자신의 존재를 증명해줄 누군가를 필요로 한다. 판에 박힌 분석이기는 하지만, 그건 아버지의 부재와 관련이 있을 것이다. 영화상으로 그의 아버지는 정신적으로 병들고 아무 구실도 하지 못하는 노인으로 단 한 번 등장하고, 이후 그 죽음조차 언급되지 않는 하찮은 존재다. 말하자면 오이디푸스 콤플렉스의 '정상적' 과정을 겪지 못한 에드가는 상징계의 규범을 내면화하는 계기가 되어줄 초자아를 갖지 못했다. 그 자리에 대신 들어선 건 국가, 법, 시스템에 대한 그의 과도한 믿음이고 다른 하나는 어머니에 대한 욕망이다. 이 영화에서 어머니(주디 덴치)는 에드가가 맞닥뜨리는 위기의 국면마다 등장하는 강하고 엄격한 규범 자체다. 영화 중반이 지날 즈음 어머니와 아들이 등장하는 한 장면이 있다. 일명 린드버그 사건, 즉 린드버그가의 납치유괴 사건을 담당하던 에드가는 수일이 지나 결국 아이의 시신을 발견한다. 그날 밤, 어머니가 말한다. "우리는 이 땅의 무법이 자랄 때까지 묵인했다. 아이의 피는 우리 모두의 손에, 그리고 너의 손에도 묻어 있다." 그때 거울 앞에 선 에드가는 알 수 없는 표정을 지으며 자신을 뚫어지게 응시한다. 린드버그 사건은 마치 어머니의 이 말을 듣기 위해 영화에 필요했던 것처럼 여겨질 정도로 어머니의 말은 중의적이고 에드가의 시선은 무언가에 건드려진 듯 불안정하다. 이 장면의 무력감은 더없이 무겁다. "이 땅의 무법"을 저지른 자는 정녕 저 밖에 있는 걸까. 에드가는 거울 속에서 무엇을 보고 있을까. 어머니에 대한 에드가의 과도한 의존, 인정욕구, 두려움이 이성에 대한 혐오와 공존하는 장면들로 이어질 때, 마치 우리는 희대의 권력자의 기질과 성정체성에 대한 이 영화의 정신분석을 들여다보고 있는 것 같다.

하지만 사실 이 영화에서 잊을 수 없는 장면들은 따로 있다. 영화 초반, 에드가는 우연히 회사에서 알게 된 헬렌 갠디(나오미 왓츠)라는 아름다운 여인과 도서관에서 데이트를 한다. 아무도 없는, 오직 책들로만 둘러싸인 이곳에서 둘은 이상한 게임을 벌인다. 색인 카드들을 모아놓은 곳에서 헬렌이 한 단어를 내뱉고 시간을 재기 시작하자 에드가는 그 단어와 서가 위치가 적힌 카드를 뽑아 책이 꽂혀 있는 책장을 향해 뛰어간다. 숭고하게 웅장한 도서관 내부의 공간, 책을 찾아 뛰어가는 에드가의 자신만만한 움직임의 긴장과 그를 쫓아 책상들을 가로지르는 헬렌의 사뿐거리는 움직임의 동선, 그 위로 흐르는 바흐의 정확해서 아름다운 선율, 째깍째깍 흐르는 초시계, 그 가운데 희미하게 보이는 서로에 대한 탐색, 이 모든 것들이 이루어내는 리듬의 기이한 아름다움은 말로 표현하기 어려운 것이다. 그런데 이 아름다움의 정체는 좀 이상하다. 책을 헬렌에게 건네주자마자, 걸린 시간을 묻고 나서, 에드가는 상기된 표정으로 말한다. "이런 체계로 시민들의 지문, 신분, 목소리를 구분할 수 있다면 범죄자를 찾기 얼마나 좋을까요." 반시스템적인 인간의 감정적 리듬과 정보, 분류, 파악으로 작동하는 시스템의 리듬이 조응하며 영화적 감흥을 만들어내는 이 도서관 장면의 생동감은 아름답고 그래서 섬뜩하다. 그러니까 이 장면에서 우리를 홀리는 것은 그 모순과 괴리이며, 그것은 이후 영화가 에드가 후버라는 인간을 역사에 겹쳐둘 때 가장 중요하게 생각하는 것이다.

이후 이 분류 체계로 수많은 사람들을 추방시키는 활약을 펼치며 승승장구한 에드가는 더 많은 실적을 올리기 위해 공산주의자들의 아지트를 습격한다. 그런데 이 장면은 아나키스트의 대모 엠마 골드만을 추방하고 적극적으로 사상범들을 검거하며 내달려온 이전 장면들과 달리 망설이고 머뭇거린다. 동료 요원들이 아지트의 일원들을 폭행하고 제압하는 장면을 멀찍이 떨어져서 지켜보는 그의 시선과 표정에는 의기양양한 자신감이 조금도 묻어 있지 않다. 적에 대한 두려움 이면의 호기심, 깊은 체념과 허무 같은 그림자가 뒤섞여 불안하게 흔들린다. 마치 음습한 느와르처럼 찍힌 이 장면이 더욱 이상하게 느껴지는 건, 모두가 떠나고 홀로 그 공간에 남아 두리번거리는 그의 모습 위로 (나이 든) 에드가의 확신에 찬 내레이션이 울려 퍼지며 이 장면의 모호한 요소들을 포괄하려고 애쓸 때다. "결국 우리는 4천 명 가까이 과격 공산주의자들을 체포해서 5백여 명을 추방했다. 엄청난 불리함과 개인적 위험에 맞서 이룬 결과다." 말하자면 여기에는 존재의 불안정한 형상, 확신에 찬 이데올로기적 목소리, 존재가 동일시하는 이념, 그 명령을 벗어나는 욕망의 잔재 등이 부딪히며 일으키는 균열이 있다. 이데올로기와 그것의 분열적 징후가 분리 불가능한 채 뒤엉켜 작동한다는 표현이 맞을까. 그리고 그 균열의 현상만큼 인상적인 것은 하나의 영화적 장소 안에서 요소들의 불협화음이 이루어낸 영화적인 감정의 덩어리다. 그것은 반드시 에드가 내면의 형상화라고만 표현할 수는 없는, 차라리 비인칭적인 감정이며, 어떠한 선언과 신념으로도 설명되지 않는 시대의 분열된 심연이다.

〈J.에드가〉는 등장인물의 대사와 행동을 우리에게 그대로 전달하고, 이에 근거해서 그 인물에 대한 영화의 입장을 읽게 하는 영화가 아니다. 대신, 그 인간의 역사가 영화적 층위들과 만났을 때, 이를테면, 시선, 음악, 빛, 어둠, 움직임, 손길, 쓸모없는 제스처, 소리, 무의식 등의 활동과 그의 권력, 신념이 조응할 때, 인간=이데올로기로는 도저히 성립되지 않는 어떤 순간과 영역들이 있음을 보여주는 영화다. 세계의 상처, 혹은 얼룩, 혹은 무엇으로 부르든지, 이스트우드는 그것에 거울을 비추는 것이 미국의 역사와 그 역사의 수행자에 대한 비평보다 더 중요하다고 믿었을 것이다.

그런데 그런 맥락에서 이 영화가 도달한 결론은 다소 의아하고 받아들이기 쉽지 않다. 대통령이 된 닉슨에게 은퇴를 권고받은 뒤, 사무실로 돌아온 그는 어둠 속에서 웅크리며 울다가 위의 도서관 장면 이후 그의 아내가 아닌 비서로 살아온 헬렌에게 마치 어머니에게 묻듯 말한다. "내가 사랑하는 모든 것을 죽인 건가요?" 더 이상 권력을 유지할 명분을 잃은 그가 오래된 파트너 클라이드를 찾아가 저녁 식사를 하는 장면에서 우리는 클라이드의 입을 통해 에드가의 지난 업적이 얼마나 거짓된 것이었는지 알게 된다. 그러나 격렬하게 싸울 힘도 남아 있지 않은 두 연인은 다음날의 저녁을 약속하며 손을 잡는다. 악행에 공모한 역사이자 사랑의 역사이기도 한, 이제는 늙고 병든 둘의 손. 마치 화려한 가죽이 모두 찢긴 초라한 남자의 형상으로 집에 돌아온 에드가 위로 그의 내레이션이 흐른다. "민주주의는 개인의 신념에 대한 믿음을 바탕으로 한다. 삶은 인간이 만든 체제를 초월하고 사랑은 세상에서 가장 강력한 힘이다." 다음날, 그는 죽은 채 발견된다. 끊임없이 선과 악을 구분하고 적을 만들어내며 자신을 증명하던 이 남자가 생의 마지막을 예감하며 평생 고수하던 신념을 모두 뒤엎는 듯한 말을 할 때, 그것은 반성과 후회인가. 에드가가 수집한 정치인들의 사적 정보들이 모두 파기된 후, 연인 클라이드에게 끝내 남겨진 파일은 루즈벨트 부인과 그녀의 동성 애인을 오간 달콤한 연애편지다. 정치적인 목적들이 모두 쓸모없는 종잇조각이 된 후에도 여전히 살아남는 건 사랑의 목소리라는 말인가. 그 감상주의는 노년이 된 오랜 냉소주의자 클린트 이스트우드의 결론이기도 한가. 조금 망설여지지만, 그런 것 같지 않다. 텅 빈 기표들을 돌아 영화가 도달한 곳에 사랑이 있는 것은 맞지만, 그 사랑은 그 텅 빈 자리에 의미를 되돌려주지 못한다. 그것은 악행을 미화해주거나 악행으로부터 구원해주는 사랑이 아니라, 그저 또 다른 분열의 흔적, 버릴 수 없었던 신념처럼 어찌할 수 없었던 사랑일 따름이다. 이스트우드는 인간 에드가를 옹호도, 비판도, 연민도 하지 않으며 그의 죽음과 한 시대의 끝을 지켜본다.

전기 영화가 인간의 이념, 신념에 대해 판단하지 않고서도 그 인간을 보여줄 수 있는가. 논쟁적인 인간 J.에드가 후버에 대해 하나의 입장을 갖기는 어렵지 않을 것이다. 그러나 클린트 이스트우드는 이 불가능한 질문을 영화가 끝나는 순간까지 살아 있게 만들었고, 나는 어떤 위대한 대답보다 그 질문을 지켜낸 것이 감동적이라고 생각한다. 부디, 신이 그에게 더 많은 날들을 허락하기를.

(『씨네21』 2012. 4)

도취와
과잉은 아닌가

알려졌듯, '1889년 니체가 끌어안고 울던, 채찍질을 당해도 꿈쩍 않던 그 말은 그 후 어떻게 되었을까'에 대한 상상에서 출발한 〈토리노의 말〉은 한 세계의 죽음을 보는 영화다. 벨라 타르도 〈토리노의 말〉이 "피할 수 없는 죽음에 대한 영화"라고 간명하게 정리한 바 있다. 마부가 말을 끌고 집으로 돌아온 날부터 6일째 되는 날까지의 반복되는 일과, 그러나 휘몰아치는 폭풍 속에서 실은 점차 죽어가는 날들의 이야기, 아니, 이미지들이 이 영화의 전부다.

많은 평자들이 벨라 타르의 전작들, 특히 원작자이자 각본가인 라즐로 크라즈나 보르카이와의 공동 작업들(〈파멸〉, 〈사탄탱고〉, 〈런던에서 온 사나이〉)에 대해 말할 때마다 그의 영화를 구성하는 '물성(物性)'은 늘 중요한 화두로 다루어졌다. 요컨대, "크라즈나 보르카이 소설의 특별한 점은 그것이 비참함의 정적 조건보다 퇴락의 과정을 묘사하고 있다는 데 있었다. 붕괴된 세계가 아닌 지속되는 붕괴의 묘사. 이는 타르 영화의 핵심이 되었다. 단조로운 느림 속에는 이처럼 가차 없는 파멸의 시간이 담겨 있으며, 영겁회귀는 불가피한 형식이 되었다", 혹은 "반복과 무한히 느리고 가차 없는 격리를 통해, 구체적인 역사적 사회적 상황으로부터 가장 세속적이며, 완전히 몰락한데다, 가장 극단적이고, 진정 기이하게 보이는 세계를 끌어낼 수 있었다"라고 헝가리의 영화 학자 안드라스 발린트 코바치는 썼다. 그때, 단조롭고 느리며 무표정하게 반복되는 카메라워크의 시간성, 즉 타르의 저 유명한 롱테이크는 추상성과 구체성, 리얼리즘과 인공성의 경계 위에서 초월이 아닌, 타락을 대면하는 세계를 표현하는 데 필연적인 미학으로 이해되어왔다.

여전히 크라즈나 보르카이와 함께한 〈토리노의 말〉은 형식과 주제의 면에서 기본적으로는 전작들과 유사하나 가장 미니멀하게, 그러나 가장 극단적으로 치달은 영화다. 그것이 단지 "죽음에 대한 영화"라는 내용적 사실 때문만은 아니다. 신의 죽음, 인간의 죽음, 한 세계의 죽음을 보여주는 이 영화에서 가장 중요한 쟁점은 폐쇄된 공간에서 우물이 마르고 빛이 사라지고 결국 생이 사라지는 과정을 영화라는 물성의 소멸 과정과 함께, 혹은 그것을 통해 어떻게 재현해낼 것인지의 문제에 있다. 쉽게 말해서 내용이 죽음으로 사라지는 과정과, 형식이 어떤 식으로든 점차 눌려 사라지는 과정을 어떻게 겹쳐둘 것인지를 푸는 데 이 영화의 야심이 있고, 또 그래야만 한다는 게 내 생각이다. 게다가 이것은 벨라 타르의 공언대로라면 그의 마지막 영화인 셈인데, 광대한 형이상학적 스케일을 펼쳐내던 감독이 자신의 영화적 세계를 끝내는 방식, 그 형식의 끝이 궁금할 수밖에 없다.

말하자면 두 개의 끝, 무(無)를 향한 동일한 매혹, 혹은 동일한 숙명, 즉 세계의 끝과 영화라는 물성의 끝을 향한 과정이 여기 동시에 존재한다. 벨라 타르의 예의 그 견고한 형식이 이 마지막 영화에서도 필연적이라면, 그건 신이 죽은 세계에서 아직은 살아남은 카메라가, 혹은 영화가, 어디에 위치해서 무엇을 보고 무엇을 견디며, 궁극에는 어떤 식으로 그 세계와 같은 운명을 짊어질 수 있는지에 대한 질문과 관련이 있다. 그런 맥락에서 이 영화에서도 여전히 중요하게 언급되는 롱테이크는 그것의 시간적 지속성 혹은 관찰의 중립성 때문이 아니라, 실은 롱테이크가 시작된 자리, 혹은 카메라가 놓여진 위치를 물을 때 중요해진다.

카메라의 자리와 관련하여 몇몇 이상하고 인상적인 장면들이 있다. 셋째 날, 아버지와 딸이 식사를 하는 중에, 창밖으로 집시들 무리가 언덕을 넘어서 이들의 집 근처 우물에 당도한다. 집시들을 쫓아버리기 위해 딸이 밖으로 나가지만, 그들에게 희롱만 당하자, 아버지가 뒤쫓아 나간다. 그렇게 인물들이 모두 나간 뒤에도 카메라는 창 너머 그 광경을 구경할 뿐, 다소 냉정하게도 집안에서 벗어나지 않는다. 창밖에서 거센 바람이 불고, 아버지와 딸만이 그 바람에 휘청댄다. 카메라는 창밖의 바람 소리를 들으며 침착하게 서 있다. 그런데 넷째 날은 정반대의 상황이 벌어진다. 집시들이 떠나고 난 다음날 아침, 우물이 마른 걸 알게 된 부녀는 병든 말을 데리고 짐을 싸서 집을 떠난다. 이들이 폭풍을 헤치며 힘겹게 언덕을 오르고 언덕 밑으로 사라질 때까지 카메라는 그저 집 앞에 머무르며 롱숏으로 이들의 움직임을 지켜본다. 그러자 곧 카메라의 시야에 부녀와 말이 길을 되돌아오는 모습이 보인다. 좀 이상한 표현이기는 하지만, 카메라는 그들이 돌아올 수밖에 없다는 것을 알고 기다리고 있었던 것처럼 보인다. 이윽고 부녀가 모두 집 안으로 들어가지만, 어찌된 일인지 카메라는 바람을 맞으며 여전히 집 밖, 그 자리에 서 있다. 창문 안쪽에서 밖을 쳐다보는 딸의 얼굴이 마치 유령처럼 일렁인다. 우리는 지난 며칠 동안, 부녀가 창가에 앉아서 습관적으로 어딘가를 쳐다보고 있는 걸 보았다. 그때 카메라는 무언가를 응시하는 자들의 등 뒤를 응시했고, 이들이 무얼 기다리는지, 무얼 보는지 알지 못했다. 그런데 지금, 이상하게도 창가에 앉은 딸의 시선은 집 밖에서 덩그러니 바람을 맞으며 멈춰 있는 카메라의 시선에 닿아 있는 것 같다. 그녀가 지금 보고 있는 것은 무엇일까. 그리고 바람 속에서 홀로 흔들리는 카메라는 지금 무엇을 위해, 그 자리에 그렇게 버티고 있는 것일까.

다섯째 날, 카메라는 더 이상 움직이기도, 먹기도 거부하는 병든 말의 얼굴을 클로즈업으로 오래 응시한다. 아버지가 말의 고삐를 풀어주고 나가자 딸은 그 말을 한참 바라보다가 마구간을 나서며 문을 잠근다. 그렇게 딸이 떠난 뒤에도 카메라는 문 앞에서 그저 가만히, 마치 문 안쪽의 말에게 마지막 인사를 전하는 듯, 한동안 머무른다. 말하자면 이 영화에서 카메라는 숨겨진 무엇도, 중립적인 관찰자도 아니라, 아버지-딸-말처럼 그 세계 속, 또 하나의 존재처럼 느껴진다. 만약 누군가 이 영화를 유물론적이라고 한다면, 다른 의미가 아니 바로 카메라의 이러한 현존 때문이라고 말해도 될 것이다. 이 '은폐된 드러남', 이 현존은 도대체 누구 혹은 무엇이며, 그것은 죽어가는 세계에서 무엇을 하고 있으며 무엇을 할 수 있다고 여기는 것일까. 나는 이 질문이 모호하게 남겨져서는 안 된다고 생각한다.

이제 우리는 이 영화의 내레이션에 대해서도 말해야 할 것이다. 암전된 화면에서 니체와 말의 일화에 대한 언급으로 시작된 내레이션은 세상의 파멸에 대해 장광설을 늘어놓는 남자가 등장하던 둘째 날과 카메라가 집 밖에서 창가의 딸을 쳐다보는 (위에서 언급한) 넷째 날, 그리고 여섯째 날을 제외한 나머지 날들의 끝에 들려온다. 그런데 영화에 등장하는 존재들의 목소리가 아닌, 주인을 알 길 없는 이 외화면의 목소리가 들려주는 내용이 좀 의아하다. 그것은 누군가의 내면에 대한 설명도 아니고, 충분히 영화적으로 재현 가능하고 그편이 더 효과적일 순간들—이를테면 "폭풍은 끊임없이 휘몰아친다. 바람이 만든 거대한 흙먼지만이 거세게 몰아칠 뿐이다", "우리는 두 부녀가 침대로 가는 소리를 듣는다. 그들의 숨소리도 들린다" 등—에 대한 묘사다. 이미지를 통해 '보여주는' 데 몰두하는 타르의 영화가 이런 목소리를 필요로 한 이유에 대해 묻지 않을 수 없을 것이다. 만약 우리가 이 목소리를 영화적 시공간에 대한 문학의 개입으로 본다면, 이 정갈한 (문학적인) 언어는 무섭게 휘몰아치는 바람 소리와 무기력하게 반복되는 세계에 묘한 음산함을 더해주는 것 같지만, 한편으로는 분명 규정적이고 반복적인 구석이 있는 것도 사실이다. 영화의 잉여로 서사 위를 떠도는 것도 아니고, 그렇다고 무언가 새로운 사실을 우리에게 알려주는 것도 아니면서, 거기 불쑥불쑥 개입하는, 이미 모든 것을 알고 있는 듯한, 어딘지 권위적인 목소리. 이 목소리는 어떤 의미 때문이 아니라, '나는 지금 그 자리에 존재한다'는 사실 그 자체만을 과시 혹은 증명하기 위해 거기 존재하는 것 같다. 그리고 이 비가시적 목소리는 앞서 언급한 카메라의 비가시적 현존, 시선과 같은 맥락에 놓여 있는 것 같다.

이렇게 바꿔 말하고 싶다. 〈토리노의 말〉을 엄밀히 들여다보니, 이것은 마부와 그의 말과 딸의 이야기가 아니라, 죽음에 이르는 그들을 바라보는, 비가시적인 어떤 현존에 대한 영화다. 그렇다면 그것은 신이 죽은 시대의 새로운 신, 그러니까 카메라, 아니 영화 자신인가? 혹은 마지막 영화를 만들고 있던 벨라 타르 자신인가? 만약 그렇다 해도 이 사실 자체가 영화의 흠으로 작용할 이유는 없다. 문제는 좀 다른 데 있다. 최소의 움직임과 대사, 행동, 그러나 극대화된 사운드와 어둠과 빛으로 이루어진 〈토리노의 말〉은 다시 강조하자면, 세계의 죽음(타르의 말에 따른다면 "반창세기")의 과정을 영화적으로도 무(無)에 이르는 과정 안에서 보여주는 작품이 되어야 한다. 이때 중요하고도 어려운 과제는 영화적 소멸을 영화적으로 보여주어야 한다는 점, 즉 영화적인 것들이 천천히 사그라지는 과정을 끝끝내 형식의 활력으로 전환해야 한다는 점이다. 물론 그건 카메라가 정지하는지 움직이는지의 여부와 관련이 없고, 형식의 새로운 고안과 더 관계가 있는 일일 것이다.

모든 인간적인 시간은 죽음으로 이끄는 시간이며, 그걸 영화적인 시간으로 전환할 때, 현대 영화는 여러 형식들을 통해 시간 감각을 분쇄해서 죽음의 감각을 상실하게 만든다고 자크 오몽은 말한 적 있다. 그리고 장 콕토는 오래전, "영화, 과정 중인 죽음"이라는 명언을 남겼다. 나는 〈토리노의 말〉을 통해 타르가 시도하려는 바가 죽음의 과정을 형식으로 체현하면서 결국은 이 죽음의 시간 감각을 영화적으로 회복하려는 것이 아니었을까 생각한다. 그 형식에서 가장 주목해야 할 건 위에서도 말했듯, 롱테이크의 시간성이기보다는, 비가시적 현존으로서의 카메라의 위치와 시선이다. 그러니 이제 우리는 이 영화에 대해 가장 중요한 질문을 던질 때가 되었다. 그 시도는, 형식은 성공했는가? 적어도 〈토리노의 말〉에서만큼은 아닌 것 같다.

요컨대 6일에 걸친 부녀의 식사 장면을 떠올려보자. 첫째 날, 식사 장면에서 영화는 뜨거운 감자 껍질을 힘겹게 한 손으로 까서 먹는 마부의 모습을 지켜본다. 둘째 날, 똑같은 식사 장면에서 카메라는 마부의 등을 걸치고 딸이 먹는 모습을 쳐다본다. 셋째 날, 이 장면은 창가 쪽에서 투 숏으로 찍혔고, 마침 집시들 무리가 나타나자 마부와 딸은 창문 쪽으로 시선을 던진다. 그리고 다섯째 날에 이르면, 셋째 날과는 반대편에서 이들의 식사 장면이 투 숏으로 찍혔다. 의식적으로 추려낸 하나의 예일 따름이지만, 부녀의 식사 장면을 모두 본 다음, 우리는 견고한 형식을 지향하는 이 영화가 빠진 함정에 대해서 생각할 계기를 얻게 된다. 한 번에 붙여놓지 않았다 뿐이지, 하루하루 카메라의 위치를 옮겨가며 찍은 이 식사 장면을 모아놓으니 마주한 두 인물을 담는 가장 전형적인 방식으로 영화에 담겼다. 물론 카메라의 이런 위치 선택이 일반적인 경우처럼, 영화의 환영성을 위한 것이라고 말하려는 게 아니라, 그것이 이 영화의 형식적 욕망에 대해 무언가를 말해주고 있는 건 아닌지 한 번쯤 생각해볼 필요가 있다는 것이다.

가령 이런 것이다. 영화 속 세계는 처절하게 부서지고 있는데, 그 세계를 총체적인 세계로 구현하려는 형식적 욕망이 불쑥불쑥 나타나고 있다. 부녀의 식사 장면의 경우, 그들은 점차 피폐하게 죽음에 가까워지는데, 영화는 이들의 6일이라는 시간을 완결된 전체, 통합된 시공간으로 보여주려는 욕망을 뿌리치지 못하는 것처럼 보인다. 여기서 우리가 세심하게 구별할 것은 형식에 대한 완고함이 영화적 형식의 활력과 동의어는 아니라는 점이다. 애초 이 영화에 기대했던 소멸의 형상화는 영화가 세계의 기의를 비워가며, 거기서 어떤 기이하고 설명 불가능한, 또 다른 영화적 활력을 생성해내는지와 관련된 문제였다. 하지만, 여기서 비가시적인 카메라의 현존은 기존의 기의, 규범, 욕망을 붙잡고 지속하고 누적하고 있다는 인상을 준다. 거기, 어떤 도덕적 감각이 깃들어 있다고 말하기도 어렵다.

〈사탄탱고〉의 저 매혹적이고 장엄한 순간, 영화가 자기만의 방에 고립되어 만취되어가는 늙은 의사의 시간을 보여줄 때, 아무것도 아닌 하잘것없는 움직임과 비좁은 공간이 어느새 괴이한 우주로 확장된 듯한 인상의 감동, 그러나 결국 그가 집 안의 창문을 모두 막아버리고 어둠 속으로 삼켜지는 마지막의 울림, 그러니까 이 묵직한 물성을 〈토리노의 말〉에서는 찾기 힘들다. 아니, 활활 타오르는 램프의 불빛이 일순간 사라져 어둠 속으로 소멸되는 그 짧은 예고편의 정념과 심상, 소멸의 과정에서도 자신을 불태우며 내뿜는 리듬과 활력의 순간을 정작 영화 내에서는 찾지 못했다.

여섯째 날이다. 잿불도 꺼지고 더 이상 마실 물도 없는 어둠 속에서 아버지와 딸이 다시 마주앉는다. 남자가 한 손으로 조리되지 않은 딱딱한 감자를 까서 씹는 소리가 처절하다. 남자는 말한다. "먹어, 먹어야만 해." 그러나 곧 남자도 먹기를 그만둔다. 부녀는 고개를 숙이고 침묵 속에서 마치 정물처럼 마주앉아 있다. 아마도 토리노의 말 역시 홀로 마지막 숨을 내쉬며 어둠과 싸우고 있을 것이다. 이 마지막 날의 의지, 죽음을 목전에 둔 생의 위대함, 사라지기 직전 한순간의 굳건함을 보여주는 이 장면을 위해 지난 5일간의 지난한 형식과 어둠이 필요했을 것이다. 하지만 돌이켜보니 그간 우리가 본 건 삶 안에서 치열하게 죽어가는 과정이 아니라, 애초 딱딱하게 굳은 죽음(혹은 죽음의 관념적 형상화)이었던 것 같고, 이 장면은 어쩐지 긴 장례를 치르고 난 뒤, 유령들이 나누는 대화처럼 느껴진다. 그러니 이 영화에서 우리는 진정 죽음의 과정, 영화적 소멸을 경험한 것이 아니라, 실은 첫째 날부터 이곳은 이미 영화적 무덤이 아니었던가. 우리가 이 무덤 속에서 보고 들은 것은 결국 자기 무덤을 관찰하며 자신의 영화적 장례식에 도취된 자의 자의식 과잉된 응시와 목소리는 아니었던가.

(『씨네21』 2012. 2)

당신은 지금 어디에 있는가

진짜로 일어날지도 몰라
기적

〈아무도 모른다〉의 무책임한 엄마는 어린 자식들을 남겨두고 집을 나갔다. 엄마를 기다리던 아이들은 분노하거나 울지 않고 어느덧 자기들끼리 살아가는 법을 배운다. 〈걸어도, 걸어도〉에서는 큰아들의 제사를 위해 흩어져 살던 가족들이 부모의 집에 모인다. 함께 밥을 먹고 사진을 찍고 이야기를 나누지만, 그들의 마음은 엇갈리며, 실은 서로 다른 기억을 쳐다보고 있다. 고레에다 히로카즈의 가족 영화는 가족 구성원 사이의 억압된 감정이 폭발하는 극적인 계기를 마련해두지 않는다. 감정적인 해소 이후의 화해나 결속은 불가능하고 중요한 것은 그들이 어떤 식으로든 각자의 삶을 살아가고 있다는 사실이며, 그 삶은 언제나 이별 혹은 죽음을 품고 있고, 그것이 고레에다 히로카즈가 보는 (가족의) 현실이다. 부모의 이혼으로 떨어져 살게 된 코이치, 류노스케 형제와 이들의 친구, 가족들을 중심으로 구성된 〈진짜로 일어날지도 몰라 기적〉(이후 〈~기적〉)의 세계도 위의 두 영화 사이 어딘가에 존재하는 것처럼 보인다.

영화 속에서 코이치가 수업시간에 읽는 다니카와 슌타로의 〈산다〉라는 시는 이렇게 시작한다. "산다는 것/지금 살아 있다는 것/그것은 목이 마르다는 것/나뭇잎새의 햇살이 눈부시다는 것/문득 어떤 멜로디를 떠올려보는 것/재채기하는 것/당신의 손을 잡아보는 것." 이 시는 말하자면 〈~기적〉이 붙잡는 생의 감각, 즉 익숙하고 일상적인 것이 새로운 감각으로 빛날 때의 충만함이 결국은 기적이라고 말하는 영화의 시선을 대변한다. 감독이 어딘가에서 "흔치 않게, 밝고 따뜻한 영화"라고 이 영화를 표현한 적이 있는데, 앞의 두 작품이 전하던 가족과 삶과 죽음에 대한 고통스럽거나 쓸쓸한 진실을 떠올린다면 아주 틀린 말은 아닐 것이다. 〈~기적〉은 그런 진실이 어느 날 무심하게 아이들을 강타해버리거나 누군가의 죽음으로 현현하게 하는 대신, 아이들의 천진하고 싱그러운 기운으로 그 진실을 적극적인 성장담 속에서 경험하게 한다. 그런데 그게 전부일까. 고레에다 히로카즈의 기존 작품들과 〈~기적〉 사이에는 이보다 주목해야 할 차이가 있다.

내 생각에 고레에다 히로카즈의 극영화 목록에서 〈~기적〉만큼 지금 일본의 세대론을, 혹은 세대의 관계를 들여다본 영화는 없었던 것 같다. 한 가족 안에서 삼대의 풍경을 보여줄 때도 그 풍경의 미묘한 균열은 세대보다는 그 가족의 사적인 역사 안에서 설명되었다(〈환상의 빛〉, 〈걸어도 걸어도〉). 큰 틀에서 보면 〈~기적〉 역시 가족의 이야기지만, 삼대에 걸친 인물들의 사연은 가족의 맥락으로 수렴되기보다는 주변의 또래 집단을 거쳐 세대론으로 확장되는 측면이 있고, 그때 우리는 이들이 공존하는 양상을 보며 그것이 고레에다가 바라보는 현재 일본 사회의 모습은 아닐까, 어렴풋이 짐작해볼 수 있다. 여기에 더해서, 무엇보다 화산이 분화하고 있는 장소가 영화의 배경이 된 탓에 〈~기적〉을 2011년 일본 대지진 이후의 삶에 대한 어떤 코멘트로 읽고 싶은 유혹을 느낀다. 죽음을 지척에 두고, 폐허의 땅을 과거로 묻으며 아이들은 어떻게 성장하게 될까. 그 현재에 책임을 져야 할 어른들은 어떤 식으로 삶을 버티고, 어떤 미래를 준비하고 있을까. 물론 영화가 지진 이전에 기획되었고, 감독 자신이 그런 해석에 경계를 표하고 있다는 사실을 염두에 둔다면, 이런 질문들을 좀 다르게 바꿀 필요가 있을지 모른다.

이를테면 3.11 대지진을 굳이 지목하지 않더라도 고레에다가 〈아무도 모른다〉를 만들고 나서 인터뷰를 통해 밝힌 과거의 고백을 〈~기적〉으로 끌어와 다시 생각해보면 어떨까. 그는 스스로를 "학생운동에 실패한 윗세대를 증오하면서 비정치적으로 살아온 세대"라고 정의하면서도, 자신이 90년대 중후반에 일어난 고베 대지진과 옴진리교 사건 등, 일본의 긴급한 현실과 사회적 트라우마로부터 자유롭지 못하다는 사실을 털어놓았다. 그러나 알려졌듯, 초기 다큐멘터리 작업들 이후로, 그는 줄곧 삶과 죽음 앞에 선 인간 개별의 기억과 내적 풍경에 천착해왔다. 나는 그가 〈~기적〉에 이르러 비로소 일본 사회 안에서의 자신의 모순된 (세대적) 정체성과 그가 의식하는 '우리 시대의 초상'을, 자기 이전과 이후 세대 간의 관계, 혹은 세대들 각각의 이야기 안에서 어느 정도 마주하고 있다고 생각한다. 그 방식과 시선이 노골적이거나 공격적이지 않고 다소 느슨한 건 사실이지만, 오히려 그렇기 때문에 〈~기적〉은 종종 생각보다 냉정한 영화가 된다. 개인적으로 이 영화가 고레에다 히로카즈의 영화적인 진전이라고 말하기는 망설여지나, 그런 지점에 대해 한 번쯤은 곰곰이 생각해볼 필요가 있다고 여긴다.

흔히 성장영화의 도식 안에서 세계는 아이와 어른의 그것으로 양분된다. 대개의 경우, 어른의 세계는 억압적인 부(父)의 세계로 존재하거나 아예 부재하거나 간혹 성숙하고 너그러운 세계로 존재한다. 이 도식을 〈~기적〉에 끌어올 때, 이상한 건 아이들의 부모의 자리다. 그들은 위의 세 가지 경우 어디에도 속하지 않는다. 그들은 거기 있으나, 아무런 역할도 하지 않는 텅 빈 자리

로 존재한다. 코이치와 류노스케의 아빠는 '아버지'의 자리를 거절한다. 그는
이 세상의 "쓸모없는" 사람으로서의 자유를 누리고 싶어한다. 엄마는 남편을
떠난 뒤, 술에 취해서 우는 일 말고는 이런 상황에 개입할 의지가 없어 보인다.
친구들의 부모들 또한 마찬가지다. 배우의 길을 포기하고 지금은 남편 없이
술집을 꾸려가는 엄마는 배우를 꿈꾸는 딸에게 포기를 가르친다. 혹은 뒷모습
으로만 등장하는 아빠는 아들의 간절한 바람에도 불구하고 대꾸 없이 파칭코
를 드나든다. 이들은 우리가 상투적으로 보아오던, 자식에게 집착하거나 폭력
적인 부모의 형상과도 다르다. 이들은 지극히 이기적이거나 무심하거나 무력
하다. 그런 식으로 그저 자기 삶만을 산다. 사회적 자의식 따위는 없으며 자식
들에게 무언가를 요구하거나 삶의 가치를 물려줄 생각도 하지 않는다. 어쨌든
영화 속에서 이 세대는 어른이 되지 못했거나 어른이 되기를 주저하거나 그럴
필요를 느끼지 못하는 것처럼 보이는데, 영화는 그 연유를 묻는 데 시간을 할
애하지 않는다. 다만 영화가 그들을 로스트 제너레이션(전후 베이비붐 세대로
물질적 풍요를 누리며 자랐으나 1990년 시작된 일본의 장기적인 경기 침체
한가운데 던져진 세대)으로 상정하고 있다는 짐작을 할 따름이다.

　대신, 여기서 부모들로부터 분리된 아이들 세대와 공명하는 자들은 조부모
세대다. 코이치의 여행 비밀을 제대로 아는 자는 할아버지뿐이고, 할아버지가
그리워하는 가루칸 떡(정확히 말하면 과거의 그 시절)을 함께 만들고 나눠 먹
는 자는 코이치뿐이다. 복구 불가능한 상실의 시대를 살며 과거를 향수하는
할아버지와 의지와 무관하게 벌어진 이해할 수 없는 상실 앞에서 기적을 기다
리는 손자, 손녀들은 유령 같은 부모 세대를 건너뛰어 생을 함께 감각한다. 여
행길에 오른 아이들에게 잠자리를 제공해준 노부부의 딱한 사연도 상기해보자.
아마도 이 아이들의 부모 또래일 그들의 딸은 오래전 집을 나가 소식이 끊겼
고 그 빈자리를 하룻밤 떠들썩하게 채워주는 건 손녀뻘 되는 아이들이다. 그

날 그중 한 소녀의 젖은 머리를 정성스럽게 빗겨주던 노인이 묻는다. "엄마가 이렇게 늘 빗어주겠구나." 노인을 바라보던 소녀의 대답. "아니요, 제가 해요." 중간 세대의 텅 빈 자리가 주는 결핍과 외로움을 이들은 서로를 바라보며 위로한다. 오직 지금의 쾌락에만 몰두하거나, 그저 순환하는 세속의 시간에 머무르는 부모 세대가 삶이 껴안고 있는 죽음을 외면할 때, 이 두 세대는 그것을 서로 다른 자리에서, 그러나 함께 바라보고 있다. 이를테면 화산이 폭발해버리기를 바라지만, 그 말에 담긴 죽음의 함의를 깨닫게 되는, 살아갈 날이 더 많은 손자와 인간이 아닌 산의 입장에 서서 분화는 산이 살아 있다는 증거라고 말하는, 죽음이 더 가까운 할아버지 사이의 어긋나는 대화는, 기이하게 닿아 있다.

돌이킬 수 없는 것은 돌이킬 수 없다. 아이들이 기적을 외치는 장면보다 더 중요해 보이는 건 바로 그다음에 아이들이 마주하는 장면이 무덤가라는 사실이다. 죽은 강아지는 살아날 수 없고, 이별한 부모는 재결합할 수 없고, 아마도 아버지는 파칭코를 그만두지 못할 것이며 내뿜어진 화산재는 되돌릴 수 없다. 코이치가 그토록 바라던 가족의 결합을 개인적인 고민으로 밀쳐두고 이제 세계를 고민하겠다고 말할 때, 그 '세계'가 그의 히피 아빠가 권하던, 혹은 그 아빠가 머물러 있는 '세계'와 같은 것일까. 혹은 그가 집으로 돌아와 그토록 싫어하던 화산을 바라본 다음, 침 바른 손가락 하나를 허공에 잠시 펼쳤다가 "음, 오늘은 재가 안 쌓이겠어"라고 말할 때, 그 심경의 변화를 어떻게 읽어야 할까. 우리는 영화 중반에 이와 똑같은 행동과 말을 할아버지가 하는 걸 본 기억이 있다. 수십 년을 이곳에서 살아온 노인의 그 행동은 인간의 힘으로 어찌할 수 없는 환경에 적응하는 지혜로운 긍정일지 모른다. 그러나 이곳을 떠나고 싶어하던 소년이 수십 년을 더 산 노인의 행동을 그대로 반복하는 것은 성장인가, 체념인가. 아니면 성장은 결국 체념인가. 나는 잘 모르겠다. 다만 소년의 행동을 떠올리면 영화의 의도와는 상관없이, 자꾸 끔찍한 이미지가 여기 겹쳐지는 걸 어쩔 수 없다. 자연의 활동인 화산의 분화가 아니라, 인재로 인한 원전의 방사능 누출을 물끄러미 바라보며 같은 행동을 하는 아이의 모습. 고레에다 히로카즈라면 이 상상을 더없는 오독이라고 할 것 같다. 그러나 공명하던 조부모 세대가 사라지고, 기댈 수 없는 부모 세대를 바라보며, 이 현실을 책임질 누구도 없는 상황에서, 이 아이들은 어떻게 헤쳐나갈 것인가. 감독은 지금 자신의 자리를 어디에 두고 있는가. 영화 밖 현실로 돌아온 나는 마지막 장면이 자꾸 목에 걸린다.

(『씨네21』 2012. 1)

머니볼

어처구니없지만
숭고한
어떤 운동

〈머니볼〉을 보았다. 나는 야구를 잘 모르는 여자다. 그 수준이 어느 정도냐면, '출루율'이라는 말을 이 영화에서 처음 알게 되었다. 몇 할, 몇 푼, 몇 리로 설명되는 타율도, 실은 지금까지도 잘 이해하지 못한다. 다만 올해, 이상하게도 롯데의 경기가 있는 날이면, 그냥 경기를 틀어놓고 다른 잡일들을 한 적이 많았다. 처음부터 끝까지 몰두해서 본 적은 없지만, 양준혁이 격앙된 목소리로 "야구는 이런 거지요!"라고 외치기 직전마다, 내가 어느새 화면에 집중하고 있다는 걸 느꼈다. 팽팽하게 동점을 유지하던 경기가 누군가의 홈런 한 방으로 뒤집어지거나, 그런 승부수가 시합이 다 끝날 무렵 벌어질 수 있다는 걸 목격하고 양준혁은 언제나 그 뒤에 의기양양하게 이렇게 덧붙였다. "끝날 때까지 모르는 게, 그게 야구거든요." 그런 이야기를 축구나 농구나 배구에 대고 하는 사람을 본 기억은, 적어도 내게는 없다. 물론 야구를 잘 모르는 나도 그게 무슨 뜻인지는 대강 알 수 있다. 공격의 기회를 빼앗는 몸싸움 자체가 경기의 과정인 다른 구기 종목들과 달리 공격과 수비의 기회가 공평하게 주어진 채 시작하는 야구는 다를 수밖에 없다. 하지만 수많은 사람들이 뿌듯한 표정으로 "역시, 야구란 그런 거지"라고 할 때, 그 말이 그저 예기치 못한 홈런의 감동, 언제든 가능한 역전의 기회만을 말하는 건 아닐 것이다. 내가 놓치고 있는 무언가가 분명 거기 존재한다고 생각했지만, 롯데는 졌고, 이상하게도 이후의 결승경기는 뭔지 모르게 뻔해서 관심이 가지 않았다. 그러다가 이 영화를 본 것이다. 경기의 룰을 더 잘 알게 된 것도 아니고, 선수들의 실력을 알아보는 눈이 생긴 것도 아니지만, 이제 나도 조심스럽게 "야구란 그런 거지?"라고 물을 수 있을 것만 같다. 서두가 길었다. 야구를 모르는 여자가 〈머니볼〉에 감동한 이유, 지금 나는 그런 잡담이 하고 싶다.

우리는 이 영화에서 가장 극적인 단 한순간을 망설임 없이 꼽을 수 있다. 다른 구단의 포수였던, 그러나 팔꿈치 부상을 입고 이제는 아무도 신경 쓰지 않는 선수 스캇 해티버그. 오클랜드 애슬레틱스의 단장 빌리 빈(브래드 피트)은 온갖 반대를 무릅쓰고 출루율이 높은 그를 팀의 1루수로 영입한다. 그러나 빌리의 선택을 신뢰하지 않는 감독은 해티를 번번이 기용하지 않는다. 어찌되었든 오클랜드 애슬레틱스는 머니볼 이론 덕에, 놀랍게도 19연승을 이루었고, 이제 영광의 20연승을 남겨두고 있는 때였다. 그 경기도 상대팀을 11:0으로 따돌리며 쉽게 앞서가고 있었다. 그런데 승리를 다 잡아둔 것처럼 보이던 그 순간, 그야말로 야구에서나 가능할 일이 벌어진다. 상대팀이 단숨에 11점을 따라잡아 동점이 된 것이다. 더 이상 선택의 여지가 없는 상황에서, 해티는 드디어 타석에 오를 기회를 잡는다. 이제는 다 부서졌다고 여겨진 팔로, 그는 아무도 예상하지 못했으나 그 순간만큼은 누구나 간절히 바랐을 홈런을 터뜨린다. 팀은 20연승에 이른다. 해티의 홈런은 야구 영화가 우리에게 주는 눈물겹고 짜릿한 보너스다. 하지만 그것이 〈머니볼〉이 하고 싶은 이야기, 아니, 야구만의 '그런 것'이라고 하기엔 어쩐지 싱겁다.

감동적인 장면은 영화의 후반에 따로 있다. 20연승을 이루었지만 플레이오프에서 떨어진 뒤, 빌리 빈은 보스턴 레드삭스로부터 스카웃 제의를 받는다. 그는 이 사실을, 20연승을 함께 이룬 부단장 피터 브랜드(조나 힐)에게 의논한다. 그때, 가만히 듣고 있던 피터는 마이너리그 선수들의 경기가 담긴 비디오 하나를 꺼낸다. 녹화된 화면 속에는 좀 둔해 보이는, 몸집이 나가는 한 선수가 타석에 올라 있다. 피터의 설명에 따르면, 이 선수는 2루까지 가기를 늘 겁내던 사람인데, 이날따라 공을 치는 순간 미친 듯이 달려 1루를 지나가고 있었다. 그게 의지였는지 몸의 반동 때문이었는지는 잘 모르겠다. 그런데 이 남자의 몸이 결국 도달한 곳은 2루 베이스도, 1루와 2루 사이도 아니다. 어리석게도 1루를 지나자마자 넘어진 남자는 우스꽝스럽게 기어서 기어이 1루 베이스로 돌아오고 있다. 동료들의 이상한 눈빛에 그제야 주위를 본 남자는 자신이 홈런을 쳤다는 걸 알게 된다. 피터는 이 일화가 빌리 빈과 그가 처한 상황에 대한 일종의 비유라고 말해준다. 네가 이룩한 대단한 것을 제대로 보지 못한 채, 움츠러들지 말라는 비유일까? 너의 가능성을 폄하하지 말라는 비유일까? 좋은 동료인 피터의 맥락은 그런 것 같다. 하지만 빌은 별 대답 없이 묘한 표정으로 "이래서 야구를 사랑할 수밖에 없지"라고 말한다. 홈런을 치고도 1루 베이스를 움켜쥔 선수의 모습에 울컥하는 나는 아무래도 피터보다는 이 장면을 대하는 빌리 빈의 마음을 알고 싶다.

야구를 잘 모르는 나도 아는 게 있다. 홈런을 쳐본 타자라면, 그 공이 담장을 넘어갈지는 공을 친 순간 어느 정도는 감각적으로 알 것이다. 그들은 자신이 친 공의 행로를 쳐다보면서 여유롭게 베이스를 돈다. 내가 본 그 누구도 전력질주를 하다가 자신의 홈런을 알아채는 경우는 없었다. 어느 날인가, 야구를 잘 아는 친구에게 이대호는 저렇게 체격이 커서 잘 뛰지 못하겠다는 걱정을 무식하게 늘어놓자, 친구는 아주 간단하게 답했다. "괜찮아, 이대호는 홈런을 치니까." 야구가 인간이 공과 경쟁하는 유일한 스포츠라는 누군가의 말을 따른다면, 이대호는 경쟁을 시작하자마자, 공을 이겨버리는 선수다. 하지만 위의 저 2군 선수는 경쟁을 시작하자마자, 경쟁의 루트를 벗어나버린다. 그는 공을 때린 순간, 무모하게도 공을 볼 생각도 않고 뛰기 시작한다. 그에겐 홈런의 경험이 없을 것이며, 베이스에 도착해야 한다는 생각만이 가득했을 것이다. 공의 흐름을 읽을 수 있어야만 선수가 자신의 운동을 멈춰야 할 장소를 알 수 있는 야구에서, 이 남자의 태도는 공에 대한 장악 능력을 완전히 잃어버린 자의 한심한 것이다.

그러나 그런 사실을 모두 감안하더라도, 이 우스운 장면을 돌이킬 때마다 나는 감정적으로 동요된다. 지금으로서 내게 야구란 '그런 것'인가. 남자가 가까스로 1루 베이스를 터치하고 뒤늦게 홈런의 함성을 듣는 그 순간, 비로소 나는 야구라는 신비로운 활동의 비밀을 훔쳐본 기분이 들었다. 우리는 1루에 쓰러진 어리석은 남자의 몸부림만을 보고 있다고 생각했지만, 실은 우리가 공은 공의 운동을 지속하고, 남자는 남자의 운동을 지속하는 두 가지 운동의 시간 안에 있었다는 걸 나중에야 알게 된다. 홈런을 치겠다는 야망보다는 어떻게든 다음 베이스로 가야겠다는 남자의 간절한 마음이 빚어낸 운동, 그리고 그 마음과 관계없이 배트에 부딪힌 순간, 자신의 운명을 따르는 공의 운동. 공과 인간이 경쟁하는 것도, 하나가 다른 하나에 이기거나 지는 것도, 속하는 것도 아니고, 서로 단 한 번 마주치고 나서 헤어져 묘하게 병존하는, 그저 각자의 최선을 다한 운동. 이 남자가 1루에서 뒤뚱거리다 엎어질 때, 그것은 2루로 가지 못하고 포기하는 행위가 아니라, 자기 운동의 결과를 지키려는 안간힘이다. 공의 움직임을 보지도 않고 달리기 시작한 남자는 분명 노련한 선수는 아니지만, 그때 우리는 공의 운동과 상관없이 공이 떠난 자리에서 인간이 창피함과 외로움을 무릅쓰고 즉각적으로 행동을 선택해야만 하는 야구의 어떤 세계를 본다.

　부상을 딛고서 마침내 홈런을 친 후, 믿을 수 없다는 표정으로 그 공의 동선에 도취된 해티의 표정은 분명 영웅적이다. 드디어 그는 공을 저 멀리로 움직였다. 반면 똑같은 홈런을 쳤으나 공의 행로가 정해지기도 전에 자신의 운동을 먼저 결정한 저 이름 없는 마이너리그 선수의 행동은 희극적이다. 공을 때린 건 그이지만, 저 우아한 공의 동선이 온전히 그의 것이라고 말하기는 왠지 어렵다. 전자에는 우리가 흔히 말하는 스포츠의 기적이 있고, 후자에는 야구의 운동성이 있다. 조금 과장해서 이렇게 말해보고 싶다. 전자에 스포츠의 감동적인 내용이 있다면, 후자에는 야구의 절절한 형식이 있다. 나는 결국 잠재된 역량을 폭발한 어느 선수의 성취나 기적의 드라마보다, 야구라는 운동성이 공과 인간의 신체 각각을 통과하는 이 후자의 순간에 두근거림을 느낀다. 그 순간의 감흥은 한 개별 인간의 신체적 조건이나 능력과는 별 관계가 없다. 적어도 이 장면에서는 그렇게 느껴진다. 문득 롯데의 광팬인 한 친구의 말이 떠오른다. 그가 특정 팀을 비난하면서 이기는 야구보다 중요한 게 있다고 거듭 강조할 때, 나는 그 말이 무슨 의미인지 잘 알지 못했다. 이 장면을 보고 나서 조금은 알 것 같다. 이기는 야구는 경쟁에서 점수를 내주지 않으려는 야구지만, 재밌는 야구는 이 형식의 아름다움을 어떤 식으로든 재현할 줄 아는 야구다.

　만약 저 마이너리그 선수의 홈런 장면이 빌리 빈의 마음을 움직였다면, 그건 그가 아마도 그 순간에 활동하는 야구의 형식, 야구라는 종목에서만 가능한, 어처구니없지만 숭고한 어떤 운동을 보았기 때문인지 모른다. 그가 믿는 것은 개별 선수의 이야기가 아니라, 숫자로 환원된 야구다. 아니, 숫자로 환원한 야구를 그라운드 위, 물질의 운동성을 통해 야구의 형식으로 재현하는 것이다. 개별 인간의 유려한 신체적 미학 대신, A가 안 되면 A′, 그도 안 되면 A″로 대체하며 그 자리에 존재하는 각 물질들의 최선의 운동으로 재구성되는 형식의 미학. 이것이 야구의 본질인지 모르겠으나, 적어도 빌리 빈에게 이것은 야구의 예술성인 것 같다. 그가 유능한 선수들과 거액 연봉을 제시하는 레드삭스를 거부하고 결국 오클렌드 애슬레틱스에 남기로 결정한 그 내막을 지금도 알 길은 없다. 다만 실패한 선수이자 스포츠 인본주의에 관심이 없는 냉혹한 감독 빌리 빈은 야구의 승패가 자본의 결과도, 육체적 우월함의 결과도, 행운의 결과도 아닌, 철저히 고안된 예술로서의 활동일 수 있음을 여전히 믿었을 것이다. 야구를 잘 모르는 여자인 나는 그 믿음이 참으로 섹시하다고 말할 수밖에 없다.

(『씨네21』 2011. 11)

트리 오브 라이프   다시 시작하라

과작의 감독 테렌스 맬릭의 다섯번째 장편 〈트리 오브 라이프〉가 무성한 소문
속에 베일을 벗었다. 칸영화제는 황금종려상을 안겨주었고, 개봉을 앞두고 시
사회를 통해 공개된 영화에 대한 반응은 대체로 호의적이다. 시적인 영상과
음악, 삶과 죽음, 인간과 신에 대한 맬릭 특유의 통찰이 장엄하게 확장되었다
는 견해들이다. 조금의 불평이라면, 이 영화의 초시공간적인 맥락이 이해하기
다소 어렵다는 반응 정도다. 지금까지 읽어본 평들 중에서는 정한석만이 맬릭
의 변증법이 "적극적이고 복잡하게 제시되고 시도되었으나 결과적으로 조직
되고 활동하는 데까지 이르지 못한" 실패작이라고 보았다(「우린 아직 '생명의
나무'의 실체를 보지 못했다」, 『씨네21』 826호). 일단 나는 이 영화가 맬릭의
실패작이라는 그의 결론에 동의한다. 이 영화에 매혹된 많은 이들이 〈트리 오
브 라이프〉를 무언가 심오한 철학의 영화로 여길 때, 그건 철학적으로 보이는
인상을 철학적 궤적으로 착각한 결과라고 나는 의심한다. 말하자면 유려한 이

미지의 움직임과 배열, 풍요로운 음악과 양극의 세계관에 대한 과감하고 심오한 접근 같은, 맬릭을 거장의 반열에 오르게 한 영화적 인장이 이번 작품에서만큼은 결정적인 함정으로 작용하는 것 같다. 혹은 그런 인장들을 제대로 작동시키던 중요한 무언가가 빠진 것 같다. 그동안 맬릭의 세계에 무슨 변화가 있었던 걸까.

표면적으로 〈트리 오브 라이프〉는 크게 두 줄기로 지탱된다. 한쪽에는 아버지와 어머니, 그리고 세 아들로 이루어진 미국의 어느 가정 내부의 이야기가 있다. 십대가 된 둘째 아들의 죽음에서 시작한 영화는 중년이 된 큰아들(숀 펜)이 회상하는 어린 시절을 보여준다. 완고하고 폭력적인 아버지, 자비롭지만 힘이 없는 어머니와 살던 그의 어린 날은 나약하고 불행하고 슬픔으로 가득 차 있다. 아버지와 아들의 유구한 불화의 역사, 이 오이디푸스의 비극은 우리에게 낯설지 않다. 다른 한쪽에서는 현실계의 개인들이 아닌 우주의 활동이 펼쳐진다. 광활한 우주에서 지구가 생겨나고 그곳에 생명들이 탄생하고 소멸하는 과정이 있다. 한 편의 영화 안에서 남자-인류의 영원히 풀리지 않는 궁지와 우주의 기원, 창조의 비밀과 같이 인류가 감히 풀 수 없는 궁지가 동시에 진행되고 있다. 어쩌면 더없이 상투적인 질문일 수도 있지만, 여전히 인류 한 가운데에서 언제나 미답인 채, 우리를(실은 남자들을) 사로잡고 구속하는 본질적인 한편 실존적인, 관념적이고 신화적인 한편 구체적인 두 개의 문제의식. 맬릭은 지금 〈트리 오브 라이프〉에서 대담하고 거대하며 어려운 작업에 도전하고 있는 중인데, 우리가 궁금한 건, 이 두 비밀의 해답이 아니라 이들이 영화적으로 어떤 활동을 통해 서로를 건드리고 있는지에 대한 것이다. 여기서 중요해지는 것은 개인사와 우주적 질서를 포괄한 영화적 범위의 스케일이기보다는, 충돌이든 조화든, 둘을 서로에게로 끌어당기는 영화적 활동의 구조, 그 매듭의 짜임새여야 한다. 그때 〈트리 오브 라이프〉가 때때로 우리 눈을 황홀하게 만들 만큼 방대한 건 사실이나, 놀라울 정도로 빈약하고 엉성하게 그 방대함을 유지해나가고 있다고 말할 수밖에 없다.

그 빈약함과 엉성함에 관해서라면 영화를 보면서 이상하다고 느낀 몇몇 지점들로부터 시작해야 할 것이다. 〈트리 오브 라이프〉가 이야기를 전달하는 영화가 아니라, 이미지로 묵상하는 영화로 받아들여지는 탓에, 사람들은 이 영화의 서사적 진행이 매끄럽지 않고 각 시퀀스 혹은 신에 구멍이 많다는 사실을 알아채지 못하거나 중요하게 다루지 않아도 된다고 여기는 것 같다. 대부분의 장면들은 세 가지 전제들―아버지는 폭력적이고 어머니는 자애롭고 아들은 그런 아버지의 억압에 고통을 겪는다, 어느 날 동생이 죽어 가족 전체가 상실의 슬픔에 시달린다, 이들은 신에게 절박하게 기도한다―의 작동 아래에서 이해된다. 문제는 개별 장면의 구체적인 사연들이 그런 전제 안에서 중층적으로 맞물리며 또 다른 사유의 유기체를 만드는 게 아니라, 영화 초반 이미 주어진 그 불변의 전제가 장면들 안에서 반복적으로, 그리고 분절적으로 이미 지화되고 있다는 느낌을 준다는 점이다. 인물들 사이를, 우주와 현실 사이를, 과거와 현재 사이를 미끄러지듯 흐르는 촬영과 편집이 그 헐거운 틈과 분절의 지점들을 가리고 있을 따름이다. 숏이 모여 신이 쌓이고 시퀀스가 되는 게 아니라, 마치 시퀀스를 대표적으로 상징하는 장면들이, 혹은 신을 대표하는 숏들이 선택되어 이어 붙여진 것 같다는 느낌이 든다고 해도 과언은 아니다. 그러니까 영화가 어떤 유기적인 세계를 창조하려고 할 때, 그 세계를 구조화하는 순서와 방식이 여기서는 뭔가 반대로 가고 있다는 걸 우리는 어렴풋하게나마 짐작할 수 있다. 그걸 결국은 관념으로 세계를 조직한 탓이라고 잘라 비판하는 건 어렵지 않다. 하지만 맬릭에게 관념이 중요하지 않았던 적이 거의 없었다는 점을 고려한다면, 초점은 관념 자체가 아니라, '그것이 영화에서 어떤 역할을 하는가'에 맞춰져야 보다 적절하다.

나는 지금 이 영화가 직접적인 장면으로도 공들여 형상화하고, 전체적으로 매혹되어 있는 우주적인 것의 쓰임새에 대해서 말하려고 하는 중이다. 앞서 언급했듯, 인물을 중심으로 한 현실계가 이야기로 풀어지지 않고 이미지로 나열되는 것처럼 보인다고 할 때, 그 이미지를 배열하는 유일한 기준, 혹은 동력은 이 우주적인 것에 있다. 잭을 중심으로 한 이야기는 내재적 논리에 의해 움직여지는 대신, 시종일관 화면 밖, 현실 너머의 원리에 지배되고 있다는 인상을 준다. 위에서 언급한 전제들은 현실의 이야기를 거치지 않고 곧장 우주적인 질문의 대상이 되어버린다. 우리 눈에 보이는 숏들의 세계는 충분히 설명되지 않거나 마무리되지 않았는데, 숏 바깥 어딘가의 초월적이고 선험적인 질문, 기도, 사운드, 음악, 추상적인 시간이 이 숏들을 자동적으로 밀고 나아가는 것 같다. 이렇게 그 자체로는 부실하기 짝이 없지만, 관념으로 환원되며 이어지는 숏들의 과정을 〈트리 오브 라이프〉는, 혹은 이 영화를 옹호하는 이들은, 숏들의 명상이라고 잘못 파악하고 있는 것 같다. 이쯤에서 우리는 이 영화에서 가장 이상하지만, 의외로 당연시되며 지나가버리는 질문 하나를 꺼낼수 있다. 중년의 잭, 즉 숀 펜은 왜 존재하는가. 여덟 시간가량의 완성본을 두 시간대로 줄이면서 생긴 어쩔 수 없는 결과라고 짐작해볼 수는 있지만, 영화의 중심이 온통 과거에 쏠려 있다고 해도, 어쨌든 이 영화가 중년의 잭이 어린 시절을 회상하는 구조를 취하고 있다면, 숀 펜의 영화적 비중이 이렇게 턱없이 적다는 건 제기해볼 만한 문제다. 중년의 잭이 여전히 과거의 상처를 극복하지 못하고 있다는 걸 짐작할 수 있을 뿐, 우리는 그의 현재에 대해 아무것도 알지 못한다. 소년 잭은 어느새 중년이 되어 있지만, 그가 속한 화면의 이미지는 병풍처럼 진열되고 그 속의 사운드, 대사, 이야기는 모두 제거된 채, 이 중년 남자는 화면 밖에서 쏟아져 들어온 다른 무언가에 휩쓸리는 모양새를 줄곧 취한다. 이 영화는 현재에서 과거로 돌아가는 구조를 취하면서도, 정작 인물들이 놓인 현실의 시간적 층위를 무화해도 상관없다는 듯한 이상한 태도를 보인다. 잭의 내레이션이 영화를 가로지를 때, 중년의 잭이 과거를 회상하는 것인지, 어린 잭이 현재의 자리에서 미래를 상상하는 것인지, 종종 헷갈린다. 이 영화가 시간적 실험을 하고 있다는 의미에서가 아니라, 현실적 층위에서의 시간의 구체적인 변화에 무심하다는 의미에서 그렇다.

정한석의 말대로 〈트리 오브 라이프〉가 '실패한 변증법'의 영화라면, 나는 그 원인 중 하나가 바로 이 영화의 시간관에 있다고 생각한다. 이 영화는 맬릭의 전작들처럼 이원화된 세계관으로 설명하기 어려운 점이 있고, 이에 대해서는 뒤에서 좀더 자세히 논의하겠지만, 주목할 것은 영화가 앞세우는 진화론, 창조론, 그리고 인간 남자(잭)의 역사 모두 결국은 변화하는 시간적 활동 위에 존재한다는 것이다. 이들을 하나의 영화에서 함께 다룬다는 건, 그 각자의 시간적 활동이 어떤 식으로든 포개지고 또 다른 층위로 갈라질 가능성을 본다는 의미일 것이다. 그건 세계관의 이분화를 파열하는 시공간적인 활동이며, 그런 의미에서 만약 이 영화가 성공했다면, 맬릭의 필모그래피에서 세계관에 시간적 층위가 더해진, 가장 복잡한 영화로 기억될 수 있었을 것이다. 그러나 〈트리 오브 라이프〉는 그런 기대를 따르지 않는다. 여기에는 오직 두 개의 시간만이 있다. 추상화된 우주의 시간, 그리고 인간의 시간. 중요한 건, 이 추상화된 시간과의 관계 안에서 인간의 시간은 시간적 층위가 없어진 시간, 즉 자기 동일적인 시간으로 그려진다는 점이다. 이 영화에서 잭의 과거와 현재, 미래는 실은 이미지의 변화, 그 이상이 아닌 동질적인 배경에 불과하다. 소년 잭과 성년 잭의 구분은 별 의미가 없다. 중년의 잭이 과거의 자리에 입회하거나, 어린 잭과 가족들, 그리고 중년의 잭이 한데 모인 후반의 장면들이 별 감흥을 일으키지 못하는 것도 그런 이유 때문이다.

그동안 맬릭의 작품들이 대립되는 세계관을 품을 때, 그는 하나를 다른 하나의 구원으로 섣불리 설정하지 않았고, 둘을 완벽하게 분리될 수 있는 것으로 그리지 않았다. 그게 가능했던 건, 영화가 양극의 세계를 끌고 와서 세계관을 대립시키는 대신, 그 둘이 톱니바퀴처럼 맞물린 곳, 그 경계 위에 개인을 세워두었기 때문이다. 그 경계에서 전쟁이 터지기도 하고, 멜로가 피어나기도 했다. 〈황무지〉가 사회/반사회를, 〈천국의 나날들〉이 에덴/지옥을, 〈씬 레드 라인〉이 문명, 전쟁/원시, 평화 등을 영화의 주요 틀로 삼으면서도 도식화의 위험에서 벗어날 수 있었던 이유는 두 세계가 겹쳐진 지점에서 그 모순의 시공간을 관찰하거나 직접 체현하는 인물들 덕분이었다. 그러니까 그의 전작들에서는 관념적인 것의 대립으로서의 개인적인 것이 중요했던 게 아니라, 그 관념적인 것들 사이에서 싸우는 개인의 구체성이 중요했다. 맬릭이 초기작에서부터 자신의 영화적 인장처럼 삽입한 빛과 불의 강렬한 이미지는 그런 맥락에서 이해될 만하다. 그 불과 빛은 무언가를 환하게 비추는 희망의 이미지이기보다는 충돌과 폭발을 의미할 때가 더 많았다. 〈황무지〉에서 제임스 딘을 닮은 소년은 소녀의 아버지를 죽인 다음, 집에 불을 지르고, 활활 타오르는 집을 뒤로하고 소녀와 함께 아버지가 없는 세상으로 도망친다. 둘은 아무런 문명의 구속도 없는 숲에서 자유롭게 살면서 점차 무법의 세계로 빠져든다. 〈천국의 나날들〉에서 에덴의 평화를 만끽하던 두 남자와 한 여인의 비밀이 밝혀지던 밤, 풍요로운 들판은 무시무시한 곤충 떼로 뒤덮이고, 불길이 치솟는다. 평화와 사랑과 기름진 자연은 모두 잿더미가 된다. 〈씬 레드 라인〉에서 불은 원주민 아이들이 유영하는 투명하고 푸른 물빛에 대비되는 파괴적인 전쟁의 이미지 그 자체다. 말하자면 이 작품들에서 타오르는 불빛은 위태롭게 유지되던 경계가 무너지는 순간이며, 개인이 그 어떤 보호도, 억압도 제거된 상태에서 내던져지는 것이다. 폭발한 다음, 완전히 다 부서진 다음, 어떻게 될 것인가. 어디로 돌아갈 수 있을 것인가. 어떻게 살아남게 될 것인가. 이 영화들에서 맬릭의 세계관은 이분법적으로 나눌 수 있지만, 그 세계를 사는 인물들의 내면과 행위는 사뭇 복잡했다.

그런데 〈트리 오브 라이프〉에서 사정은 좀 다르다. 여기서는 두 개의 세계관 사이에 인물이 놓이는 대신, 우주론이 한 편에, 인물의 세계가 다른 한 편에 존재하는 것 같다. 우주론은 진화론과 창조론으로 섞여 있고, 인물의 내면은 (잭의 고백대로) 어머니의 세계와 아버지의 세계로 갈등한다. 즉, 이 영화는 대립하는 두 항이 아니라, 대립하는 여러 세트의 항들, 그리고 대립이라는 단어로 수렴되지 않는 항들로 얽혀 있다. 굳이 '변증법'이라는 단어를 쓴다면, 변증법 속의 변증법 속의 변증법…… 그야말로 그 어느 때보다 정한석이 표현한 "열린 변증법"이라는 말이 필요한 영화다. 문제는 이 영화의 세계관은 전에 없이 복잡하게 공존해야 하지만, 맬릭의 전작들과 달리 그 안의 인물들의 내면과 행위는 지나치게 표피적이어서 그 세계관들을 단선적으로 병렬하는 결과를 낳는다는 것이다. 여기서 인물들은 관찰하는 자도 체현하는 자도 아니라, 개념을 고체화시키는 역할을 하는 것처럼 보인다. 그런 맥락에서 〈트리 오브 라이프〉에 등장하는 불빛은 폭발하고 혼돈을 일으키는 것이 아니라, 그 혼돈을 삼켜버리는 빛이다. 불이 지나간 다음의 현실의 잿더미가 이 영화에는 없고, 태초의 빛이 모든 걸 환원한 다음의 신비로움, 인간의 범위를 넘어서는 위대한 가치들만 남는다.

맬릭의 지난 영화들은 화해를 말한 적이 없다. 〈씬 레드 라인〉의 강렬한 인상 때문에 우리는 그의 영화를 너무 쉽게 명상의 영화라고 단정해왔는데, 실은 그의 작품들은 시적인 과격함을 통해 질문하는 영화들에 더 가깝다. 살아남은 자들, 살아야 하는 자들은 언제나 더 어려운 사태 속에 남겨졌다. 그때, 〈황무지〉와 〈천국의 나날들〉에서 무법한 남자들은 죽어버리고, 천국을 지나 삶의 지옥에 홀로 남은 소녀들은 믿을 수 없을 만큼 담담하고, 냉소적이고,

신랄한 세계의 관찰자였다. 20여 년이 흘러 〈씬 레드 라인〉으로 돌아온 맬릭의 남자들은 참혹한 세계의 관찰자이자 대면자로서 더이상 세계가 아니라 신에게 처절하게 질문을 던지기 시작했다. 그리고 10여 년이 지난 뒤 찾아온 〈트리 오브 라이프〉에서 인간은 개인적 고통에 휘청거리며 더 기도에 매달린다. 그 기도는 삶이 아닌 삶 너머에서, 인간 육체의 울부짖음보다는 '신적인' 목소리로 울려 퍼진다. 그 어느 때보다도 본질적인 질문이 영화 속 세계의 활동을 추동하지도 못하고, 스스로 그 세계 안에서 활동하지도 못할 때, 즉 우리가 두 시간 넘게 본 이미지들이 그 질문의 요란한 동어반복일 때, 이것을 영화적 명상이라고 말할 것인가, 영화적 허세에 다름 아니라고 볼 것인가. 〈씬 레드 라인〉의 철학이 맬릭을 성공적으로 복귀시킨 후, 거기서 그의 세계가 매너리즘에 빠지거나 나쁘게 퇴행한 예의 하나로 〈뉴 월드〉가 꼽혔다면, 안타깝게도 나는 이제 그 목록에 〈트리 오브 라이프〉를 넣는다. 테렌스 맬릭의 세계는 다시 시작되어야 하는 시점에 온 것 같다.

(『씨네21』 2011. 10)

그 사랑은, 혁명

우리는 왜 유인원 시저를 사랑하게 되었나. 많은 필자들이 〈혹성탈출: 진화의 시작〉의 감흥을 이 물음에서 찾았다. 인간과 동물, 배우와 CG 사이 그 어딘가에서 감정의 진폭을 만들어내는 이 존재는 '스펙터클' 앞에 '섬세한'이라는 수사가 붙는 순간의 영화적 울림을 증명해 보인다. 수많은 영화들이 인간적이나 인간은 아닌 것, 그러니까 실은 그 미묘한 차이가 자아내는 외설적 쾌감을 호기심으로 넘보았지만, 〈혹성탈출: 진화의 시작〉에서만큼은 그 차이를 우러러보지 않을 수 없다. 그 차이에는 '인간적'이라고 믿어져왔으나 더 이상 인간에게는 없는 것, 미개함이 아닌 정신적, 육체적 우월함이 있다. 이 진실하고 정의로운 존재의 핵심이 앤디 서키스이건, 퍼포먼스 캡처이건, 시저라는 캐릭터의 성정이건, 이와 관련된 진중한 논의들은 이미 여러 차례 진행되었다. 그러니 영화의 논점에서는 다소 벗어난 글이 될 수도 있겠지만, 좀 엉뚱한 질문을 하고 싶은 유혹이 생긴다.

질문은 이것이다. 시저는 왜 캐롤라인(프리다 핀토)과 사랑에 빠지지 못했나? 스스로를 인간으로 생각했던 유인원은 왜 아름다운 인간 여인에게 욕망을 두지 않았는가? 물론 〈혹성탈출: 진화의 시작〉을 〈킹콩〉이라고 우길 마음은 없다(하지만 〈혹성탈출: 진화의 시작〉을 보는 동안, 시저에게 느낀 일련의 감정이 오래전 킹콩에게 느낀 감정과 유사하다는 걸 깨달았다. 좀 우스운 고백. 이 검고 거대한 유인원들은 영화 속 그 어떤 매력적인 인간 남자들보다도 왜 이토록 섹시한가. 언젠가 누군가는 그 감흥을 오리엔탈리즘이라고 딱 잘라 지적한 적이 있었는데, 내 느낌의 근원은 지금은 별로 중요한 것 같지는 않고, 어쨌든 영화를 보는 동안 문득 글 한 편이 어렴풋하게 기억났다는 사실만큼은 밝혀야 할 것 같다. 허문영 평론가가 쓴 피터 잭슨의 〈킹콩〉 비평으로, 글의 주제는 '야수는 왜 미녀에게 매혹되는가'였다(「미녀가 야수를 죽일 수 있었던 이유」, 『씨네21』 534호). 그 매혹의 정체를 애완동물의 신화로 설명한 그의 글과 이 글은 다른 맥락에 놓여 있지만, 아마도 그 글의 잔상에서 이런 질문이 떠올랐는지도 모를 일이다). 그러나 이 영화의 주제를 결국 인간의 이기심이 문제다, 라고 요약하는 것보다는 이 불가능한 질문을 가능한 것으로 생각해보는 게 더 흥미로워 보인다. 그 질문이 희미한 가능성으로 작은 구멍처럼 영화 안에 숨겨져 있고, 그 구멍을 중심으로 시저와 인간 남자 윌 로드만(제임스 프랑코)의 관계가 맴돌고 있다는 게 내 생각이다. 그때, 인간 지능을 가진 동물과 그를 창조한 인간이 서로를 바라보는 감정적, 물리적 자리는 보이는 것보다 더 모호하게 얽혀 있다.

　위의 질문으로 이끄는 몇몇 장면을 언급해야 할 것이다. 그전에, 이 영화의 유일한 여자 캐릭터인 캐롤라인(프리다 핀토)에 대해 말해야 한다. 수의사로 나오는 그녀는 몇 차례 시저를 치료해주거나 윌의 신약개발 실험을 우려하지만, 수의사로서 적극적인 입장을 내놓거나 동물의 권리를 강하게 주장한 적은 없다.

표면적으로 그녀의 역할은 다른 등장인물들, 심지어 다른 유인원들에 비해서도 미비한데, 그럼에도 불구하고 영화가 그녀를 필요로 한다면, 그건 수의사의 자리 때문이 아니라, 윌의 애인이라는 자리 때문이다. 그렇다면 영화가 서사상 없어도 그만일 둘의 멜로를 한쪽에서 계속 붙잡고 있는 이유는 무엇일까. 일단 우리는 수없이 많은 침팬지들을 상대해왔을 그녀가 점점 커가는 시저와의 일상을 컨트롤할 수 있다고 믿는 윌에게 "그들을 좋아하지만, 두려워요"라고 고백한 사실을 기억해둘 필요가 있다.

아기 침팬지가 거대한 몸집으로 자라나는 5년의 시간을 삼나무 숲에서 나무를 타고 올라가는 시저의 역동적인 움직임으로 보여주는 장면의 리듬은 이 영화에서 가장 황홀한 순간 중 하나다. 금문교가 내려다보이는 숲 꼭대기에 오른 시저는 이제 사람처럼 옷을 입고 있고, 더 이상 귀여운 동물의 모습이 아니다. 그때 시저가 숲 아래를 내려다보며 말로 설명하기 어려운 표정을 짓는다. 그의 시선이 향한 곳에는 윌과 캐롤라인이, 관계의 진전을 말해주듯, 자리를 깔고 누워서 다정하게 키스를 하고 있다. 시저의 그 표정은 딱 하나의 감정으로 규정하기 어려운 것이지만, 확실히 천진난만함이나 순진함과는 다른 강렬함을 지니고 있어서 그 내면의 감정을 추측하게 만드는 것이다. 그 표정은 호기심과 질투가 뒤섞인 것 같고, 화가 난 것처럼 보이기도 하며, 아무튼 묘한 구석이 있다. 시저는 그렇게 두 남녀를 쳐다본 다음, 쏜살같이 나무를 타고 내려와 이들 사이를 방해하며 (내 기억이 맞다면) 키스를 흉내 내듯 입을 내미는 제스처를 취한다. 시저의 이런 표정과 행동은 귀여운 애교보다는 좀 아슬아슬한 감정과 욕망의 표출처럼 보인다. 이후 시저에게 나타나는 슬픔이나 분노와 같은 인간적으로 이해 가능한, 그래서 우리가 감탄하게 되는 표정보다 이 순간의 얼굴이 가장 인상 깊게 남은 이유는 그것이 인간적인 이해 혹은 상식의 테두리를 줄타기하고 있기 때문은 아닐까. 시저의 그런 제스처가 내게는 마치 캐롤라인을 향한 것처럼 보였는데, 윌은 자신을 향한 애정 표시라고 쉽게 생각하는 듯, "그래, 나도 사랑해"라고 말한다.

겉으로는 평화로운 한 가족의 모습과 다름없어 보이지만, 이 광경은 어딘지 이상하고 위태로운 기운을 품고 있다. 그건 바로 뒤이은 장면에서 보다 확연하게 느껴진다. 숲을 나서는 이들이 개와 산책하는 어느 가족과 마주치자, 개가 시저를 보고 사납게 짖고 시저는 지금껏 보이지 않던 공격성을 표출한다. 그런데 그 사나움보다 놀라운 건, 개에게 채워진 목줄처럼 걸어 다니는 거구의 생명에게 채워진 목줄이다. 윌은 목줄을 잡아당기며 "안 돼"라고 외친다. 그 이미지는 가혹하다. 시저는 윌에게 묻는다. "시저는 애완동물이야?" 윌의 대답. "나는 너의 아빠야." 사람들이 애완동물에게 스스로를 아빠, 엄마로 칭하는 게 일반적인 경우라면, 윌은 시저의 물음을 긍정하는 걸까, 부정하는 걸까. 게다가 이 아빠는 결과적으로 엄마를 죽인 장본인이다. 시저의 질문과 윌의 대답, 그리고 목줄에 끌려 걸어가는 유인원의 이미지는 서로 부합하지 않는다. 이 시퀀스에는 겉으로는 인간과 동물의 경계로 구분되지만, 지능으로나 몸짓으로나 감정으로나 별반 다르지 않은 같은 수컷들 사이에서, (종의) 차이가 아니라 (같은 성의) 공유지점이 자아내는 긴장감 같은 것이 있다. 둘 사이가 인간 주인과 애완동물의 관계이건, 유사 부자 관계이건, 이 시퀀스의 장면 연결에서 나는 좀 과격한 비약인지 모르겠으나, 두 가지 금기가 함께 작동하며 건드려지고 있다고 느낀다. 동물과 인간은 성적으로 탐할 수 없다. 아들은 아버지의 여자를 탐해서는 안 된다.

또 다른 장면에 대해 말해볼 수도 있다. 윌과 캐롤라인의 손에 이끌려 보호소에 갇혀 있던 시저가 다른 유인원들을 끌고 혁명을 일으키기 전날 밤, 윌의 집에 몰래 들어온다. 시저는 한 침대에서 껴안고 잠이 든 윌과 캐롤라인을 물끄러미 쳐다본다. 그는 무슨 생각을 하고 있는 중일까. 말없이 방을 빠져나온 시저는 냉장고에서 신약을 훔쳐 요란하게 마을을 빠져나간다. 물론 정황상으로는 시저가 무지한 동료들을 각성시킬 신약을 가지러 집에 온 걸로 보이지만, 윌과 캐롤라인을 쳐다보며 한동안 서 있던 시저의 슬픈 형상이 매우 정서적으로 찍혀서 마치 시저로 하여금 다음 선택을 하도록 이끄는 결단의 순간처럼 느껴진다. 〈킹콩〉이 인간과 동물의 아름답고 비극적인 멜로를 중심에 둔다면, 〈혹성탈출: 진화의 시작〉에는 인간 여자를 중심으로 다른 종의 두 수컷 간의 옅은 삼각형 구도, 적대와 경쟁을 무의식적으로 억압하거나 아직 의식하지 못한 관계가 있다. 침팬지를 '좋아하지만 두려워한다'던 캐롤라인의 고백도 함께 떠올려보자. 두려움은 거의 언제나 잠재된 욕망의 다른 이름이다.

수화만 구사하던 시저가 보호소에서 인간에게 처음 내뱉은 음성 언어가 "No"라는 사실에도 의미를 둘 수 있다. 왜 하필이면 "No"일까. 아마도 그 단어는 인간과의 동거 생활에서 그에게 가장 익숙했던 의미의 단어였을 것이다. 윌은 그에게 결코 혼자 집 밖을 돌아다녀서는 안 된다고 가르쳤다. 동물적인 공격성, 동물적인 욕구는 금지되어야 한다. 그것은 아무리 인간의 지능을 갖게 되어도, 인간의 영역에 침범해서는 안 된다는 경고다. 인간적 규범에 적응해야 하는 동물의 도덕. 유인원 시저는 인간 여자에게 성욕을 느껴서는 안 된다. 흥미로운 것은 시저가 인간과 사는 동안 체득했을 이 금지의 명령을 거부하는 표현으로 바로 그 단어를 다시 사용하고 있다는 점이다. 그는 인간 세계와 동물 세계를 경계 짓던 금기의 언어를 그 경계를 균열하는 저항의 언어로, 새로운 '유인원적' 규범의 언어로 쓴다. 영화의 마지막, 여전히 시저를 구해서 집으로 데려가야 한다고 믿는 무지한 윌에게 시저는 위엄 있게 거절의 문장('No'라는 한 단어가 아니라, 'No'를 표현하는 문장)을 말하고 다른 유인원들과 함께 삼나무 숲 꼭대기에 오른다. 시저는 이전과 똑같은 자리에서 인간 남녀의 생태계를 훔쳐보는 대신, 인간의 세계를 내려다본다. 그는 인간 질서의 금기와 충돌하는 자기 욕망을 들여다보는 대신, 아예 새로운 질서의 세상을 꿈꾸고 있을 것이다. 나는 문득 궁금해졌다. 그 새로운 질서 속에서 혁명가 시저는 금기를 부수고 이제 용맹하게 인간 여자와 사랑에 빠질 수 있을까. 그러니까 사랑이라는 혁명. 혹은 함께 혁명을 완수한 같은 종 어느 암컷에게 의리를 지키며 미래를 약속하게 될까. 그러니까 유인원들만의 새로운 세상.

(『씨네21』 2011. 9)

그들은 21세기 아이들

〈슈퍼 에이트〉가 〈클로버필드〉와 스필버그의 영화들(〈E. T.〉, 〈구니스〉, 〈미지와의 조우〉), 그리고 봉준호의 〈괴물〉이 뒤섞인 영화라는 데에는 대체로 이견이 없는 것 같다. 다만 그 조합이 충분히 매력적으로 폭발하지 못했다는 실망감을 종종 접한다. 혹은 J.J.에이브람스의 영화적 야심보다는 스필버그의 가족주의와 성장, 모험담을 보고 자란 세대의 향수에 철저히 기대는 영화라는 견해들도 다수다. 스필버그의 한 시절에 대한 향수는 없지만, 이 영화를 즐긴 나로서는 동의가 잘되지 않는데, 어쨌든 〈슈퍼 에이트〉에는 위의 감상을 넘어서 영화 내에서 좀더 이야기되어야 할 것들이 있다고 생각한다. J.J.에이브람스가 이 영화를 "드라마, 코미디, 성장영화, 모험영화, 괴물영화 등 내가 좋아하는 모든 장르의 희한한 칵테일"이라고 설명할 때, 딱히 심각한 의도를 품고 말한 것 같지는 않으나, 그 말은 흥미롭다. 영화를 보고 나니, 그 말이 뭔가 조화롭지 않은 것들, 어울리지 않는 것들이 조합을 이루고 있다는 의미로 들린다. 이를테면 이런 질문이 가능하다. 성장영화와 괴물영화가 결합할 수 있을까? 물론이다. 그런데 이때 괴물이 그냥 판타지 월드의 악당이나 우호적인 외계인이 아니라, 어떤 식으로든 정치적 알레고리, 징후, 그러니까 현실의 모순을 체현하는 대상일 때, 아이들은 동심 가득한 스필버그의 아이들일 수 있는가? 〈클로버필드〉와 〈괴물〉의 암담한 세계(장르 안에 있지만 지극히 현실을 환기하는 세계)에서 죽지 않고 뛰어 노는 〈E. T.〉의 아이들은 어딘지 좀 이상하지 않은가? 언뜻 보기에는 스필버그의 낙관적 세계가 부활한 것 같지만, 영화가 어딘지 삐거덕거리며 뭔가 다른 궁리를 하고 있다는 인상을 주는 순간, 나는 이 영화가 흥미로워졌다.

상투적인 도식에서부터 시작을 해야겠다. 성장영화의 기본 구도가 '아이의 세계 대 어른의 세계, 즉 두 세계가 어떻게 충돌하고 만나는가'에 있다고 한다면, 〈E. T.〉나 〈구니스〉 같은 영화들에서 그 두 세계를 구분하는 기준은 동심의 유무였다. 그 동심이 영화 속에서 판타지와 현실을 접합해주는 다리가 되고, 가족주의의 순수성을 회복시켜주는 기제가 된다. 그런데 〈슈퍼 에이트〉에서 비밀이 감추어진 어른들의 세계와 비밀을 감추는 아이들의 세계가 병렬되고, 두 세계가 각자 활동하며 서로 만나지 못할 때, 둘을 나누는 건 동심의 유무가 아니다. 그러니까 판타지를 순진하게 기꺼이 믿는 세계와 냉소하는 세계의 대립이 아니다. 〈슈퍼 에이트〉가 방금 스필버그의 영화에서 튀어나온 것 같은 아이들의 영화적 생동감을 그대로 취하면서 그 아이들의 세계를 어른들의 세계로부터 구분하는 기준은 전혀 다른 데서 찾고 있다는 것. 이 영화의 이상한 선택이다. 그게 〈슈퍼 에이트〉가 스필버그로부터 갈라지는 지점이다. 혹은 21세기의 아이들이 20세기의 아이들과 달라지는 지점이다.

그걸 말하기 전에 우선 영화 속 어른들의 세계가, 혹은 어른들이 영화적으로 주어진 무게나 서사적으로 맡은 역할에 비해 지나치게 아둔하게 그려지고 있다는 점을 지적해야 할 것이다. 아무리 아이들이 주인공인 오락영화라고 해도, 이 어른들의 모습은 영화 속에서 벌어지고 있는 사태의 심각성을 고려할 때 너무 멍청하다. 기차 전복사고가 있던 날, 뒤늦게 현장에 도착한 공군은 사건의 목격자들(아이들)이 차를 타고 떠나는 걸 간발의 차로 놓치는데, 더 이상 추적할 생각을 하지 않는다. 이 아이들이 현장 근처나 자신들의 숙소 바로 앞에서 영화를 찍고 있을 때에도 아이들이 뭘 하고 있는 건지 알아차리지도 못한다. 괴물을 포획하기 위해 마을에 일부러 불을 내고 마을 보안관을 구금하지만 정작 괴물과 대면하는 순간에는 포획은커녕 대결도 못한다. 조이의 아버지이자 마을 보안관인 잭슨은 아들도 제대로 돌보지 못하면서 마을 주민 1,200명의 목숨이 자신에게 달려 있다는 영웅심에 사로잡혀 있다. 하지만 사건 현장에는 언제나 뒤늦게 도착하거나, 사건의 잔상만을 만질 뿐이다. 구금되었던 그가 탈출해서 짐짓 결의에 찬 얼굴로 마을 대피소로 이동할 때, 반대경로로 아들이 탄 차가 사건의 핵심이 숨겨져 있는 학교를 향해 지나가는 장면을 보라. 이 무력하고 무지한 남자의 영웅 심리는 좀 우스꽝스럽다. 죄책감에 시달리며 술만 마시는 앨리스의 아버지는 말할 것도 없고, 이 아이들에게 유일한 형이라고 할 만한 남자는 마약에 취해 있다. 괴물과 관련된 사건의 열쇠를 쥐고 있는 박사는 양심적이기는 하나, 비밀을 끝내 폭로하지 못하고 거의 자폭해버린다. 그가 죽기 전, 괴물을 지칭하며 마지막으로 공군에게 남긴 말, "그는 내 안에 있다. 그는 나다"라는 말에는 어딘지 이상주의자의 정신분열적인 기운이 있다. 사건을 일으키고 사태를 걷잡을 수 없이 확장시킨 이 어른들은 사건과 관련해 아무런 역할도 하지 못한다. 이들은 이 초현실적인 대상에 접근하는 방법을 이성적으로도, 감각적으로도 알지 못한다. 이들에게 열쇠를 쥐여주는 건 언제나 아이들이다. 이 어른들은 도대체 왜 이렇게도 감을 잡지 못할까? 그저 동심이 아니라면, 어른들에게는 없으나 아이들에게만 있는 그

감의 정체는 무엇일까?

기차역에서 아이들이 영화 리허설을 하는 중에 저 멀리서 진짜 기차가 들어오는 것을 보고 기차가 지나가기 전에 장면을 찍어야 한다면서 감독 지망생인 찰스가 다급하게 소리친다. "Production value!" 감독으로서 그는 돈 들이지 않고도 운 좋게 스펙터클의 타이밍을 포착할 때마다 그렇게 표현한다. 기차 사고가 난 다음날에도 부서진 현장을 배경으로 이들은 영화를 찍고, 앞서 말했듯 공군 아지트 앞에서 실제 공군들을 배경 삼아서 연기한다. 말하자면 허구의 이야기에 실제 상황이 끼어들어서 마치 허구의 이야기가 조악하지 않은 사실적인 그림을 획득하게 되는 순간을 이들은 열망한다. 그건 단순한 열망이 아니라, 이 영화키드들이 세상을 감각하는 방식이다. 그걸 핵심적으로 보여주는 장면이 있다. 사고가 난 직후, 뉴스에서는 아수라장이 된 현장이 나오며 여전히 오리무중인 사건의 실체에 대해 설명하는 앵커의 목소리가 들린다. 두 아이는 자신들이 바로 전날 생사를 오가며 겪었던 엄청난 사건을 마치 남의 일처럼 숨죽이며 다시 구경하면서 감탄한다. "꼭 재난 영화 같아." 그러고 나서 대강 이런 식의 말을 한다. "그래, 이걸 영화화하는 거야." 이 장면은 우리에게 이미 익숙한 경험이지만, 그래서 좀 오싹하다. 실재를 가상처럼 다루고, 가상을 실재처럼 대하는 것. 9.11 테러 이후 그 징후로 등장한 수많은 재난 영화들, 특히 감독의 전작인 〈클로버필드〉의 개봉 당시 현실적 맥락이 묘하게 겹쳐진다. 무엇보다 재난 영화가 현실에 침범해 들어온 것 같은 9.11 테러를 목격하며 느꼈던 우리 모두의 두려운 쾌감이 아이들의 반짝거리는 눈에서도 어른거린다. 어른들에게 마을의 재난은 근원을 알 수 없는 더없이 불길한 사건이지만, 아이들은 그걸 가상 세계로 초대해서 유희하며 전혀 다른 방식으로 접근하고 있다.

다시 말하지만 이 유희는 이들의 동심에 의해 가능해지는 게 아니다. 이들이 영화를 만들 줄 안다는 것은 단순히 영화 속 세계에서 꿈을 꾸고 성장한다는 낭만적인 차원이 아니라, 이들이 영화 매체를 다룰 줄 아는 기술적 명민함과 그에 따르는 세계관을 자연스럽게 터득하고 있다는 걸 의미한다. 그들은 이미 현실과 가상의 경계를 넘어서는 기계의 힘에 익숙하다. 기차가 전복되고 아이들이 사방으로 도망간 뒤에도 그 자리에서 계속 돌아간 카메라는 나중에 아이들이 사건 당시에는 보지 못한 기괴한 생명체의 형상을 현상된 필름으로 보게 해준다. 그때 그 괴물은 아이들에게 현실의 존재로 다가왔을까, 영화 속의 대상으로 여겨졌을까. 아니, 그런 구별에 대한 의식이 이들에게 중요하기는 할까. 어쨌든 아이들이 실재와 가상을 넘나들며 시뮬라크르의 세계를 사는 동안, 어른들은 여전히 현실의 경직된 논리에 갇혀 있다. 그들은 초현실적인 생명체의 등장에 소련의 침공이라느니, 곰이 한 짓이라느니 한심한 이야기만 늘어놓고, 기껏해야 총으로 위협할 줄만 안다. 카메라가 사건이 일어난 바로 그 순간 잡아낸 괴물의 정체를 경찰의 아날로그적인 수사 방식은 끝내 밝혀내지 못한다. 이 어른들은 현실의 논리를 넘어서는 대상과 소통하는 법은커녕 접촉하는 법을 알지 못한다. 아이들은 오직 기계만이 포착할 수 있는 우연을 즐기고 기계의 촉수를 가지고 놀 줄 알지만, 어른들은 기계를 무기로 쓸 줄만 알거나, 심지어 극한 상황에서는 컨트롤조차 하지 못한다(마을에 진입한 탱크와 총들이 인간의 의지를 벗어나 움직이며 마을을 초토화시키는 장면). 이 영화에서 어른들에게는 없고 아이들에게만 있는 건 기계적 상상력과 능숙함이다. 같은 시공간을 사는 것처럼 보여도 아이들과 어른들은 전혀 다른 세상을 살고 있다.

그렇다면 〈슈퍼 에이트〉는 이 영화키드들의 가능성을 전적으로 즐겁게 껴안고 있는가? 이에 대해 생각할 만한 두 가지 상황이 있다. 영화가 끝난 후 엔딩 크레딧이 올라갈 때, 마치 부록처럼 아이들의 완성된 영화(〈더 케이스〉)가 공개된다. 이들의 촬영 과정을 따라가며 영화의 단편들만 엿보다가 마침내 한 편의 영화로 보게 되는 순간인데, 본편 영화보다 아이들이 만든 영화 속 영화가 더 재미있다는 세간의 평은 납득할 만한 것이다. 내용은 이렇다. 화학물질 때문에 노동자를 좀비로 양산하는 화학공장이 있다. 이 사건의 연쇄가 단순히 사고가 아니라고 판단한 형사가 사장을 찾아가 수사하지만, 사장은 발뺌한다. 물론 이 악덕 사장은 거대한 음모를 꾸미고 있는 중이었고, 형사의 아내 역시 좀비가 되지만, 우여곡절 끝에 백신을 구해 아내를 살린다. 내용상으로는 좀비 영화의 전형적인 줄거리로 딱히 특별할 건 없는데, '슈퍼 8(에이트)'로 찍은 '영화 속 영화' 〈더 케이스〉는 〈슈퍼 에이트〉와의 관계 안에서 특별한 힘을 발휘한다.

그것은 〈슈퍼 에이트〉의 장르적 느슨함에 비해 치밀하게 짜인 〈더 케이스〉의 컬트적인 감수성이 귀여워서이기도 하지만, 이 작은 영화에 스며든 정치적인 예민함 때문이기도 하다. 〈슈퍼 에이트〉의 도입부에서 좀비 영화를 준비하던 아이들은 "사람들이 좀비가 되는 건 화학공장 때문이지?"라는 말을 하는데, 그즈음에 뉴스에서는 작은 소리로 노심용해의 위험성을 경고하는 방송이 나오고 있다. 좀비-노동자-화학물질-악덕 기업주-자본주의 시스템. 아이들에게 계급의식이 있을 리도 없고, 이 연결고리는 물론 더없이 순진하고 평면적이다. 하지만 여기에는 영화키드들이 세상을 장르적으로 파악할 때의 이상한 에너지가 있다. 그 에너지는 〈슈퍼 에이트〉에 등장한 어른들의 정치적으로 무력한 세계에서는 느껴보지 못한 것이다. 아이들은 적어도 자본주의 사회의 노동자와 좀비의 연관성을 '영화적' 체험으로 알고 있다. 그 앎이 깊은 사유의 결과일 리 만무하지만, 아이들의 영화적 감수성에는 어른들의 세계가 보지 못하거나 외면하는 것들에 대한 감각이 있다. 게다가 아이들이 의도하지는 않았겠지만 〈더 케이스〉의 이야기는 이 아이들이 사는 현실의 사건과 묘하게 맞물리며 현실에 대한 일종의 무의식적인 코멘트로 기능하기도 한다. 생각해보면 〈슈퍼 에이트〉가 시작할 때, 영화가 처음 보여준 건 "릴리안 제철 무사고 기간"이 칠백 며칠에서 1일로 바뀌는 장면이다. 뒤이어 알게 되는 건, 그 공장에서 노동자가 죽었고 죽은 자는 엘리스의 아버지를 대신해서 출근했던 조이의 엄마이며, 그 제철공장이 이 마을의 하층민 노동자들의 주요 일터라는 것이다. 앞선 뉴스의 내용도 이 사건과 관련이 있을 것이다. 그러나 영화는 이 사건을 개인적인 불운의 차원에서만 다루기 때문에 우리는 공장 내부의 상황이나 사건의 정황을 정확히 알지 못한다. 마을이 관심을 기울이는 사건은 외부에서 침입한 공군과 괴물이 벌이는 일들이다. 하지만 사실 이 마을의 정치적인 무력감이나 우울은 영화 시작에 드리워진 릴리안 제철소의 어둠과 더 관련이 있을지 모른다. 〈더 케이스〉만이 그 트라우마를 망각하지 않고 있다.

또 다른 상황은 아이들이 엘리스를 구하기 위해 무작정 불타는 마을 한가운데로 뛰어들었을 때 생기는데 이 경우 그들의 모습은 그리 낙관적이지 않다. 마을에 불을 지르며 괴물을 뒤쫓던 군인들은 결국 자신들의 무기도 컨트롤하지 못해서 스스로에게 폭탄을 터뜨리는 형국을 맞이한다. 이 불바다에서 아이들이 피해 다니는 건 군인들의 공격이나 괴물의 공격이 아니라, 제멋대로 움직이며 폭발하는 기계들이다. 실제 상황이라기보다는 가상과 실재의 경계가 무너진 시공간, 혹은 전쟁 시뮬레이션 안에서 아이들이 마치 전쟁놀이를 하고 있다는 인상을 준다. 현실을 영화로 파악하는 영화키드들의 동일한 활력이 〈더 케이스〉에서는 현실과의 관계 안에서 신선하게 작동하지만, 이 상황에서는 현실의 파국을 제대로 인지하지 못하는 듯한 섬뜩한 느낌으로 다가온다.

그런 의미에서 〈슈퍼 에이트〉는 한때 영화키드였던 자들의 낭만적인 추억에 전적으로 의지하는 향수 영화가 아니다. 여기에는 분명 현재성을 의식한 지점들이 있다. 괴물을 촌스럽게 공격의 대상으로만 여기던 어른들과 달리 아이들은 그 대상을 '터치'함으로써 소통하는 법을 금세 터득한다. 그 터치가 체온의 교류, 혹은 인본주의적인 공감의 능력이 아니라, 스마트폰 시대의 터치의 기술에 더 밀접해 보였다고 말한다면 비약일까? 공군이나 경찰도 해결하지 못한 사태를 이 아이들이 가볍게 풀어내는 마지막 장면을 보면서 든 생각. 터치를 모르는 구식 어른들은 이제 과연 어떤 영화적 세상을 구할 수 있을까? 스필버그의 아이들은 이제 가족주의의 품 대신 기계의 예민한 감각을 더 믿는다. 그들은 판타지를 순수하게 신뢰하는 대신, 판타지를 만들거나 가지고 논다. 〈슈퍼 에이트〉는 21세기의 아이들을 7, 80년대의 장르적 세상 속으로 보낸 다음, 거기서 무슨 일이 벌어지는지를 보는 희한한 영화다.

(『씨네21』 2011. 7)

더 브레이브

아름답고 아름다운
불가능한 사랑 이야기

결국 모든 서부 영화는 '상실이라고 믿는 결핍'의 장르다. 개척 정신의 신화, 남성 영웅과 공동체의 가치, 대립 구도로 이루어진 세계를 전면화하는 정통 웨스턴은 '신화'라는 말 그대로 그것이 환상임을 스스로 지칭하고 있다. 변형된 웨스턴이 고전기 세계의 영웅적 대결, 정의, 풍경의 몰락을 보여줄 때, 그건 앞선 환상에 대한 스스로의 인정이다. 그러니까 끊임없이 장르적 변주가 일어나고 있다고 해도, 그리고 그 변형이 '돌아갈 수 없고, 되찾을 수 없음'의 정조로 유지되고 있다고 해도, 실은 돌아갈 곳, 되찾을 것의 실체가 존재한 적이 있었던가. 한때 소유했던 것에 대한 상실의 애조가 아니라, 상실했다고 믿는, 그러나 애초 텅 빈 것과의 대결. 모든 서부극은 그런 의미에서 자신의 불가능성으로 지탱되는 장르다. 고전기 웨스턴에서 수정주의 웨스턴으로의 변화가 영화사적으로 어떤 반성적인 쟁점을 불러일으켰는지의 문제는 물론 중요할 것이다. 하지만 개인적으로는 그 구분보다 거의 모든 서부 영화들이 공유하는 전제, 자신의 텅 빈 구멍을 쳐다보며 세계를 쌓아올려야 하는 장르의 운명을 그 장르가 어떻게 감내하고 있는지의 문제가 더 흥미롭다.

〈더 브레이브〉가 고전기 웨스턴과 수정주의 웨스턴의 범주 어디쯤에서 영화적 활력을 찾고 있는지에 대해서는 이미 안시환이 썼다(『씨네21』 795호). 그는 "신화적 장식이 제거된 수정주의 웨스턴의 서부를 배경으로 고전 웨스턴에나 어울릴 만한 영웅적 인물을 재발견하려 한다"고 이 영화의 의의를 설명했다. 수긍할 만한 논지지만, 내게 이 영화의 감흥은 그런 범주화의 맥락에서 발생하는 것 같지는 않다. 〈더 브레이브〉는 앞서 언급한 서부극의 근원적인 불가능성을 장르를 부숨으로써 증명하는 대신, 그 불가능성을 서사 안에서 물질적으로 형상화해서 장르를 버텨내고 있다는 인상을 준다. 불가능성의 자리를 소멸의 그림자와 잔상을 더듬으며 상기하는 게 아니라, 어떤 생성의 순간으로 그 자리를 직접 형상화한다는 것이다. 추상적으로 들릴 위험이 있으니 이제 영화 안으로 좀더 구체적으로 들어가보려고 한다. 이 모든 인상의 중심에는 영화의 주인공인 열네 살 소녀 매티가 있다.

이 영화와 기존의 서부극 사이의 가장 두드러진 차이가 남자 어른이 아닌, 소녀의 관점으로 서사가 전개되는 것이라는 사실은 영화를 본 누구나 지적하는 사항이다. 이 소녀는 서부극의 정형화된 여성 캐릭터의 범주를 벗어난다. 기존의 여성 인물들은 남자 카우보이들의 행위의 근원으로 작용할 때는 많으나, 스스로 행위하는 경우는 드물었다. 다소 도식적인 설명이지만, 이 여인들은 대개의 경우 남자들의 착취를 견디는 과잉되게 성적인 존재이거나, 남자의 귀환을 기다리는 상대적으로 수동적인 존재, 둘 중 하나일 때가 많았다. 그러니 직접 복수에 나서는 행위의 주체 매티는 서부극에서도 특수한 여자 인물에 해당될 것이다. 그렇다면 여성의 행위가 미미했던 지난 서부극들과 비교해서, 이 영화의 감흥을 친여성적이라는 데서 찾을 것인가. 그럴 수도 있다. 하지만 나는 〈더 브레이브〉 속 여자 주인공을 화제에 올릴 때, 그녀의 명석함과 용감함이 아닌, 다른 무언가가 말해져야만 한다고 생각한다. 이상하게도 이 영화에 대한 평들은 그 무언가를 놓치고 있거나, 피하고 있거나, 실은 너무 확연하게 드러나서 중요하다고 여기지 않는 것 같다. 성인 여자라고도, 아이라고도 할 수 없는 열네 살 소녀의 성적 정체성. 공동체에 속한다고 보기도 어렵고 가족의 보호 안에 존재하는 것처럼 보이지도 않는 이 모호한 위치의 소녀. 그 모호함은 오히려 그녀를 보호받아야 할 존재와 착취당하는 존재, 그 어느 쪽도 아닌 곳에 세워둔다. 나는 영화를 보는 동안 종종 이 소녀의 모호함이, 정확히 말해 그 모호함이 서부의 세계 속에서, 서부의 성인 남자들 틈에서 작용하는 방식이 외설적이라고 느껴졌다. 노골적으로 큰 가슴을 과시하며 카우보이들과 어울리던 서부극의 창녀들보다 어딘지 더 성적이라는 느낌을 받았다. 이렇게 바꿔 표현하고도 싶다. 소녀 그 자체의 형상은 관능적이지 않지만, 그녀가 영화에서 작동하는 순간들은 관능적이다.

왜 소년이 아니고 소녀인가. 이미 찰스 포티스의 원작 소설에서 이야기의 화자가 소녀였으니, 이것이 코엔 형제의 독특한 선택이라고 말할 수는 없을 것이다. 그럼에도 그들이 원작의 설정을 그대로 따른 데는 아마도 열네 살 소녀가 지극히 남성적인 세계 속에 던져질 때, 서부극이라는 상수에 일어나는 파장, 거기서 비롯되는 영화적 순간의 현현을 상상했을 것이다. 만약 매티의 자리를 소년이 대신 차지했다면, 아버지와 (유사) 아들의 서사는 서부극의 상징적 회복, 혹은 균열을 형상화했겠지만, 그 이상의 이야기 결을 상상하기는 쉽지 않다. 그러나 소년 대신 소녀가 들어서면서 그런 남성 서사는 일단 단절되고, 아버지−딸처럼 보이는 구도에는 필연적으로 성차에서 비롯되는 또 다른 욕망의 결이 내재적으로 흐르게 된다. 그걸 일종의 근친상간적 욕망이라고 부를 수 있을까. 물론 그 자체로는 진부한 문구지만, 그 욕망이 다른 어떤 장르도 아닌 서부극을 흐르고 있다면, 새롭게 생각할 여지는 충분히 가능하다. 이미 원작 소설에서 그와 유사한 욕망은 드러나 있다. 소설 속 화자 매티가 루스터 카그번과 라뷔프를 묘사하는 장면들에서는 때때로 단지 세대 차가 아니라, 성차에서 비롯되는 호기심과 묘한 감정이 엿보인다. 이 소설을 처음 영화화한 헨리 해서웨이의 〈진정한 용기〉에서 매티의 모습이 무성적으로 보이는 것은 "두 남자와 한 소녀의 여행으로부터 불순한 이미지를 애써 지우려고 한 의도"라는 김용언의 지적(『씨네21』 792호)도 귀담아들을 필요가 있을 것이다. 이야기의 배경인 1880년대에 미성년 소녀에 대한 사회적 인식이 어떠했는지는 잘 모르겠고, 그게 중요하다고 생각하지는 않는다. 서부극이 결국 그것이 만들어진 현재의 가치관, 관점에 더 관련이 있다고 믿을 때, 〈더 브레이브〉에 대해 가장 묻고 싶은 질문은 이것이다. 왜 영화는 미성년 소녀를 성인 남자들만의 금지된 영역 속으로 들여보내 활동하게 하는가? 그때 코엔 형제의 서부극은 어떤 영화적 활기를 획득하는가?

장르적인 안전망으로 덮여서 의식하지 못할 따름이지, 사실 이 영화가 소녀를 다루는 방식은 때때로 암묵적인 금기를 가로지르는데, 그 순간을 영화가, 혹은 매티가 너무 자연스럽게 넘어가버려서 당혹감이 든다. 몇 가지 예가 있다. 우선, 라뷔프의 경우. 아버지의 시신을 처리하기 위해 낯선 곳에 당도한 소녀가 이른 아침 모텔 침대에서 눈을 뜨자, 그 앞에 낯선 남자가 소녀를 지켜보고 있다. 소녀가 잠시 움찔한 다음, 둘 사이에 오가는 대화는 여기에 비즈니스적 목적 외의 다른 의도가 없음이 드러나지만, 이 베드신(!)은 뭔가 상황이 묘하다. 침대 이불 속에 몸을 꼭 숨긴 채 당돌하게 대꾸하는 가녀린 소녀와 온갖 장신구로 무장한 건장한 마초의 시선이 비좁은 방에서 서로를 탐색할 때, 여기에는 아이와 어른, 세상 물정 모르는 소녀와 직업적으로 능숙하게 단련된 남자 사이의 불균형한 차이를 일순간 팽팽하게 당기는 긴장감이 있다. 말하자면 차이가 주는 안도감이 깨지는 순간이 있다. 라뷔프가 매티에게 "아프고 매력 없어 보여도 키스라도 한번 할까 했는데, 지금은 때려주고 싶다"고 말하고, 매티가 "그럼 그쪽은 뭐 괜찮은 줄 아나보지"라고 응수할 때, 영화가, 혹은 인물들이 위의 그 이상한 긴장감을 의도적으로 상쇄하려는 것처럼 보인다. 얼마 뒤, 두 남자의 명령을 듣지 않고 기어이 그들의 여정에 따라나서는 매티를 라뷔프가 말에서 끌어내려 때리는 장면이 나온다. 그런데 소녀의 엉덩이를 마구 때리다가, 회초리로 종아리를 휘갈기는 장면은 어쨌든 폭력적이긴 한데, 이상하게도 우스꽝스럽거나 부적절해 보이게 찍혔다. 그런 식의 처벌은 열네 살 소녀보다는 훨씬 어린 아이들에게나 어울리는 것이거나, 소녀가 결심을 번복할 만큼 위협적이지 않다. 한마디로, 라뷔프의 행위는 훈육보다는 다른 뭔가를 대체하는, 어딘지 외설적인 행동처럼 보인다는 말이다.

그런데 이런 미묘한 함의를 품은 상황들만큼 중요한 건 그걸 받아치는 소녀의 대응이다. 라뷔프와의 장면들뿐만 아니라, 그야말로 폭력적인 순간들, 이를테면 루스터와 라뷔프가 쫓는 일당이 소녀에게 거칠게 주먹질을 하고, 희번덕거리는 칼을 소녀의 목에 들이대고, 발로 얼굴을 뭉개는 장면들에서, 그 순간만큼은 이것이 미성년 소녀에게 가해지는 폭력이라는 사실에 대한 어떤 영화적 배려도 없다. 그 정도로 선정적이고, 다른 영화에서라면 충분히 불편한 장면일 텐데, 적어도 이 영화에서는 좀 다르게 느껴진다. 그런 장면들이 단지 장르적인 방어 안에 있어서가 아니라, 소녀가 남자 카우보이들과의 관계에서 일방적으로 소비되는 대신, 자신에게 부여된 그런 선정성을 받아치며 끊임없이 평등하게 상대 숏을 만들어내기 때문일 것이다. 그리고 그걸 가능하게 하는 건, 일단, 그녀가 더 이상 카우보이 아버지에 의지하지 않고도 스스로를 지킬 수 있는 상징적인 아버지, 즉 법의 존재를 알고 있다는 점이다. 물론 법이 아버지라는 물리적 존재보다 더 효력을 발휘했는지를 묻는다면, 그렇기도 하고 아니기도 하지만, 영화에서 법(의 이름)은 어른 남자들의 세계에 대응하는 소녀의 총이다. 그러나 표면적인 무기 그 이상의 의미를 가지는 것 같진 않다. 오히려 소녀와 마초 세계 사이에 힘의 균형이 유지되는 건, 소녀가 남자들의 무법한 세계에 법으로 응수할 때이기보다는, 그들의 은폐되고 무법한 욕망을 읽고, 거기서 어쩌면 소녀라는 위상에 걸맞지 않게 꿈틀대는 자신의 욕망을 감지하는 듯 보일 때다. 미성년 소녀가 갖는 외설성, (이 말이 이상하다면) '어린'과 '여자' 사이의 위태로움에서 나오는 영화적 기운의 정체가 음(陰)이 아닌 양(陽)으로, 금기나 범죄의 위반이 아닌 어떤 생성의 힘처럼 느껴진다면, 그래서일 것이다.

그런 맥락에서 루스터와 매티의 관계는 그저 아버지-딸의 관계로 단언하기 어렵다. 한눈에 보기에도 자유로운 한량인 이 남자는 고작 어린애에게 휘둘린다는 라뷔프의 핀잔에도 아랑곳하지 않고 왜 소녀를 내치지 못할까. 단순히 돈 때문은 아닐 것이다. 그렇다면 한때는 용맹했던 카우보이로서 딸 같은 어린애에 대한 연민, 그러니까 아버지로서의 본능이 자극된 걸까. 한 장면이 있다. 루스터와 매티가 정보를 얻기 위해 찾아간 어느 인디언 집에서 아마도 그 집의 자식들인 두 아이들이 기둥에 묶인 말을 학대하는 모습을 본다. 루스터는 말을 풀어주고 아이들을 발로 걷어차고는, 일을 마치고 나와 다시 이유 없이 아이들을 힘껏 걷어찬다. 사리 분별력이 강한 매티가 이 모습을 어떤 감정도 없이 지켜보는 것도 이상하지만, 루스터의 냉정하고 거친 행동과 두 인디언 아이들이 뿜어내는 기이한 기운 때문에 그냥 지나치기가 쉽지는 않다. 이 장면을 두고 루스터의 어떤 성미에 대해 말할 수도 있겠지만, 그보다는 뒤이어 나오는 장면과의 맥락에서 생각해볼 필요가 있을 것 같다. 그 집을 떠나 숲길을 가로지르면서 남자는 오래전 자신을 떠난, 부자간의 정이 없던 아들의 존재에 대해 농담처럼 내뱉는다. 말하자면 이어지는 두 장면은 그가 어떤 경우라도 아이는 보호되어야만 한다고 믿는 의로운 카우보이, 부성을 간직한 아버지가 아니라, 그저 본능에 따라 사는 남자라는 걸 보여준다. 그에게 매티는 딸이 아니다.

이 모든 여정을 지나, 원수에게 총을 쏜 매티가 굴속으로 떨어져 뱀에 물리자 루스터는 독을 빨아서 뱉어내는데, 그 모습에서 보다 에로틱한 클라이맥스로의 이행을 기대한다면 억지인가. 남자가 정신을 잃어가는 매티를 소녀의 분신과도 같은 말, 리틀 블래키에 태우고서 달리고 또 달리는 드라마틱한 순간의 감흥을 정녕 죽어가는 딸을 살리려는 아버지의 희생에서 비롯된 것이라고, 그 아버지의 형상이 서부극이라는 장르의 현재적 위상을 보여주기 때문이라고 할 수 있을까. 나는 좀 다르게 느낀다. 이상하게 들릴지는 모르겠지만, 나는 이 아름다운 시퀀스를 보면서 〈더 브레이브〉는 결국 어린 소녀와 쇠락한 카우보이의 (불가능한) 사랑 이야기라는 확신에 사로잡힌다. 블래키와 루스터, 그리고 매티가 삼위일체가 되어 한 리듬으로, 오로지 셋의 호흡에만 의지해서 가쁘게 클라이맥스를 달릴 때, 영화가 이루어낸 이 순간의 더없이 위태롭고 우아하게 센슈얼한 경지를 섹스신이 아닌, 다른 그 무엇으로 설명할 수 있겠는가. 영화 전체에서 이 시퀀스가 가장 과하고, 인공적으로 형상화된 건 영화의 미학적 욕심이기보다는 이들의 섹스가 꿈이고 환상일 수밖에 없기 때문이다. 이 영화가 어린 소녀를 거친 황야에 밀어넣고 이리저리 외설성과의 게임을 벌인 후에, 무엇보다 그 게임의 주체 자리에 소녀 또한 앉힌 후에, 바로 여기서 영화 기저에 흐르던 욕망을 폭발시킨 건 아닐까. 둘의 불가능한 사랑, 아니, 불가능한 섹스는 앞서 언급한 이 장르의 태생적인 불가능성의 심연을 영화적인 생성의 힘으로 형상화하고 마주하는, 영화에 남겨진 최선의 방식이 아닐까. 그것은 이 영화가 총잡이들의 허무한 스펙터클을 체념적으로 바라보지 않고서도 서부극으로서 스스로의 운명을 의식하는 방식인지 모른다. 어쩐지 회한보다는 결기라는 단어가 어울린다. 루스터가 지쳐 쓰러진 말을 죽이고 매티를 안고서 그 밤을 빠져나갈 때, 찬란하게 만개했던 한순간은 어디론가 달아난다. 성인이 된 매티의 잘린 한쪽 팔은 그 불가능성의 징후일 것이며 그 불구의 몸에는 도저한 위엄이 깃들어 있다. 그 기이한 밤, 소녀와 남자는 무슨 꿈을 꾸었던 걸까. 결혼도 하지 않고 이젠 성적인 기운이 퇴색된 중년의 매티는 루스터의 시신을 가족묘로 이장하고 건조한 어조로 세간의 수군거림을 전한다. 하지만 그 밤을 지나온 우리는 알고 있다, 소문은 때때로 말할 수 없는 진실을 건드린다. 별이 빛나던 그 밤의 환각의 멜로, 늙은 카우보이와 어린 소녀와 충실한 말이 서로를 힘껏 껴안던 유일무이한 영화적 리듬, 어쩌면 서부극의 마지막 행위, 그것은 분명 영웅적이었다.

(『씨네21』 2011. 4)

운명, 어쩌면 믿음······
혹은 환상

뉴욕을 떠난 우디 앨런이 런던에서 만든 근작들(〈매치 포인트〉, 〈스쿠프〉, 〈카산드라 드림〉)은 남녀 관계의 일상보다는 장르적 사건의 전개에 보다 치중한 영화들이었다. 이후 그가 바르셀로나에서 찍은 〈내 남자의 아내도 좋아〉는 이상하게 얽힌 특유의 남녀 관계가 다시 등장하지만, 어디까지나 그건 여행 중에 벌어진 '사건' 같은 이야기였다. 그러니까 여기에 뉴욕의 반복되는 일상 같은 건 없다. 그런 다음 앨런은 다시 맨해튼으로 돌아와 마치 앨런의 현재를 떠올리게 하는 괴짜 노인과 아리따운 소녀의 블랙 코미디 〈왓에버 웍스〉를 만들었다. 누가 봐도 우디 앨런다운 영화라고 부를 만하지만, 냉소적이고 신경증적으로 꼬여버린 앨런식 남녀 관계의 일상에 대한 성찰과는 조금 거리가 있어 보인다. 그런 점에서 〈환상의 그대〉는 간만에 뉴욕을 떠나기 전의 앨런을 보는 것 같은 느낌을 주는 영화다. 하지만 런던을 배경으로, 영국식 악센트의 대사로 펼쳐지는 이 영화의 일상에 대한 밀착은 그가 뉴욕에서 만든 작품들의 그것에 비해 떨어지는 것 같다. 예전 영화들에서 뉴욕이라는 장소성에 대한 관찰은 그곳을 사는 남녀 관계에 대한 묘사와 분리될 수 없는 것이었다. 그들이 어딘가를 걷고, 어딘가를 구경하고, 어딘가에서 마주치는 것, 혹은 거리의 어떤 풍경 안에 존재하는 것은 관계의 단계를 알려주거나, 서로의 취향을 탐색하는 순간이거나, 우연을 가장한 필연의 기회 등등이었다. 이 이야기들은 뉴욕의 일상에서만 가능하다는 의미와도 같았다.

그러나 〈환상의 그대〉에서 런던은 그저 어느 도시일 뿐, 하다못해 〈내 남자의 아내도 좋아〉에서처럼 사랑을 자극하는 이국적인 풍광도 되지 못한다. 〈환상의 그대〉는 굳이 런더너(Londoner)가 아니어도 성립되는 이야기며 도시와 대화하지 않는 우디 앨런의 영화는 어쩐지 서운하다. 남녀 관계에 다시 세밀하게 매진하는 이 영화가 반갑고 예쁘기는 하지만, 70대 후반에 접어든 우디 앨런의 새로운 지평이라고 말하기는 어렵다. 그런데 영화를 보는 동안 좀 이상한 지점에서 이 영화의 장소성에 대해 다시 생각하게 되었는데, 그건 밖(도시)이 아닌 안(집)의 장소성이다. 말하자면, 우디 앨런의 '결혼 영화'의 장소성, 결혼의 내부 혹은 그것의 형식, 쉽게 말해 아파트 내부에서의 부부의 움직임으로 자꾸 생각이 옮겨간다. 부부의 집. 그것은 호텔도 아니고 스튜디오도 아니다. 결혼은 곧 공간의 문제라는 걸 앨런은 줄곧 우리에게 보여주었는데, 이번에도 마찬가지다. 나는 〈환상의 그대〉에서 샐리(나오미 와츠)와 로이(조쉬 브롤린) 부부가 분주하게 오가는 집의 구조를 보면서 결혼의 일상을 다룬 우디 앨런의 다른 영화들, 특히 〈한나와 그 자매들〉과 〈부부일기〉를 떠올리고 있었다.

지금껏 우리는 우디 앨런의 영화들에서 부부가 집 안으로 들어온 다음부터, 카메라가 대체로 컷을 나누지 않고 이들의 행로를 길게 따라가는 걸 종종 보아왔다. 그런데 한 프레임 안에 남자와 여자가 동시에 들어오는 경우는 많지 않았던 것 같다. 대신 그들 각각은 미로처럼 구부러진 통로와 문이 열려진 방들 사이를 불안증 환자처럼 끊임없이 오가며 서로의 얼굴을 보지 않고 말을 이어간다. 그러니까 컷을 나누지 않는 게 아니라, 나눌 수 없다고 말하는 게 맞을 것이다. 만약 카메라가 한곳에 멈춰 있다면, 카메라는 금세 인물이 빠져나간 텅 빈 공간만을 찍게 될 것이다. 그들이 한 방에 같이 있더라도 한 사람은 기둥이나 문 뒤에 가려져 있어서 진정한 투 숏은 드물며, 간혹 투 숏으로 잡히는 순간은 그들이 다툴 때가 더 많았다. 천장을 뜯고 위에서 내려다본다면 한없이 열려지고 이어진 구조지만 더없이 은밀하고 폐쇄적일 수 있는, 벽들로 둘러싸인 공간들. 우디 앨런이 부부의 일상을 찍는 방식은 집 내부의 동선을 철저히 이용하는 것이다. 그때 부부의 집은 하나의 공간인 동시에, 결코 하나로 통합될 수 있는 공간이 아니다. 그곳은 부부의 집이지만, 가정이라고 부르기는 어딘지 어색하다.

이를테면 〈한나와 그 자매들〉로 잠시 기억을 더듬어보자. 이 영화를 구성하는 여러 줄기 중 하나는 한나(미아 패로)의 두번째 남편(첫 남편은 우디 앨런이 연기한다) 엘리엇(마이클 케인)이 한나의 여동생 리(바바라 허쉬)를 몰래 좋아하는 이야기다. 엘리엇의 마음이 드러나는 때는 온 가족이 집에 모여 파티를 즐기는 날이다. 통로를 지나는 사람들 틈을 오가며 그의 끈적한 시선은 처제에게 집중되고 있지만, 눈치채는 사람은 없으며, 마침내 처제를 따라 들어간 방에서 그는 아내 몰래 얼굴을 붉힌다. 그리고 또 다른 가족모임이 있던 날, 처제는 집 안의 어느 방에서 관계의 끝을 선언한다. 한나와 엘리엇은 이 공간에서 계속 살아나가겠지만, 이미 여기에는 둘이 나눌 수 없는 비밀이 들어서버렸다. 우디 앨런의 영화에서 유달리 깊고 입체적으로 보이는 아파트 내부의 심도는 부부가 서로에게 들키고 싶어하지 않는 욕망, 권태, 죄의식, 표정을 영화적으로 숨겨두거나 가장하는 데 적합하다. 상대에게가 아닌 자신에게

만 정직해질 수 있는 공간, 끝까지 비밀일 수는 없지만 비밀처럼 느껴지게 하는 공간이 그의 부부 이야기를 지탱한다. 그 어떤 관객도 훤히 뚫린 원룸에서 촬영된 부부의 일상을 구경하고 싶지는 않을 것이다.

한편 〈부부일기〉는 어떤가. 묘하게 다큐멘터리 형식을 끌고 와서 부부들이 카메라 앞에서 대답을 하거나, 때때로 부부들이 자신의 일상에 입회한 카메라를 의식하는 것처럼 보이게 하는 이 영화는 많은 장면들이 핸드헬드로 찍혔다. 이를테면 결혼한 지 20년이 된 잭(시드니 폴락)과 샐리(주디 데이비스)가 절친한 부부 게이브(우디 앨런)와 주디(미아 패로)의 집을 방문해서 별거하기로 결정했다고 밝힐 때, 혹은 이후 게이브와 주디가 공허한 마음을 감추고 집 안에서 사사로운 대화를 할 때, 카메라는 인물들의 동선을 따라 정신없이 움직인다. 책장, 방문, 싱크대 등으로 구획된 집 내부를 요란하게 돌아다니는 인물들의 심리나 표정에 밀착하기 위해서는 핸드헬드 이외의 방법은 없어 보인다. 그런데 이 방식은 인물들의 움직임을 카메라가 미처 따라가지 못해서 인물들이 재빠르게 사라진 텅 빈 공간을 대면하는 것만큼이나 부부 관계의 씁쓸한 단면을 포착해낸다. 한 프레임에 모일 수 없는 위치의 두 사람 사이를 카메라가 컷 없이 휙휙 오갈 때, 마치 부부는 영화적으로 억지로 연결된 관계처럼, 매우 불안정한 상태로 보이는 것이다.

〈환상의 그대〉 역시 부부의 집은 따스함이나 평화로움과는 거리가 멀다. 기존의 앨런의 영화를 떠올리게 하면서도 이들 부부의 관계를 압축적으로 형상화한 장면이 물론 여기에도 있다. 샐리는 짝사랑하는 직장 상사가 자신의 친구와 사랑에 빠진 사실을 알고 화가 난 상태로 집에 들어온다. 의사를 관두고 아내가 돈을 벌 동안 소설을 쓰며 맞은편 건물에 사는 젊은 여인 디아(프리다 핀토)에게 빠져든 로이는 출판사로부터 거절의 전화를 받는다. 부부 각자에게 최악의 순간인 셈인데, 때마침 샐리의 엄마 헬레나(젬마 존스)가 이들 집을 방문한다. 헬레나는 남편 알피(안소니 홉킨스)가 40년간의 결혼 생활을 청산하고 젊음을 찾아 떠나고 나자 점쟁이의 말을 맹신하며 상실감을 달래고, 이날 역시 점쟁이의 예견을 들려주러 딸의 집을 찾았다. 로이는 자신을 못마땅해하는 헬레나와 사이가 좋지 않지만 집세를 헬레나가 대주고 있어서 함부로 굴지 못한다. 이 장면에서 인물들이 각자의 최악의 처지에 대한 분을 서재와 거실을 들락날락거리며, 때로는 상대를 쫓아가며 풀 때, 이 좁은 집에서 그들의 안식을 위한 분리된 공간은 단 한 군데도 없어 보인다. 그리고 그 순간만큼은 원인도 해결책도 없이 이 집을 뱅뱅 도는 말다툼의 동선이 영원히 지속될 것처럼 보인다. 마침내 로이가 헬레나의 유리컵을 빼앗아 벽에 던져 부순 후 집을 나가자 상황이 종료된다. 잔인한 진실. 이 싸움의 유일한 해결책은 누구든 하나가 집 밖으로 나가는 것이다. 그리고 돌아오지 않는 것이다.

그런데 엉뚱하게도 〈환상의 그대〉를 보며 우디 앨런의 다른 영화들을 상기해보다가 어느 순간 문득, 장 뤽 고다르의 〈경멸〉이 떠올랐다. 정확히 말하면, 특정 시퀀스, 즉 카미유(브리짓 바르도)와 폴 자벨(미셸 피콜리) 부부가 시나리오를 쓰기 위해 잠시 이주한 아파트(그들은 "호텔보다 괜찮은(!) 아파트"라고 말한다) 내부에서 벌어지는 둘 사이의 광경이 생각났다. 서로의 사랑을 의심하는 부부가 각각 말 그대로 방에 들어갔다 나오고 욕실에 들어갔다 나와서 거실을 이리저리 움직이며 말다툼을 하다가 대화를 나누다가 서로에게 질문을 던지는 순간들을 계속 따라가며 아주 길게 지속되는 이 시퀀스는 부부에게만 가능한 기이한 게임처럼 보인다. 앨런의 영화에서처럼 일상적이지 않고 작위적이지만, 부부의 위태하고 건조해진 관계가 집 내부를 돌아다니는 그들의 희화화된, 혹은 서글픈 동선을 통해 상징화되는 것 같다는 인상 때문에 내가 이 영화를 떠올렸을 것이다. 이들의 움직임은 겹치지 않는다. 이들의 질문과 대답도 서로 호응하지 않는다. 여기서도 둘은 끊임없이 돌아다니고 카메라는 유려하게 이들을 따라가는데, 이들이 한 프레임에 잡히는 경우는 둘 중 하나가 문을 활짝 열어둔 욕실에서 벌거벗은 채 아무런 긴장 없이 있을 때다. 부부가 서로 어긋나는 리듬과 방향으로 작은 아파트 내부를 맴돌 때, 마치 이들의 식은 마음, 조금 남은 성적 긴장, 아직 메마르지 않은 기대감 같은 것이 닫혔다가 열리길 반복하며 그 자체로 숨을 쉬는 것만 같다.

그런데 이 시퀀스의 후반에 둘은 처음으로 서로를 마주보고 앉는다. 남편은 "왜 날 사랑하지 않지?"라고 거듭 묻고 아내는 "사랑하지 않는다"고 답한다. 고다르는 이 숏을 나누지 않고 양편을 수평으로 오가며 찍었다. 달리 말해 이들의 시선이 서로 오가는 거의 유일한 이 순간을 투 숏도 아니고, 숏과 역숏으로도 찍지 않았다는 점이 중요해 보인다. 이 숏을 다시 보다가 우디 앨런의 부부들이 대화를 나눌 때도 숏과 역숏을 본 기억이 없다는 걸 깨달았다. 물론 할리우드식 전형적 화법에 저항하는 고다르고 앨런이니까, 라고 간단히 넘어갈 수도 있을지 모르지만, 문득 부부의 대화를 숏-역숏으로 찍는 게 실은 얼마나 코믹한 일인가, 아니, 얼마나 거짓된 행위인가, 라는 생각이 든 것이다. 〈부부일기〉에서 주디가 남편과의 관계가 서서히 무너져내리고 있다는 걸 느끼는 시점에 이런 말을 던졌던 것 같다. "서로 떨어진 부분들이 반드시 전체를 이루는 건 아니야." 그녀가 무슨 맥락으로 그런 말을 했는지는 잘 기억이 안 나지만, 나는 이 말이 적어도 앨런의 영화에서 부부 사이에 숏-역숏이 즐겨 사용될 수 없는 이유에 대한 설명처럼 느껴진다. 숏-역숏의 환영, 그러니까 서로를 들여다보는 완벽한 응시, 완결을 향하는 소통, 두 마음의 통합, 앨런의 부부들에게 그런 건 환영이다. 고다르가 만나지 못하고 평행선을 긋는 부부의 대화를 수평 트래킹으로 오갔다면, 앨런은 서로 다른 공간에서 마주치지 않고 말하게 한다. 혹은 한 프레임 안에 있어도 어딘지 불안정한 자세와 다른 곳으로 향하는 시선으로 말을 던지게 한다. 이때 이들의 투숏은 '나란히'와도, '마주보고'

와도 거리가 멀다. 하스미 시게히코는 오즈 야스지로의 〈맥추〉를 평하면서 노부부가 마주보며 대화를 하다가 갑자기 눈앞에 나타난 대상으로 시선을 옮길 때 동작의 동시성이 얼마나 감동을 주는지에 대해 말한 바 있다. 그는 그것을 "그저 같은 하나의 것을 두 사람의 존재가 동시에 담는다는 몸짓"이라고 표현한다. 그런 나란한 시선의 숭고함이 올 때까지의 세월을 앨런의 부부들은 버텨내지 못해서 차라리 냉소하고 만다.

그렇다면 부부의 집을 벗어나고 싶어하는, 결국 벗어나고 마는 앨런의 인물들은 어떻게 되는가. 〈환상의 그대〉에서 로이는 앞 건물의 창가에서 붉은 색 옷을 입고 기타를 치는 아름다운 여인을 훔쳐보는 낙으로 산다. 그런데 의아한 건 그의 행동이 관음증적으로 느껴지지 않는다는 사실이다. 관음증은 내가 대상에 직접 개입하지 않는 한에서 커가는 환상과 동시에 작동하는 경우가 대부분인데, 일단 그는 창문 너머로 그녀에게 바로 말을 걸고, 심지어 자신이 훔쳐보고 있었다는 걸 밝히며 관계를 발전시켜나간다. 게다가 짓궂게도 앨런은 장면의 배치를 통해 이 환상의 미래를 예견한다. 이를테면 로이가 창문으로 이 묘령의 여인을 처음 본 장면 다음에 그가 아내 샐리와 처음 만나 사랑을 속삭이던 플래시백이 바로 오거나, 그가 창가의 여인이 애인과 사랑을 나누는 걸 넋을 잃고 훔쳐본 다음에는 장모 헬레나가 딸 샐리에게 "점쟁이가 말하길 네 아빠가 아무리 새 여자와 사랑에 빠져도 결국 나만큼 사랑하지 못할 것이라고 하더라"고 말하는 장면을 붙이는 식이다. 환상이 작동하자마자, 그 환상을 깨버릴 미래의 현실을 개입시키는 것이다.

그래도 앨런의 인물들은 짝을 바꾼다. 그의 영화에서 그 자리 바꾸기가 중요하지 않은 적은 단 한 번도 없었다. 그런데 문제는 이들의 짝 바꾸기가 줄곧 물리적으로나 정신적으로, 혹은 육체적으로 지나치게 가까운 자리로의 이동이라는 점이다. 이를테면 〈한나와 그 자매들〉에서 한나의 둘째 여동생은 한나의 전 남편과 결혼하고 한나의 남편은 한나의 막내 여동생과의 사랑을 꿈꾸고, 〈부부일기〉의 주디는 가장 친한 친구 샐리와 한때 사랑에 빠졌던 남자와 재혼한다. 〈환상의 그대〉에서도 로이는 아내와 이혼하고 결국 앞 건물의 그녀와 사랑에 빠져 그녀의 집으로 이사를 온다. 그런데 그 순간 앨런은 약간은 섬뜩하고 낯선 장면을 쑥 밀어넣는데, 자신이 줄곧 쳐다보던 창문의 바로 그 자리에 선 로이가 얼마 전까지 자신이 서 있던 건너편 창문 안에서 샐리가 옷을 벗고 있는 모습을 설명할 수 없는 표정으로 지켜보고 있는 것이다. 그는 무슨 생각을 하고 있는 중일까. 짝 바꾸기의 그 소심한 이동은 새로운 삶의 시작이 아니라, 자신이 이전까지 존재했던 그 자리가 이제는 텅 비어 있음을 목격하는 것일 뿐이라고, 결국 짝 바꾸기란 자신의 텅 빈 자리의 목록만 추가하는 것이라고 앨런은 말하고 있는 중인지도 모른다. 왜냐하면 짝 바꾸기란 전체가, 다시 말해 구조가 바뀌는 것이 아니라 그저 그 안에서 개인들만 소란스럽게 이동하는 교체일 따름이기 때문이다. 〈부부일기〉에서 남편과의 결혼 기간 동안 오르가즘을 느끼지 못했던 샐리는 남편과의 별거 후 만난 새 애인과 섹스를 한다. 그녀는 그러나 만족스러운 섹스를 하는 중에도 끊임없이 이런 생각을 하느라고 충분히 느낄 수 없었다고 고백한다. "이를테면 성관계에서 남편은 고슴도치라면 이 남자는 부드러운 여우다. 그럼 친구 A는 여우일 것이고, B는 고슴도치, C는 여우……" 결국 짝 바꾸기란, 혹은 결혼이란 그래봤자 고슴도치에서 여우로, 혹은 그 반대로의 이행, 아니면 교환이라는 얘기다.

아무튼 자신의 텅 빈 자리를 목격하거나 별반 새로운 구원의 짝은 없다는 사실을 깨닫는 앨런의 인물들은 그 행동을 반복하면서도 죄의식과 불안과 허무에 시달리는데, 그 끝에는 죽음의 공포가 있을 것이다. 〈한나와 그 자매들〉에서 앨런이 직접 연기하는 남자는 건강 염려증자로 죽음에 대한 공포 때문에 유대인임에도 가톨릭과 힌두교를 기웃거린다. 그러나 그는 결국 니체도, 프로이트도, 소크라테스도 주지 않은 답을 시인들에게서 찾는다. "결국 사랑이 답인지 모른다." 그래서 앨런의 인물들은 '그럼에도 불구하고' 끊임없이 새로운 짝으로 이행하거나, 낯짝 두껍게도 〈환상의 그대〉의 알피처럼 자기가 버리고 떠났던 원래의 자리로 돌아오려고 하거나, 창작에 대한 집착으로 그 공포를 최대한 밀어내는 것처럼 보인다. 이 영화의 로이처럼 예술작품의 생산에 집착을 보이는 앨런의 남자 인물들은 대개 자신의 생물학적인 분신을 낳고 싶어하지 않는다. 2세에 대한 지나친 거부와 두려움은 달리 말해 그에 대한 욕망의 징후일 것이다. 앨런이 부부를 등장시키는 영화들에 어김없이 피임, 불임에 대한 트러블이 나오고 아이들이 없거나 있어도 중요하게 다루어지지 않는 건 단순한 우연이 아니다. 어쨌든 그들 모두는 현실 안에서 발버둥친다.

그런데 〈환상의 그대〉에 이르면 현실에서의 버둥거림을 한순간 뛰어넘어버리는 운명이라는 화두가 전면화된다. 처음에는 그냥 웃음의 코드인 줄 알았는데, 뒤로 갈수록 영화 역시 그 화두를 붙잡고 있는 것 같다. 아니, 믿고 싶어하는 것 같다. 이 영화 속에서 점쟁이의 말에 희망을 걸고 환생을 믿어버리는 헬레나, 그리고 결국 여러 인물들 중 오직 그녀의 기대만을 채워주는 영화의 선심은 이제 죽음을 피할 수 없는 나이가 된 앨런의 심정을 어쩔 수 없이 반영하는 것일까. 이 영화의 내레이션도 그런 맥락에서 신경이 쓰인다. 이를테면 〈한나와 그 자매들〉이나 〈부부일기〉의 내레이션은 등장인물 자신의 것이거나, 얼굴은 나오지 않으나 영화 속에 존재하는 자의 것이었고, 그때 인물들의 일상과 사건에 밀착된 내레이션은 상황과 마음의 변화 가능성을 품고 있었다. 그러나 영화 밖에서 인물들의 내면과 상황을 내려다보는 내레이션이 "셰익스피어는 일찍이 인생은 헛소리와 분노로 가득 차 있고 결국 아무런 의미도 없다고 말했다"라는 말로 시작해서, "가끔은 환상이 신경안정제보다 나을 때가 있다"로 끝맺을 때, 〈환상의 그대〉에는 삶 혹은 관계에 대한 헛소리도, 분노도, 불평과 독설도 모두 제거되어 있다. 말하자면 앨런의 영화를 살아 있게 하던 현실의 부조리한 시간들 대신 평화로운 내세의 시간이 작동하기 시작하는 것처럼 느껴진다. 비굴해지고 비열해져도 어떻게든 현실에 자리잡기 위해 애쓰며 헬레나의 믿음에 독설을 풀어놓던 샐리와 로이가 영화에서 사라지는 순간의 얼굴 클로즈업은 이 영화에서 가장 어둡고 이상한 장면이다. 카메라는 성공을 코앞에 두고 실패의 나락으로 떨어질지 모르는 찰나, 알 수 없는 어딘가를 응시하며 두렵게 얼어붙는 이들의 얼굴을 꽤 오랫동안 바라본다. 그렇게 아우성치던 현실의 시간이 갑자기 정지한 것 같고, 그들이 그토록 비난했던 점쟁이의 예견들, 혹은 하늘의 뜻에 굴복한 표정처럼 보인다. 그 표정들의 낯설게 생생한 결 때문인지 이후 헬레나에게만 주어진 해피엔딩은 귀엽긴 하지만, 좀 섬찟한 면도 있다. 진지하게 전생에 대해 논하는 노년의 새로운 커플을 둘러싼 지나치게 밝은 기운이 앨런이 창조한 비관적인 신경증자들의 기운만큼이나 병적으로 느껴져서일까. 만약 앨런의 영화에서 굳이 환상을 포용해야 한다면, 내겐 "다시 살고 또다시 사는 게 얼마나 다행인지"라며 운명의 필연을 믿는 노년 커플의 환상보다, 누가 봐도 언젠가 깨질 게 분명해 보이는 커플이 결혼해서 그 순간만큼은 행복하다고 믿는, 이미 냉소가 내재된 환상이 더 위로가 되는 것 같다. 적어도 지금은 그렇다.

(『씨네21』 2011. 1)

리미츠 오브 컨트롤

꿈같은 각성,
그 영화적 쾌락

짐 자무시의 〈리미츠 오브 컨트롤〉을 이해하기 위해서는 누군가의 분석을 읽는 것보다 그 세계를 여러 번 경험하는 쪽을 택하는 게 맞다. 통제를 거부한다고 선언한 영화를 어쨌든 틀 안에서 해석해야 하는 비평은 필연적으로 영화를 충분히 끌어안지 못할 것이다. 명상 앞에서 떠드는 말은 그저 소음일 뿐이다. 하지만 비평의 사랑스러운 어리석음이 있다면, 그건 영화의 비밀을 밝히지 못해도 비밀의 주변에 끝내 머무르려는 욕망을 뿌리치지 못한다는 점이다. 그러니 이 글이 영화에 대한 단정이 아닌, 애정을 담은 질문을 더하는 것으로, 그렇게 너그러운 마음으로 읽히면 좋겠다.

　이 영화가 도대체 무엇을 말하고 있는지 모르겠다는 불평들을 종종 접한다. 하지만 영화가 일목요연하게 이야기를 제시해주지 않는다고 해서, 그 안에 이야기가 없다고 말하는 건 실은 보는 이의 노력과 감각의 문제일 때가 더 많다. 영화는 그 무엇보다 직관에 의지하지만, 그 직관은 원래부터 우리에게 있는 무엇이 아니라(그러니까 말초신경이 아니라) 훈련의 반복으로 터득되고 그 과정에서 미지의 영역을 발견하는 것이다. 감성은 결코 저절로 생기지 않는다. 이런 이야기를 굳이 길게 하는 이유는 〈리미츠 오브 컨트롤〉이 어쩌면 훈련의 영화인지 모른다는 생각이 들어서다. 어떤 훈련? 정한석은 이 영화에 대해 지각의 경로를 바꾸는 "주관성 훈련"이라고 표현했는데(『씨네21』 766호), 우리를 고민에 빠뜨리는 건 이런 것이다. 그 훈련은 어떻게 해야 하는가? 혹은 영화는 무엇을 향해 스스로를 어떻게 연마하고 있는가? 짐 자무시는 "나는 진심으로 어떤 점에서 환각유발제와 같은 종류의 영화를 만들기를 원했다"고 했지만, 우리가 오해하지 말아야 할 게 있다. 감독의 말을 받아들여 이 영화의 환각성을 인정한다 해도 그건 약의 힘으로 현실을 망각하고 초현실로 단번에 접속하는 그런 종류의 것이 아니다. 〈리미츠 오브 컨트롤〉은 새롭게 지각하는 법을 아는 자들만이 볼 수 있는 세상이기보다는, 새롭게 지각하는 법에 대해 영화적으로 사유하고 탐구하려는 자들을 위한 세상이다. 그걸 위해 지금 자무시가 영화 안팎으로 보여주고 들려주고 강조하는 것은 반복의 훈련, 그것의 중요성이다. 이 영화의 환각은 반복의 환각이다. 이것은 환각의 반복과는 의미가 다르다. 요컨대, 반복의 형식을 공고히 세우되, 그 형식에 지배되지 않기, 반복을 경험하되 동시에 지켜보기. 그 과정에 무엇이 있고, 그때 반복은 우리를 어디로 이끄는가. 고독한 남자(이삭 드 반콜)와 우리에게 주어진 임무다.

　물론 이 영화를 쉽게 읽고 싶은 유혹이 없는 건 아니다. 그저 스쳐지나가긴 하지만, 등장인물들의 입에서 '미국'이라는 단어가 나올 때, 우리는 고개를 끄덕이고 싶어진다. 이를테면 마을의 아이들이 고독한 남자에게 "당신은 미국 갱인가요?"라고 묻고, 남자를 감시하듯 따라다니는 헬리콥터를 향해 어느 소년이 "미국 거예요!"라고 소리치며, 마침내 등장한 임무의 표적 빌 머레이의 숨겨진 이름이 '미국인'임을 엔딩 크레딧이 알려줄 때, 이 영화는 명징해진다.

지금 이 세계의 알레고리? 미국이라는 빅 브라더? 하지만 이건 어떤 의미이 기보다는 그냥 짐 자무시의 농담이다. 미국이라는 상투성을 가지고 노는 것이 다. 고독한 남자가 휴대전화도 총도 사용하지 않고, 섹스도 하지 않는다는 설 정이 장르의 상투적인 선택지들을 물끄러미 바라보면서도, 정작 그것을 사용 하지는 않는 태도와 관련이 있는 것처럼 말이다. 고독한 남자 앞에 등장하는 세번째 여인이 분자론에 대해 남긴 알쏭달쏭한 말들도 정색하고 받아들일 필 요는 없지만, 약간의 힌트 정도로 여겨도 될 것이다. 개개인은 엑스터시 안에 서 도는 분자들의 조합이라거나 분자들의 배열에 의해 낡고 오래된 것들이 새 것이 될 거라는 논리에서 주목할 말은 분자가 아닌, 분자들의 배치다. 항의 내 용 자체가 아니라 항과 항의 관계가 흥미롭다는 것. 엑스터시는 무언가의 내 용이 아니라 항들의 배열에 의해 생긴다는 것. 익숙한 것을 다른 각도에서 보 아야 한다.

고독한 남자의 첫번째 접선자인 바이올린 남자는 말했다. "모든 건 인식에 의한 것이다." 그의 마지막 접선자인 멕시코인도 말했다. "모든 건 어떤 안경 으로 보느냐에 따라 달라진다. 모든 건 상상된 것이다." 이들의 말을 영화적 으로 형상화한 장면은 〈리미츠 오브 컨트롤〉에서 가장 인상적인 장면들 중 하 나이기도 하다. 남자가 그림 속에서 바이올린을 보면, 다음 장면에서 바이올 리니스트가 나오고, 그가 여인의 누드화를 보면, 실제로 그런 여인이 나타난다. 말하자면 상상하면, 이루어진다. 내가 무언가를 보고자 하면, 볼 수 있다. 고 독한 남자 앞에 차례로 등장하는 사람들, 혹은 사물들, 아니, 어딘지 사람 같 지 않고 사물 같지 않은 존재들, 즉, 바이올린, 누드, 금발, 분자, 기타, 멕시코 인(이 이름들은 내가 지은 것이 아니라 짐 자무시가 엔딩 크레딧에 올린 것이 다) 등은 남자의 상상의 산물이라고 보아도 무방할 것이다. 그의 의식이 타자 를 만든다. 그의 응시가 타자를 존재하게 한다. 그가 수련을 하는 것처럼 기이한 몸짓을 반복할 때, 그건 흰 종이를 삼키고 에스프레소를 마시는 것처럼, 마치 무언가를 이루려는 의지의 제스처처럼 보인다(김기덕의 〈빈집〉에서 투명인간이 되기 전에 유사한 몸짓을 하던 그 남자가 떠오르는 건 나뿐일까). 남자의 의지가 새로운 세계를 만든다. 그렇다면, 이 타자들은 결국 이 남자의 자기 동일적인 분신들일까? 영화가 되풀이하는 '현실은 자의적이다, 모든 것은 주관적이다'라는 말은 결국 이 의식의 주체에게 수렴되는 말일까? 우스운 비유이긴 하지만, 고독한 남자는 머리카락을 뽑아서 분신들을 만드는 머털도사인가?

그게 환각의 황홀한 점이라고 믿는 사람들도 있겠지만, 적어도 이 영화가 말하려는 바는 아닌 것 같다. '모든 것은 주관적'이라는 영화의 반복된 문구를 주체성의 강화로 읽으면 안 될 것이다. 우선 이 영화에서 경이롭다고밖에 표현할 길 없는 고독한 남자의 얼굴에 대한 이야기로부터 시작해보자. 대사도 별로 없고 표정도 없는 이 남자의 얼굴은 의미를 담지 않은 텅 빈 얼굴이다. 이렇게 말해도 될 것이다. 그의 얼굴은 그 무엇도 하려고 하지 않는 얼굴이다. 그렇기 때문에 모든 것을 하고 있는 얼굴이다. 위에서 언급한 분자 여인 식으로 말한다면, 매 숏을 채우는 그의 얼굴은 그 자체로는 개별성이 없는 매번 똑같은 분자다. 이 분자가 어떤 배열에 놓이는지에 따라 거기에 감흥이 찾아온다. 어떤 배열? 타자들의 배열. 남자의 얼굴의 반복에 차이가 생기는 건(혹은 그렇게 우리가 믿는 건) 그 앞에 나타나는 타자들과의 관계에 의해서다.

그 타자들은 인간일 수도 있고 사물일 수도 있다. 여자일 수도 있고 남자일 수도 있고, 그림일 수도 있고 풍경일 수도 있다. 이 영화 안에서 우리가 만난, 그 모든 존재들일 수도 있다. 잊지 말아야 할 건, 이들의 위상에 차이가 없다는 것, 분자 여인의 말처럼 "우주에는 중심도, 변방도 없다"는 사실이다. 배열은 중요하지만 거기에 통제의 중심은 존재하지 않는다. 모든 건 인식의 문제라고 영화가 말할 때, 주체의 인식이 중요한 게 아니라, 인식을 넘어서는 지점, 원래의 인식을 재인식하게 만드는 그 잉여의 지점이 중요한 것이다. 그리고 잉여의 자리에 존재하는 것, 아니 그 자리를 마련해주는 건 영화 속 타자들이다. 영화가 그걸 사유하고 있다고 생각되는 순간은 이 영화가 시선의 영화처럼 보일 때다. 시점이 아니라 시선이다. 그러니 앞서 언급했듯, 고독한 남자의 응시가 타자를 존재하게 만든다는 식으로, 즉 그를 이 영화의 응시의 주체로, 나아가 이 영화 전체를 그의 환각의 시점 숏, 그의 상상(계)으로 여긴다면 틀렸다고 할 수는 없겠지만 뭔가 공평하지 않다. '고독한 남자가 무언가를 본다'가 아니라 '여기에 시선들이 있다'라고 표현하고 싶기 때문이다. 영화 속 타인들의 존재가 남자의 상상물이라는 점을 인정하더라도, 중요한 건 그 사실이 아니라, 그 이후다. 그렇게 그의 눈앞에 살아난 타자들, 그의 응시를 받은 타자가 이제 그를 바라본다.

좀 이상한 표현이지만, 고독한 남자는 바라보인다. 응시의 대상이 된다. 이 영화가 그걸 극단적으로, 매우 신비롭게 형상화하는 순간들이 있는데, 그가 미술관에서 그림들을 바라보거나 건물 옥상에서 시가지의 풍경을 내려다보는 장면들에서다. 그때, 그가 무언가를 보고 있다는 느낌이 아니라, 그림이, 풍경이 그를 응시하고 있다는 느낌이 든다. 타자의 응시가 성큼성큼 그에게 다가와 그의 응시를 결박하거나 매혹하거나 위협하는 것 같다. 어떤 암시가 아니라 영화가 그 장면들을 정말로 그렇게 찍었다. 갑자기 등장해서는 그에게 성냥갑을 건네주고 어느새 사라지고 마는 타인들의 경우를 말하자면, 그들은 남자의 응시에 아랑곳하지 않는다. 그들은 고독한 남자의 응시에 의해 의미를 부여받는 존재라기보다는 그저, 그 자리에서 남자를 응시하는 순수한 시각성처럼 보인다. 그러니까 〈리미츠 오브 컨트롤〉은 고독한 남자의 상상력이 통제 밖으로 어디까지 뻗어나갈 수 있는지를 보여주는 영화에만 머무르지 않는다.

고독한 남자의 상상물이 그의 상상을 넘어서는 지점을 보는 게 중요하며, 그것이 이 영화 속 환각의 정체라고 말해도 될 것이다. 바꿔 말해 그가 통제하지 못하는 그 상상의 잉여, 타자의 응시는 그의 시간에 새로운 차원을 부여한다. 자기 동일적인 시간이 아닌, 나의 시간 안에 들어온 타자의 시간. 새로운 거리를 찾아 걷고 또 걷고, 미로 같은 골목길을 지나고, 낡은 건물들을 쳐다보고, 광장의 카페에 앉아 사람들을 관찰하며 타인의 시간을 유랑하는, 아니, 시간의 환각에 빠지는 그의 형상은 산책자의 그것이다.

그런데 이 영화에서 가장 이상한 건 영화의 거의 마지막, 고독한 사내의 목표물이자 여정에 종지부를 찍을 '미국인'이 등장하는 순간이다. 일단 느낌으로만 말하자면 이 부분은 앞서도 언급했지만, 영화 전반의 분위기와 달리 자꾸만 현실 세계를 흘깃거리는 것 같다. 미국인이 자신을 죽이러 온 고독한 사내에게 던지는 말들도 앞선 장면들의 모호함을 떠올린다면 직설적이라는 인상을 준다. 이를테면 "음악, 영화, 보헤미안, 과학 같은 것들을 믿는 환각에 취한 것들, 세상의 실재와는 아무 상관 없는 것들" 같은 말들. 그러므로 고독한 남자는 예술의 상상력을 옹호하기 위해 그걸 믿지 않고 억압하는 초자아, 혹은 시스템을 살해하는 것이다, 라고 해석하는 건 어딘지 상투적이다. 영화가 그의 여정을 매 순간 자기 목적적으로 느껴지게 만들어놓고, 굳이 최종 목표를 마지막에 세워둔 이유에 대해 납득하기가 쉽지 않다. 단지 최소한의 장르의 운용을 위한 선택이라고 보아야 마땅할까. 자무시가 뭐라고 대답할지는 모르겠으나, 내 생각에 이 부분은 장르적 선택이나 현실의 알레고리와도 별 관계가 없는 것 같다. 여기서 중요해 보이는 건, 고독한 사내가 환각과 상상의 여정을 통해 체화한 타인의 시간(결국 예술의 시간!)을 끌어안고서 거대한 동일자와 대결한다는 점이다. 그가 온전히 상상의 힘만으로 끝내 그 자리에 왔을 때, 그는 더 이상 임무를 수행하는 장르의 주인공이 아니라, 세상에 단 하나뿐인, 그러나 예술이라는 보편성을 구현한 남자처럼 보인다. 대결을 끝낸 남자를 태운 차가 헤드라이트의 얕은 빛에 의지해서 어둡고 황량한 땅을 빠져나올 때, 그 순간의 감동을 대체할 언어가 쉽게 떠오르지 않는다.

그러나 영화는 여기서 끝나지 않는다. 고독한 남자가 돌아오는 기차 안에서 성냥갑 속의 흰 쪽지를 꺼낸다. 그는 처음으로 그 쪽지를 삼키지 않고 손 위에 올려놓고 한참을 쳐다본다. 마지막으로 미술관을 방문한 그는 마치 구겨진 그 흰 쪽지가 확대된 듯한 작품을 들여다본다. 이전의 그림들이 그를 응시하는 느낌을 주었다면, 이번에는 그가 작품을 바라본다. 그 앞에서 무릎을 꿇고 무언가를 생각한다. 그런 다음 화장실에서 그간 입었던 양복을 벗고 운동복으로 갈아입는다. 여정을 함께했던 짐을 로커에 넣고 쓰레기통에 성냥갑 속의 그 흰 쪽지를 버린다. 그가 역의 문을 빠져나갈 때, 불현듯 영화가 끝난다. 그러니까 영화가 고독한 사내의 상상의 여정에서 끝나지 않고 뭔가 직접적인 행위(목표물 살해)를 하게 한 후, 기어이 현실로 돌아오게 만든 이유는 무엇일까? 아니, 영화의 마지막 장면, 남자의 마지막 선택(이를테면 흰 쪽지를 먹지 않고 버리기)을 두고 가상에서 현실로의 복귀라고 말하는 게 온당하기는 한가? 분명한 건, 이 후반의 시퀀스들로 가기 전에 영화가 멈췄다면, 〈리미츠 오브 컨트롤〉은 전혀 다른 이야기가 되었을 것이라는 사실이다.

이 영화 전체를 어느 고독한 남자의 긴 꿈이라고 보고 싶다. 그 꿈을 지탱하는 상상, 환각, 응시, 그리고 타자의 존재는 예술의 근원이다. 자무시는 그 꿈을 소중히 여긴다. 자무시가 그런 꿈을 영화적으로 형상화는 방식은 더없이 시적이고 매혹적이다. 그에 비해 현실성이 어른거리는 후반의 시퀀스들은 어딘지 덜컹거리고, 어찌 보면 지나치게 직접적인 발언처럼 보인다. 하지만 거기, 이 영화의 힘이 있다는 사실을 놓치면 안 된다. 자무시는 영화적인 오해를 무릅쓰고서라도 기어이 그 자리에 도달해야만 했을 것이다. "꿈들이 갖는 심리학적 근원을 찾아가는 것이 목표가 아니라, 꿈들이 깨어남에 가져다주는, 그러나 이성이 보통 경시하는, 속담 같은 눈짓들, 하지만 지극히 현실적인 그 눈짓들을 포착하는 일이 목표이다." 오래전 아도르노가 벤야민의 꿈에 대해 한 이 말을 〈리미츠 오브 컨트롤〉에 돌려주어도 괜찮다고 나는 생각한다. 고독한 남자를 찾아온 신비로운 금발 여인(틸다 스윈턴)은 "최고의 영화는 꿈같지"라고 말했다. 꿈같은 영화, 그것은 꿈의 내용이 우리를 도취하게 만드는 영화가 아니라, "꿈들이 깨어남에 가져다주는 눈짓"을 통찰하게 하는 영화다. 그러니 자무시가 고독한 사내의 마지막 발걸음을 통해 보여주고자 하는 건 그저 그런 현실로의 복귀도, 영화적 타협도 아니고, 강건한 예술적 각성이다. 지금, 영화가 다른 무엇에 기대지 않고 오직 그 자신의 고요한 이미지와 리듬만으로 우리에게 해줄 수 있는 최상의 위안.

(『씨네21』 2010. 8)

대부 1, 2

아!
이 거대한 질문이여

재개봉된 프랜시스 포드 코폴라의 〈대부 1〉과 〈대부 2〉를 보았다. 알고 있다. 이미 오래전 걸작의 반열에 오른 작품에 대해, 지금에 와서 더 이상 할 말이 남아 있을까. 게다가 무려 30여 년이 흐른 영화를 동시대 안으로 끌어와 말한다는 것은 온당한 일일까. 〈대부〉 시리즈가 지금 우리에게 주는 매혹은 어떤 새로운 경지의 깨달음이 아니라, 온전히 영화만이 선사해줄 수 있는 감흥에 대한 그리움과 기대에 있을 것이다. 물론 그 기대는 충족되었다. 하지만 이상하게도 영화를 보고 나서 지금까지 뇌리를 맴도는 건 감흥의 경험이 아니라, 다소 난감한 고민, 아니 질문이다(디지털 리마스터링 버전으로 다시 본 두 편의 〈대부〉가 새삼스레 안긴 생각에 관한 글이므로, 종결편인 〈대부 3〉을 여기서 본격적으로 논의하지는 않을 것이다). 단순한 범주화에 양해를 구하고 말하자면, 〈대부〉 시리즈는 아버지-아들의 서사 혹은 역사, 그리고 복수(revenge)로 추동되고 지탱되는 장르의 원본과도 같은 영화다. 이전에도 이후에도 수없이 반복되는 뼈대, 즉 '아들은 아버지의 법을 내면화하고 아버지의 역사를 반복한다'는 전제. 수많은 영화들이 아버지-아들의 서사를 완결하거나 실패시키고, 이에 대한 비평들이 그런 선택에서 함의를 발견할 때에도 그 전제만큼은 불변한다. 서사의 중심이 아버지에서 아들로 이어진다는 사실, 거기서 배태된 문제들, 혹은 아들이 아버지의 역사를 어떻게 반복하고 있는지의 문제만이 대체로 중요하게 다루어져왔다. 그 어떤 영화가, 혹은 비평이 위의 전제에 '왜'라는 질문을 한 적이 있던가. 돌이켜보면 나도 그랬다. '아버지의 법을 내면화하는 아들'의 플롯이 봉합하고 반복하는 역사를 가치판단의 대상으로 삼은 적은 수없이 많아도, 그 전제 자체에 대해 곰곰이 생각해본 적은 없다.

왜냐하면 우리에게 그 전제는 너무 당연하기 때문이다. 이미 위대한 프로이트가 증명했고, 수많은 이론과 예술의 토대가 되어왔으며, 인간(실은 남자)의 근본적인 욕망과 속성으로, 가부장적 문명사회의 근간으로, 그렇게 이미 거기 존재하는 것으로 여겨져왔기 때문이다. 그런데 〈대부〉 1, 2편을 보고 돌아오는 길에 나는 그만 이상한 혼란에 빠졌다. 정말 웃긴 일이다. 여섯 시간이 넘게 그런 전제가 가장 멋지게, 그것도 비판적으로 펼쳐진 영화를 보고 나서, 처음으로 우리는 왜 그 전제를 이런 장르의, 텍스트의, 혹은 이데올로기의 기본 명제로 받아들이는가, 하는 물음에 사로잡힌 것이다. 무모하기 짝이 없는, 말도 안 되는 질문인지 모른다. 하지만 엄밀히 말해 이 의문은 내 것이 아니다. 그것이 당혹스럽고 놀랍다. 나보다 〈대부〉가 먼저, 1편에서 2편을 거쳐 결국 그 물음으로 돌아가고 있었다. 오해가 없기를 바란다. 영화가 그 전제가 틀렸다고 문제제기를 하고 있다거나, 납득할 만한 어떤 답을 제공하고 있다는 의미가 아니다. 이 두 편의 영화는 결국 자신의 존재 전체를 질문으로 만들어 그 전제 자체를 들여다보고 사유하고 있다는 확신을 준다. 이 영화의 정교한 완결성, 형식적으로든 내용적으로든 우아하고 웅장하게 아귀가 딱딱 들어맞는 영화적 성취, 그것이 궁극적으로 지칭하는 역사성에 대해 감탄하는 건 어렵지 않을 것이다. 그런데 나는 이 영화가 정교한 퍼즐처럼 구성되어 있다는 데에는 동의해도, 그 퍼즐의 맞춤에서 무언가 정서적으로 어긋나고 비어 있고 불충분한 느낌을 받는다. 이 느낌은 위의 무모한 물음과 분명 관련이 있을 것이다.

〈대부〉 이후 유사한 뼈대의 영화들이 이 시리즈를 장르의 전형으로 여기고 모방, 변주할 때, 그들은 이 영화가 실은 그런 계보에서 가장 비전형적인 영화라는 점을 놓치고 있는 것 같다. 달리 말해, 〈대부〉가 위대한 건, 아버지-아들, 그리고 복수의 서사에 의존하는 이후 장르물의 모범답안이어서가 아니라, 웅장하고 비장한 장르의 전형들을 사력을 다해 조합한 다음에, 결국 자기 토대를 무효화할지도 모르는, 너무도 근본적이라서 불가능한 질문과 마주하기 때문이 아닐까. 이는 '이 영화가 미국 역사의 근원을 다시 쓰고 있다'는 식의 내용적 차원에 대한 흔한 지적과는 그 맥락이 좀 다른 것이다. 30년 묵은 영화에 대고 이런 표현을 쓰게 될 줄은 몰랐지만, 2010년 가을에 다시 본 코폴라의 〈대부〉 시리즈는 무섭게 도전적이고 신선하다.

주관적인 인상에 근거해서 말하자면 〈대부 1〉에는 왠지 매끄러운 표면만 존재하는 것 같다. 이야기의 두께를 따라간다기보다는 유려한 영화적 리듬을 타고 간다는 느낌을 종종 받는데, 그렇게 별다른 의문을 제기하지 않은 채 감탄하며 보다가, 문득 뭔가 비어 있다는 생각을 하게 된다. 영화에 대한 그 어떤 폄하의 의미로 하는 말이 아니다. 나는 오히려 이런 인상이 시리즈의 시작으로서 1편의 가장 중요한 지점이라고 본다. 말하자면 아버지에서 아들로 이어지는 콜레오네가의 서사에는 설명이 없고 오직 장르적 선택이 있다. 이 영화의 감흥은 인물들의 내면, 그들이 내린 결단의 심적 근거가 아니라, 장르 그 자체의 운동과 움직임에서 온다. 이 영화에서 콜레오네가의 역사에는 그것을 앞으로 나아가게 할 만한 충분한 과거, 현재, 미래의 내용물이 없다. 코폴라는 그 내용물을 굳이 채우지 않아도, 장르가 자기 힘으로 완성되게 만들었다. 혹은 콜레오네가의 아버지와 아들에게는 그런 힘이 있었다. 물론 영화를 보는 동안은 지나쳤어도 보고 나서 궁금해할 수는 있다. 아버지와 가장 다른 길을 걸을 것만 같았던, 패밀리의 대부가 되기에는 어쩐지 정직하고 순진해 보이던 마이클(알 파치노)이 아버지가 상대 패밀리의 공격을 받자 형들을 제치고 아버지를 지키는 역할을 선뜻 도맡을 때, 이상하다. 아버지에 대한 방어가 너무 쉽게, 짧은 시간에 상대에 대한 복수로 이행하는 것도 납득하기 쉽지 않다. 이것은 콜레오네가의 본성인가? 혈연적 필연성인가? 혹은 그저 장르적 관습에 따른 설정인가? 어느 쪽도 가능한 대답일 것이다. 영화가 그걸 결함으로 보이지 않게, 오히려 장르적으로 능숙하게 밀고 갔다는 점에서 우리는 충분히 만족할 수 있다. 그런데 〈대부 2〉에 이르자, 뭔가 달라진다. 다른 시각이 필요해진다. 그저 코폴라의 서사적 욕망이 보다 치밀하게 발휘된, 1편보다 나은 속편이라고만 말하기에는 미진한 구석이 있다.

〈대부 2〉는 1편의 장르적 표면을 설명할 근거, 내용으로 채워진다. 장르를 지탱하는 역사를 구조화하는 데 목적을 두는 것처럼 보이는데, 우리는 1편에서 그냥 지나쳤던 마이클의 선택에 대한 질문들로 다시 고개를 돌릴 수밖에 없다. 아니, 영화가 그렇게 만든다. 마이클은 도대체 왜? 그걸 말하기 전에 이 영화의 현란한 몽타주에 대해 말해야 할 것이다. 새로운 대부가 된 마이클의 얼굴이 시작과 끝을 감싸고 그 사이에 1편에서는 설명되지 않았던 아버지의 과거와 마이클의 현재가 교차된다. 말하자면 현재의 마이클보다 젊었던, 미국 땅을 막 밟은 소년, 비토 콜레오네의 전사가 등장한다. 가난한 이탈리아 가족의 막내아들로 태어나 온 가족이 억울하게 몰살당하는 것을 목격한 소년 비토는 미국행 배에 오른다. 자기 이름조차 제대로 말할 줄 모르는 어딘지 모자라 보이는 소년이 홀로 이민국 심사대를 거쳐, 홍역에 걸렸다는 이유로 수용소에 머무르게 된다. 그때 창밖, 미국 땅의 어딘가를 바라보는 소년의 뒷모습을 카메라가 가만히 바라본다. 가녀린 소년의 어깨, 그 앞에 펼쳐질 무궁무진한, 그러나 홀로 견뎌내야 할 미래, 아메리칸 드림. 더없이 순수해 보이는 이 기원에 연민과 향수를 느끼지 않기란 어렵다. 그런 다음 영화는 어른이 된 소년이 자신의 가족을 만들고 지키기 위해 행하는 선택들을 보여준다. 그가 손에 피를 묻히기 시작한 계기가 등장하는데, 그는 범죄자가 아니다. 아니, 그는 도덕적으로는 죄가 있으나, 윤리적으로는 죄가 없는 것처럼 그려진다. 그는 무엇보다 착한 시민이며, 공동체의 착한 이웃이다. 그의 어쩔 수 없는 폭력은 공격이 아니라 방어다. 그리고 그가 이탈리아로 돌아가 가족을 몰살한, 이제는 너무 늙어버린 권력자를 처단할 때, 그 복수는 난폭한 권력이 아닌 정당한 권리처럼 보인다. 그러나 아버지의 이런 과거 사이에 교차되는 아들의 현재에는 감정을 이입할 그 어떤 지점도 없다. 폭력은 그저 더 잔혹한 폭력의 원인일 뿐이며, 복수는 때때로 방어를 앞선다. 그렇게 각각의 시퀀스를 분리해서 보면 아버지와 아들이 과연 똑같은 대부일까, 묻게 된다.

문제는 영화의 편집이 종종 과거의 아버지와 현재의 아들이 각자 맞이하는 삶의 특정 국면을 필연적인 관계 안에서 연결시키는 것처럼 보일 때다. 이를테면 위험에 처한 가족들을 보며 복수를 다짐하는 마이클의 표정이 아픈 아이를 두고 아무것도 할 수 없는 아버지의 슬픈 얼굴로 겹쳐진다. 마이클의 무자비한 선택과 행위 다음이나 이전에 가족과 터전을 지키려는 아버지의 결단이 연결된다. 아버지의 과거와 아들의 현재가 교차하는 연결고리는 거의 대부분 그런 방식으로 맺어져 있다. 영화가 그렇게 믿고 있기보다는, 아들의 환상이 만들어낸 몽타주라고 보고 싶다. 비동시대적인 것을 동시대적으로 만드는 아들의 환상은 아버지의 기원을 자신의 행위의 근거와 일치시키려고 한다. 다시 질문해보자. 마이클은 왜 아버지의 자리를 이어받는가? 1편이 그걸 제대로 설명하지 않을 때, 나는 그걸 장르적 관습에 근거해 이해했다. 그런데 2편에 이르자, 아들이 아버지의 역사를 반복하는 이유가 등장한다. 아들은 도덕적으로 범죄일지라도 윤리적으로 그걸 회복할 수 있었던 아버지의 시대, 아버지가 지키려고 애쓰던 가치, 즉 1편의 아버지를 대부로 있게 한 기원을 자기 현재의 원인으로 여기려고 한다. 정확히 말해 행위의 이유를 자기 내부에서 찾지 못하는 아들의 혼란, 그것이 그를 이 환상으로 이끈다. 우리가 영화를 보며 아버지의 과거에는 내심 안도하고 위안을 얻으면서 아들의 현재에는 불안을 느낀다면, 그건 한쪽이 다른 한쪽의 환상이기 때문이다. 말하자면 (아버지의) 기원과 (아들의) 행위는 불일치한다. 그런 의미에서 〈대부 2〉의 표면적으로 물흐르듯 미끈한 몽타주는 실은 균열을 내재한, 가장 불안한 몽타주다. 내게 이 영화의 감흥은 그 간극에서 오는 것 같다. 그러므로 이렇게 단정적으로 말해도 될 것 같다. 아들의 복수, 폭력, 행위의 근거, 심지어 새로운 대부로서의 존재의 기원 같은 건 없다. 화려한 몽타주의 의미망을 지나 영화의 마지막 마이클의 얼굴이 대면하는 건 결국 무(無)이다. 그 얼굴은 반성하거나 회한에 젖지 않는다. 어디서부터 시작되고 잘못된 건지 알지 못하는 자에게 반성이란 불가능하다. 알 파치노가 로버트 드니로(젊은 비토)나 말론 브란도에 비해 정서적으로 부족하고, 어딘지 기계처럼 느껴진다면 그건 연기의 미숙함이 아니라, 그런 캐릭터의 상황에 근거할 것이다. 행위의 원인을 모르는, 아니 없는 인간에게 어떻게 파토스가 존재하겠는가.

결국 〈대부〉 시리즈의 미학적 성취를 논할 때 가장 많이 말해지는 교차편집, 이를테면 영화가 아버지/아들, 신(선)/범죄(악), 기원/행위를 정교하게 조직할 때, 거기 담긴 의미는 보이는 바와 달리 명확하지 않다. 영화는 위의 두 항들이 결과적으로 같다거나, 하나가 다른 하나의 나쁜 반복이라는, 이미 우리에게 너무 익숙한, 급진적인 척하지만, 실은 냉소적인 코멘트를 하고 있는 것이 아니다. 영화는 각 항의 실체가 아니라 둘 사이의 틈을 보라고 요구하고 있다. 그 틈에서 도대체 무슨 일이 벌어지고 있는가? 행위를 물신화하거나 원인을 절대화하지 않고 우리는 그 사이에서 무언가를 발견할 수 있는가? 영화는 그 답을 알려주지 않는다. 영화가 그걸 보여줄 수 있다고 여기지 않는다. 다만 반드시 질문할 수밖에 없게끔 만든다. 그게 〈대부〉의 무시무시한 점이다. 아버지와 아들, 기원과 행위, 선과 악은 두 항 사이의 틈을 사유하지 않고서는 서로가 서로에 대한 직접적인 근거로 존재할 수 없다. 요컨대 아버지를 한쪽에 아들을 다른 한쪽에 두고 양편을 과잉된 장르적 형식으로 넘치게 하지만 실은 둘 사이의 간극이 빈 채로 남겨지므로 완전히 장르적으로 해소될 수 없다는 것. 어느 쪽이 기원이고 행위인지, 혹은 선/후인지, 혹은 실체인지가 중요한 게 아니라, 그 사이의 누락된 시간, 과정을 질문하는 것이 중요하다. 그것이 〈대부〉의 역사성이다. 이 영화는 하나의 거대한 질문이다. 〈대부 2〉가 끝나기 전, 아직은 아버지가 생존하던 시절, 젊은 마이클은 아버지 생일에 모인 식구들에게 미군에 자원입대하기로 결정했다고 말한다. 그는 아버지와는 달리 합법적인 미국 시민의 삶을 꿈꾸고 있는 것처럼 보인다. 그러나 형들은 그를 비난하며 자리를 떠나고 홀로 남은 마이클은 긴 생각에 잠긴다. 이미 우리는 마이클이 어떤 선택을 했는지 알고 있다. 하지만 내게는 이 짧고 무거운 침묵의 시간이 〈대부〉 1, 2편을 통틀어 유일하게 마이클에게 온전히 주어진 장면으로 여겨진다. 그의 마음에서 어떤 요동이 쳤는지 우리는 알 수 없지만, 바로 그 안에 이 영화의 질문이 있다고 생각한다.

우리는 장르의 허구성을 현실의 역사로 보완해서 보다 총체적인 역사, 혹은 가치를 복구하고 창조하거나 장르의 정당성을 '진짜' 현실에 기대어 찾는 식으로 장르와 역사가 만나는 흔한 예들을 알고 있다. 하지만 적어도 〈대부〉 시리즈에서 코폴라가 그 둘을 직조하는 방식은 다르다. 그는 장르로 하여금 현실 역사(그것이 미국의 역사든, 아버지-아들의 서사든)의 허구적 측면, 환상을 구축하도록 한다. 영화라는 몸이 구현할 수 있는 최대치의 리듬으로 그 세계를 구축한 다음, 그 몸 전체를 결국 자신의 가장 앙상하고 근본적인 뼈대를 향하는 물음으로, 커다란 구멍으로 만든다, 허무한가? 아니, 가혹하다. 전제 그것이 불러온, 그 이후의 서사에 대해 질문하는 법에 익숙해져왔던 우리에게, 이제 그 전제 자체를 상대해야 할 순간이 왔다.

(『씨네21』 2010. 11)

4부

영화에게 보내는 편지

현실을 모방하는 건
아주 나쁜 버릇이지요
젊은 독립영화 감독들에게 보내는 편지

요즘도 가끔 질문을 받곤 합니다. 당신의 글은 누구를 향한 것입니까. 누군가는 단 한 명의 감독을 대상으로 글을 쓴다고 하고, 누군가는 독자들을 위해 글을 쓴다고 대답합니다. 언제나 그 질문 앞에서 망설이는 저는 늘 동일한 결론에 도달하게 됩니다. 나는 나를 들여다보기 위해, 그러니까 영화라는 세상을 경유해서 결국은 그 세상을 살고 있는 나의 변화를 보기 위해 글을 씁니다, 라고 대답합니다. 이기적인 태도라는 것을 모르지는 않지만, 아무리 생각해도 영화가 제게 중요한 이유는 그 때문입니다. 그런데 2013년 봄, 처음으로 누군가를 향해 글을 써야겠다는 긴급한 마음이 들었습니다. 정확히 말하자면 이 지면에서 단 한 번도 써본 적 없는 편지의 형식이 이번만큼은 저의 근심을 나누는 유일한 방식이 될 것 같았습니다. 지금 저는 학교에서, 현장에서, 혹은 일터에서, 오직 영화 한 편을 찍기 위해 힘겨운 삶의 조건과 싸우며 밤잠을 뒤척이다 우연히 『씨네21』을 뒤적일 젊은 감독님들에게 보내는 편지를 쓰려고 합니다.

영화 평론을 시작한 이래, 거의 매년 이런저런 영화제 심사를 하며 그해의 신작들을 볼 기회를 갖습니다. '선정의 변'을 쓰는 건 언제나 평론가의 몫이라 매해 '올해의 경향'에 대해 써야 하는데, 생생한 개별 작품들을 딱딱한 범주로 묶는 일은 늘 내키지 않고, 무엇보다 전년과 다른 올해의 새로운 경향이라는 것이 없을 때가 대부분이어서 선정의 변은 쓰는 입장에서도, 읽는 입장에서도 죽은 글처럼 느껴졌습니다. 올해 역시 수백 편의 작품들을 보고 나서 선정의 변을 써야 했고, 기억을 돌이켜볼 겸 지난 글들을 찾아보았습니다. 매해 빠지지 않고 등장했던 문구들, 이를테면 상투적이거나 작위적이다, 새롭거나 도전적이지 않다는 말을 올해 또 해야 한다는 사실이 낙담스러우면서도, 이상하게 이번에는 좀 다른 생각이 함께 들었습니다. 영화들의 경향을 지적하며 기껏해야 상투적이라는 표현을 쓰는 건 얼마나 상투적인가, 매해 선정의 변에 출품작 수와 선정작 수만 고쳐 써넣어도 되는 상황이 반복되는 건 물론 작품들의 문제 때문이기도 하지만, 그 작품들에게 말을 거는 비평의 방식 역시 안이함에 빠져 있기 때문은 아닐까, 하는 의문 말입니다.

지난 한 달간, 수백 편의 영화들을 보면서 이제 더 미루어서는 안 될 시점 앞에 왔다는 생각을 하게 되었습니다. 매해 세상에 얼굴을 내밀지만 비슷하게 한자리를 맴도는 수많은 젊은 영화들과 그들을 그저 같은 자리에서 쳐다보며 비슷하게 한자리를 맴도는 언어로 평가하는 비평 사이에 뭔가 다른 방식의 다른 질문들이 필요하다는 것을요. 물론 한 사람의 평자로서 저는 답을 갖고 있지 않으며, 답을 찾을 수 있다고 생각하지도 않습니다. 다만, 우리에게는 영화를 사이에 두고 질문을 발견하고 그것을 나누고자 하는 열망과 능력이 아직은 어딘가에 잠재되어 있다고 믿고 싶습니다. 그 어느 때보다 영화들의 소재와 그걸 다루는 방식이 천편일률적이기는 했지만, 왜 하필이면 올해 이런 마음을 가지게 되었는지 실은 잘 모르겠습니다. 분명한 사실 하나는 심사를 하면서 이렇게까지 심신이 지친 적은 없었던 것 같고, 이렇게 하나같이 뭔가에 지쳐 있는 영화들을 본 적도 없었던 것 같습니다. 그래서 이 편지를 씁니다. 지금부터 제가 하는 이야기는 어쩔 수 없이 최근 영화들, 특히 올해 본 극 단편들의 특정한 경향에서 시작될 수밖에 없을 것입니다. 물론 그 과정은 다양한 결들을 지닌 영화들 전체를 결코 포괄하지 못할 것이므로 미리 양해를 구합니다. 그저 이 편지가 우리 사이에 가능한 여러 질문들 중 어느 평자의 마음에 가장 다급하게 다가온 질문 하나로 읽히길 바랍니다.

바람직한 일은 아닙니다만, 심사를 하는 자리에서 편의를 위해 비슷한 소재의 영화들을 묶어서 통칭하는 경우가 종종 있습니다. 그러다보면 자연히 해당 연도의 경향이 잡힙니다. 이를테면 올해는 탈북자 영화, 연애 영화, 영화에 대한 영화, 백수 영화가 많다는 식으로 말이지요. 장르적 구분이라고 보기는 어렵고 현재 20대 감독의 관심사, 세상과 자신을 바라보는 방식, 그들이 모방하고 싶어하는 영화적 궤적 등에 대해 대강 짐작할 수 있는 일종의 통계 같은 것이라고 해두겠습니다. 최근에는 고등학생 감독들도 활발하게 출품을 하고 있고, 영화제가 나이에 제한을 두며 영화를 받는 것은 아니지만, 영화를 출품한 감독들 중 큰 비중을 차지하는 연령대는 고등학교를 졸업하고 사회에 막 발을 내딛거나, 영화과에 진학한, 아직 장편은 만들어본 경험이 없는 20대입니다. 그러니까 영화를 심사할 때마다 저는 20대 영화감독들의 현실, 영화적 취향, 세계관 등을 경험하고 매해 미세하게나마 거기에서 일어나는 변화를 감지하는 셈이지요. 물론 범주화를 통해 특정 세대를 알 수 있다고 믿는 건 매우 위험한 일이며, 불가능한 일입니다. 하지만 범주화를 거부하며 묘한 당혹감과 희열을 안겨주는 영화들보다 스스로를 범주화하는 영화들이 압도적인 현실에서 그런 범주들이 영화가 만들어진 현실에 대해서건 감독에 대해서건 분명 무언가를 말해주고 있다는 것 또한 사실임을 부정할 수는 없습니다.

그런데 좀 의아한 변화가 있습니다. 범주화되는 것에 저항하는 독창적인 영화들은 드물었어도 어찌되었든 다양한 범주들이 공존했던 예년에 비해 최근으로 올수록 그 범주의 수가 눈에 띄게 줄고 있다는 겁니다. 올해는 그 변화를 극단적으로 목격한 해였습니다. 얼마 전 심사를 하면서 우리는 수백 편 중 절반이 훨씬 넘는 영화들을 두 부류로 나눌 수 있다는 사실을 알게 되었습니다. 이른바 '왕따 영화'와 '편의점 영화'가 그들입니다. 말 그대로 전자는 중고등학교에서 왕따에게 가해지는 폭력을 다루고, 후자는 편의점에서 아르바이트하는 청년들의 가난을 다룹니다. 그런데 이 두 부류가 그런 현실을 바라보는 시선이나 그걸 영화적으로 형상화하는 과정은 둘을 겹쳐두고 보아도 무리가 없을 정도로 유사합니다.

우선 어른이 부재합니다. 부모는 폭력적이거나 무력하거나 아예 등장하지 않고, 이들은 홀로 버티거나 가장 역할을 해야 하는 삶의 조건에 놓여 있습니다. 이들은 사회 시스템으로도, 가족 제도로도, 심지어는 또래 집단과의 관계로도 보호받지 못합니다. 이들은 혼자 신문을 돌리고 편의점에서 아르바이트를 하고 막노동을 하며 생존하기 위해 애쓰지만 그 노력은 결코 경제적으로 보상받지 못합니다.

2008년에 저는 『씨네21』에 서울독립영화제를 앞두고 그해 독립영화의 경향에 대해 쓴 적이 있습니다. 청춘의 경제적 무력감이 이제 누구도 부정할 수 없는 이야기의 핵이 되었는데, 그 무력감의 정체가 수상하다는 논지였습니다. 이를테면 당시 저는 독립적인 삶은 원해도 독립적인 경제력에는 관심이 없으며 경제적인 무력감이라는 신종 심급으로 연대하는 세대의 초상을 몇몇 영화들에서 보았습니다. 이 영화들에는 백수로서의 자기 조롱이 깃들어 있었고, 이들의 무노동은 기성 질서에 대한 저항도 반감도 아니며, 한마디로 계급적인 성격을 띤다고 단정할 수 없는 조금은 희극적이고 유희적인 무엇이었습니다. 하지만 올해 본 영화들에서 목격한 경제적 무력감은 성질이 다릅니다. 여기, 더 이상 자기 조롱의 유머가 들어설 자리는 없습니다. 그들은 더 이상 골방에서 게으르게 빈둥거리는 백수의 초상이 아니라, 목숨을 걸고 일자리를 찾아 헤매지만 악랄하고 위선적인 기성세대의 이해관계에 매번 당하고 마는 약자의 초상으로 그려집니다. 하지만 의아하게도 그들은 저항하지 않으며 계급적 정체성으로 연대하는 대신, 그러니까 공동체 안에서 자신의 자리를 찾는 대신, 그야말로 기약 없이 피폐한 심신으로 권력관계를 버팁니다. 삶을 전환할 어떤 에너지도 없으며, 살아낸다는 인상보다는 자포자기하며 숨 쉰다는 인상이 더 강합니다. 그들이 그저 살덩어리가 아니라 살아 있는 인간임을 알려주는 인간적인 감정은 분노, 그리고 불안입니다.

그 짧은 몇 년 사이에 무슨 일이 일어난 걸까요? 언젠가 지난 몇 십 년간 20대들을 가르치며 그들의 변화를 체감해온 어느 교수로부터 '요즘 20대는 부모가 IMF를 지나며 무너지는 걸 직접 겪으며 10대를 보낸 경험이 있다. 이들은 지금 자기들이 당면한 궁지를 부모 세대와의 단절이나 반발로 대면하기보다는 오히려 기성세대의 불안과 자신들의 불안을 동일시하며 부모 세대의 희생에 대한 책임감과 언제든 나락으로 떨어질지 모른다는 불안감에 시달리는 것 같다'는 요지의 말을 들었던 것도 같습니다. 그게 맞는 분석인지 잘 모르겠고, 그런 사회적 원인을 규명할 능력이 저에게는 없습니다. 이미 수없이 나온 20대론에 의견 하나를 덧붙이고 싶은 생각도 없습니다. 다만 근래의 청년 감독들이 자신들의 10대를 불러오거나(왕따 영화), 현재를 반영(편의점 영화)할 때, 스스로를 언어화하는 방식, 의존하는 영화적 틀, 즉 이들이 과거와 현재를 대면하는 방식에 대해서만큼은 물어야 한다고 생각합니다. 덧붙여 다소 짓궂지만, 이런 질문도 하고 싶습니다. 이 두 부류의 영화를 만든 감독들은 모두 학교 폭력을 경험한 걸까요? 혹은 모두 아르바이트를 하며 착취당한 적이 있는 걸까요? 그렇지 않다면, 수많은 삶의 소재들 중 유독 이 두 부류에 이들이 매료되는 이유, 혹은 매달리는 이유는 대체 무엇일까요?

자신이 경험하지 못한 것을 영화로 만들어서는 안 된다는 말을 하고 싶은 것이 아닙니다. 이 두 부류의 소재를 다룬 수많은 영화들을 보고 난 다음, 마치 똑같은 영화를 반복해서 본 것 같은 느낌이 들었다는 말을 하고 싶은 겁니다. 달리 말해 같은 소재에서 출발했으나 서로 다른 이야기들로 만들어주는 구체적인 결들, 쉽게 말하자면 그 영화만의 눈, 현실에 대한 해석, 멈추고 바라보는 시선을 발견하기 어려웠다는 것입니다. 하나의 소재가 있고, 그 소재가 야기하는 유사한 사건이 있고, 사건이 작동하는 유사한 틀이 있는데, 그 틀이 가동되는 순간, 자동기계처럼 흐르게 내버려두는 영화들을 보며 저는 과연 지금 내가 보고 있는 건 대체 누구의 이야기인가, 되물을 수밖에 없었습니다. 가장 우려스러웠던 건, 그 틀이 이분법적 세계관에 기대는 데 아무런 망설임도 보이지 않고 있다는 점이었습니다. 왕따 영화에는 가해자와 피해자, 편의점 영화에는 악덕 업주와 비정규직 노동자의 구도가 전제되고, 여기서 이 구도가 서 있는 구조적인 맥락은 물론 최소한의 서사적 맥락을 읽어내는 일은 불가능했습니다. 이 영화들은 대체로 이상한 순서로 이야기를 쌓아올리고 있었습니다. 가해자의 맥락 없는 가학이 있어야 희생자, 피해자의 고통과 불안이 극대화되고, 그 고통과 불안이 참기 어려운 수준에 도달해야 죽음이든 복수든 더 약한 타자에 대한 착취든 사건의 폭력이나 분노의 폭발로 분출할 수 있게 된다는, 어딘지 거꾸로 굴러가는 도식이 영화들을 지탱하는 것 같았습니다. 숏, 신, 나아가 전체 이야기는 이 도식에 근거해서 필연성을 획득하고 있었습니다. 조금의 과장을 보태, 영화의 모든 요소들이 저 분노의 현현을 위해 복무하는 것처럼 보이는데, 영화 속 조악한 도식 안에서 존립 근거를 부여받는 저 분노의 실체는 실은 영화 안에서 설명되지 않고 있었습니다. 저 분노의 덩어리는 어디에서 온 것일까, 혹시 그것은 그저 장르적 욕망과 관련이 있는 것은 아닐까, 저는 궁금해졌습니다.

　약간의 우회가 필요할 것 같습니다. 장편영화들이기는 합니다만, 최근 우리가 본 독립영화들에는 간과할 수 없는 공통점이 있었습니다. 사실주의라는 용어의 쓰임새가 넓고 애매하기는 하지만, 이 용어의 관습적 의미를 따르자면 이 영화들이 현실을 재현하는 방식은 내러티브적으로도, 미학적으로도 사실주의적인 태도를 고수하는 것이었습니다. 요컨대 인물의 현실에 개입할 수 없다는 듯, 한곳에 고정된 카메라를 통해 롱테이크로 관찰하거나 인물의 동선을 앞서 이끌지 않고 뒤쫓아 따라갈 수밖에 없다는 듯 핸드헬드를 적극 활용하며, 고시원, 쪽방, 철거촌 등 이미 사회적인 특질이 부여된 공간의 리얼리티에 천착하는 건 전형적인 방식의 예들일 것입니다. 〈똥파리〉, 〈사람을 찾습니다〉, 〈빗자루, 금붕어 되다〉, 〈애니멀 타운〉, 〈무산일기〉 등부터 최근의 개봉작들까지, 우리는 그런 태도를 접해왔습니다. 이들은 그런 방식을 고수하며 사회 주변부 인물들의 반복되는 일상을 집요하게 따라갑니다. 그 삶은 우리의 보잘것없는 일상이 그러하듯, 아무런 사건도, 출구도 찾을 수 없는 썩은 물처럼 그 자리에 고여 있는 무기력한 삶입니다. 말하자면 이것은 이 영화들이 타자의 삶을 형상화하기 위해 선택한 태도의 윤리라고 할 수 있을 텐데, 주목할 부분은 이들 중 대다수가 그 호흡과 태도를 끝까지 유지하는 데 실패한다는 점에 있었습니다. 타자를 주체의 시선으로 쉽게 재현하지 않으려는 안간힘은 그럼에도 불구하고 이 타자를 어떤 식으로든 영화적 활동으로 만들어야 한다는 영화적 야심과 충돌할 수밖에 없었을 것입니다. 그때 이들은 사회의 구석으로 내몰린 타자를 분노로 활동하게 할 영화적 사건, 즉 폭력이 연루된 상투적이고 작위적인 사건들을 개입시키는 타협을 선택합니다. 그것이 사실주의적 태도를 고수하던 영화에 불쑥 장르적 클라이맥스가 침입한 것처럼 보였던 이유일 것입니다. 영화가 끝내 접근할 수 없는 타자라는 현실의 구멍을 어쩔 수 없이 장르적으로 메울 수밖에 없었던 것이지요.

다시 본론으로 돌아가보겠습니다. 위의 단편들이 도식적인 구도 속에서 불안과 분노에 사로잡힐 때, 제가 장르적 욕망을 엿보았다면, 그건 앞에서 말한 독립장편영화들이 어느 순간 장르적 폭발을 용인하는 것과는 좀 다른 맥락에 있는 것 같습니다. 위의 단편들이 세상을 바라보는 창문, 이들에게 애초 그것은 장르입니다. 리얼리티를 대면하는 이들의 영화적 태도는 장르입니다. 물론 장르적 욕망 자체가 쟁점이 될 수는 없을 것입니다. 문제는 이들이 장르적 틀과 자신이 서 있는 현실을 충돌시키며 영화 안에서 스스로를 부수고 세워가는 과정을 통해 구조와 형식을 고안하는 것이 아니라, 익숙한 장르적 틀을 세워두고 영화 밖으로 나온 다음, 그 틀을 비집고 나온 모호하고 돌출된 현실의 부분들을 쳐낸다는 인상을 준다는 점입니다. 말하자면 이들은 장르적 쾌감에 반응하는 관객의 시선을 취해 스스로를 대상화하고 쳐다보며 모양새를 다듬어가는 것 같습니다. 구체에서 시작해서 틀을 만들어가는 방향이 아니라, 추상에서 시작해서 구체를 삭제해가는 방향이라고 할까요? 사정이 그러하니 당연히 자신만의 영화적 리듬이 생길 리 없고, 왕따 영화 열 편을 보면 열 편 모두 동일한 전개 방식과 캐릭터가 반복되는 겁니다.

매해 출품작들을 보다보면, 특정 영화의 문법으로부터 영향을 받은 일군의 영화들, (이런 표현을 쓰고 싶지는 않지만) 아류작들을 발견하게 됩니다. 장르에 대한 매혹과 대한민국의 현실에 대한 시선을 접합하려는 시도는 나홍진의 〈추격자〉가 성공을 거둔 뒤, 지금까지도 계속 쏟아지고 있습니다. 윤성현의 〈파수꾼〉이 이슈를 몰고 온 뒤에는 고등학교 남학생들의 성장담(물론 학교 폭력과 왕따 문제, 자살과 같은 소재들을 포함합니다)에 대한 영화가 유독 많이 보입니다. 단지 소재적인 차원이 아니라, 특정 장면의 구도, 서사의 진행 방식, 캐릭터의 구성 등을 그대로 가져오면서, 왜 그런 앵글과 롱테이크와 핸드헬드를 써야 하는지, 왜 그런 플래시백이, 왜 그런 숏의 배치가 필요한지 고민한 흔적을 찾기는 어려웠습니다. 그건 결국 자신이 다루는 대상의 심정과 그들을 바라보는 자신의 마음을 들여다보는 일로서, 궁극에는 왜 이 영화를 만드는가, 라는 질문과 연결될 수밖에 없는 고민일 텐데 말이지요. 포스트 〈추격자〉와 포스트 〈파수꾼〉을 꿈꾸는, 아니 어쩌면 포스트 나홍진과 포스트 윤성현을 동경하는 영화들을 보면서 머리가 복잡해졌습니다. 이 영화들의 무엇이 20대 청년 감독들을 매료하는 걸까요. 충무로 중심으로의 성공적인 입성일까요. 아니, 이들의 장르적 욕망은 앞서 성공한 장르에 대한 모방의 욕망, 그 정도에 지나지 않는 것일까요?

이런 암울한 질문에 이르기까지 저를 근심에 빠뜨린 경향 하나가 더 있습니다. 이 두 부류의 영화들이 폭력을 다룰 때, 스스로를 어느 위치에 놓아야 할지 결정하지 못하고 있다는 점입니다. 요컨대 극단적 가학과 피학을 형상화하는 가운데, 정작 영화 자신이 그 폭력의 작동 과정과 어떤 관계를 맺어야 하는지에 대해 무심하다는 겁니다. 이때, 문제는 영화가 그 폭력의 메커니즘을 객관적인 3인칭의 시점에서 '보여주고' 있다고 믿지만, 실은 스스로를 구경꾼의 위치에 놓고 있다는 사실입니다. 구경꾼의 시선은 타자의 고통받는 육체와 타자로부터 되돌아오는 응시에 의해 흔들리거나 균열되는 대신, 그 타자로부터 거리를 둔, 좀 과장하자면, 그 광경을 그저 '영화'로 보는 시선입니다. 영화가 영화 속 인물들과 실은 아무런 관계도 맺고 있지 않다는 건 앞서도 말했듯, 이들의 장르적 틀이 실은 중층적인 현실의 침입을 가로막는 환상의 울타리로 기능하고 있다는 것이며, 그럴 때, 가해자와 피해자는 전형적이고 이미 완성된 이미지로 덩그러니 놓여 무의미한 폭력의 연쇄 안에 게임의 말처럼 존재하게 됩니다.

몇 해 전까지만 해도, 비극적인 현실을 다룬 대다수의 영화들은 죽음이라는 파국으로 끝을 맺곤 했습니다. 그 죽음은 현실에 대한 저항이 아니라, 서사를 끝까지 감당하지 못하고 성급하게 마무리짓기 위한 무책임하고 퇴행적인 선택이거나 세계에 대한 무기력한 비관으로 보일 때가 많았습니다. 이와 비교해, 올해 본 영화들의 결말은 좀 달라 보입니다. 선택을 미루거나 선택의 불가능성을 호소하는 결말들이 눈에 띕니다. 왜 여기서 끝내는 걸까, 반문하게 만드는 결말들 말입니다. 이 결말들은 더 나빠지고 있는 자신과 더 나빠지고 있는 현실을 물끄러미 쳐다보며 악순환의 한가운데에서 미련 없이 정지해버리고 마는 경우가 대부분이었습니다. 이것은 죽음보다는 긍정적인 결론일까요? 그래도 살아남아야만 한다는 호소일까요? 안타깝게도 저는 그렇게 느끼지 못할 때가 많았습니다. 이미 클라이맥스의 장르적 쾌감, 갈등의 고조를 맛본 구경꾼들에게 이야기가 어디서 끝나는지의 문제는 부차적인 관심사일지도 모른다는 생각도 해보았습니다. 하지만 성급하게 끝내버리는 영화만큼이나 멈춰도 되는 순간, 혹은 멈춰야만 하는 순간을 찾는 데 고심하지 않는 영화를 저는 신뢰하기 어렵습니다.

물론 이 편지를 읽으며 이런 반문을 하실 수도 있을 것 같습니다. 현실이 이토록 힘에 겨운데, 영화가 그 현실보다 어떻게 나아갈 수 있겠는가, 하고 말입니다. 그렇다면 지금 제게 떠오른 두 분의 말씀을 전하고 싶습니다. "영화는 꼭 삶과 같은 게 아니에요. 그럴 거면 영화를 할 필요가 없습니다. 현실을 모방하는 건 아주 나쁜 버릇이지요"라고 장률 감독은 정성일 평론가와의 인터뷰에서 단호하게 말한 적이 있습니다. 그 누구보다 황폐한 현실을 예민하게 응시하는 감독의 이러한 대답은 세계를 복제하지 말고 감각하라는 호소로 들렸습니다. "세계의 어떤 부재가 세계의 이미지들의 현존을 훗날 요청하는 것일까?"라고 영화평론가 세르주 다네는 물었고 저는 그의 비평적 궤적이 결국은 이 질문에 대한 답을 찾아가는 과정이었다고 생각합니다. 영화와 세계, 이미지와 현실의 관계에 대한 이 말들이 저에게도 여전히 쉽게 풀리지 않는 질문으로 남아 있지만, 지금으로서 저는 이렇게 이해합니다. 우리에게는 피폐한 현실이 있겠죠, 그리고 그 현실에 대한 꿈으로서, 욕망으로서, 기억으로서, 마음으로서의 영화, 그러니까 또 하나의 현실이 있을 것입니다. 이 두 현실이 겹쳐지고 서로를 밀어내는 과정에서 '나'의 변화를 보는 것, 세계를 바라보는 나의 마음을 보고 그 세계의 마음을 짐작하기 위해 애쓰는 것, 그것이 우리가 영화와 함께 살아야 하는 이유라고 말입니다. 추상적인 이야기로 들려도 어쩔 수 없습니다. 앞서도 말했듯, 평론가로서 저에게는 미리 상정된 답 같은 건 없습니다. 감독님들이 만드는 구체적인 영화적 순간들만이 제게는 또 다른 질문으로 나아가게 하는 답이 될 테니까요.

올해 수백 편의 작품들을 보고, 또 이 편지를 쓰면서 저는 결국 영화가 중요한 건 인간을 규정하는 판단이 아니라, 인간을 이해하려는 노력 때문이라는 근본적인 깨달음에 대해 다시 생각해봅니다. 영화로 분노하는 일보다, 분노의 틈에서 삶의 생기를 발견하고 필사적으로 껴안는 일이 훨씬 어렵다는 사실도 새삼 느낍니다. 우리의 세계에 카메라가 들어서는 순간, 우리가 함께 보지 못한 것과 본 것, 당신은 보았는데 저는 보지 못한 것, 저는 보았는데 당신이 보지 못한 것을 나누는 과정이 결국 감독과 평론가, 나아가 영화와 비평의 관계라고 저는 생각합니다. 부디 이 긴 글이 결국은 그 관계를 회복하기를 진심으로 소망하는 어느 평론가의 편지로 읽혔다면, 저는 더 바랄 게 없을 것 같습니다. 이제는 누구도 비평을 읽지 않는다거나 자본의 공세 속에서 독립영화의 설 자리가 점점 좁아지고 있다는 세간의 호들갑은 어제도 우리를 흔들었고, 오늘도 우리 곁에 있으며, 내일도 들려올 것입니다. 하지만 위기의 시기를 살

면서 그 위기를 몸소 겪지 않는 예술을 과연 우리가 원하는 예술이라고 부를
수 있을는지요? 그러니 저는 내년에도 이 편지에 대한 영화적 답장을 다시 한
번 기다리겠다고, 다짐해봅니다.

(『씨네21』 2013. 5)

편지 2

더 욕망하라,
세계의 문이 열린다

만약 2012년, 향후 몇 십 년을 내다보는 영화용어사전이 새로 발간된다면, '여성 영화'라는 항목은 과연 어떤 규정들로 다시 설명될 수 있을까. 남성의 시각적 쾌락의 대상에서 벗어나 여성이 응시와 재현의 능동적인 주체가 되어 서사적으로, 형식적으로 남성 중심적인 영화 관습에 대항하는 영화. 여성 영화에 대한 논쟁이 여성운동의 일환으로 꽃을 피우기 시작한 1970년대라면, 이런 정의들은 전략적으로 시의적절하고 명징하며, 미학적으로도 이론적으로도 전복적이었을 것이다. 하지만 지금, 우리가 동시대의 어떤 영화들을 그 범주 아래 일렬로 나열하는 것은 가능한가. 아니, 그런 작업이 여전히 의미를 갖는다고 말할 수 있는가. 좀 냉정해질 필요가 있다. 지난날 영화 안팎에서 적극적인 담론으로 활동하던 '여성 영화'라는 개념이 40여 년이 흐른 오늘날에 이르러, 영화의 변화, 여성의 변화에 무심한 채, 종종 영화 자체에 대해 그 무엇도 말해주지 못하는 구태의연한 용어로 소비되는 현실 또한 분명 인정해야 하기 때문이다.

물론 그건 '여성 영화'라는 범주의 모호함이 대면할 수밖에 없는 난점들에 어느 정도 기인하는 것이기는 하다. 우선 '여성 영화'는 인종, 계급, 섹슈얼리티가 제각기 다른 여성들의 영화를 하나로 포괄하는 상위 개념이 될 수 없다. 오히려 '여성'이 아닌 다른 범주가 이들을 더 밀접하게 묶는 경우도 많다. 그리고 무엇보다 여성이 만들고 여성이 출연하고 여성 관객이 향유한다는 사실이 영화가 여성적 시선을 견지한다는 사실과 반드시 일치하지도 않는다. 여기에는 생각보다 복잡한 층위가 얽혀 있다. 그러니까 우리는 '여성적이라는 것은 대체 무엇인가'에 대한 근본적인 차원의 질문과 마주할 수밖에 없다. 그 질문은 결국 섹스(생물학적 성)와 젠더(사회적인 성)의 구분에 대한 복잡한 논의들에까지 닿게 되지만, 그렇다 해도 '여성적'인 시선이 명확히 규명되지는 않을 것이다. 다만 일반적인 수준에서 이야기하자면, 쉽게 재현될 수 없는 것, 그 어떤 이데올로기로도 소급될 수 없는 것, 그것은 많은 여성주의자들이 남성 중심적인 재현을 비판하며 주장한 진정 '여성적인 것'으로서, 이 재현 불가능한 영역을 상징계의 언어에 기대지 않고 탐험하는 것이 여성 영화의 힘이라고 이해되어왔다.

'여성적인 것'이 본질적인 무엇으로 고정되고 실체화되지 않으면서 재현되고 설명되어야 할 어려운 영역이라면, 우리는 좀더 쉬운 영역을 알고 있기는 하다. 여성적인 영화를 규정하는 일은 어렵지만, (군이 예를 들지 않더라도) 반여성적인 영화를 골라내는 건 쉽다. 영화에서 반여성적인 혐의들은 언제나 상투적이고 획일적인, 이미 맥락화된 시선과 장치를 통과하기 때문에 아무리 영화의 '대의'가 훌륭해도 판단하기 어렵지 않기 때문이다. 그렇다면 영화에서 여성적인 것이란 결국 반여성적인 것의 부정으로서만 존재하는, 구체적으로는 포착할 수 없는 장소라고 여겨야 할까.

하지만 '여성 영화'라는 범주를 무조건적으로 신뢰하길 망설이면서도, 우리는 어떤 영화를 보는 동안만큼은 여기, 그곳에서만 가능한 무언가 다른 결이 일렁이고 있다는 걸 체험하게 된다. 그 체험은 '여성 영화'를 수식하는 현실의 무력한 언어들을 압도한다. 한정된 영화적 시간을 부서질 듯한 여성의 심리적 변화에만 온전히 의지한 채 진행되는 아녜스 바르다의 〈5시부터 7시까지의 클레오〉를 본 다음, 우리는 아무리 위대한 율리시스가 다시 살아난다 해도 그 도시와 거리의 숨결의 미학을 결코 복제할 수 없음을 믿게 된다. 혹은 클레르 드니의 〈초콜릿〉과 〈백인의 것〉에서 식민주의, 백인, 여성이라는 첨예한 위치에서 탐구된 아프리카의 육체성을 경험하고 나서는, 그 땅에 매혹되었던 수많은 남자 감독들의 피상적인 접근에 대해 비웃지 않기란 어렵다. 혹은 샹탈 애커만이나 카트린느 브레이야의 영화들을 보는 동안, 섹슈얼리티의 신비롭지 않은 밑바닥까지 이처럼 과격하게 난도질하면서도 동시에 착취하지 않고 품어 안으려는, 남자 감독들에게는 도저히 불가능한 시선에 우리는 격하게 동화된다. 혹은 마르지에 메슈키니의 〈내가 여자가 된 날〉에서 이란 여성들의 억압받는 삶이 단순한 피해자가 아닌, 고통의 시적(詩的) 주체로 형상화될 때, 그 여성들의 현실에서는 결코 허락되지 않는, 그래서 더욱 소중한 영화적 활기에 감동할 수밖에 없다. 혹은 가와세 나오미의 작품들을 따라가며, 우리는 여성에게 영화가 사적 일기에서 시작해서 세계를 확장하며 성장해가는 치유의 과정이 될 수 있음을 목도하고, 영화라는 그 치열한 거울을 끌어안고 싶어진다.

말하자면 '여성 영화'에 대한 위와 같은 의구심에도 불구하고 우리가 여전히 그것의 존재가치를 버릴 수 없다면, 바로 그 체험적 차원에서, 즉 남성 중심적인 사회에서 언어를 가져본 적이 없거나 언어를 잃고 수면 아래에 맴돌던 것들이 마침내 수면 위로 떠오른 순간, 보는 이의 몸으로 전이되는 그 폭발력과 절실함을 잊을 수 없기 때문일 것이다. 이 여성 감독들의 영화적 근거지는 단일 국가와 민족, 혹은 계급, 인종이기 이전에, 혹은 그 모든 것들이 들끓는 그녀들 자신의 육체이다. 고통받고 분열하고 욕망하는 그 육체를 사회적 질병으로 낙인찍고 영화 안에서도 그대로 질병화하는 주류 영화들과 달리, 이들은 그것을 질병으로 호명하지 않고 남성 중심적인 세계를 버티는 영화 언어로 전환한다. 그때, 광기, 우울증, 히스테리, 과잉, 결핍 등은 알레고리적으로 해석되기 이전에 이미지 그 자체의 당당한 활동으로 꿈틀거린다. 그 꿈틀거림은 세계의 병적 증상이 아니라, 현실과 그 너머, 사적인 삶과 사회 제도를 포괄하며 새롭게 감각된 세계 그 자체.

이렇게 표현해도 될 것 같다. 욕망하기를 포기하지 않는 여성들의 욕망을 영화는 어떻게 욕망할 수 있을 것인가. 이 시대, 우리에게 충격을 주는 '여성영화'는 욕망의 이러한 중층적인 작용을 기꺼이 수행하는 영화들이다. 여성 영화의 역사에서 여성을 욕망의 대상에서 욕망의 주체로 만드는 일이 중요했던 이유는 누가 지배의 자리를 선점할 것인지의 문제 때문이 아니라, 그때 지배와 피지배, 주체와 타자의 경계에 생긴 틈에서 세계의 새로운 욕망이 열릴 수 있음을 믿었기 때문이다. 만약 우리가 지난 20여 년간 여성 영화의 모범으로 가장 많이 언급되었을 영화, 마를렌 고리스의 〈안토니아스 라인〉이 여전히 진부하지 않다는 데 동의한다면, 그건 영화가 구현하는 모계사회적인 대안가족의 형상이 놀라워서가 아니다. 가부장적 체제의 도덕, 관습, 규율을 먼지처럼 가볍게 만드는 가장 강력한 저항 양식은 오직 욕망하기를 포기하지 않는데서 시작된다는 것, 그 욕망이 중요하다는 것을 여성 4대에 걸친 서사가 삶과 죽음을 거듭하며 깨우치고 설득해서다.

'여성 영화라는 것이 과연 존재하는가, 아니, 그 범주는 유효한가, 존재한다고 해도 규정하는 것은 가능한가'에 대한 의문에서 이 글은 시작되었으나,

결론에 이르러 우리는 더 많은 '여성 영화'가 만들어지기를 응원하는 일이 지금 더 간절하다는 걸 깨닫는다. '여성 영화'라는 모호한 영역을 보다 안정적으로 공고히 다지기 위해서가 아니다. '~적'이라는 말로 수렴되는 모든 테두리를 수많은 결들로 분화하고 파열시키는 욕망의 창들, 그 창을 필사적으로 찾아 껴안는 것은 무언가를 소유하려는 욕망과 다르다. 그리하여 영화와 이 세계에 더 많은 가능성의 조건들을 개진하고 그렇게 욕망과 가능성으로 연대하여 그렇게 자신의 정체성을 지속적으로 갱신하는 것. 갱신을 두려워하지 않는 그 세계만큼은 아직도, 여전히 '남성 영화'로서는 감히 탐낼 수도, 도달할 수도 없는 '우리만의' 영역 아니겠는가.

(『씨네21』 2012. 4)

그럼에도 불구하고
영화 '글'은 필요하다

이 작은 지면에 영화 글이 존재해야 하는 이유에 대한 보편타당한 근거를 댈 수는 없을 것이다. 아니 나뿐만 아니라, 영화 글쓰기를 업으로 삼은 친구들에 게서 그 이유에 대한 확신에 찬 답을 들은 기억은 없다. 오히려 한 편의 위대 한 영화 앞에서 글 한 편의 하찮음에 대해, 무기력에 대해 토로한 적이 많았던 것 같다. 그럼에도 그 세계를 글로 옮기고 싶은 유혹을 포기하지 못할 때, 대 체 이 욕망은 무엇일까, 자괴감에 찬 물음을 던지게 된다. 그러니 영화 글이 존재해야 하는 객관적인 이유가 아니라 지금 내가 영화평을 쓰는 이유 정도로 질문을 바꿔야 할 것이고, 이 글은 다분히 개인적이고 사심 가득한 견해로 채 워질 수밖에 없을 것이다.

경험상으로, 관객 대다수가 영화 글을 찾아볼 때 원하는 바는 해당 영화에 대한 명쾌한 답을 찾는 것이다. 감독과의 대화 시간마다 나오는 질문들, 그러 니까 이 영화의 메시지는 무엇이냐, 특정 장면의 의미는 무엇이냐에 대한 답들을 그들은 영화 글이 밝혀주기를 기대한다. 혹은 좀더 노골적으로 이 영화를 볼 것인지 말 것인지의 가이드라인을 제시해주기를 바라며 영화 글을 별점과 같은 맥락에 둔다. 그러므로 그들에게 영화 글은 이해하기 쉬워야 하고 답을 가지고 있어야 하며 무엇보다 영화에 봉사해야만 한다. 하지만 내가 이 일을 할수록 점점 더 절실하게 느끼는 건 영화 글은 그런 효용성과는 관계가 없으며, 없어야 한다는 사실이다. 효용성을 전제로 하는 영화 글은 엄밀히 말해 비평이 아닌 정보라고 해야 할 것이다. 내게 영화 글이란 비평이며, 비평은 답을 알려주는 것이 아니라 질문을 제기하는 과정에 훨씬 더 가깝다.

왜 이 영화인가. 좋은 영화 글은 언제나 이 질문과 힘껏 부딪친다. 전 세계를 떠다니는 수천 편의 영화 중 한 편으로서가 아니라, 지금 나를 건드린 단한 편의 영화와 마주하는 것. 그건 거리를 두고 영화 밖에서 안을 들여다보며 설명하거나 심판자가 되는 게 아니다. 그건 바로 이 영화가 하필이면 이 순간 자신을 지나간 흔적에 대해 생각하는 일, 즉 나의 시간과 영화의 시간, 혹은 내가 사는 세계와 영화가 숨 쉬는 세계가 만나는 순간에 대해 생각하는 일이다. 나의 시선과 영화의 세상이 언제나 연루되어 있음을 잊지 않는 것, 달리 말해 그 사실을 은폐하는 (영화의, 혹은 나의) 환상과 싸우는 것이 중요하다. 현실에서는 그저 길가에 굴러다니던 돌멩이 하나가 스크린 속에서는 그 어떤 서사적 기능 없이도 뭐라 표현할 길 없는 감동을 준 적이 있는가? 스무 살에 보고 별다른 감흥을 느끼지 못했던 영화가 20여 년이 지난 후 다시 볼 때, 지극히 사사로운 순간에서조차 눈물짓게 한 적이 있는가? 언어로는 도무지 표현할 길 없는 이런 기이한 경험을 어떻게든 언어화해보려는 시도, 그것이 영화 글이다. 결국은 영화 안에서 나의 변화, 나의 배신, 나의 비루함, 나의 미약한 가능성을 끊임없이 감각하고 보려는 시도, 그건 다름 아니라 세계에 대한 나의 질문을 놓지 않으려는 시도일 것이다. 그 시도가 어찌 객관적이고 확정적이며 보편적일 수 있겠는가. 그리하여 언제나 실패에 더 가까이 닿아 있는 그 시도는 그럼에도 불구하고 당신에게, 나에게 영화 글이 존재해야 하는 절실한 이유가 된다.

(영상자료원, 2014. 10)

편지 4

영화제라는 환상

개인적인 이야기로 이 글을 시작하는 것에 대해 미리 양해를 구하고 싶다. 지난 1월 말, 네덜란드에서 열리는 로테르담 영화제에 심사위원으로 참석했다. 일주일간 하루에 네다섯 편의 장편영화를 보았고 미국, 러시아, 아르헨티나, 네덜란드 출신 비평가들과 심사를 했다. 오해가 없기를 바란다. 지금 내가 쓰려는 것은 자랑이 아니다. 이전까지 내가 가본 국제영화제라고는 한국에서 열리는 몇몇 영화제들이 전부였다. 해외영화제를 다녀온 동료들이 쓴 참관기를 읽을 때마다 동경 어린 마음으로 상상을 해보았다. 새로운 영화를 다른 누구보다 먼저 발견하는 기쁨을 누리며, 극장과 극장 사이의 공기를 느끼고, 국적이 아니라 오직 영화로 연대하는 설렘. 몸은 지쳐도 정신은 깨어나는 순간들. 물론 나도 알고 있었다. 영화를 사랑하는 것과 영화제를 사랑하는 것은 적어도 내게는 같지 않은 일이라는 것을. 조심스러운 말이기는 하지만, 영화제는 언제나 내게 얼마간의 의무, 그리고 얼마간의 피로함을 안기는 장소이며, 그

건 영화 자체와는 별개의 문제일 때가 대부분이었다. 영화를 업으로 삼은 사람이 영화제를 그렇게 느낀다는 건 별로 자랑할 만한 일이 아니므로, 이런 감정은 그냥 묻어두고 있었다. 혹은 술이나 마시며 그야말로 영화제 언저리를 맴돌 때가 많았다.

어쨌든 기대와 두려움을 안고 로테르담에 도착했다. 실은 영화제에 대한 뜨거운 마음을 찾고 싶었다. 그런데 이상한 일이었다. 동이 틀 무렵에 시작되어 늦은 밤 끝나는 일정이 반복되는 동안, 나는 퍽퍽한 햄버거를 목구멍에 밀어넣듯 영화들을 밀어넣고 있으며, 내가 타지에 와 있다는 사실조차 느끼지 못하고 있다는 걸 알게 되었다. 심사를 위해 의무적으로 보아야만 했던 영화들이 대체로 훌륭하지 않았다는 게 가장 큰 이유였을 것이다. 비바람과 눈보라 속에서 해를 보지 못한 탓도 있었을 것이다. 하지만 나는 지난 8년간 여러 영화제들에 출품된 영화들을 심사하면서 (그들에게는 미안한 말이지만) 4백 편을 심사하면 그중 즐겁게 볼 수 있는 영화는 고작 열 편 내외라는 사실을 몸으로 알고 있는 사람이다. 그러니 심사해야 하는 영화들이 기대 이하거나, 날씨가 기운을 빼앗아갔다는 건 어쩌면 핑계일지 모른다. 영화 애호가들이 가장 사랑한다는 이 멋진 영화제에 와서 대체 나는 왜 이렇게 무감각해지고 있는 것일까. 로테르담에 머무는 내내 그 생각에 빠져 지냈다.

그곳에서 영화를 매개로 만난 많은 비평가, 프로그래머들은 일 년의 상당 시간을 영화제에서 다음 영화제로 이동하며 사는 사람들이었다. 그렇게 해야 새로운 영화들을 발견하고 소개할 수 있으니 어쩌면 당연한 일이다. 좀 과장되게 말해서 그들에게 국적은 다른 무엇도 아닌 영화이다. 이를테면 이런 식이다. 일본에서 태어나 미국에서 공부하고 남미 영화의 전문가가 되어 멕시코에서 살며 일 년에 일곱 개의 나라에서 열리는 일곱 개의 영화제를 돌아다니는 것이다. 말하자면 영화 유랑자가 그들의 정체성이다. 내가 그들을 모두 만

나쁜 것이 아니므로 단정 지어 말하는 건 위험하며, 여기에 어떤 편견이 작동하고 있다는 것 또한 인정해야겠다. 하지만 나의 편협한 인상에 근거해 말해도 된다면, 이들은 어쩐지 영화라는 비행접시에서 또 다른 비행접시로 옮겨타며 현실에서 붕 떠서 희열과 우울을 오가는 사람들처럼 보였다. 그 안에서만은 오직 영화가 세상의 전부인 것처럼 굴러가는 세계. 영화가 모든 국적, 성, 계급의 경계를 지우는 것처럼, 그래서 모두가 영화 하나로 평등하게 소통할 수 있는 것처럼 보이는 세계. 그 세계는 영화제라는 환상이었고, 여기 모인 사람들은 그 환상 안에서 어떤 식으로든 영화에 대한 자신의 외로운 순정, 혹은 이해관계, 혹은 인정욕구를 실현하고 있는 것처럼 보였다. 하지만 나는 비로소 내가 즐기지 못하는 것, 아니, 정확히 말하면 끼어들지 못하는 것이 그 환상이라는 것을 어렴풋이 느끼게 되었다.

영화제 일정을 시작하는 아침마다 나는 그나마 내가 알아들을 수 있는 BBC 뉴스를 틀어놓고 있었는데, 그 일주일 동안 뉴스는 언제나 비극들로 시작되었다. 남미의 나이트클럽에서 수백 명의 사람들이 죽었고, 이집트의 반정부 시위대들이 무참히 학살되었으며, 시리아군의 폭격으로 민간인들이 사망했다. 하지만 영화제가 열리는 메인 상영관 문을 넘어서는 순간, 그 현실의 얼룩은 영화제라는 환상의 문턱 너머에서는 보이지 않았다. 아침을 먹으며 우리는 어제 본 영화에 대해 침을 튀기며 의견을 교환했지만, 아침의 뉴스에 대해서는 그 누구도 말하지 않았다. 영화평론가 정성일은 언젠가 영화를 사랑하는 것은 이야기를, 혹은 이미지를 사랑하는 것이 아니라 세상을 사랑하는 것이라고 말했다. 나는 지금 현실의 비극과 영화제라는 환상을 대립 구도로 놓고 한쪽을 지지해야 한다고 가치판단을 하려는 것이 아니다. 혹은 영화가 정치적인 메시지를 던지고 선동해야 한다고 말하는 건 더더욱 아니다. 다만 영화제라는 환상에 기꺼이 몸을 던지는 영화인들이 세상을 다룬 개별 작품들을 평가하고 지지하거나 비판하는 만큼 그 거친 세상 자체도 온전히 사랑하는지, 그 못난 세상을 끌어안는 법에 대해 고민하는지 내 몸은 잘 느끼지 못했다. 그때 영화제는 자기만족적이고 도취적인 마약 같았다. 영화제를 떠나며 평론가로서는 불온하게도 나는 '영화가 정말, 그렇게 중요한가?' 되묻고 있었다.

(『고대신문』 2013. 3)

그 죽음에 대한 애도,
가능합니까?

5월이다. 지금 우리에게는 어쩔 수 없이 떠오르는 죽음이 있다. 마침 한국 영화 세 편이 거의 동시에 개봉을 했고, 세 편 모두 각자의 방식으로 죽음을 말하고 있다. 물론 〈시〉, 〈하녀〉, 〈하하하〉는 한 묶음으로 논할 수 있는 영화들은 아니다. 이들이 여전히 애도되지 못한 죽음의 필연적인 영화적 귀환이라고 말하려는 것도 아니다. 다만, 우연이라고 해도 이 영화들 안으로 동시에 찾아온 죽음은 지난 일 년간 한국 사회의 구천을 떠돌았을 여러 비통한 죽음들을 상기시키는 면이 있고, 그냥 지나치기는 어렵다. 〈시〉, 〈하녀〉, 〈하하하〉 각자의 죽음에 대해 말하지 않고서는 이 영화들과, 이 영화들의 5월을 떠나보내기가 힘들 것이다. 지난번 '전영객잔'에 〈하하하〉에 대해 쓰면서 나는 죽음은 아무리 근사한 표현을 가져다 붙여도 삶보다 관념적일 수밖에 없다고 말했다(『씨네21』 753호). 실은 〈하하하〉에 드리운 죽음의 기운을 피하기 위해, 그걸 삶의 기운으로 읽어내기 위해 안간힘을 썼다. 하지만 한꺼번에 찾아온 세 편의 영화를 뒤늦게 함께 생각하면서 죽음에 대한 사유를 얼마간 끌어안을 필요를 느낀다.

　이미 그 결에 있어서 비평적으로 찬사를 받은 영화들을 무리하게 정리한 느낌이 들긴 하지만, 죽음에 관해서라면 세 작품은 이렇게 말해도 될 것이다. 〈시〉는 타자의 죽음 이후, 죽음과 함께 이제 어떻게 살 것인가에 대해 묻는 영화고, 〈하녀〉는 이 세계가 어떻게 타자를 죽음으로 떠미는지, 그때 죽음은 어떤 선택이 되는지를 보여주는 영화다. 〈하하하〉는 좀 다른 차원에 있기 때문에 같은 선상에서 논하기 어려운 면이 있다. 이 영화의 죽음은 내용이 아닌 구조와 배열의 문제다. 이때의 죽음은 무언가의 원인이나 결과가 아니며, 사회적 차원에 있기보다는 차라리 영화적 차원에 있다. 혹은 도덕적 차원에 있기보다는 윤리적 차원에 있다. 흑백의 스틸사진이 바라보는 과거의 충만한 생동감으로 보든, 현재의 충만함이 예견하는 미래의 죽음으로 보든, 혹은 동시에 뒤섞여 공존하는 무엇으로 보든, 아무튼 어딘가에 죽음, 혹은 정지, 혹은 끝이 내재하는 건 맞다. 그러나 그 죽음이 삶을 말하기 위해서 영화에 머무른다는 걸 보는 게 중요하다. 삶을 말하기 위해서는 죽음을 말해야 한다는 상투적인 수사를 반복하는 게 아니라, 그 죽음이 행복에 대한 이해와 밀착된다는 걸 물질적으로 느끼는 게 중요하다. 〈하하하〉가 홍상수의 영화들 중에서도 유독 삶의 유쾌한 웃음과 죽음의 그림자의 극단적 공존처럼 보이는 건, 그리고 우리가 그 사이에서 필사적으로 요동치는 무언가를 경험하는 건, 어쩌면 필연적인 결과다. 행복을 붙잡고자 하는 마음이 커질수록 소멸, 죽음에 대한 이해는 동시에 진행될 수밖에 없기 때문이다. 아무튼 〈하하하〉의 죽음은 〈시〉, 〈하녀〉의 죽음과는 기질적으로 다르다(〈하하하〉는 지난 몇 주간 상대적으로 많이 다뤄졌고 나 역시 한 차례 비평을 쓴 만큼, 이 글은 나머지 두 영화의 죽음에 더 할애될 것이다).

〈하하하〉에 비해 〈시〉와 〈하녀〉의 죽음은 사회라는 토대를 공유한다고 말할 수 있겠지만, 단지 거기까지다. 이창동과 임상수는 다르다. 다만 두 영화 모두 죽음을 전면화하는 장면들이 영화적 결단인 것만은 틀림없고, 거기에 영화의 쟁점이 숨어 있으며, 그걸 어떻게 읽어내는지에 따라서 영화에 대한 판단이 달라질 것 같다. 미리 말하자면 〈시〉에서 미자의 내레이션이 소녀의 목소리로 바뀌고 소녀가 고개를 돌려 스크린 밖으로 시선을 던지는 장면과 〈하녀〉에서 은이가 난간에서 뛰어내려 분신자살하는 장면은 많이 언급되었지만, 여전히 수많은 질문들이 남는다. 그러므로 이 글은 영화 자체에 대한 본격적인 비평이기보다는 그 속의 죽음들이 남긴 질문들을 돌아보는 글로 읽히길 바란다.

〈시〉는 앞에서 말했듯, 타자의 죽음 이후 그 죽음을 어떻게 대면하고, 산자가 죽음의 빈자리를 어떻게 살아낼 것인가를 묻는 영화다. 그리고 시를 쓴다는 것은 그 질문을 반드시 경유해야만 하는 일이다. 시는 아름다움도 말할 수 있고, 죽음도 말할 수 있는 것이 아니라, 적어도 이 영화에서 시는 타자의 죽음을 만나지 않고서는 쓰여질 수 없다. 공교롭게도 3년 전 임상수의 〈오래된 정원〉이 "서정시가 불가능한 시대의 연가"(이영진, 『씨네21』 585호)였고 서정시를 부수는 시대의 분열이 고통스러웠다면, 이제 〈시〉는 그 부서진 시를 대면하는 개인의 분열이 고통스러운 영화다. 지아장커가 예전 어느 인터뷰에서 했던 말을 좀 변용하자면, 이렇게밖에 살 수 없는 시대의 고통은 무엇인가에서 이런 시대에서도 살아가는 사람들의 고통은 무엇인가로 시의 자리가 옮겨가고 있다고 말해도 될 것이다. 영화는 미자가 시 쓰는(못 쓰는) 과정을 통해 죽음이 만연한 시대의 슬픔을 보여주는 게 아니라, 살아 있는 한 어떤 식으로든 타자의 죽음을 반복해야 할 의무가 우리에게 있다는 걸 보여주려고 한다. 그러나 미자는, 영화는, 혹은 우리는 궁지에 빠진다. 어찌되었든 살아 있는 자들인 우리가 어떻게 타자의 죽음을 반복할 수 있을 것인가. 미자가 소녀의 시체가 떠내려가던 강변에서 비를 맞으며 멍하게 앉아 있을 때, 그녀의 텅 빈 노트 위로 마치 누군가의 눈물처럼 빗방울이 떨어질 때, 타자의 죽음을 반복한다는 것은 가능하기는 한가, 절망적으로 묻게 된다. 결국 〈시〉는 애도의 문제에 당도한다. 하지만 이창동은 타자의 상실을 완전히 받아들이는 것, 즉 죽은 자에 대한 충분한 애도를 통해 자아를 회복하는 프로이트의 그 과정을 지향하고 있는가. 〈시〉는 오히려 타자의 완전한 상실, 달리 말하면 타자에 대한 완전한 애도를 받아들여도 되는가, 반문하는 영화에 가깝고 타자의 죽음에 마주한 주체의 그런 곤경을 사회적으로든, 문학적으로든 쉽게 처리해서는 안 된다고 말하는 것 같다. 그렇기에 더욱이 이 영화가 도달한 마지막 장면은 좀 이상하다. 이 마지막에는 전반부에 비해 뭔가 끝까지 밀고 나아가지 못했거나 스스로의 사유를 철회한 느낌이 있다.

영화의 도입부에 소녀의 주검이 아무런 설명 없이 강을 따라 떠내려올 때, 우리는 소녀의 육체적 죽음은 무언가 충분히 말해질 때까지 영화로 돌아올 수밖에 없는 운명을 지니게 될 것을 예감한다. 영화가 이 이미지를 단순히 소모하기 위해 배치한 것이 아니라면, 이 가련하고 억울한 죽음의 익명성은 어떤 식으로든 상징적인 의미를 획득하기 위해 영화 속 누군가의 삶으로 돌아올 것이다. 일단 미자에게 끝내 잡히지 않는 시상, 시를 쓸 수 없게 만드는 지속적인 고통은 바로 유령이 되어 자신의 죽음을 상징화하려는 소녀의 고통이 영화적으로 현현한 순간이라고 말해도 틀리지 않을 것이다. 그 둘이 서로의 고통을 마주하는 팽팽한 긴장의 순간, 물론 우리에게는 한쪽(미자)의 고통만 가시화되지만, 그 순간이야말로 이 영화에서 타자의 죽음이 반복되는 순간일 것이다. 중요한 건 미자의 시가 실패하고 소녀의 상징화가 실패한다는 점, 그걸 한 테두리 안에서 읽는 것이며, 그렇다면 그 실패할 수밖에 없는 데서 오는 고통에 어떠한 태도로 임해야 하는가이다. 그런데 후반부를 보고 난 후, 다시 돌이

커볼 때, 영화의 방향이 좀 달리 읽힌다. 짚고 넘어가야 할 문제다. 영화는 둘의 고통을 이렇게 마주하게 만드는 과정에서 결국 타자(소녀)의 죽음이 충분히 상징화될 수 있다고 믿는가? 어떻게든 말해져야 한다고 믿는가? 그것의 성공을 보여주는 것이 궁극의 실패를 보여주는 것보다 낫다고 믿는가? 그 실패의 과정보다, 마침내 완성한 시의 의미가, 소녀의 얼굴이 더 중요하다고 생각하는가? 논쟁의 여지가 있겠지만, 결국 그런 것 같다.

영화의 마지막에 미자가 지은 '아네스의 노래'가 완결된 형태로 들려질 때, 그녀의 모습은 사라진 뒤다. 시를 읊는 미자의 내레이션은 어느 순간 소녀의 목소리로 바뀌고, 소녀가 투신했던 다리 위로 돌아온 영화는 스크린을 향해 얼굴을 돌리는 소녀를 보여준다. 영화 도입부에 얼굴을 물에 처박고 흘러가던 주검이 영화의 마지막에 살아 돌아와 우리를 똑바로 응시한다는 것, 그 대비되는 이미지. 미자가 공기처럼 사라진 자리에 소녀의 육체를 위치시키며 영화를 끝내는 것, 그 자리바꿈. 실체를 알 수 없는 육체 덩어리가 환한 인간의 얼굴로 개별화되고, 저항하지 못하고 침묵 당한 소녀가 언어를 되찾았다. 명백하게 영화는 이 장면을 통해 무언가를 말해야 한다고 믿는 것이다. 내게 이 소녀의 얼굴은 기어코 의미를 담아내는 얼굴이다. 말하자면 교감과 소통을 거부하는 불안으로 팽창된 〈마더〉의 김혜자의 얼굴과는 다르다. 하지만 소녀의 얼굴에서 그 의미의 내용이 무엇인지는 중요하지 않아 보인다. 이 얼굴에 감화를 받은 다른 평자들에게도 그런 것 같다. 소녀의 마지막 응시에 대해 안시환은 "기적의 체험"(『씨네21』 754호)이라고 말하지만 그것은 오직 관객의 체험에서 가능할 따름이라고 말하고, 김영진은 "우리가 그녀의 얼굴을 똑바로 볼수 있는가?"(『씨네21』 754호)라고 묻지만, 그 이유를 구체적으로 설명하지 않는다. 그 얼굴이 거기 있다는 것 자체가 중요하다는 견해들일 것이다. 하지만 이 장면을 눈여겨봐야 한다면, 그건 이 장면이 주는 압도적인 감흥 때문이 아니다.

앞서 내가 미자와 소녀의 고통이 영화적으로 긴장을 유지하며 마주보고 있다고 했을 때, 그건 미자와 소녀가 동일시될 수 있다는 의미가 아니었다. 오히려 그 반대에 가깝다. 영화는 시 혹은 시 쓰기라는 매개를 통해 미자를 타자(의 죽음)와 마주하게 만들지만, 둘 사이에 좁혀질 수 없는 거리가 존재할 수밖에 없다는 깨달음이 중요했고 거기 고통이 들어섰다. 그런데 영화가 막바지에 이르자, 미자가 사라지고 그 자리에 소녀가 들어선다. 타자와의 그 불가능한 거리가 사라진 것이다. 미자가 마침내 시를 완결한 순간, 타자의 얼굴은 영화적으로 상징화된다. 미자의 상징적인 죽음(그녀는 모든 걸 버리고 사라졌다)과 죽은 소녀의 상징화는 그렇게 교환된다. 이것은 주체의 불안한 얼굴에서 타자의 두려운 얼굴로의 이행일까. 주체가 타자가 되는 순간일까. 혹은 이것은 타자의 죽음을 영화적으로 서사화하려는 시도일까. 타자의 죽음이 어떻게든 돌아와 설명 가능해지는 것이 최선의 애도라는 걸까. 그 얼굴과 얼굴을 감싸고 바라보는 영화의 시적 태도는 우리에게 기억을 요청하는가, 결국 망각을 요청하는가. 내가 느낄 수 없는 근원적 슬픔이 타인에게 있다는 실패의 깨달음이 중요한가, 타인의 슬픔을 느낄 수 있다는 믿음과 요구가 중요한가. 혼란스럽다. 하지만 미자의 시와 소녀의 언어를 단숨에 일치시켜도 된다고 생각하는 것, 혹은 미자와 소녀의 자리를 쉽게 바꿀 수 있다고 보는 영화의 마지막 결단만큼은 동의하기 어렵다. 물론 우리가 소녀의 얼굴을 쉽게 쳐다보기 어려운 건 그 순간 타자의 얼굴이 주체의 자기동일성을 균열하기 때문이라고 보는 견해도 있을 것이다. 하지만 그건 너무 쉬운 해석이다. 오히려 우리에게 그 얼굴이 불편한 이유는 그것이 그 자리에 그 모습으로 살아나서는 안 되기 때문은 아닐까. 그것은 불러와서는 안 되는 얼굴이 아니었을까. 형언할 수 없는 죽음의 고통이 시를 경유해서 숭고한 얼굴로 나타나는 순간을 기어코 보게 만드는, 혹은 보려는, 영화의 혹은 우리의 욕망에 대해 왜 우리는 의심하지 않는가.

〈하녀〉는 〈시〉와 달리, 타자의 죽음 이후가 아니라, 죽음의 결단 그 자체를 생각하게 만드는 영화다. 이 영화의 죽음을 읽기 위해서는 하녀 은이의 캐릭터가 좀 기이하다는 점을 지적해야 할 것이다. 한 인간이 분신자살을 감행할 때, 그걸 보는 우리는 그런 절박한 선택을 할 수밖에 없는 합리적인, 납득할 만한 이유를 찾기 마련이다. 표피적으로만 보자면, 은이에게도 죽음의 이유는 충분하다. 억울하게 뱃속의 아이를 잃었고 목숨의 위협을 받았고 일터에서 쫓겨났다. 최상류층 주인집 사람들에게 하층 계급인 은이가 맞설 수 있는 유일한 길은 그들을 죽이든지, 자신이 죽는 모습을 보여주는 것이다. 다시 말해, 체제 안에서 상징화되지 못하고 배제된 자는 스스로를 상징적 사건으로 만들어야 한다. 그럼에도 의문이 생긴다. 영화 전반을 통해 나타난 은이의 캐릭터는 그런 극단적인 행위를 선택할 만한 인물로 보이지 않는다. 임상수는 그녀의 전사를 일부러 드러내지 않았다고 말했다. 그녀가 저택에 들어온 뒤에 보인 모습도 어딘가에 절실하게 매달리고 있다기보다는 기계적이고 반복적인 행동으로 이어질 뿐이다. 말하자면 은이의 캐릭터는 하층 계급, 여성, 하녀가 가질 만한 두텁고 복합적인 층위가 의도적으로 밀려 나가고 비정상적으로 투명해 보인다. 상징화되지 않는 것이 아니라, 스스로 상징화하지 않는 것 같다. 물론 훈과의 관계에서 그녀의 욕망이 없다고는 할 수 없지만, 더 두드러지는 건 훈의 성적 욕망이다. 우리가 '하녀'에게 기대하는 전형성, 혹은 '하녀'를 끌어들인 영화들이 종종 붙들고 있는 계층 상승의 욕망이 은이에게는 거의 부재하는 것처럼 보인다. 그런 점들을 고려할 때, 그녀의 분신자살 행위에서 남는 건 목적이 아닌 껍데기 같은 행위 그 자체뿐이다. 그녀는 도대체 왜?

은이의 분신 장면이 충격적인 이유는 그것이 갑작스럽게 출현했기 때문이기도 하겠지만, 무엇보다 그 행위의 극단적 형식을 채울 만한 내용물이 그 안에 없어 보이기 때문이다. 뱃속에서 살해된 아이가 행위의 계기가 되었을지라도, 그 죽음의 행위는 단지 복수심으로도, 저항으로도 완전히 설명하기 어렵다. 은이가 원하는 것이 무엇인지, 그녀가 진정 무언가를 욕망하는 자인지 확언할 수 없다. 슬라보예 지젝이라면, 이것을 가장 순수한 차원의 행위, 즉 "행위를 위한 행위"라고 부를지도 모른다. 이것은 결단의 내용을 알지 못하고 결단하는 행위, 오직 "결단하기로 결단하는 것"만이 중요한 텅 빈 행위다. 선택할 수 있는 항(내용)들을 갖지 못한 자들, 결국 '선택'과 '비선택' 사이에서 선택의 여지가 없다는 걸 인지할 때 내리는 선택. 그렇다면 은이는 수많은 철학자들이 칭송한 안티고네의 현대적 변주인가? 자신의 행동에 대한 변호를 통해 크레온을 납득시키려는 시도도 하지 않고 오직 자신의 권리만을 맹목적으로 요구하는 자, 스스로를 내던져 사회를 중지시키는 타자 그 자체, 그리하여 숭고한 존재인가? 아니면 그녀는 테러리스트인가? 테러리스트의 행위의 목적이 물리적인 파괴나 실질적 이득보다는 공격의 스펙터클을 생산하는 데 있다면, 은이의 마지막 행위도 그러한가?

전혀 틀린 질문은 아닐 것이다. 다만 그 장면에서 은이의 행위가 급진적으로 읽혀진다고 해서 그것이 〈하녀〉 전체를 영화적으로 지지할 것이냐, 말 것이냐에 대한 판단의 근거가 될 수는 없다. 일례로 우리는 스스로를 파괴적인 스펙터클로 만드는 은이의 선택과 은이의 스펙터클을 스펙터클화하는 영화적 선택을 구별할 필요가 있다. 전자의 급진성이 반드시 후자를 윤리적으로 만들어주는 건 아니다. 둘을 구별하는 건 정말 어려운 문제이지만, 영화가 죽음을 다룰 때 그만큼 근본적인 문제는 없다. 은이의 행위가 앞서 말한 텅 빈 행위이고 그렇게 보여주는 것이 영화의 의도였다면, 영화마저 그 스펙터클을 텅 빈 눈으로 구경해서는 곤란하다. 그 행위가 전체 맥락 안으로 어떻게 단단하게 묶여 있는지를 보여주어야 한다. 이 말이 〈하녀〉가 행위의 내용 혹은 의미를 더 보여주었어야 한다는 뜻으로 오해되어서는 안 된다. 그건 은이라는 캐릭터로 잘못 들어가는 길이 될 것이다. 내 생각에 문제는 〈하녀〉 전체가 그 죽음의 장면으로 지나치게 소급되거나, 아예 반대로 그 장면을 너무 느슨하게 붙잡고 있다는 점에 있다. 어쩌면 이는 영화가 죽음을 대하는 태도와 연결될 수밖에 없는 문제다. 이 장면이 주는 충격을 부정할 생각은 없지만, 그리고 기필코 올 수밖에 없는 죽음이라는 점도 인정하고 싶지만, 그때 영화가 타자의 죽음의 스펙터클 자체에 의존하거나 매혹되고 있다는 인상 또한 지울 수가 없다. 그건 거대한 죽음의 스펙터클과 그 외설성에 개입하고 견뎌낼 만큼 영화 속에서 형상화된 삶의 힘이 치밀하고 중층적이지 않다는 의미일 수도 있을 것이다.

세 편의 영화가 각자의 방식으로 죽음을 살아내고 싸울 때, 우리가 그 안에서 누군가의 죽음을 떠올리든, 자신의 죽음을 떠올리든, 세계를 비관하든, 그럼에도 불구하고 세상을 끌어안든, 기억과 망각의 절박함으로부터 피해 갈 수 있는 길은 없다. 어떻게든 다시 시작해야만 한다. 〈시〉는 죽음을 애도하기 위해 애쓰는 영화다. 타자의 상징화를 무릅쓰고서라도, 아니 그래야만 애도할 수 있다고 믿는다. 반면 〈하녀〉는 애도의 불가능성을 보여주는 영화다. 상류 계급은 상실한 것을 감추거나 상실한 줄 모르기 때문에, 하층 계급은 상실할 무엇도 가진 적 없기 때문에 이 사회가 애도를 말한다면 그건 가짜다. 그리고 〈하하하〉는 애도를 몰라도 되는, 혹은 몰라야 하는 영화다. 죽음은 지나간 사건이 아니라, 행복에 밀착된, 늘 여기 물질로 현현한 무엇이기 때문에 만약 애도를 하게 된다면 죽음뿐만 아니라 행복도 보내야만 한다. 그렇게 세 편의 영화들 안에서, 그렇게 죽음과 애도를 생각하며, 그 속에서 우리가 있어야 할 자리, 붙잡아야 할 것들과 떠나보내야 할 것들을 생각하며, 이 봄의 남은 나날들을 보낸다.

(『씨네21』 2010. 5)

정치 영화는 정치적인가?
세계의 모순, 균열, 징후에 대한 감각을
갱신하는 영화를 위하여

지난해, 비평적으로는 이견이 있었으나 사회, 정치의 장에서 적극적인 환대를 받은 두 편의 영화는 단연 〈도가니〉와 〈부러진 화살〉일 것이다. 알려졌듯, 실제 사건(인화학교 장애인 성폭행 사건과 김명호 교수의 석궁테러 사건)을 다룬 두 영화는 한국사회의 법제도가 이 사건들을 처리한 과정의 정당성에 의문을 제기하는 데 중점을 두었다. 그리고 이들에 대한 대부분의 담론은 영화가 사건을 영화화하는 방식, 이를테면 재현의 윤리—과연 그 폭력의 이미지는 선정성의 유혹에 저항하는, 필수적인 것이었나(〈도가니〉)—나 사건의 진실에 대한 탐구—교수는 과연 화살을 쏘았는가, 쏘지 않았는가(〈부러진 화살〉)—등을 화두로 삼는 대신, 대한민국 사법부의 과도한 권력과 불공정함에 대한 뿌리 깊은 불신을 재확인시키고 공감대를 형성하고, '그들의' 각성을 촉구하는 데 목적을 두었다. 두 영화에 대한 대중의 뜨거운 호응이 실은 제도 자체에 대한 분노가 아니라, 그 제도를 악용하며 누리는 특권층에 대한 분노라는 점도 지적해야 할 것이다. 물론 그건 영화가 의도하고 있는 바이기도 하다. 두 영화를 추동하는 분노의 서사에는 분노의 대상과 분노의 원인이 이미 명시되어 있다.

〈도가니〉와 〈부러진 화살〉의 영화적 쾌감은 영화 자체에서 비롯된 것이 아니라 영화 밖 사회적 불쾌와 맞닿은 결과, 즉 이들이 실화라는 호소력에 기인한다. 영화 속에서 벌어진 일들 중 과연 몇 퍼센트가 사실인지를 둘러싸고 당사자, 감독, 관객, 정치인들이 벌인 다분히 소모적인 논쟁은 이를 증명한다. 그러나 두 영화가 일으킨 사회적 반응 혹은 효과는 그것이 실제로 일어난 일이라는 사실 자체 때문이 아니라, 거기 덧붙여진 환상의 작용, 즉 그것을 매끄러운 실화처럼 믿게 만들어주는 허구의 결과라고 해야 더 적절할 것이다. 인간의 도덕과 이성으로 이해하거나 해명할 수 없는 세계의 얼룩을 우리가 규정할 수 있는 실체로 인지하게 해주는 환상의 역할, 두 영화에서 분노의 드라마는 그 기능을 하고 있다. 피폐한 현재를 설명해주는 빈번한 플래시백, 과도한 감정의 개입을 요구하는 클로즈업, 선정적인 이미지, 작위적인 클라이맥스의 기입 등 신파적이고 전형적인 상황과 설정들은 두 영화의 무심한 결함이 아니라, 두 영화의 존립근거다. 그 분노의 드라마는 객관적이고 중립적인 법(제도)을 전제로 두고, 그 위에서 선과 악, 진실과 거짓, 동지와 적, 정의와 폭력 등과 같은 이분법적 구도를 작동시킨다. 양자 각각을 통합된 이념, 가치, 상으로 상정하는 이들은 양자 사이의 경계, 두 진영이 서로를 품고 있는 해결 불가능한 지점, 내적 균열에 대해 의문을 제기하는 데 시간을 쏟지 않는다. 그러니 엄밀히 말해, 실화라는 사실이 아니라, 이 영화의 환상이 우리에게 호소하는 것이며, 두 영화에 대한 대중의 지지는 그 환상에 대한 대답이었던 셈이다.

그런데 그 환상에 대한 대답이 현실 정치에 변화를 불러왔다. 그 변화의 지속 가능성과 전복성 등에 대한 평가를 떠나, 그 분노의 드라마는 적을 외재화시키며 재빠르게 분노의 여론을 형성하고 현실 안에서 여하튼, 활동이 되기 시작했다. 믿을 만한 평자들조차 "영화 자체에 대한 평가와는 별개로"라는 말을 덧붙이며 두 영화의 사회적 가치에 대해 말하기 시작했다. 무엇보다도 영화가 아니었다면 침묵했을, 혹은 침묵 당했을 다수가 가시화되었다. 자, 이제 질문을 할 시간이 왔다. 〈도가니〉와 〈부러진 화살〉은 과연 우리의 현실에 침투한 것일까? 그렇다면 이들은 우리 시대의 정치 영화라고 불릴 자격이 있을까? 그렇다면 이 정치 영화들은 충분히 정치적일까? 이들이 이룬 것은 영화의 정치적 실천일까?

물론 '정치 영화'라는 말은 지나치게 포괄적이거나 모호하다. 영화가 주어진 이데올로기에 의해 결정되고, 그 속에서 만들어지는 한, 모든 영화는 이미 그 존재 조건에서 정치적이라고 말할 수 있기 때문이다.[1] 여전히 유효한 측면이 있는 이 규정은, 그러나 다른 한편으로 예술=이데올로기라는 다소 낡고 환원론적이며 경직된 한계 또한 분명 함축하고 있다. 이에 대해 더 깊게 들어가는 건 이 글의 논의를 벗어나게 될 것이므로, 여기서는 그 규정을 바탕으로 장 뤽 고다르의 좀더 구체적인 개념 정의에 귀를 기울여보는 것이 좋겠다. 그가 "정치에 대한 영화"와 "정치적인 영화"를 구별할 때, 전자는 "행동을 기록하지만 그 행동의 일부가 아니"며, "픽션과 그 픽션에 대한 관념이 정치적인 요소에 의해 문제로 떠오르지 않는 영화"라면, 후자는 차라리 "비활동의 결과처럼 보이기"도 하지만, "의심을 제기"하는 영화다.[2] 말하자면 〈도가니〉와

---

1 "모든 영화는 정치적"이라는 규정은 영화 배급, 광고, 판매뿐만 아니라 제작의 차원에서, 다른 예술에 비해 더 강력하고 완벽한 규정이 된다. 카메라와 필름 등의 "중립적 도구에 의해 '파악되는' 것은 '구체적 현실' 속에 있는 세계가 아니고 정식화도 이론화도 사유도 되지 않는 모호한 지배 이데올로기의 세계다. (……) 영화는 감광된 필름 첫 부분부터 단번에 구체적 현실 속에 있는 사물이 아니라 이데올로기에 의해 굴절된 사물을 복제한다는 숙명을 지게 된다.", 장-루이 코몰리, 장 나르보니, 「영화/이데올로기/비평」, 『사유 속의 영화』, 이윤영 편역, 문학과지성사, 2011, 252~253쪽.

2 페넬로페 질리아트, 「긴급한 속삭임」, 『고다르×고다르』, 박시찬 옮김, 이모션북스, 2010, 134쪽.

〈부러진 화살〉은 고다르의 정의에 따른다면, "정치에 대한 영화", 즉 정치적인 내용에 대한 영화지만, "정치적인 영화"라고 말할 수는 없다. 이들은 현실 제도의 파열을 마주하는 것이 아니라, 그 제도의 '순기능'이라는 환상을 강화한다는 점에서, 현실 안에서의 정치적인 지향점은 완고하나, 그 자체로 정치-행위라고 보기는 어렵다. 모순과 균열을 영화적으로 해결함으로써 분노의 카타르시스를 생산하고, 적을 호명함으로써 자신의 자리를 찾는 이 영화들은 현실의 적을 실체화함으로써 진정한 적대 관계를 회피한다. 그러니까 이들이 '정치 영화'로 불린다면, 그건 결국 '정치적인 것'의 삭제를 통해서다.

『문학의 정치』라는 책에서 자크 랑시에르는 "시간들과 공간들, 자리들과 정체성들, 말과 소음, 가시적인 것과 비가시적인 것 등을 배분하고 재배분하는 것은 감성의 분할"이며, 이 구획 안에 문학으로서 개입하는 것이 "문학의 정치"[3]라고 표현했다. 그 말은 별 무리 없이 영화에도 적용될 수 있을 것 같다. 대립된다고 여겨지는 양자 중 그 무엇을 선택하는 대신, 끝내 두 진영과 고집스럽게 부정적인 관계를 맺으며 현실의 의미 작용을 중지시키고 그것을 의문에 부치고 다시 감각하는 일, 그것이 적어도 현실 정치와 구별되는 영화의 정치라고 한다면, 그 일은 영화의 형식적 층위에 대한 고려 없이 이루어질 수 없다. 말하자면 영화 이후에 오는 정치적인 반응이 아니라, 영화 그 자체로 진행 중인 정치가 되는 것. 문학에서 문체가 그러하듯, 영화에서도 형식은 태도이며 관점이다. 영화가 지배이데올로기에 맞서, 혹은 그 속에서 작용할 수 있는 몇몇 기회는 "기의"와 "기표"의 차원에서, 즉 영화의 "경제적-정치적/형식적"인 "이중적 행위" 속에서만 주어진다.[4]

'정치적 올바름'이라는 감투를 쓰고 산업적인 면에서도 흥행을 거둔 위의

---

3 자크 랑시에르, 『문학의 정치』, 유재홍 옮김, 인간사랑, 2009, 11~12쪽.
4 장-루이 코몰리, 장 나르보니, 앞의 책, 256쪽.

두 영화를 우리 시대의 정치 영화라고 부르기 망설여진다면, 한국 사회 주변부로 끈질기게 시선을 두면서도 해답이 아니라 해결 불가능성을 미학적이고 윤리적인 지침으로 삼아온 독립영화들의 경향에 대해 생각해볼 필요가 있을 것 같다. 개인 행위자에게서 미래적 전망을 보고 현실 변화의 가능성을 열어두는 일련의 영화들과 달리, 이들에게서 그 가능성이란 한없이 약화되거나 사라진 지 오래다. 도식적으로, 그리고 표면적으로라면, 전자에 속한 영화들을 유토피아적 비전을 잠재한 영화들로, 후자의 영화들을 그 비전이 거세된 영화들로 구분할 것이고, 전자의 희망에 지나치게 현실 봉합적이고 순진하다는 비판이 따라오듯, 후자의 체념에도 지나치게 패배적이고 냉소적이라는 비판이 따라올 것이다. 그러나 '유토피아'라는 더 이상 기능하지 않는 어휘를 다시 끌고 와서, 그런 도식적인 접근을 거두고 나면, 좀 다르게 볼 여지도 있다.

그것은 어쨌든 유토피아가 부정적이라는 점, 그래서 상상할 수 없을 때 오히려 가장 진정성을 가진다는 점이다. 유토피아의 기능은 우리를 도와 더 나은 미래를 상상하게 만드는 게 아니라, 도무지 그런 미래를 상상하지 못한다는, 다시 말해 역사성이나 미래가 없는 비유토피아적 현재에 갇혀 있다는 사실을 보여줌으로써 우리가 여하튼 옴짝달싹하지 못하고 갇혀 있는 체계의 이데올로기적 폐쇄성을 드러내는 데 있다.[5]

여기서 우리가 주목할 단어는 유토피아의 "기능"이다. 유토피아에 대한 믿음, 다시 말해 그것의 현시나 도래 가능성이 아니라, 그 기능적 중요성이 결국 유토피아의 본질이라고 생각해본다면, 최근 독립영화들의 (출구 없는 답보 상

---

5 프레드릭 제임슨, 「유토피아의 정치학」, 『뉴레프트리뷰 · 2』, 황정아 옮김, 도서출판길, 2009, 367쪽.

태의 삶을 물신화한다고 종종 비판의 대상이 되기도 하는, 심지어 때때로 '독립영화적'이라는 요상한 수식어로 뭉뚱그려 불리기도 하는) 세계관에 내포된 정치성에 대해 좀더 다각도에서 논의해볼 실마리를 찾을 수 있을 것이다.

이 영화들은 "희망 없는 상황이 삭막하게 지속되는"[6] 타자의 일상, 그 반복되는 시간을 형상화하기 위해 내러티브적 차원에서만이 아니라, 미학적인 차원에서도 사실주의적 태도를 고수한다. '사실주의'라는 단어가 사용되는 범위가 좀 넓고 애매하기는 하지만, 이들 영화에게 그것은 타자의 세계를 관찰할 수 있을 뿐, 개입할 수 없다는 태도를 영화적으로 형상화하는 수단이자 윤리적인 거리 두기다. 요컨대 인물들을 공간에 속한 사물과 등치시키듯 고정된 카메라를 통해 롱테이크로 지켜보거나, 반대로 인물의 동선을 뒤쫓을 수밖에 없다는 듯 핸드헬드로 따라가거나, 섹스, 폭력, 신체의 노골적인 물질성을 전면화하지만, 결국 자기 신체에 속박된 인간의 자화상을 보여주는 식이다. 혹은 이미 그 특질이 규정된 환경, 이를테면 고시원, 철거촌, 쪽방 등과 같은 공간의 리얼리티에 천착한다.

그런데 이처럼 영속적으로 무기력한 타자들의 삶의 조건에 대한 사실주의적 태도는 종종 의도치 않게 자기모순에 빠지고 만다. 타자성의 재현이란 사회적 의미망으로 걸러지지 않는 행위, 즉 그 텅 빈 행위의 반복을 껴안아야 한다는 의미와 다름없을 텐데, 상징 질서로 포착되지 않는 타자성을 어찌되었든 영화적 활동으로 만들어야 하는 과제가 이들에게 주어지는 것이다. 그때, 이들은 타자의 삶의 조건을 그저 나열하고 관찰하는 것만으로는 부족하며 자

---

6 테리 이글턴은 『우리 시대의 비극론』에서 비극을 두 가지 양식 안에서 설명하는데, 하나는 "거대 스펙터클을 제공하는 파국적 '사건'"으로서의 비극이고, 다른 하나는 "희망 없는 상황이 삭막하게 지속되는 것"으로서의 비극이다. 이를 인용하며 지젝은 첫번째 비극의 양식을 9.11 사태에, 두번째 비극의 양식을 팔레스타인 사람들이 영속적으로 겪고 있는 파국에 비유했다. 슬라보예 지젝, 『죽은 신을 위하여: 기독교 비판 및 유물론과 신학의 문제』, 김정아 옮김, 도서출판 길, 2007, 267쪽.

신들의 서사가 영화적 사건을 필요로 할 수밖에 없다는 사실에 동의하지 않을 수 없게 된다. 미학적으로나 서사적으로 타자와의 거리를 철회하지 않으면서도, 그 맥락 안에 어떤 종류의 영화적 사건의 계기를 마련할 수 있을 것인가. 주목할 만한 사실은, 이들 영화가 영화적 사건을 고안할 때, 어김없이 폭력과 죽음을 불러들이며, 그 순간 상투적이고 추상적인 전형들과 관습적인 인과관계에 관대해지면서, 완고하게 지켜오던 사실주의적 흐름에 느닷없는 장르적 순간의 침투를 내버려두고 있다는 점이다. 말하자면 〈도가니〉와 〈부러진 화살〉과는 좀 다른 의미에서, 이들 역시 분노의 드라마에 기대게 되며, 타자의 분노와 폭력은 원인으로 소급되어 설명 가능해지게 된다.[7]

그것을 영화적 실패라고 단정하기에 앞서, 이들 영화가 타자를 재현할 때 부딪힌 난관이 어떤 징후로, 어떤 모순으로 영화 내에서 현상하고 있는지를 보는 것이 더 흥미롭다. 그리고 이들이 한국 사회의 호모 사케르들이라고 할 만한 존재들을 영화로 불러들일 때, 문제는 어쩌면 상투적인 클라이맥스의 갑작스러운 개입이 아니라, 실은 '사실주의적' 미학과 전략에 대한 이들의 일면 구태의연한 오해에서 비롯된 것은 아닌지 묻게 된다. "있는 그대로의 현실"을 재현한다는 것은 어떤 의미일까.

'사실주의'는 전혀 유사의 중시를 의미하는 것이 아니라 유사가 기능하던 틀들의 파괴를 의미한다. 그래서 소설적 사실주의는 무엇보다도 먼저 재현의 위계들(기술적인 것에 대한 서술적인 것의 우위 또는 주제들의 위계)의 전복이며, 스토리의 논리적 연관들을 손상시켜, 있는 그대로의 현

---

7 여기서 염두에 둔 영화들 목록은 다음과 같으며, 이와 관련해서는 졸고, 「한국 독립영화들의 최근 경향에 대하여: 타자, 폭력, 죽음, 그리고 현실을 경유하여 영화는 사건이 될 수 있을까」, 『독립영화』(41호), 22~39쪽에 보다 자세한 내용이 실려 있다. 〈똥파리〉(양익준), 〈빗자로, 금붕어 되다〉(김동주), 〈사람을 찾습니다〉(이서), 〈김복남 살인사건의 전말〉(장철수), 〈애니멀 타운〉(전규환), 〈무산일기〉(박정범).

전을 부과하는, 분할된 또는 가까워진 집중 양식의 채택이다.[8]

랑시에르가 전개한 사실주의에 대한 위의 정의는 비록 소설의 사실주의에 대한 것이지만, 오히려 문자의 세계인 소설보다 이미지의 세계인 영화에 더 부합하는 것처럼 보이며, 여기서 우리는 위의 영화들과는 다른 방식으로 이 사회의 벌거벗은 생명들을 형상화하는 영화들, (이런 표현이 가능하다면) 스토리의 사실주의가 아니라 체험의 사실주의를 안기는 몇몇 작품들에 대해서도 말해야 할 것이다. 작년 한 해 개봉되었거나 영화제에서 공개된 세 편의 영화, 극 장편 〈피로〉(김동명), 〈환호성〉(정재훈)과 다큐멘터리 〈보라〉(이강현)는 장르와 소재의 차이에도 불구하고 영화적 요소들과 그 요소들이 작용하는 맥락, 그것이 우리에게 불러일으키는 영화적인 체험을 공유하고 있다.[9]

우선, 자동기계처럼 노동하는 인간들이 여기 있다. 밥을 먹고 잠을 자고 담배를 피우는 시간 외에는 당구장과 세차장에서 노동하는 젊은 남자(〈환호성〉), 밥을 차리고 아이에게 모유를 먹이고 해고된 남편과 섹스를 하고 세탁소에서 노동하는 젊은 여자(〈피로〉), 그리고 채석장에서, 석면공장에서, 마네킹 공장에서 일하고 또 일하는 노동자들(〈보라〉). 앞서 언급한 독립영화들에서도 인물들은 노동하지 않으면 살 수 없는 하층민들이었으나, 이 세 편의 영화에 등장하는 사람들은 노동자라는 계급적 정체성보다는 그저 기계적으로 움직이는 살덩어리에 가까워 보인다. 최소한의 인간적인 존엄성, 감정, 언어를 결여한 이 살덩어리들은 인간적인 감각이 상실된 이후의 세계, 행위와 사건, 의미가 사라진 세계에 내던져져 있다. 이들은 불감증에 걸리거나 피로에 젖어 있

---

8 자크 랑시에르, 『감성의 분할』, 오윤성 옮김, 도서출판b, 2008, 32쪽.
9 이 세 편에 대한 논의는 『영화천국』(23호)에 실린 졸고 「의미가 사라진 자리에서 독립영화는 지금」의 논의 중 일부를 확장한 것이다.

거나, 내내 병든 육체를 끌어안고 시간의 웅덩이를 맴돈다. 여기에는 그 어떤 욕망도 없고, 시간 감각도 없다. 〈피로〉의 시간은 0부터 5까지의 챕터로 나뉘지만, 어떤 변화를 향해 시간이 나아간다고 보기 어려우며, 〈환호성〉에는 봄과 가을은 뚝 잘린 채, 오직 여름과 겨울의 풍경만 있고, 〈보라〉에서는 사람들의 옷차림새가 바뀌어도 거대한 기계의 스펙터클 앞에서 기억이나 추억을 말하는 자들은 없다. 인간의 언어가 있어야 할 자리에는 온갖 소음, 매미의 울음, 기계의 소리만이 강렬하게 들끓고, 노동하는 살덩어리들은 기계의 일부, 풍경의 일부, 정물의 일부와 하등 다를 것이 없어 보인다.

말하자면 이 세 편의 영화를 보며 우리가 이 세계 속의 인간들이 매미와 기계와 나무와 밥솥보다 나은 존재라고 느끼기는 어렵다. 이들 영화에게 세계의 표면, 무엇보다 인간의 표면은 만질 수는 있어도 그 안으로 들어가기란 불가능하며, 인간과 사물을 포함한 모든 존재들은 그저 동일한 가치의 영화적 질료일 따름이다. 청년실업, 사대강사업, 산업안전보건 관리 실태 등과 같이 한국 사회의 현실에 대한 언급이 없는 것은 아니지만, 폭로와 고발은 이들 영화의 관심이 아니며, 그렇다고 위의 무력하고 익명적인 살덩어리들이 현실과 어떤 직접적인 인과관계를 맺지도, 알레고리로 기능하지도 않는다. 이 존재들이 놓인 사회적 현실과 그들의 출구 없는 일상 사이의 거리는 점점 더 벌어지고, 둘의 서로에 대한 소외가 깊어질수록 그 간극을 견디는 건 점점 더 피폐해지는 인간의 육신이다. 사건 이후(그러나 과연 우리에게 사건은 일어난 적이 있었을까?) 비극성조차 결핍된 세계, 즉 "비극적인 존엄성으로 승화될 수조차 없는"[10] 세계의 불안과 끔찍함을 우리는 마주하게 된다.

그렇다면 이들이 이 무기력한 상황을 타개할 그 어떤 의지를 보이는 건 애

---

10 슬라보예 지젝, 『전체주의가 어쨌다구?』, 한보희 옮김, 새물결, 2008, 159쪽.

초 불가능한가? 앞의 영화들처럼 상투적일지언정 장르적 순간을 개입시켜 타자의 분노를 표출하고 그들에게 복수의 기회를 주면서 활동하게 하는 계기에 상응할 만한 선택들이 여기에도 있는가? 〈피로〉의 여자는 자신에게 성적으로 폭력적이며, 경제적으로 기생하는 남편에게 칼을 들지만, 결국 피를 흘리며 자기 숨통을 죄는 자는 여자 자신이고, 남편은 유령처럼 여전히 살아 있다. 〈환호성〉의 젊은 남자는 영화의 마지막, 숲 속에서 외계인이 조난 신호를 보내듯 간절한 빛으로 구조를 기다리는 것만 같고, 뒤이어 화면 가득 붉은 빛이 불타오른다. 그리고 〈보라〉의 노동자들은 공장을 나와서 공원에서 사진을 찍으며 여가를 즐긴다. 자기 파괴의 몸짓(〈피로〉), 아예 이 상징계를 폭발시켜버리는 엔딩, 아니, 환상(〈환호성〉), 노동의 연장선상이지만, 노동에 부서지지 않으려는 어떤 타협들(〈보라〉)은 비로소 이 존재들이 결단한 유일무이한 '행위'인가? 그것은 이 세계에 대한 영화적 저항인가? 분명한 건 여기서 우리는 죽음의 불가능성을 목도한다는 사실이다. 끝내 죽지도 못하고 여전히 그 세계 안에서 꿈틀거리는 존재들을 보면서 우리는 진부하지만, 그럼에도 불구하고 주체의 소멸이라는 말을 꺼내야 하는가? 아니, 이 존재들을 주체라고 부를 수나 있는가? 이것은 지극히 개별적이고 자기 파괴적인 무력감의 표출, 그뿐인가? 대답은 쉽지 않다. 지금으로서는 여기에, 시스템을 거슬러 올라가 근원을 대면하고 극복하려는 의지를 불가능하게 만드는 대신, 그런 현실의 시간을 영화적인 시간으로 전환하여, 호소하고 견디려는 안간힘 같은 것이 있다고 말할 수 있을 따름이다.[11]

11 지금까지 언급한 영화들의 어느 한 범주에는 속하지 않지만, 한 편의 영화 안에서 그 모두를 포괄하려는 야심을 보이는 작품은 김경묵의 〈줄탁동시〉다. 사실주의적인 시선으로 한국 사회의 주변부(탈북자와 조선족)를 그리는 1부, 그야말로 통속 퀴어 장르 속에서 부르주아 어른 남자와 가난한 소년의 사랑을 그리는 2부, 그리고 탈북 소년과 게이 소년을 마치 거울의 양면처럼 다루는 3부(이 부분은 현실의 시간이 중지되고 장르적 관습도 중지된 다음 시작된 제3의 시공간처럼 보이며, 사회적 타살인지, 자멸인지, 혹은 죽음 너머의 어딘가를 보여주는 것인지 확실하지 않지만, 어쨌든 죽음과 관련이 있다)이 이 영화를 구성한다. 말하자면 이 영화는 〈무산일기〉와 〈후회하지 않아〉(이송희일)를 마주세우고 영화적 거울로 만드는 게 가능하지 않겠냐고 묻는 것 같고,

타자의 온전한 재현을 의심하고 그 앞에서 망설일 수밖에 없고, 주체의 소멸을 쉽게 단정할 수도 없는 우리는, 아니, 비평가로서 나는, 그럼에도 불구하고 여전히 영화 속에서 어떤 식으로든 존재를 증명하는 사람들, 아니 살덩어리들, 아니 이미지들을 포착할 언어를 찾는 일이 점점 더 힘들어지는 곤경에 처하거나 박제된 언어로 그것들을 반복 묘사하는 게으름에 빠지고 만다. 그런데 이 난처함에 김곡, 김선 감독(곡사)의 작업 과정과 그 괴이한 결과들이 종종 작은 실마리를 안겨줄 때가 있다. 그들의 작업이 위의 영화들이 맞닥뜨린 궁지에 대한 답이라거나 대안이라고 말하려는 것은 아니며, 이들의 세계에 그 어떤 한계도 없다고 주장하는 건 아니지만, 이들의 영화가 던지는 질문들만큼은 동시대의 다른 영화들이 머무르는 자리를 한발 더 박차고 나아가는 때가 많은 것 같다. 이를테면 한국 사회를 직접적으로 환기시키면서 그것의 징후를 이상하게 공존시키는 〈방독피〉는 현실 정치라는 사건과 그것의 징후로서의 정신병(연쇄살인범을 잡을 임무가 있다고 믿는 슈퍼맨과 아버지에게 강간당했다고 믿는 늑대소녀)을 겹쳐두고서 둘 사이의 경계를 오간다. 영화가 양쪽의 가장 상투적인 유형들을 끌고 온 다음, 둘 사이를 유희하는 과정에서 환영적인 순간들을 뿜어낼 때, 세계의 법칙은 나/적의 구분을 넘어서 카오스 상태에서 새롭게 감각된다. 혹은 현실의 사실주의적 재현도 판타지적 형상도 아니라, 필름의 그레인과 노이즈로 숨 쉬는 철저히 영화적인 장소를 창조해내는 〈고갈〉은 영화적 질료를 의미 작용의 수단이 아닌 의미 생산의 장소로 기능하게 한다. 이곳은 죽음 너머 초월의 세계가 아니라, 재현 너머의 세계다. 이곳은 착취와 피착취, 주체와 타자, 구원과 타락의 경계를 규정하는 최소의 의미

그 물음은 신선하다. 그러나 1부와 2부 각각의 잉여들이 어떤 식으로 접속하여 서로에 대한 거울이 되는지 질문하고, 그것이 어떻게 가능해지는지를 3부에 이르러 보여주었다면 매우 흥미로운 설정이 되었겠지만, 갑작스럽게 이미지와 관념의 현시로 빠져버리는 3부는 그 역할을 해내기에 미진하다.

망도 소멸시켜버림으로써, 그러니까 현실의 질서와 위계를 삭제함으로써, 영화라는 물질을 그 자체로 정치적 사건으로 만든다. 그렇다면 현실도 환상도 아닌 이 이상한 세계를 인간이라고도, 인간이 아니라고도 할 수 없는 형상으로 사는, 그러나 더없이 과격한 방식으로 살아남은 곡사의 수행(performance) 자들로부터 우리는 어떤 이야기를 꺼낼 수 있는가. 그들은 무엇인가.

우리는 '왜 이 세상은 이토록 짐승 같을까'에서 시작해서 그렇다면 '짐승, 마리오네트들은 어떻게 견뎌낼 수 있을까' 혹은 '그렇게 견디고 있는 주체를 살아 있다고 생각할 수 있는가'로 나아간다. (……) 그렇다고 해서 곡사의 영화 속에 등장하는 짐승, 마리오네트, 대상, 이런 것들이 주체의 반대 의미로 사용되지 않기를 바란다. 휴머니즘이 부재하기 때문에 좀 없어 보일 수는 있지만…… 이들이 건드리면 푹 꺼지는 박제처럼 보일 수는 있지만, 우리가 그걸 특별히 더 좋아한다기보다는 그것만이 세상에 남아 있다고 생각하기 때문에 다루는 것이다. 이 존재들이 박제화의 과정을 어떻게 견뎌내는지에 관심이 있다. 그 껍데기만을 가지고 얼마나 더 견딜 수 있을까, 어떻게 적을 역습할 수 있을까. 우리에겐 그게 현재의 주체다.[12]

그 껍데기만을 가지고 얼마나 더 견딜 수 있을까, 어, 떻, 게, 적, 을, 역, 습, 할, 수, 있, 을, 까. 나는 곡사의 이 인터뷰를 떠올릴 때마다, 이 문장에 사로잡힌다. 이 '적'은 〈도가니〉와 〈부러진 화살〉이 명시하는 그런 방식으로 가시화되어 역습할 수 있는 적은 물론 아닐 것이다. 우리는 점점 더 껍데기로 남겨지

12 남다은, 변성찬, 지승호, 『감독, 독립영화를 말하다』, 도서출판수다, 2010에 실린 「김곡: 이미지를 긷다」, 20쪽.

고, 적은 그 실체가 점점 더 모호해질 것이다. 내부와 외부의 경계는 점점 더 흐려질 것이다. 그때, 영화가 그 세계의 모순, 균열, 징후에 대한 감각을 갱신하고 의미의 망을 떠나서도 끝내 살아남은 것들에 대한 응시를 저버리지 않을 수 있다면, 그것이야말로 영화의 정치라고 할 수 있지 않을까. 우리가 기다리는 건 영화적 구원이 아니라 이 납득할 수 없는 세계를 전혀 다른 감각으로 일깨워주는 창문이다.

(『인문예술잡지 F』 5권, 2012. 11)

단상들

클린트 이스트우드

이 시대 마지막
강한 남자

솔직히 『클린트 이스트우드: 영화의 심장을 겨누고 인생을 말하다』(이경아 옮김, 나무이야기, 2012)가 비평서로서도, 전기로서도 훌륭하다고 말하기는 어렵다. "시네마와 역사책을 연구해서 글을 쓰는 작가"라는 저자 하워드 휴스는 이스트우드가 출연하거나 연출한 작품들을 서부 영화, 경찰 영화, 멜로 영화, 코미디 영화, 드라마, 스릴러, 전쟁 영화로 분류하고 각각의 작품들에 대해 설명한다. 한데, 그 설명은 줄거리 요약이나 촬영 현장, 배우들, 음악에 대한 소개에만 지나치게 충실하고, 간혹 눈에 띄는 저자의 비평은 매우 피상적이거나 동의하기 어려운 경우가 다반사다. 그럼에도 불구하고 나는 이 책에 실린 영화 속 클린트 이스트우드의 대사들, 짧은 인터뷰들, 그리고 내가 아직 보지 못한 오래된 작품들을 벅찬 마음으로 읽었다. 그리고 이 책에 대한 글, 정확히 말하면 그에 대한 글을 쓰고 싶은 유혹을 결국 참지 못했다. 책이 흥미로웠다면 더 좋았겠지만, 아무래도 상관없다. 클린트 이스트우드, 이 거대한 인간.

읽는 내내 이 배우, 아니, 남자, 아니, 감독, 아니, 이 모두를 합친 한 세계에 대해 생각했다.

"남자라면 남자가 해야 할 일을 해야지."(《일망타진》) "남자라면 자신의 한계를 알아야지."(《더티해리 2》) 책을 읽다가 이 대사가 튀어나오는 순간, 심장이 급격히 요동을 친다. 도대체 이런 마초의 언어, 마초가 사는 방식에 매혹되는 여자의 정체는 무엇이란 말인가. 이 말의 의미를 고스란히 체현하는 클린트 이스트우드의 세계에 넋을 잃고 흔들릴 때마다, 거기서 사내다움의 품위를 보고 동경할 때마다, 그런 나 자신을 난감해하던 날들이 있었다. 세상에, 도대체 왜? 나는 수컷이 아니지 않은가? 혹시 이건 일종의 남근선망인가? 나는 지금 강한 남자에 대한 환상에 사로잡혀 있나? 실은 나는 초자아를 기다리고 있는 건가? 게다가 그는 이 세계를 더 나쁘게 만드는 데 직접적으로 일조한 공화당의 오랜 지지자이지 않은가? 지금 생각해보면 좀 쓸데없고 바보 같은 자문 같지만, 나는 한동안 클린트 이스트우드에 대한 나의 감흥이 두려웠다. 오랜 시간 내 안에서 쌓아 올린 어떤 금기들을 건드리며, 그 금기들 너머의 욕망을 간질이는 이 남자의 세계가 그 잔혹한 폭력과 피의 잔상에도 불구하고 언제나 이미 나의 혼을 빼앗아갔기 때문이다. 그리고 언젠가부터 나는 자문을 포기했다. 말로는 도무지 표현할 수 없고, 나의 논리로는 접근이 안 되는 이상한 감동으로 몸이 아리는 순간들이 거듭되면서, '이데올로기 따위는 먼지처럼 날려버려'라고 나는 내게 속삭이는 용기를 택하기로 했다.

누군가는 그를 우리 시대의 좋은 보수주의자라고 칭하며 그의 영화를 그런 맥락에서 옹호하지만, 나는 어떤 이념 앞에 붙는 '진정한', '좋은'이라는 수식어의 의미를 모르겠고 믿지도 않는다. 얼마 전 그가 공화당 전당대회에서 미트 롬니를 지지하는 연설을 했다는 소식을 들었을 때, '이런 고약한 노인네'라는 말이 나도 모르게 튀어나왔지만, 그 사실이 그의 다음 영화를 감상하는 데 아무런 영향도 주지 않을 것임을 알고 있다. 시간이 흐를수록 그의 영화는 순수 무결하다는 의미에서가 아니라, 이데올로기로 포괄할 수 없다는 의미에서 이념 바깥에, 혹은 이념이 균열하는 지점에 자리를 잡고 있다. 그리고 거기, 구체적인 인간, 그저 선택하고 엄격하게 책임지는 인간의 형상이 있다. 그 형상은 무심하지만 결코 무정하지 않다. 이 책을 쓴 하워드 휴스는 그 형상을 이렇게 묘사한다. "이스트우드가 연기한 영웅은 한 치의 망설임도 없이 악인을 처단한다. 도덕적으로 자신이 처단한 악당들에 비해 우위에 있다고도 할 수 없는 영웅이었다. '이름 없는 사나이'는 (……) 고독하지만 여자들을 사귀지 않고 남자를 믿지 않는다. 그가 서 있는 곳이 어쩌다 보니 '법과 질서'의 편일 뿐 그는 자신의 목적에만 충실할 뿐이다(〈황야의 무법자〉)." 혹은 "'나는 남과 얽히고 싶지 않소.' 웨일즈는 이렇게 말한다. 그러면서도 우연히 만난 뒤부터 그를 그림자처럼 따라다니면서 가족이 되어버린 사람들을 내치지 못한다. 심지어 지저분한 사냥개 한 마리도 그를 따르기 시작한다. '녀석도 그러는 편이 낫겠지. 다들 그러니까.' 웨일즈는 그러고 만다(〈무법자 조시 웨일즈〉)." 이스트우드의 세계가 위대한 이유는 그 세계가 도덕적으로 우월해서도, 우리에게 도덕을 일깨워줘서도 아니다. 세속 한가운데서의 선택과 그 선택에 따른 더러운 결과를 온전히 홀로 견디는 그 남자들의 얼굴과 육체, 그러니까 이제 죽음만이 남아 있지만, 끝까지 이글거리며 초라하게 고개를 떨구지 않는 그 자존감의 초상 때문이다. 선택을 뒤늦게 판단하고 후회하기는 쉽다. 그러나 선택에 따른 결과를 존엄하게 끌어안기는 힘들다. 그의 세계는 언제나 후자에 치열하고, 나는 오늘날 현실 세계에서 그런 사내를 찾기가 점점 더 어려워진다는 걸 깨닫는다.

한때는 파릇하던 배우가 세월이 흐를수록 젊음에 패하는 과정의 감상이 이상하게도 이스트우드에게는 없다. 적어도 내게는 그렇다. 50여 년 전이나 지금이나 영화 속 그의 모습에서는 신기하게도 별 차이가 느껴지지 않는다. 그의 얼굴과 육신에는 언제나 바위와 협곡이 굽이굽이 흐르고 있고, 그의 목소리와 숨소리는 언제나 짐승처럼 그르렁거린다. 그는 인간이 자연을 닮아갈 때 가장 인간에 가까워진다는 신비로운 진실을 육신으로 보여준다. 그는 나이가 들지 않는 남자다. 아니, 그는 처음부터 나이가 다 들어버린 남자다. 하지만 영화 속에서 그도 몇 차례 죽음을 맞이했다. 나흘간의 사랑으로 남은 생을 버티고 강물의 재로 여인에게 돌아온 사내(〈매디슨 카운티의 다리〉), 평생 끊어내지 못하던 폭력의 끈을 가장 비폭력적으로 끝내 단절한 사내(〈그랜 토리노〉). 알고 있다. 강한 남자도 시간을 이겨내지는 못한다. 차이가 있다면 강한 남자는 소멸하는 과정의 비루함을 보여주지 않는다. 내게 클린트 이스트우드는 그 어떤 은유도 상징도 아닌, 마음을 모두 기대고 싶은 어느 온전한 세계다. 환상일 것이다. 어쩌면 위험한 환상일 것이다. 그래도…… 어쩔 수 없다.

(『씨네21』 2012. 10)

파수꾼

소년들의 폭력 속
그 무엇

어두운 공터에 슬금슬금 기어든 쥐들처럼 소년들이 모여 있다. 누군가는 때리고, 누군가는 맞고, 누군가는 아무렇지도 않게 구경한다. 인정투쟁이 끊이지 않는 작은 왕국. 이 익숙한 풍경이 없는 소년들의 성장담을 본 기억은 거의 없다. 그런데 그것은 정작 무엇을 인정받기 위한 폭력일까. 수많은 영화들이 말해준 것처럼, 그저 그건 수컷 세계의 약육강식의 법칙이 반복되는 것이거나 이유 없는 사춘기의 분노거나, 그도 아니라면 불우한 가정사에 대한 반항일 따름일까. 윤성현의 〈파수꾼〉을 보며 문득, 폭력에 다쳐가는 소년들에게 지금껏 단 한 번도 진지하게 그 이유를 물은 적이 없다는 걸 깨달았다. 〈파수꾼〉은 관습화된 답을 밀쳐내며, 영화 전체를 그러한 질문으로 만들고 있는 것 같다.

한때 기태(이제훈), 동윤(서준영), 희준(박정민)은 단짝 친구였다. 기태는 일명 학교 '짱'이지만, 동윤과 희준의 관계에서만큼은 그 어떤 권력관계도 작동하지 않는 것처럼 보인다. 자신의 가족사에 대해서는 입을 열지 않는 기태도 동윤과 희준의 집은 거리낌 없이 드나든다. 그러나 사건이라고 부르기에도 민망한 아주 작은 일을 계기로 기태와 희준의 관계가 멀어진다. 단지 멀어지는 게 아니라, 그들 사이에 짐승의 위계가 들어선다. 삼각형의 한 변이 무너지자, 남은 두 변은 버티지 못한다. 희준은 전학을 가고, 동윤은 기태에게 등을 돌리고, 어느 날 기태는 죽어버린다. 소년의 죽음. 그것은 영화의 엔딩이 아니라, 실은 영화의 시작이다. 아들의 느닷없는 죽음의 이유를 알지 못하는 무력한 아버지가 아들의 친구들을 하나씩 찾아가 만난다.

영화는 기태의 아버지가 친구들을 만나는 순간마다 소년들의 과거로 돌아간다. 그런데 이상하다. 거듭되는 플래시백으로 영화의 구조가 쌓아 올려질수록, 우리는 확신이 아니라, 불확신에 휩싸이게 된다. 그 플래시백들이 살아남은 누군가의 기억인지, 그 기억이 상대의 마음까지도 온전히 기억해낼 수 있는지 우리는 알지 못한다. 영화는 점점 기태의 죽음에 얽힌 수수께끼로부터 멀어지고, 이 복잡한 구조의 어디에도 반전이나 비밀은 숨겨져 있지 않다. 우리가 보는 건 그저, 어디서부터 잘못되기 시작했는지 알기 어려운, 애처로운 어긋남들이다. 그러니 〈파수꾼〉의 형식은 그 자체로 소년들의 관계의 결처럼 보인다. 아무런 답도 주지 않은 채 영화가 그렇게 끝날 무렵, 살아남은 소년이 현재의 문을 열고 과거로 들어가서 죽은 친구와 마주하는 장면에서, 비로소 우리는 이 영화의 본심과 마주하게 된다. 그 시절 소년들이 서로에게 애타게 인정받고 싶어하던 그 마음, 집착과 폭력과 애걸로 돌변하던 그 마음은 무엇이었을까. 소년들의 잔혹함, 그것은 감정이 없어서도, 넘치는 감정을 조절하지 못해서도 아니라, 알아봐주는 이가 없어 외롭게 내팽개쳐진 마음이 짐승이 되어 울먹이는 소리다. 어쩌면 우리는 그동안 소년들의 폭력을 무심한 오해 속에 가두고 있었는지도 모른다.

(『한겨레』 2011. 2)

유키와 니나

눈물을 머금은
'성장 판타지'

더는 불행해지지 않기 위해 이혼을 결심하는 부모, 자식을 위해 불행한 결혼을 견디는 부모. 이기적인 부모와 희생적인 부모. 아이는 훗날 어떤 부모를 고맙게 추억할까. 그러나 어찌되었든 지금 당장 정답지 않은 부모와 사는 아이에게는 원망할 권리가 있다. 왜 내게는 선택의 여지가 없을까. 그들이 나를 세상에 내보낸 것도, 그들이 헤어지는 것도, 혹은 그들이 참고 사는 것도 결국은 그들의 선택이다. 그러니 아이로 산다는 건 내 의지와 상관없는 타인의 선택을 감당하고 그 안에서 살아남는 법을 골몰하는 것이다. 타인의 선택과 공존하기 위해 눈치 보는 아이는 실은 어른보다 너그럽다. 나이가 들며 '나의 선택'이 자라나는 걸 우리는 자율과 독립이라고 말하지만, 어쩌면 그건 자기 안으로 좁아지는 길인지도 모른다.

"마음은 아프지만 이대로 살면 마음이 더 아플 것 같아." 유키의 일본인 엄마는 프랑스인 아빠와의 이별의 필연성을 딸에게 이렇게 호소한다. 애써 태연

한 척 엄마의 흐느낌을 듣는 유키. 소녀는 세상에서 가장 돌이키기 어려운 것
이 인간의 마음이라는 사실을 깨달은 걸까. 사랑의 요정이 보낸 다정한 편지
와 엄마를 위해 손수 만든 요리와 슬픔이 잔뜩 깃든 어린 딸의 표정 앞에서도
부모는 선택을 철회할 생각이 없다. "가장 소중한 것은 바로 너 자신이야"라
고 말하는 아빠의 민주적인 위로는 어딘지 가혹하다. 2주 후에 데리러 오겠다
며 일본으로 떠나는 엄마의 뒷모습은 망설임보다는 결단을 품고 있다. 하지만
소녀는 떼쓰지 않는다. 대신, 이혼한 부모를 둔 단짝 친구 니나가 가출을 제안
하자 망설임 없이 집을 떠나 여행길에 오른다. 도시의 일상적인 풍경을 세심
하게 관찰하던 영화가 전혀 다른 기운을 품게 되는 건 여기부터다. 소녀들은
울창하고 고요한 숲에 이른다. 유키는 무언가에 홀리듯 다시는 집으로 돌아가
지 않겠다고 중얼거리며 나무들을 헤치고 걷고 또 걷는다. 영화가 숲과 소녀
를 오래 지켜본 후, 숲 밖으로 나오자 믿을 수 없는 풍경이 펼쳐진다. 유키는
지금 엄마의 고향인 일본의 어느 고요한 마을에 서 있다. 지나가던 일본인 소
녀들이 유키를 알아보고 인사한다.

이 아름다운 판타지는 아이의 천진한 상상이라고 하기에는 이상하게도 눈
물을 머금고 있는 것 같다. 유키는 이미 자신의 힘으로 부모의 관계를 회복시
킬 수 없고, 결국 아빠와 친구를 남겨두고 일본으로 떠나야 한다는 걸 알고 있
다. 그때 이 숲의 판타지는 소녀가 상상의 세계 속에서 현실의 슬픔과 원망을
받아들이는 방식이 아닐까. 아이가 소망을 체념하는 가장 성숙한 방식이 아닐
까. 소녀는 환상 속에서 홀로 외로이 그렇게 한 다음, 현실의 제자리로 돌아온
다. 그래서 이 숲의 판타지를 동심의 구현이라고 부르고 싶지 않다. 어른들의
환상과 달리, 아이들은 하고 싶은 대로 하며 살지 않는다. 영화는 아이들이 그
좌절감을 끌어안기 위해 애쓰고 있다고 우리에게 고요히 일러준다.

(『한겨레』 2010. 7)

진흙탕을 뒹굴며 느끼는 '희망'

이 모든 일은 어느 불행한, 그러나 자신이 불행하다는 것을 애써 부정하는 한 청년으로부터 시작되었다. 활기라고는 찾아볼 수 없는 동네, 베델. 이곳에서 엘리엇 타이버(디미트리 마틴)는 낡은 모텔을 운영하는 부모와 산다. 누가 보아도 단 하루도 묵고 싶지 않은 이 모텔은 파산 직전이다. 엘리엇은 상황 파악을 하지 않고 고집만 부리는 부모를 대신해서, 모텔을 살릴 방법을 궁리한다. 그는 부모의 뜻을 거스르지 못해 삶의 미소를 잃은 아들의 전형이다. 옆 동네의 어른들이 우드스탁 페스티벌 개최를 거부하지 않았다면, 평생 그는 희생을 사랑이라 착각하며 살았을 것이다. 때로 삶의 변화는, 혹은 위대한 축제는 폭발하지 못하고 맴돌던 에너지와 약간의 우연, 그리고 직관에 따른 무모함이 만든다. 한 푼이 아쉬웠던 엘리엇은 장소를 잃은 우드스탁 페스티벌 기획자들에게 베델의 목장을 추천한다. 하루아침에 엘리엇의 모텔은 축제의 숙소가 되어 파산을 막고도 남을 만큼의 돈을 벌어들이기 시작한다.

그렇다. 자유로운 히피들의 거대한 축제가 이처럼 일사천리로 진행된 데에는 그 뒤에 막대한 자본이 있었기 때문이다. 한쪽은 돈이 필요했고, 한쪽은 그걸 축제로 승화(?)시킬 장소가 필요했다. 축제가 끝난 뒤 인파가 떠난 자리에 남은 것도 해결되지 않은 돈 문제와 진흙 언덕을 뒤덮은 쓰레기들이다. 영화는 그 사실을 감출 생각이 없다. 차라리 그걸 노골적으로 보여준 다음, 사흘간의 평화, 아름다움, 자유를 마음껏 펼쳐낸다. 마치 이렇게 말하듯이. 똑바로 봐, 이건 유토피아도, 낭만도, 기적도 아닌 현실이야. 현실이 품고 있던, 현실이 이룩해낼 수 있는 순간들이라고. 이 시대, 우리에게 가능한 축제는 그저 자본의 축제일 뿐이라거나, 이제 더 이상 히피 정신은 불가능하다고 자조하는 이들에게 이 영화는 환상이 아니라, 희망을 준다. 우리가 어느덧 너무도 하찮게 다루는 이 단어, '희망'에 대해 생각하게 한다. 아니, 다시 생각해야만 할 때가 아니냐고 묻는다.

예상과 달리 〈테이킹 우드스탁〉은 위대한 뮤지션들의 공연 장면에 헌사를 바치는 영화가 아니다. 〈테이킹 우드스탁〉은 전쟁터의 세계를 놀이터로 바꿀 줄 아는 영혼들, 경직되고 엄숙한 세대를 약 냄새와 맨몸의 가벼움으로 유혹할 줄 아는 세대들, 총이 있던 자리에 꽃을 꽂을 줄 아는 자들에게 애정을 고백하는 영화다. 축제의 구경꾼이던 엘리엇은 점차 그들과 함께 진흙탕 속에서 뒹굴고 취하면서 생의 결을 느낀다. 그는 미래가 보이는 곳에서 불행을 견디는 것보다 미래가 보이지 않는 곳에서 행복을 찾는 길을 택한다. 모두가 엘리엇이 될 수는 없을 것이다. 축제는 공허감을 남기고, 돌아온 일상은 제자리이며, 세상은 여전히 완고할 확률이 크다. 그래도 영화를 보며 그 시대, 그곳의 기억을 안고 사는 자들에게 질투를 느끼지 않기란 힘들다. 그 사흘이 있다면, 이후의 세상이 안긴 좌절과 허무를 냉소하지 않고도 평생을 버틸 수 있지 않을까.

(『한겨레』 2010. 8)

살아라,
무엇인가 변할 때까지

우리는 마침내 전쟁이 사라진 시대를 꿈꿀 수 있을까. 다른 무엇으로도 대체되지 않고 그 누구의 희생도 담보하지 않고, 어느 순간 깨달음처럼 평화가 도래할 순간을 꿈꿀 수 있을까. 〈스카이 크롤러〉를 보면서 그 순진한 기대를 접는다. 인류의 평화란 다른 어딘가에서 죽음과 고통이 진행 중이라는 사실의 반증에 불과하다. 인간은 비참함에 동참하지 않으면서 그걸 목격할 때만 자신의 평화를 인지하는 동물이다. 전쟁은 끝난 것처럼 보이는 순간에 좀더 영악하고 간교한 형식으로 발전 중이다. 애국심 따위의 가치가 사라져도 전쟁은 살아남는다. 오로지 온전히 자본에 복무하는 전쟁의 본질에 목표의 완결이란 없다. 아마도 이것은 오시이 마모루가 바라보는 현재, 혹은 예견하는 미래일 것이다. 〈스카이 크롤러〉는 전쟁이 전투 기업들에 의해 쇼 비즈니스로 소비되는 시대를 배경으로 한다. 하지만 이 전쟁 게임에도 여전히 생존과 죽음이 있다. 무엇보다 전쟁을 지켜보며 흥분하고 안도하는 시청자가 있다. 그렇다면 이 잔혹한 게임을 떠맡아 버려질 자는 누가 될 것인가.

〈스카이 크롤러〉에서 그 역할은 킬드레, 즉 어른이 될 수 없는 아이들의 운명이다. 그들은 육체적으로, 연령의 기준으로 아이라기보다는(영화에서 이들의 외모는 어른들의 그것과 그다지 차이가 없다) 기억할 수 있는 과거, 기대할 미래가 없다는 의미에서 그렇다. 그들에게는 오직 '오늘'만 있다. 아니, '오늘'이란 어제와 내일이 있을 때 존재하는 것이라면, '오늘'도 없다. 그저 육체의 현존 이외의 다른 표현을 찾을 수 없는, 무한히 반복되는 시간을 멈추기 위해서는 전투에서 죽음을 맞는 방법밖에 없다. 이들이 싸워야 할 적은 티처라고 불리는 어른으로, 단 한 번도 실체를 드러내지 않는 그는 킬드레가 죽일 수 없는 자다. 보이지 않지만 그 무엇보다 강력한, 세상을 이렇게 망쳐놓은 기성세대라는 적. 그리고 태어나는 순간 이전 세대의 전쟁병기가 된 무력하고 순응적인 젊은 세대. 그때 희망 없는 세상을 사는 젊은이들에게 다정한 마음을 표현하고 싶었다고 오시이 마모루는 말한 적 있다.

하지만 그 말을 믿을 수 없다. 〈스카이 크롤러〉는 가혹한 영화다. 이 영화에서 누가 이 아이들을 이렇게 만들었는지는 중요하지 않게 다루어진다. 오직 이 아이들에게 '이제 어떻게 살아가야 할 것인가'만을 질문한다. 기성세대에게 책임을 묻는 영화가 아니라, 아이들에게 결단의 태도를 묻는 영화다. '너는 살아라. 무엇인가 변할 때까지.' 오시이 마모루는 젊은 세대에게 연민을 쏟고 있는 게 아니라, 그걸 넘어서 눈물을 참으며 냉정하게 부탁하고 있다. 세상이 쉽게 변할 수 있다고 다독이는 대신, 그래도 이 세상을 버텨내야 한다고 호소하고 있다. 이 영화가 희망적이라는 평에는 동의할 수 없으나, 한 가지 확신만은 할 수 있다. 오시이 마모루는 세상을 포기하지 않음으로써 아파하는 좋은 어른이다.

(『한겨레』 2010. 11)

사과

행복을 잊지 못하는
사람들에게

2004년에 촬영이 완료된 〈사과〉(강이관)는 4년이 지난 2008년에야 겨우 개봉했다. 그해 가을 어느 극장에서 홀로 〈사과〉를 보며, 내가 이 영화를 걸작이라고 확신했는지는 기억나지 않는다. 다만 영화의 몇몇 장면이 내게 남긴 울림만큼은 이 영화를 떠올리는 순간마다 어떤 덩어리가 되어 마음을 친다. 그때, 나는 〈사과〉는 어찌되었든 내가 품을 수밖에 없는 영화이며, 강이관 감독의 두번째 작품도 기꺼이 기다리겠다고 생각했던 것 같다. 하지만 〈사과〉는 극장에서 얼마지 않아 자취를 감췄고, 아주 가끔 아트시네마나 영상자료원 같은 곳에서 감독의 이름을 들을 수 있었다. 그리고 또 4년이 흘렀다. 그는 그사이 단편 몇 개를 완성했고, 마침내 두번째 영화 〈범죄소년〉의 개봉을 기다리고 있다. 아직 보지는 못했고, 〈사과〉와는 전혀 다른 이야기일 거라고 짐작하나, 이상하게도 〈사과〉를 만들었던 사람의 감흥은 쉽게 훼손될 성질의 것이 아니라는 확신 비슷한 마음이 지금 내게는 있다.

사실, 〈사과〉의 이야기 자체에 특별할 것은 없다. 7년을 만난 남자에게서 갑작스러운 이별 통보를 받은 여자가 자신을 얼마간 짝사랑하던 또 다른 남자와 만나 연애하고 결혼하고 아이를 낳지만, 결혼 생활은 불행하고 때마침 과거 그녀를 떠났던 옛 애인이 다시 나타난다. 텔레비전 드라마에서도, 우리의 실생활에서도 이미 여러 차례 보았고, 경험했던 이 이야기가 그럼에도 불구하고 특별하게 느껴지는 데는 몇 가지 이유가 있었던 것 같다.

　영화의 초반, 문소리가 연기한 현정은 사랑하는 이에게 더 많은 사랑을 받고 싶은 욕망을 이기지 못하는 여자다. 그래서 그녀는 때때로 여우 같고 속물적으로 보이기도 하지만, 감정을 숨기는 법이 없고 자신의 행복을 찾고 부여잡는 데 거리낌이 없어 보인다. 그 욕심은 어린애 같아도 맑고 밝은 욕심이다. 하지만 7년간 사랑했던 남자가 "내가 없어지는 것 같다"라며 어이없이 떠나버린 후, 그녀의 주위를 한 남자가 맴돌기 시작할 때, 그녀에게 더 이상 이전의 얼굴은 없다. 대신 망설임과 머뭇거림이 나타나고, 충만하지 못함을 참으려고 하지만, 이내 얼굴에 그늘이 드리운다. 그러나 과거의 연애를 통해 뜨거운 마음의 이면에는 한없는 초라함이 있다는 걸 알게 된 후, 그녀는 무뚝뚝하고 유머도 없지만 자신을 '사랑해주는' 남자를 선택한다. 그래도 그녀는 사랑하고 사랑받기 위해 애를 쓴다. 지방으로 전근을 간 남편과 함께 있기 위해 직장마저 그만두고, 예전에 비해 조금은 고단해진 얼굴과 조금은 굼뜬 몸짓을 하고도 여전히 그와 행복해지는 길을 찾기 위해 노력하는 것 같다. 그러나 노력하는 자는 그 노력이 공허한 메아리로 돌아오는 순간도 그 누구보다 예민하게 감지한다. 얼마 뒤, 홀로 서울로 돌아온 그녀는 이제 우아한 과장이 되어 있고, 옛 애인을 만나고 있다. 상대의 반응에 온 촉수를 열어두고 변화무쌍하던 여자의 표정과 행동의 활기는 어느새 어딘지 능숙해지고 둔탁해지고 성숙해져 있다. 지금 그녀는 그냥, 그저 산다는 표현이 어울리는 얼굴을 하고 있다.

이 영화에서 클로즈업이나 핸드헬드는 일상의 사실성을 강조하기 위한 상투적인 의미보다는, 한번 잃어버리면 다시 되찾을 수 없는 삶의 결을 인물의 얼굴, 행동, 그리고 상황의 공기로 섬세하게 포착하기 위해 쓰인다.

그 결의 변화를 천천히 따라갈 때, 그러니까 싱싱하던 화초가 생기를 잃고 건조해지는 과정을 지켜보는 시간 동안, 그녀처럼 실패하고 또 실패해도 행복해지기 위해 발버둥쳐본 우리들이라면 마음이 서늘해지고 서러워지고 쓸쓸해지지 않기란 어렵다. 그런데 정말 잊을 수 없는 장면은 이 영화의 마지막이다. 옛 애인과 만나 이별을 선언하며 그녀는 "실은 정말로 노력해본 적은 없는 것 같아"라고 말한다. 그 말의 정확한 의미를 우리는 끝내 알 수는 없지만, 누구보다도 매 순간 절박하게 애써온 그녀가 그렇게 말할 때, 그건 자기반성이나 책임감의 표현처럼 느껴지지 않고, 결국 벼랑 끝에서도 충만함을 포기할 수 없는 자의 마지막 안간힘으로 느껴진다. 그날 새벽, 이혼 서류를 들고 방에 들어온 남편이 무력하게 구석에 앉아 있자, 방 한쪽 침대에 누워서 자던 그녀가 손짓을 하며 옆자리를 내어준다. 남편을 뒤에서 꼭 끌어안고 새벽의 침묵 속에서 그녀가 속삭인다. "자자…… 미안해." 이 새벽은 이들의 마지막 밤일까. 혹은 다시 시작하기 위해 마음을 다잡는 첫 밤일까. 그녀는 무엇을 미안해해야 하는가. 잘 모르겠다. 다만 한 가지 알 수 있는 건, 〈사과〉는 더럽게 찌든 우리의 일상에게, 당신에게, 그리고 무엇보다 나 자신에게 실망하고 좌절할지라도, 여전히 누군가에 대한 나의 기대를 버리지 못하고, 나를 향한 그 누군가의 기대를 뿌리치지 못하며, 나 자신의 삶에 대한 기대를 냉소하지 못하는, 그리하여 기어이 행복을 잊지 못하는 사람들을 위한 영화라는 것이다.

(영상자료원, 2012. 11)

이상하게도
'노동하는 여인'의 노래가……

여기 한 소녀가 있다. 봇짐을 지고 행상을 하던 가난한 부모를 따라 그녀는 도시를 떠돌았다. 그렇게 여인이 되었다. 이제 늙은 부모는 그녀의 짐이 되었고, 그녀는 더욱 가난해졌다. 하루를 벌고 하루를 살았다. 공장을 다니고 점원이 되었다. 그러나 그녀는 늘 이렇게 읊조렸다. "국수 한 그릇이라도 마음놓고 먹을 수 있다면." 처진 눈썹과 반달눈을 가진 이 고운 여인은 언제나 담담하게 허기짐을 말했다. 이제 그녀는 술집 여급이 되었다. 그리고 구석진 바와 허름한 여관에서 시를 썼다. 하이네와 휘트먼과 푸시킨을 좋아하는 그녀가 쓴 시의 제목은 '노동하는 여인의 노래'다. 명석하고 아름답고 대범한 이 여인을 남자 문인들은 그냥 지나치지 않았다. 가난한 시인의 낭만으로 그녀의 마음에 들어온 남자들은 매번 그녀를 배신했다. 그녀가 벌어온 돈을 쓰며 그녀를 의심하고 그녀를 질투했다. 그녀는 그래도 늘 그 자리에 있었다. 술집에서 노래를 부르고 술을 팔고, 그리고 밤이면 글을 썼다. 그녀는 시를 사랑했지만 그건 꿈이 아니라, 가난을 버티고 사랑을 견디는 노동이었다. 비겁한 남자들은 떠났고, 떠났다가도 더 초췌해진 몰골로 돌아왔다.

시간은 그렇게 흘렀다. 작은 초를 켜두고 다른 일꾼들이 자는 방 한쪽, 작은 책상 앞에 앉아 그녀는 쓰고 또 썼다. 그리고 마침내 '방랑기'라는 제목의 소설로 그녀는 작가로 인정을 받았다. 사람들은 그녀가 결국 자신의 가난을 이야기로 팔아서 세상의 환대를 받은 거라고 수군거렸다. 하지만 더 단단해진 표정으로 그녀는 다짐했다. "계속 쓸 거야. 『방랑기』는 내 전부가 아니야." 이제 그녀도 주름진 노인이 되었다. 그녀는 더 이상 가난하지 않다. 다만 가난한 사람들이 도움을 구하러 찾아온다. "바보 같으니라고. 가난한 자들은 스스로 일을 해야만 해." 그녀는 자신에게 오랜 시간 구애했으나 정작 사랑하지 못했던 남자에게 지친 얼굴로 묻는다. "내가 너무 냉정한가요?" 그녀에게 평생 선량했던 남자는 답한다. "세상은 혼자 태어나서 혼자 죽는 거지요." 며칠 밤을 꼬박 새웠다는 여인은 여전히 그녀 앞에 놓인 책상에 얼굴을 묻는다. 잠이 든 것 같은데, 그녀의 미간에는 깊은 주름이 우물처럼 패어 있다. 꿈을 꾸고 있는 걸까. 그녀는 부모와 떠돌던 소녀 시절로 돌아가, 넓은 바다를 하염없이 바라보고 있다.

하야시 후미코(1903~1951)의 자전소설을 원작으로 삼은 나루세 미키오의 후기작 〈방랑기〉(1962)의 내용이다. 나루세 미키오는 그녀의 소설 여러 편을 영화로 만들었다. 지난여름, 유달리 습하고 어두운 하늘에서 비가 쏟아지던 어느 날, 이 영화를 보고 어딘가에 이렇게 적었다. "가난과 싸우며 가난 안에서 가난을 딛고 가난을 이용하며 가난을 품은 글을 썼으나 끝내 가난을 이기지 못한 고단하고 용감한 여인. 시를 쓰는 여인." 이제 겨울이다. 따져보니 벌써 1년 8개월이 흘렀다. '환등상자'를 닫는 마지막 글을 쓰려는데 이상하게도 이 영화가 생각났다. (『한겨레』 2011. 11)

'영화를 산다'는 것
— 남다은의 글을 읽고

허문영(영화평론가)

그의 글을 읽고 나면 이런 인상이 남는다. 이 사람은 다짜고짜 영화와 부딪힌다. 혹은 영화의 육체가 자신의 육체에 부딪히는 순간을 거의 무방비 상태로 맞이한다. 혹은 영화를 보는 동안 그 영화를 살아버린다…… 남다은에게 영화를 본다는 것은 모종의 신체적 사건 혹은 두 육체의 접촉사고와도 같은 것이다. 그의 평론은 대개 그 충돌이 자신의 육체에 남긴 감각과 감정의 흔적에서 시작한다. '나는'으로 시작되는 문장으로 가득한 그의 글은 그래서 종종 해석이라기보다 고백처럼 느껴진다. 그는 일반론을 쓸 생각도 체계를 세울 생각도 없는 것 같다. 다만 자신의 글이 한 편 한 편의 영화들을 살아낸 개별자의 흔적이면 충분하다고 믿는 것 같다.

이건 평론가에게 위험한 선택이다. 나의 감각과 감정을 어떻게 확신할 수 있는가. 그 영화와의 접촉으로 발생한 흔적이라 해도, 어떻게 그 감각과 감정이 그 영화에 속한 것이라고 믿을 수 있는가. 그것은 혹시 나도 알지 못하는 나만의 기호(嗜好)가, 혹은 내 무의식에 잠든 모종의 상처가 텍스트의 사소한 세부와 만나 과민반응한 증상은 아니었을까. 우리는 이 질문이 두려워 텍스트와의 사이에 일정한 거리를 마련하고 나의 감정을 숨긴 채 텍스트의 자질에만 몰두하려 한다. 감정을 드러내는 순간에도 그것을 텍스트의 자질이 초래한 객관적 효과의 자리에 묶어두려 한다.

남다은은 두려워하지 않는다. 그는 그 두려운 질문 앞에서 그래도 어쩔 수 없다고 말할 것이다. 한 편의 영화를 살고 나서 그 세계를 살아낸 자신의 육체 말고 어디서 시작하겠는가, 라고 되물을 것이다. 그 출발점은 위험하지만 절박하다. 물론 그는 지금 일기를 쓰고 있는 게 아니다. 자신의 감각과 감정의 흔적을 들여다본 뒤 그는 방향을 바꿔 텍스트 안으로 돌진한다. 그리고 자신의 육체를 건드렸던 것의 정체를 탐색하기 시작한다. 방향전환과 진격은 빠르고 맹렬하다.

그는 이야기와 캐릭터에 비밀이 있다고 생각하지 않는다. 오히려 어떤 동료 평론가보다 이야기와 캐릭터에 무관심하다. 탐색자로서의 그의 질문은 대개 이런 것들이다. 카메라는 왜 하필 그 자리에서 그 앵글로 바라보는가. 인물은 왜 그 상황에서 그런 표정을 짓고 그런 몸짓을 취하는가. 왜 하필 그때 바람이 불어오고 눈이 내리는가. 저 사물은 왜 그곳에 묵묵히 놓여 있는가. 왜 이 숏은 너무 짧고 다른 숏은 너무 긴가. 왜 이 숏은 다른 자리가 아닌 여기에 놓여 있는가. 무엇보다, 왜 이 장면은 있고 그 장면은 없는가, 등등.

말하자면 그는 자신의 육체를 건드린 영화의 육체를 평론의 언어로 다시 어루만지려는 것이다. 정연하고 균형 잡힌 전개는 없다. 그는 이론에도 계보학에도 기대지 않고 이 질문과 저 질문 사이를 좌충우돌하며 나아간다. 그 질문들은 정확한 대답을 제공하기 위해 제기된 것이 아니다. 그 앵글과 거리, 그(녀)의 표정과 몸짓, 그 바람과 눈과 사물, 그리고 그 숏의 자리를 지정한 심층구조는 그의 관심사가 아니다. 그가 닿으려는 곳은 그 세부들이 마침 그 자리에 있어 비로소 분만되는 돌연한 아름다움 혹은 감정의 심연 혹은 정념과 도취의 순간이다. 함께 영화를 보던 우리가 의식하지 못한 채 지나쳤을지도 모를 그 마술적 순간으로, 그의 평론은 우리를 다시 데려가려는 것이다.

안전한 영화, 모든 요소가 제자리에 정확히 배치되어 효과적으로 의미를 생산하는 영화가 그의 관심을 끌지 못하는 건 당연한 일이다. 그가 살기를 원하는 영화는 예컨대 이런 문장에서 읽을 수 있다. "사회적 조건의 프레임 안에서의 운동이 아니라, 그걸 깨부수는 퇴폐와 향락의 한순간. 내가 이송희일의 영화에서 언제나 기다리는 감정과 욕망은 그런 것이다." 그렇다고 그가 감정적으로 격렬한 영화를 사랑한다고 오해해선 안 된다. 극단적 사건과 극단적 감정이 인과의 연쇄를 이루는 영화(예컨대 〈김복남 살인사건의 전말〉)가 그의 명단에 오를 가능성은 없다. 그가 기다리는 것은 사건에 대한 반응이라는 조건화된 감정이 아니라 사건들 사이에서 사건들 위로 솟아오르는 충만과 심연의 감정 이미지이다. 그의 목적지는 다름 아닌 시네마틱한 순간이다.

자신의 육체에 남겨진 감각과 감정의 흔적이라는 절박하지만 위험한 출발점, 계보학과 이론의 지도(地圖) 없는 좌충우돌과 우여곡절의 여정, 마술적인 것으로밖에 드러나지 않는 시네마틱한 순간이라는 목적지. 곳곳에 실족의 위험이 도사린 여정을, 우아하게 유영하는 돌고래보다는 물살에 역행하는 연어의 몸짓으로 그의 비평은 나아간다. 누군가 그의 어떤 견해에 동의하지 않더라도, 그의 평론이 우리 시대의 영화들에 대한 더없이 절박하고 뜨거운 응답이라는 사실을 수긍할 것이다.

그의 평론을 오랫동안 만나왔지만, 책으로 한데 묶인 그의 글을 다시 읽으면서 따로 언급하고 싶어진 글이 하나 있다. 그것은 〈보이후드〉에 대한 평이다.

거의 모든 평론은 분석의 편의를 위해 영화의 수많은 요소들을 공간적으로 재배치하는 상상의 공정을 거친다. 영화의 시간성을 공간적으로 도해하는 것이다. 하지만 이 글은 영화의 흐름을 고스란히 따라가며 겪은 충만과 상실의 체험기이다. '영화를 산다'는 것을 비유적인 의미에서가 아니라 글의 육체가 실현한 다른 사례를 기억하지 못하겠다. 나는 〈보이후드〉라는 영화가 아니라, 이 글이 영화라는 육체의 시간성에 응답하고 있다고 생각한다.

이것이 모범적 평론이 될 수 있는가, 라고 그는 자문하지 않는 것 같다. 실족하고 방황하고 목적지에 이르지 못한다 해도, 영화 보기가 시간의 일이고 몸의 사건이라면 평론도 그래야 한다고 남다은은 믿는 것 같다. 그 무모함이 아름답다.

감정과 욕망의 시간_영화를 살다
ⓒ 남다은

1판 1쇄 │ 2015년 5월 4일
1판 3쇄 │ 2019년 11월 11일

지은이 │ 남다은
펴낸이 │ 정홍수
편집 │ 김현숙 박지아
펴낸곳 │ (주)도서출판 강
출판등록 │ 2000년 8월 9일(제2000-185호)

주소 │ 서울시 마포구 동교로 17안길 21(우 121-842)
전화 │ 02-325-9566
팩시밀리 │ 02-325-8486
전자우편 │ gangpub@hanmail.net

값 20,000원
ISBN 978-89-8218-200-6   03680

이 도서의 국립중앙도서관 출판시도서목록(CIP)은 e-CIP 홈페이지(http://www.nl.go.kr/cip.php)에서
이용하실 수 있습니다.(CIP제어번호: CIP2015012196)